U0947070

中国生物技术产业发展报告

周光召

二〇〇二年十二月

Annual Report on Bioindustry in China: 2015

中国生物产业发展报告2015

国家发展和改革委员会高技术产业司
中国生物工程学会 编写

化学工业出版社
·北京·

本书由国家发展和改革委员会高技术产业司与中国生物工程学会组织编写，是《中国生物产业发展报告》系列图书的第14本。

全书包括6篇，共40章，对生物技术发展前沿与热点、生物产业发展现状与趋势、生物专利分析、生物投融资分析、国家生物产业基地、重点行业协（学）会发展报告等进行了阐述和说明，从多角度对中国生物产业状况进行了清楚的透视和实在的分析，对中国生物产业发展战略进行了认真深入的思考与讨论。

本书可供生物产业的开发、生产、销售、管理人员以及政府有关职能部门工作人员阅读参考。

图书在版编目（CIP）数据

中国生物产业发展报告（2015）/国家发展和改革委员会高技术产业司，中国生物工程学会编写. —北京：化学工业出版社，2016.9

ISBN 978-7-122-27664-3

Ⅰ.①中… Ⅱ.①国…②中… Ⅲ.①生物技术-高技术产业-研究报告-中国-2015 Ⅳ.①F426.7

中国版本图书馆CIP数据核字（2016）第166676号

责任编辑：陈小滔 王 琰　　文字编辑：孙凤英
责任校对：王素芹　　装帧设计：张 辉

出版发行：化学工业出版社（北京市东城区青年湖南街13号 邮政编码100011）
印 刷：北京云浩印刷有限责任公司
装 订：三河市瞰发装订厂
787mm×1092mm 1/16 印张26 字数438千字 2016年11月北京第1版第1次印刷

购书咨询：010-64518888（传真：010-64519686） 售后服务：010-64518899
网 址：http://www.cip.com.cn
凡购买本书，如有缺损质量问题，本社销售中心负责调换。

定 价：98.00元

《中国生物产业发展报告（2015）》编委会

序

生物产业是21世纪创新最为活跃、增长最为迅速、对人类生产生活影响最为深远的新兴产业之一，也是我国着力培育发展战略性新兴产业的重点领域。党中央、国务院高度重视生物产业发展。习近平总书记在今年召开的全国科技创新大会上强调，要着力突破生命科学、生物技术领域前沿，加快推进创新药物、先进医疗设备研发。李克强总理明确指出，要求大力推动生物医药等新兴产业发展，加快形成国民经济支柱产业。国家“十三五”规划纲要提出，要大力发展生物产业，建设“美丽中国”和“健康中国”。

国家发展改革委认真贯彻落实党中央、国务院关于生物产业发展的各项决策部署，会同有关部门先后出台了一系列支持生物产业发展的政策和规划，组织实施了一批重大工程，取得了显著成效。“十二五”期间，我国生物产业年均增长率超过15%，2015年产业规模超过3.5万亿元。

公众对健康和生态需求的不断升级，是推动生物产业快速发展的重要源动力。当前，我国生物产业发展水平与人们群众的期待相比，还有较大差距。在全球新一轮科技革命孕育兴起、新兴产业快速发展的大背景下，我们要主动顺应世界科技经济发展的历史潮流，按照供给侧结构性改革要求，深入实施创新驱动发展战略，进一步提升生物产业创新发展能力，持续拓展产业应用新空间，不断满足人民群众新需求。

推动中国生物产业发展壮大，要坚持创新引领，培育形成一批引领医疗、农业、生物制造和生态建设向中高端发展的新产品、新服务、新业态；要坚持新产业惠民，加速与民生相关的生物新技术、新产品和新服务的规模化应用；要坚持优化制度，加快消除制约生物产业快速发展的相关制度瓶颈，建立完善适应生物经济发展的监管机制；要坚持开放合作，推动形成中外生物产业合作发展、互利共赢的新格局。

为促进生物产业健康快速发展，更好服务于全面建设小康社会的总体目标，我们与中国生物工程学会一道，组织业界专家，编写了《中国生物产业发展报告（2015）》，全面分析了生物技术和生物产业发展的现状、趋势和热点，重点研究了生物产业领域的投融资、专利、区域发展等社会关注的热点问题，希望能为各界人士认识和把握生物产业发展方向，共同推动我国生物产业发展实现新突破提供有益的参考和帮助。

国家发展和改革委员会副主任　林念修

目 录

生物技术发展前沿与热点分析

生物产业发展现状与趋势

重点行业协(学)会发展报告

生物技术发展前沿与热点分析

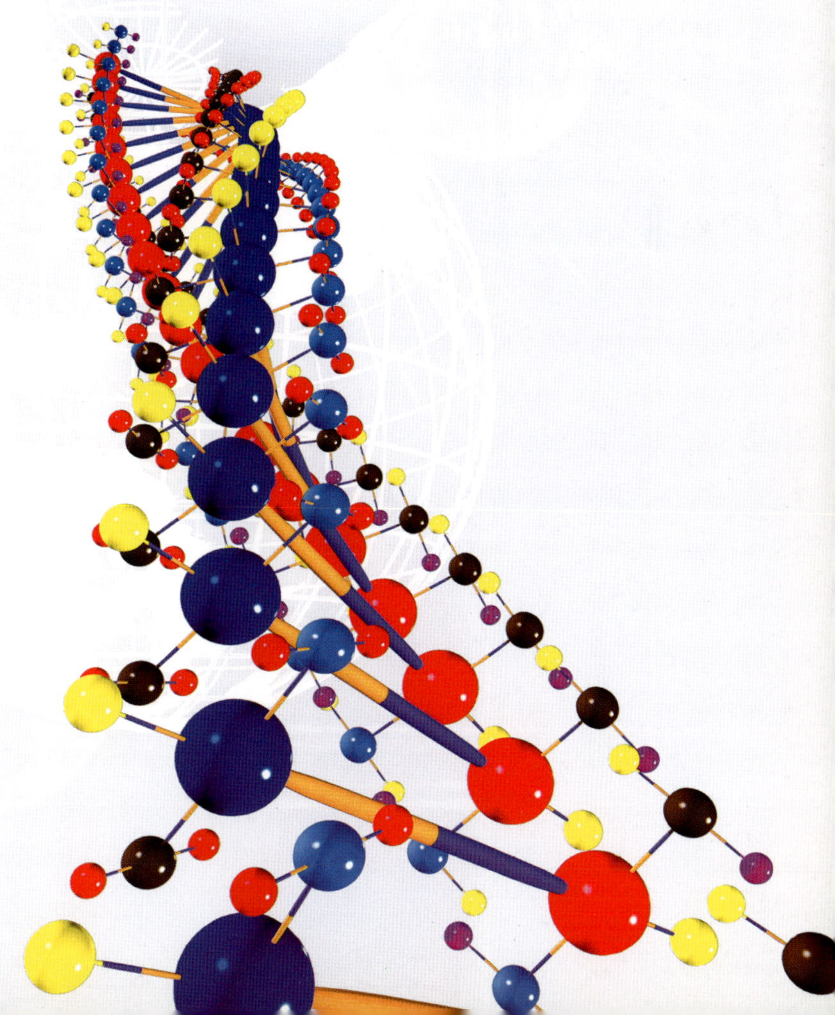

合成生物学

一、概述

(一) 合成生物学的定义及内涵

“合成生物学”是发展迅速的一门新兴学科。“合成生物学”(synthetic biology)一词最早是出现在法国物理化学家 Stephane Leduc 在 1910 年所著的《生命与自然发生的物理化学理论》一书中。但其含义与今天的“合成生物学”不同。首次在题目中出现“合成生物学”一词的文献是 1980 年德国科学家芭芭拉·荷本(Barbara Hobom)发表的论文《基因外科术:合成生物学的开始》,其含义等同于生物工程(bioengineering)。在 2000 年美国化学学会年会上,Eric Kool 和其他发言人重新提出“合成生物学”这一概念,描述在生命系统中发挥功能的非天然有机分子的合成。随后,“合成生物学”一词的含义延伸到“重铸生命”(redesign life)。现如今,其含义更加广泛。

什么是合成生物学?其定义众说纷纭,目前还没有一个确切的标准。就“何谓合成生物学?”这一问题,2006 年美国科普刊物《The Scientist》采访了多位合成生物学领域的专家学者。加州大学伯克利分校的化学工程教授 Jay Keasling(他的团队改造微生物细胞合成了青蒿素前体青蒿酸,并成功产业化)说,合成生物学是将“生物学”工程化,如同“电子工程”和“化学工程”一样。哥伦比亚癌症研究中心、测序及基因组科学中心主任 Robert Holt 说,合成生物学与传统的重组 DNA 技术之间的界限仍然是模糊的。从根本上说,合成生物学正在利用获得的“元件”对细胞进行工程化。哈佛大学医学院计算遗传学中心主任 George Church 说,主要的出发点是把合成生物学与现有基因工程或细胞工程等学科区别开来,合成生物学是利用一些“零件”进行新生物系统的工程,是利用从系统生物学得到的分析去加工制造及检验复杂的生物机器。

根据由一些个人及实验室自发组成的合成生物学组织(http://syntheticbiology.org/)的定义,合成生物学包括两个方面:①新的生物零件

(parts)、装置（devices）和系统（systems）的设计与建造；②有目的地改造现有的、天然的生物系统。而 2006 年由美国国家科学基金会（NSF）资助的合成生物学工程中心（http：//www. synberc. org/）给出定义为，合成生物学的目的就是使生物的改造变得更加容易。它是化学、生物学、计算机科学和工程学等多种学科发展的汇聚。多学科专家协同工作，创造一套可再用的、系统的方法，使我们能以更快的速度、更大的规模和更好的精度构建生物系统。在这一层意义上，合成生物学可以被看作是发展一种基于生物的工具盒，能够促进许多工业行业的发展，如医药、能源和环境等。该中心聚拢了来自 18 所大学的 37 位教授及几百位博士后和学生，并有约 50 家公司参与其中，研究内容聚焦于生物零件（设计合成生物系统的最基本单元）、装置（通过设计由各种零件组装而成的、并在特定条件下发挥功能的遗传物体）、底盘（chassis，可以让设计的遗传程序在其中发挥作用的宿主细胞）以及政策和实践。

根据英国皇家学会的定义，合成生物学是一个新兴的研究领域，它是指新的人工生物路径、有机体或装置的设计和构建，或者对自然生物系统进行重新设计。2014 年 12 月，欧盟科学委员会发布了关于“适用于合成生物学的评价方法是否存在风险”的草案意见书，对合成生物学进行了如下定义：“应用科学、技术和工程学，来促进和加速生物体中遗传物质的设计、制造和修饰”。该定义避免了概念方面（例如“模块性”）的传统关注，并强调了合成生物学和遗传修饰从根本上是类似和不断发展的领域，承认用于生物和遗传修饰物质的已有法规也可以应用于合成生物学物质。研究内容包括以下相关研究领域：基因零件库、细胞底盘设计、DNA 合成、基因组编辑、外空生物学；但排除了不能产生生物体的一些研究领域，例如生物纳米科学、原始细胞研究等。2015 年美国国家科学院研究委员会在《生物学产业化：加速化学品先进制造的路线图》中给出的定义为，合成生物学是一门较新的学科，是应用工程学原理将遗传学还原为各种 DNA“零件”，并理解这些“零件”是怎样组合在一起在活细胞中发挥想要的功能。

国内从事这方面研究的学者根据自身研究背景对合成生物学都有各自不同的理解，有的认为是遗传工程和代谢工程的延伸，有的强调单元操作，有的强调多学科特性。中国科学院合成生物学重点实验室主任赵国屏院士认为，合成生物学的定义大致可以归纳为：是一门在现代生物学和系统科学以及合成科学基础上发展起来的、融入工程学思想和策略的新兴交叉学科，是采用标准化表征的生物学部件，在理性设计指导下，重组乃至从头合成新

的、具有特定功能的人造生命的系统知识和专有理论构架以及相关的使能技术与工程平台。合成生物学及其技术与工程平台，有可能为健康保障、医药创新、资源开发、农业生产和环境保护等社会经济与生活各方面做出无可限量的贡献，乃至在一定程度上，重塑这个世界。

（二）合成生物学的重要性

近十来年，合成生物学研究正成为各国争抢的科技高地，发表的相关研究论文数量呈指数上扬（如图 1-1 所示）。一些国际组织亦对此给予了持续关注。

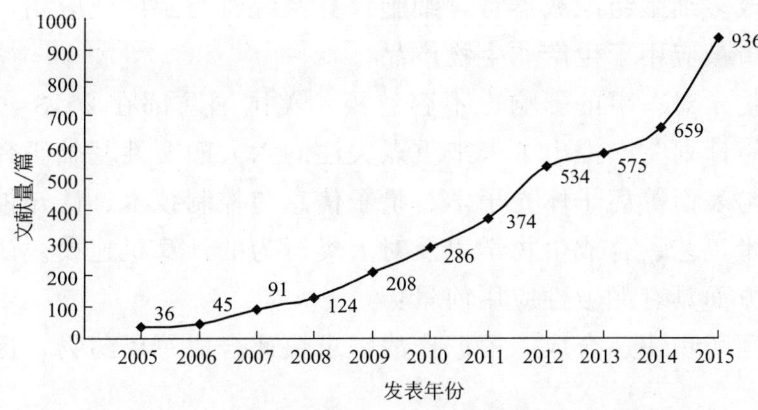

图 1-1　2005～2015 年合成生物学研究论文年度分布

经济合作与发展组织（OECD）2014 年 6 月 4 日发布的《合成生物学领域的新兴政策问题》（Emerging Policy Issues in Synthetic Biology）报告，认为合成生物学应用前景广阔。合成生物学涉及产业界多个方面、多种应用领域，可以为制造业（例如，低产量高价值医药产品和大量低成本交通燃料的生产等）带来更高效率，可创造巨大经济利益的前景而被看好。另外，合成生物学为生物经济目标的实现，例如减少温室气体排放、食品安全、能源保障等提供了可能。因此，报告建议各国政府把握好机遇，创新方式促进合成生物学发展，包括扶持弱小合成生物学企业，利用优质资源组建合成生物学机构（中心）等。而随着合成生物学的发展，政府需要引导并开拓相应教育和培训方式，培养合成生物学专业人才。报告同时指出，政府应该促进科学家、决策者和公众之间的讨论，利用社交媒体激发年轻人的兴趣，并仿照美国麻省理工学院的国际遗传机器大赛（iGEM）开展竞赛。

合成生物学国际竞争正在加剧。麦肯锡全球研究所发布的研究报告及世界经济论坛，将合成生物学评价为未来的革命性技术。英国国家贸易创新部将合成生物学评价为未来的八大技术之一，预测 2020 年产值将达到 620 亿

英镑。美国、中国、英国是合成生物学研究的领跑者。英国在2013年用4000万英镑资助三个大型合成生物学研究中心的基础上，2014年计划再次支持三个新的合成生物学中心。

合成生物学带来新一轮产业发展浪潮。产业界大量投资合成生物学，认为伴随着基因组学和系统生物学的不断进步，合成生物学将通过生物制造给产品和物质开发带来革命性影响。专家们预计：未来5年，将会形成数个全球性的合成生物学研究平台；未来10年，合成生物产品产值将达200亿美元，生产细胞以制造大宗化学品和精细化学品将成为常态；未来20～30年，将理性地合成多细胞组织或器官，细胞计算系统将得到广泛应用，新颖的生物制造工艺将被应用于生产非生物产品。

合成生物学对军事的影响也不容忽视。美国国防部在2013～2017年科技发展“五年计划”中提出了未来重点关注的六大颠覆性基础研究领域，包括：超材料与表面等离子体光子学、量子信息与控制技术、认知神经学、纳米科学与纳米工艺、合成生物学以及对人类行为的计算机建模。认为合成生物学在以下方面具有颠覆性应用前景：

（1）军用药物快速合成。根据作战需求快速合成军用药物，提高战场医疗效率。

（2）生物病毒战。可根据战略需求定制生产病毒，具备生物战的颠覆性优势。

（3）基因改良、人体快速损伤修复。

2016年美国国防部在合成生物学方面投入的研究经费主要用于对抗疾病和新材料。

对于合成生物学这个科学领域加强监管的呼声愈加强烈，尤其是2014年，科学家第一次用含有人工遗传密码的DNA生成了有机体。合成生物学专家对于创建生物的思路具有开拓性，但对于这些人造生命的监督、监管和评估还没有形成最基本的对策。同时，合成生物学代替了植物成为精细化工品［例如护肤品添加剂、食品添加剂以及毒品（鸦片）等］的新型来源，亟待各国政府给出安全评价及监管方案。

目前对于合成生物学风险的关注主要在于其产生的短期和长期的非预期后果，但却未关注到合成生物学可能会成为恐怖工具，例如人工合成变异病毒株、生化武器等。对这些风险如何进行监管、预警、防范，亦是非常重要的问题，这可能需要全球更多的组织一起合作解决。

近年来，我国对于合成生物学的发展给予大力支持，2011～2014年底，

我国共启动了合成生物学相关的10个“973”项目和1个“863”项目，主要涉及微生物制造、肿瘤治疗和植物改造等。这些项目目前都取得了显著进展，达到国际领先或首创水平，完成产业转型变革。2015年7月16日，清华大学合成与系统生物学研究中心成立。中心包括中科院院士1名、千人计划1名、“973”首席4名，多名长江学者、杰出青年及青年千人。研究涉及高通量组学的生物信息学、复杂疾病的网络调控研究、表观基因组学及其遗传机制研究、化学品生物合成及代谢网络研究、基因线路构建及医药应用、基因合成与基因组组装、环境微生物及宏基因组学等研究领域。中心旨在发挥清华大学在生命科学和工科等方面的有利条件，以期在医学应用和工业等方面取得具有国际影响力的重要学术成果，并积极推动科研成果产业化。2015年12月4日，上海交通大学联合中国科学院上海生命科学研究院植物生理生态研究所、复旦大学、中国科学院上海生命科学研究院生化与细胞研究所等单位，成立“科研-技术-产业”上下游衔接、合作攻关的上海合成生物学创新战略联盟，致力于开展合成生物学战略性、前瞻性重大科学技术问题研究，解决生物产业瓶颈技术，促进生物技术颠覆性创新。早几年，天津大学建立了标准化元件模块库（http://www.synbioml.org）。该数据库已经存放了6000多个标准化的功能元件和模块，且可以全球学术共享。

人工生物合成青蒿素的产业化、人工合成染色体等研究带火了合成生物学，但其应用研究应该还是处于初期阶段。合成生物学研究的理想目标是能够像电脑等电子设备一样，利用标准化的生物元件组装获得所需要的生物合成系统或细胞。现阶段合成生物学的研究重点应该在生物元件的标准化及匹配性、生物系统组装原理、适合不同需求的通用底盘细胞研究。同时随着政府及企业对合成生物学研究投入的持续支持，合成生物学在工业、农业、环境以及医药等领域应用在5～10年内会有更大的突破。

二、国内外研究现状

（一）基因回路及元件挖掘

1. 模块化构建哺乳动物基因电路

2015年，来自清华大学、麻省理工学院的研究人员报告称，他们利用TALE转录抑制子（transcription activator-like effector repressor, TALER），模块化构建出了哺乳动物基因电路。

基因电路是指由一些基本元件构成的简易基因网络，可执行特定的功能

行为。这些基本元件包括：决定基因转录的启动子序列、可与核糖体 RNA 结合并翻译成蛋白质的 mRNA 序列、可调控启动子活性并影响其他蛋白质合成的蛋白质、可终止转录的 DNA 序列、决定蛋白质和 mRNA 稳定性的结构域。每个元件具备特定的功能，最终完成基因电路的整体功能。合理设计并采用标准化和可替换的元件，可预测性地构建出合成基因电路是合成生物学的一个重要目标。然而，当前由于较难获得特征明确的正交转录抑制蛋白限制了在哺乳动物细胞中构建复杂的基因电路。

研究人员报告称他们构建出了一个文库，其中包含 26 个可逆性 TALER，它们可通过对关键的转录起始元件造成位阻来与新设计的合成启动子结合。研究人员证实利用 TALER 的输入-输出转移曲线（transfer curve），可以精确地预测模块化组装的串联 TALER 和基因开关电路。此外，他们还在 Hela 癌细胞中证实，以 TALER 基因开关作为 microRNA 的感应器，感应在 HeLa 细胞中过量表达的 microRNA，可以提高对 HeLa 细胞进行分类的精确性。

这一新建的 TALER 文库为模块化操控合成电路提供了一个有价值的工具箱，将推动可程序化操控哺乳动物细胞，并将帮助更好地理解及利用转录调控及 microRNA 介导的转录后调控相结合的设计原则。

2. 重组细菌基因回路建造电子和光学材料

麻省理工学院（MIT）合成生物学家 Timothy Lu 及其同事进行的新研究将之前一些迥然不同的领域结合在一起。他们的想法是“将生命世界和无生命世界结合在一起制作混合材料，这些材料具有活的细胞以及功能性”。

他们选择从大肠杆菌入手，这种细菌能自然合作生产不同表面顶端的薄片状生物膜。这种细菌能通过分泌一种名为卷曲菌毛纤维的蛋白质将这些薄膜束缚在一起。由名为 CsgA 的蛋白亚基重叠组成的这种纤维能将这种细菌彼此黏合及附着到表面。

在相关实验中，该研究小组首先破坏了允许大肠杆菌细胞制造 CsgA 的遗传途径。取而代之的是一种经改造的遗传回路，只有当研究人员添加化学触发剂（一种 AHL 分子）时，该细菌才能产生 CsgA；然后设计了一批不同的大肠杆菌，这些细菌能产生蛋白质链或氨基酸较短的 CsgA，并包含多重能束缚金属粒子的组氨酸氨基酸。而这些细菌只有在响应其他化学触发剂（aTc）时才会表达组氨酸标识的 CsgA。当 aTc 被加入后，大肠杆菌沉入一片薄膜，并抓住研究人员撒入烧杯的金纳米粒子，然后创建一个能导电的网络。

该研究小组同时培养了两批大肠杆菌，以便通过在不同时间添加 AHL 和 aTc 改变薄膜的构成。在这种情况下，变化的合成物虽没有添加新功能，但为绑定其他材料奠定了基础。在一个单独实验中，研究人员使用不同的缩氨酸和化学触发剂制作了能诱捕名为量子点的微小半导体粒子的细菌，原因在于其生物膜的光学性质被改变。

现在，Lu 希望能利用合成生物学的最新进展，在这些研究中，研究人员编程细菌形成环形、栅栏和其他形状的“殖民地”。这能够为更复杂的体系结构奠定基础，这些结构可以充当电极、环境传感器和人造组织。最终，这些活着的材料可以制成设备，当损坏时能够自我修复。

另外，该技术也能被用于吸收镉等环境毒素，以及将材料重新用于复杂的光学和有机设备。它甚至在矿藏勘探中也有用途：例如，专门设计的细菌能从环境中收集黄金。但是，这些实验仍有很长的路要走。监管者还需要确信，进行基因改造的细菌在释放到环境中后不会造成风险。

3. 通过合成与系统生物学方法揭示 microRNA 定量调控规律

MicroRNA 是一类短的非编码 RNA，通过与靶 RNA 结合抑制靶基因表达，在动植物中起到重要的转录后调控作用。每一类 microRNA 可以结合多种靶 RNA。当 microRNA 表达量一定时，靶 RNA 通过与 microRNA 的竞争性结合消耗细胞内游离的 microRNA，从而影响其对其他靶基因的调控，这一现象被称为竞争性内源 RNA（ceRNA）效应。RNAi 技术中的脱靶现象也与该效应密切相关。定量地刻画 ceRNA 效应，对理解 microRNA 调控规律和改进 RNAi 技术都具有重要意义。

清华大学自动化系、清华信息国家实验室生物信息学研究部/合成与系统生物学中心汪小我和谢震研究组将系统生物学建模分析与合成生物学实验相结合，建立了 microRNA 调控的数学模型，构建对应的合成基因线路并植入细胞中模拟 ceRNA 效应，证实了靶 RNA 和 microRNA 浓度对 ceRNA 效应的阈值现象，发现了 microRNA 的靶位点结合能力对 ceRNA 效应强度影响的函数关系，阐述了 microRNA 通路和 RNAi 通路竞争效应的不对称性，并从理论上提出了 RNAi 技术的改进方向。这一工作，是将生物信息学、系统生物学与合成生物学相结合，定量揭示基因调控规律的一个成功范例，其科学发现为理解复杂的 microRNA 调控系统和未来用 RNAi 技术有效设计疾病基因靶向治疗等提供了理论基础（PNAS，2015）。

4. 开发可以计算和回忆的遗传神经回路

记忆和逻辑是复杂状态依赖计算的核心，复杂状态依赖行为是自然生物

系统的一个特征。美国麻省理工学院 Piro Siuti 使用合成的遗传神经回路，为集成逻辑与记忆创建了一个平台，在活细胞中演示了所有通过记忆双输入的逻辑门都可以实现。这个平台允许集成的逻辑与记忆神经回路的简单组装，并在几周内实现预期的行为。它将允许在活细胞内进行计算性操作编码，包括时序逻辑和生物状态机械指令，从而能广泛应用在生物技术、基础科学和生物传感中。有关研究发表在 2014 年 5 月 Nature Protocols 上。

5. 在合成微生物共同体中实现遗传振荡

合成生物学的一个挑战是创造一个可以展现群体水平行为的协同微生物系统。2015 年 8 月科学杂志上报道了美国大学研究人员 Y. Chen 和 M. R. Bennett 等开发了一套这样的系统，利用细胞之间的信号传导机制来调节多种细胞的基因表达。他们构建了两种经过不同改造的大肠杆菌，一种称为“激活”菌株，另一种称为“抑制”菌株，只有当这两株菌共同培养时，会产生稳定的同步振荡荧光信号。该系统中的两种菌株分别通过酶催化产生两种不同信号分子并均可对其产生转录响应。“激活”菌株可以产生 C_4-高丝氨酸内酯（C_4-homoserine lactone，C_4-HSL），可以诱导相应启动子激活两个菌株中靶基因的转录。而“抑制”菌株产生的 3-OHC14-HSL 通过 LacI 的作用抑制靶基因的转录。通过两株菌中受不同信号激活和抑制的启动子调控的信号分子合成酶以及降解酶的表达，研究者实现了双信号偶联的正、负反馈循环，并且仅在双菌共培养时表现出群体水平的荧光信号振荡。

6. 链霉菌启动子元件获进展

链霉菌是重要的抗生素产生菌，对链霉菌进行代谢工程和合成生物学改造需要大量不同强度的启动子元件。然而，前期链霉菌只有一个组成型启动子 ermEp* 被广泛应用。中国科学院微生物研究所杨克迁课题组在 2013 年开发了活性明显高于 ermEp* 的强启动子 kasOp*［Appl Environ Microbiol，2013，79（14）：4484-4492］。目前，kasOp* 已经被提供给国内外多个链霉菌研究组使用，同时也在该所张立新课题组和娄春波课题组的相关工作中得到应用［Proc Natl Acad Sci USA，2015，112（39）：12181-12186］。

为了得到具有不同序列、不同强度特征系列组成型启动子，杨克迁课题组从天蓝色链霉菌不同培养条件下的时序转录组数据出发，经过一系列理性的分析遴选和实验验证，获得了 166 个不同强度的组成型启动子。这些启动子将为链霉菌合成生物学研究提供元件支撑（Microb Cell Fact，2015）。

然而由于链霉菌丝状生长的特性使其基因表达调控难以精确设计、定量

和预测，成为合成生物学在该领域发展的一个巨大的技术瓶颈。来自中国科学院微生物所的娄春波研究员和张立新研究员的研究团队合作建立了一个基于流式细胞仪和绿色荧光蛋白 sfGFP 的单细胞精确定量方法，用于鉴定链霉菌中的调控元件，在链霉菌中首次实现单细胞水平的转译元件强度表征。他们对 200 个天然的或合成的启动子和 200 个 RBS 进行高通量表征。另外又利用绝缘子 RiboJ 消除了启动子和 RBS 之间的干涉，提高了这些调控元件的模块性。利用这些调控元件，他们以一种可预测的方式成功地激活并提高了阿维链霉菌（*Streptomyces avermitilis*）中的沉默基因簇番茄红素的表达。他们的研究提供了一个定量测量方法以及通用的模块化调控元件，促进了链霉菌中基因簇功能优化和药物发现过程。这项工作发表在《美国国家科学院院刊》。

7. 青蒿素类过氧桥键合酶结构解析

自然界中含有过氧桥键的化合物具有多种生物活性，包括抗感染、抗肿瘤以及抗心律失常，其中最具代表性的青蒿素已经作为抗疟疾药物应用于临床接近 40 年。我国学者屠呦呦教授也因发现青蒿素（artemisinin）而共同获得 2015 年诺贝尔生理学或医学奖。曾耗时 12 年，花费 4000 万美元的艰辛研究，美国加州大学伯克利分校的 Jay Keasling 教授最终于 2013 年 4 月 10 日联合 Amyris 公司在《自然》杂志上在线发布了他们的成果：应用合成生物学技术成功地在转基因酵母中生产出青蒿素合成的前体青蒿酸，使利用酵母生产青蒿素取得突破性和革命性进展。青蒿素的生物活性与过氧键密不可分，但是催化青蒿酸形成青蒿素的环内过氧键合酶却一直没有找到，成为一道世界难题。

由中科院微生物所张立新研究员团队与美国刘平华和张燕教授团队合作，解析出青蒿素类过氧桥键的生物合成机制。研究结果在线发布于 2013 年 11 月 3 日的《自然》杂志。张立新研究员大胆猜测催化这类反应的环内过氧键合酶元件可能来源于黄花蒿共生的真菌中，试图从自主构建的海洋微生物天然产物库中发现这类含有过氧桥键的化合物及其相应的催化酶。通过与美国波士顿大学刘平华教授课题组和德克萨斯大学奥斯汀分校张燕教授课题组密切合作，他们从几株曲霉和青霉菌种中分离出具有抗感染等多种生物活性的含过氧桥键萜类吲哚生物碱真菌毒素 Verruculogen。解析了该化合物中的过氧桥键是由一个依赖 α-酮戊二酸的单核非血红素酶 FtmOx1 催化合成。文章首次报道了 FtmOx1 的晶体结构，以及 FtmOx1 分别与 α-酮戊二酸和底物 fumitremorgen B 的共晶体结构，并通过详尽的酶学实验结果验证

了 FtmOx1 的功能。当 α-酮戊二酸和两个氧原子结合到铁中心后，酪氨酸残基（Y224）屏蔽了催化中心，使其不能直接接触底物，而其他绝大多数的 α-酮戊二酸的单核非血红素酶的活性中心都可以直接作用于底物，所以这也是 FtmOx1 催化的独特之处。当 Y224 突变为丙氨酸或苯丙氨酸后，FtmOx1 催化主产物不再是过氧键化合物，这也进一步表明了 Y224 残基在环内过氧键催化中的重要性。阐明这一特别的环内过氧桥键的生物合成新机制为发现催化青蒿酸形成青蒿素的环内过氧键合酶向前迈进了一大步。进一步研究其酶学机制，将为含有过氧桥键的萜类吲哚生物碱的广泛应用奠定科学和应用基础。

8. 聚酮合成酶结构解析

学术界对于合成药物的分子机器十分感兴趣。不同的研究提出了大量的模型，也带来了不少的争论和分歧，但这个领域却缺乏有力的证据。在 2014 年 6 月 18 日在线发表于《自然》杂志的两篇文章中，美国密歇根大学的研究者获得了微生物体内天然状况下合成抗生素和其他药物“装配线”的第一个三维构象。对这个分子工厂完整结构及其运动的理解，能够为研究者进行微生物体内装配线的重设计提供一个可靠的蓝图，从而生产出具有高药用价值的新产物。

来自密歇根大学生命科学研究院的 Georgios Skiniotis、David Sherman 和来自化学系的 Kristina Håkansson 等研究人员揭示了生产聚酮的、装配过程中核心酶的结构。聚酮是一类包括具有广泛临床用途的、最重要的抗生素、抗真菌剂、癌症化疗制剂和免疫调节剂在内的具有多样性和多种生物活性的化合物。

聚酮合成酶（PKS）来自于一种名为委内瑞拉链霉菌（*Streptomyces venezuelae*）的陆源性细菌，这种细菌能合成一种红霉素中广泛涉及的抗生素前体——苦霉素（pikromycin）。研究发现，一个很微小的蛋白质——酰基载体蛋白（ACP）会顺序移到 PKS 工厂中不同的位点，并加上额外的化学元件，每一个步骤都是由其前一步获得的产物而决定的。发表在《自然》上的相关结构，揭示了生产苦霉素这个包括 6 次循环的生物装配线过程中的第 5 次循环的酶反应步骤，并利用低温电子显微镜（cryo-EM）可视化技术获得了第一张 ACP 蛋白完整结构及其变化、运动的高分辨率图像。

对于 ACP 扮演角色的理解从根本上改变了对于抗生素合成系统的整个结构和过程的理解。从根本上讲，了解聚酮合成的相关细节使成功设计并建造出生产具有高药用价值的新产物的系统成为可能。现在使用的药物中，有

将近2/3的药物是部分或完全来自于天然产物。但是，微生物用于生产药物的这个天然过程一直是个“黑匣子”。有了这个微生物合成化合物的蓝图，就能够开始重新设计用于生产需要的、合成新的且更好的药物所必需的化合物。

9. 可促D-A环化反应发生的酶

中科院上海有机化学研究所生命有机化学国家重点实验室刘文团队，经过长达12年的努力，在螺环乙酰乙酸内酯/内酰胺抗感染抗生素的生物合成中发现了两种不同的酶，可极大促进［4＋2］D-A环化反应的发生。该发现为证实D-A反应酶的天然存在提供了有力证据。相关成果在线发表于《自然-化学生物学》。上海有机化学研究所所长丁奎岭院士评价说，这一成果的取得，充分体现了合成化学与合成生物学学科交叉的优势。

D-A反应是合成化学中最重要的反应类型之一，而自然界中是否存在能够催化D-A反应的酶，一直是悬而未决的焦点科学问题。刘文团队发现，所有螺环乙酰乙酸内酯/内酰胺成员均采用了相似的生物合成策略，即通过酶促的［4＋2］环加成反应完成线性中间体的刚性交联；两个不同酶催化的环化反应可以偶联也可以去偶联，从而解释了自然界中如何创造核心骨架相似但整体结构不同的抗生素分子。

专家认为，以两个酶催化的串联［4＋2］环加成反应为中心的合成策略如能有效运用，将极大促进生物和化学合成手段的发展，可通过建立相应天然产物的类似物分子库，应对药物化学研究中对于分子结构多样性的要求和化学生物学研究中对于特异性分子探针的制备需求。

10. 人工构建自组装多酶体

蛋白质自组装是合成生物学和纳米生物技术领域的研究热点。华东理工大学生物工程学院鲁华生物技术研究所魏东芝教授和任宇红教授研究团队，在自组装超分子多酶体的研究中取得重要突破。

为解决如何实现多聚体酶精确组装的问题，该研究团队选择了两个异种微生物来源的多聚体酶（亮氨酸脱氢酶和甲酸脱氢酶）作为技术模型，利用蛋白质自身同源自聚的特性以及相互作用蛋白结构域（PDZ）和其配体（PDZlig）的异源相互作用的特性，采用生物技术成功实现了这两个多聚体酶在胞外和胞内的自组装，得到了结构高度有序的层状超分子多酶体。与未组装的酶相比，无论是催化性能还是蛋白质稳定性都得到了显著提高。

该项研究首次实现异种微生物来源的多酶在同一宿主细胞内自组装形成具有高度有序结构及高效耦合催化功能的超分子多酶体，避免了一般组装方

法中基质（如DNA支架、蛋白支架等）的使用。此研究结果将为有效调控胞内级联代谢途径以及有效构建具有稳定有序结构的纳米或微尺寸生物大分子提供一条简便可行的途径。

（二）底盘细胞及基因组合成

1. 底盘细胞的简化

理想的底盘细胞在具有基本的自我复制与代谢能力的基础上，具有正交性好、稳健性高、普适性强等特点。目前构建微生物底盘细胞的主要策略是基因组的精简，删除基因组上一些不必要的DNA序列。

基因组删减的关键在于建立完善的大片段无痕敲除策略，其主要运用的原理是同源重组、位点特异性重组与双链断裂修复重组等。目前，大肠杆菌、枯草芽孢杆菌、阿维链霉菌与酵母等少数模式微生物，其基因组均实现了不同程度的简化。

大肠杆菌W3110的基因组减小菌MGF-01的基因组减小了22%（3.6Mb），可以提高苏氨酸产量2倍；基因组减小了38.9%（2.98Mb）的删减菌DGF-298生长速度更快。大肠杆菌MG1655的基因组减小菌MDS42的基因组减小了15%，更有利于毒性蛋白的表达。国内方宏清小组将大肠杆菌DH1的基因组减小了22%，并发现基因组删减菌有利于抗体片段的胞外分泌表达，可以开发成制备小分子抗体的细胞工厂。

应用无痕删除技术将枯草芽孢杆菌基因组减小了1Mb；阿维链霉菌的基因组减小了1.4Mb；酿酒酵母菌基因组减小0.5Mb。国内南开大学也正在开展酿酒酵母和门多萨假单胞菌（*Pseudomonas mendocina*）基因组大片段删减和无痕敲除的相关研究。

在底盘细胞优化方面，军事医学科学院吴军课题组在酵母菌糖基化工程方面取得了进展，可以用于抗体及疫苗生产，将大幅度降低生产成本；刘志敏课题组在酵母菌的分泌系统改造方面也取得了工作进展。

2. 酿酒酵母菌基因组合成

2015年由美、英、法等多国研究人员组成的科研小组成功合成了第一条能正常工作的酵母染色体。这一成果被誉为攀上了合成生物学的新高峰，也是向合成人造微生物等生命体迈出的一大步。来自中国的深圳华大基因、天津大学、清华大学负责了部分染色体合成。

酿酒酵母不仅是工业微生物发酵的常用菌种，也是现代分子和细胞生物学中的真核模式生物。酿酒酵母基因组的人工再设计与全合成被称为第二代酿酒酵母计划（*Saccharomyces cerevisiae* 2.0，Sc2.0），旨在对酿酒酵母的

基因组重新设计并人工合成，最终得到具有生命活性的全新酿酒酵母菌株。2006 年，Sc2.0 项目由美国霍普金斯大学的 Jef Boeke 教授（现任职于纽约大学）发起并率先开始。2011 年，在天津大学元英进教授等的积极推动下，多个国家和地区的众多研究机构参与到 Sc2.0 项目当中，推动 Sc2.0 项目逐步走向国际化。目前，Sc2.0 项目的参与国家包括美国、中国、英国、新加坡、澳大利亚等多个国家，包括约翰·霍普金斯大学、纽约大学、天津大学、清华大学、帝国理工大学、爱丁堡大学、南洋理工大学、深圳华大基因研究院等在内的数十个国际知名院校和研究机构参与到 Sc2.0 项目当中。其中，中方研究机构参与合成的酿酒酵母染色体包括Ⅱ号、Ⅴ号、Ⅶ号、Ⅹ号、ⅩⅡ号、ⅩⅢ号 6 条，总长度为 4683.9 kb，占酵母基因组长度的 39%，美国合成染色体总长度占酵母基因组的 28%。

酿酒酵母人工染色体在设计过程中保持了野生型染色体的基因顺序，对亚端粒结构、内含子和转座子进行删除，将全部的 tRNA 基因转移到一条全新的 tRNA 染色体上，将 TAG 终止密码子更换为 TAA 密码子，并利用密码子的简并性设计 PCR 标签引物以区分野生型与合成型染色体；同时，合成型染色体在非必需基因终止密码子后添加了对称的 loxP 重组位点，以便于后续的基因组人工操作。

酿酒酵母人工染色体在合成过程中，遵循了“单链寡核苷酸-小片段 DNA-大片段 DNA-基因组替换”的操作过程。①利用化学方法合成长约 70 个核苷酸的寡核苷酸链，相邻寡核苷酸链之间存在互补区域；利用 PCR 方法将多个相邻寡核苷酸链进行连接，得到约 750bp 的构件（building block)；②将首尾有重叠区域的小片段 DNA 利用酵母体内同源重组快速组装技术得到 2～4kb 的小组块（minichunk)；③利用酵母同源重组和迭代替换的方法逐步得到合成型人工染色体。

酿酒酵母人工染色体引入了众多对称型 loxP 重组位点，这些位点可以在 Cre 酶作用下发生位点特异性重组，诱导基因组水平的基因重排，实现基因组的快速进化，即构成了 SCRaMbLE 系统（Synthetic Chromosome Rearrangement and Modification by LoxPsym-mediated Evolution)。

SCRaMbLE 系统诱导的基因变化具有全局性和多向性，可以用于快速获得不同酵母基因组的文库，尤其是基因组简化的文库。传统基因敲除方法难以实现所有非必需基因随机组合的敲除，而合成型酿酒酵母染色体中 SCRaMbLE 系统诱导基因缺失的随机性，理论上可以实现所有非必需基因删除的随机组合，获得数量庞大的基因缺失菌株库。

此外，SCRaMbLE 系统中添加的是对称型 loxP 序列，因此 Cre 重组酶的表达还会导致 loxP 序列之间 DNA 的重复、移位或倒置等。全局性基因的变化会使染色体产生大量的、不可想象的变化，进而产生表型多样化、代谢多样化的大量菌株，为酿酒酵母的进化研究提供全新的方法和规模巨大的研究菌株库。通过不同环境压力对重组菌株进行驯化和多轮 SCRaMbLE 改造，可以为生命起源与进化、医药产品生产、环境治理、能源与化学品生产提供丰富的研究材料和优良的底盘菌株。

3. 基于生物安全考虑的遗传修饰微生物底盘细胞研究进展

遗传修饰的微生物被越来越多地用于生物医学、工业和环境科学中。在大尺度和开放的环境中，需要有安全和可靠的方式来防止这些工程微生物的扩散。针对这个问题，一个传统的方法是利用代谢营养缺陷技术，即使目标细胞只能在一个特殊外源提供的代谢物存在下才能生存。但是这种传统方法有很大的局限性，不太实用。一是，这些改造的微生物可以从周围环境中吸收这种营养物质；二是，改造的微生物在环境中可以和其他微生物通过 DNA 片段的交换，获得这种合成能力。

2015 年 1 月，美国的两个研究小组成功地通过改写转基因微生物的遗传密码，达到防止其扩散的目的。这两个研究小组分别由哈佛大学的乔治·丘奇（George Church）和耶鲁大学的法伦·艾萨克斯（Farren Isaacs）负责。研究小组通过重新编写转基因微生物的遗传密码，使其不得不依赖一种人造氨基酸才能存活，一旦这些转基因微生物脱离了实验室，便会因为缺乏这种非天然氨基酸而死亡。他们成功地在实验室中利用大肠杆菌培养出了这种类型的菌株，该菌株只有在提供了人工合成的氨基酸的条件下才能存活。这两个研究都是首次利用对人工合成营养的依赖作为生物控制的策略，这或许可以对开阔环境中转基因生物的安全性问题带来启发。这种方法也存在一种缺陷，需要提供这种稀少的氨基酸才能培养改造的微生物，其适用面必然受到限制。

在 2015 年 6 月出版的《ACS Synthetic Biology》杂志上刊登了加州大学 Christopher Anderson 实验室创建的基于配体依赖必需基因的生物防护体系，可以将遗传修饰大肠杆菌的环境逃逸概率降低至 3×10^{-11}，超过生物安全标准。

2015 年 12 月在《Nature Chemical Biology》杂志上麻省理工学院 James J Collins 领导的研究团队提出了两种安全防护系统，称为“死亡令（Deadman）”和“生存密码（Passcode）”，防止遗传修饰微生物逃逸到环境中。

“死亡令”杀死开关是将非平衡的相互转录抑制与细胞生存的特异输入信号偶联。“生存密码”死亡开关则是用一个两层转录调控并结合杂合型的转录因子，构建多样复杂的环境输入控制回路。这些合成基因回路可以有效地杀死大肠杆菌，能方便地重编程改变环境输入信号和死亡机制。

（三）应用进展

1. 我国科学家在林可霉素生物合成机制方面获突破

作为一种广泛存在的有机化合物，小分子硫醇一直以来被视为消除生命体有害物质的“清道夫”。如今，科学家发现，它们除了有清除毒害的保护性功能，还具有“导演”抗生素精密合成的建设性功能。该发现改写了人类对于小分子硫醇的传统认识，有望带来相关医药化学品生物制造技术的变革。

英国《自然》杂志 2015 年 1 月 14 日在线发表了中科院上海有机化学研究所刘文团队在林可霉素生物合成机制方面取得的突破。研究团队发现，小分子硫醇通过两个罕见的 *S*-糖苷化反应主导了林可霉素的生物合成进程，不但代表了麦角硫因参与生化反应的首个范例，而且提供了一种放线硫醇依赖的硫元素引入新模式。业内专家预期，对硫醇化学为核心的林可霉素生物合成机制的揭示，为针对性地遗传改造林可霉素的工业生产菌种创造了条件，提供了在发酵过程中通过组分优化与产量提高实现降低生产成本和减轻环境污染的理论依据。同时，相关发现也为设计和创造新型人造“生命细胞”并在“细胞工厂”中实现含糖单元的新型生物基化学品的“生物制造”奠定了分子基础。

2. 上海交通大学建立 β-井冈霉烯胺生物合成新途径

β-井冈霉烯胺属于 C7N 氨基环醇类，其衍生物作为 β-糖苷酶抑制剂类药物的先导化合物，可用于治疗溶酶体贮积症等遗传代谢性疾病。由于 C7N 氨基环醇类分子结构中存在多个手性中心，化学合成难度很大。

上海交通大学微生物代谢国家重点实验室冯雁团队应用合成生物学理念，系统分析了目标产物与微生物次级代谢产物结构的相似性、微生物天然产物合成途径的模块性等特点。同时，以吸水链霉菌井冈霉素生物合成途径为主，引入高度立体选择性的芽孢杆菌氨基转移酶基因，并敲除相关酶基因以阻断竞争途径，获得了发酵培养 96h 可产生 20mg/L 的 β-井冈霉烯胺突变菌株。该项工作发表在《ACS Synthetic Biology》上。

3. 上海生命科学研究院等在原始霉素产生菌的遗传改造研究中获进展

抗生素的长期使用，尤其是不合理使用及滥用，使临床上耐药的致病菌感染已成为目前医学界十分严重的问题，因此研制和开发具有抗耐药菌能力

的抗生素十分迫切。由始旋链霉菌，（*Streptomyces pristinaespiralis*）产生的原始霉素（Pristinamycin，也称普那霉素）具有这样的作用。它属于链阳性类抗生素，包含原始霉素Ⅰ（PⅠ）与原始霉素Ⅱ（PⅡ）两个组分，其衍生物已被批准用于治疗多种临床耐药性病原菌，如耐甲氧西林葡萄球菌与耐万古霉素肠球菌等。目前国内现有始旋链霉菌的发酵单位很低，因此原始霉素一直未能实现产业化。上海来益生物药物研发中心利用随机诱变和连续传代的策略，获得了一株遗传性状稳定的高产菌株 HCCB10218（PⅡ产量为 185mg/L）。以此作为出发菌株，姜卫红研究组的博士研究生李雷和研究员芦银华与上海来益生物药物研发中心分工合作，通过组合代谢工程策略与发酵工艺的优化，进一步提升了该菌株 PⅡ的发酵产量（Metabolic Engineering，2015）。

首先，通过 PⅡ生物合成基因簇拷贝数的扩增，实现了 PⅡ产量的有效提升（45%）。其次，研究组对原始霉素生物合成的途径特异性调控网络（包含 7 个调控基因，*papR 1*-*papR 6* 和 *spbR*）进行了系统改造。在敲除负调控基因 *papR 3* 或 *papR 5* 的基础上，同时强化正调控基因 *papR 4* 和 *papR 6* 的表达，PⅡ产量分别提高了 99%与 75%。组合上述两种策略，工程菌株的 PⅡ产量提高了 1.5 倍，达到 460mg/L 左右。最后，通过添加大孔吸附树脂以减弱终产物的毒性效应与反馈抑制，工程菌的 PⅡ产量在摇瓶和分批发酵中分别达到了 1.13g/L 和 1.16g/L，是出发菌株的 5.13 倍和 5.26 倍。这些研究成果为最终获得原始霉素的工业生产菌株奠定了坚实基础，所采用的组合代谢工程策略也可用于其他工业链霉菌的菌种改良。

此外，在该研究中，研究组还对经典的 Gibson 等温一步法进行了优化改良，建立了适用于高 G+C 含量的大片段 DNA 拼接方法，从而为放线菌次级代谢产物的基因组挖掘提供了非常便利的技术，相关研究结果已申请了国家专利（201410270968.6）。

4. 中科院微生物所在大肠杆菌高效全细胞催化青霉素方面取得进展

7-氨基去乙酰氧基头孢烷酸（7-ADCA）是制备头孢类抗生素的重要中间体。传统的通过青霉素化学扩环生产 7-ADCA 的方法，存在步骤复杂、环境污染等问题。因此，建立绿色高效生产 7-ADCA 的方法是十分必要的。

中国科学院微生物研究所研究员陶勇课题组在大肠杆菌中表达青霉素扩环酶（DAOCS），利用全细胞催化高效转化青霉素 G 生成 G-7-ADCA。为提高 DAOCS 对非天然底物青霉素 G 的活力，研究员杨克迁课题组通过迭代组合突变获得了酶活力较高的 DAOCS-H7［Appl Environ Microbiol,

2012，78（21）：7809]。陶勇课题组通过在大肠杆菌中过表达DAOCS-H7，构建转化青霉素G生成G-7-ADCA的工程菌株。通过重构初级代谢中的三羧酸循环（TCA Cycle），将合成反应的共底物α-酮戊二酸变成反应的辅因子，通过TCA循环实现再生；通过推动TCA循环，推动合成反应进行。通过减少乙酸积累、敲除宿主自身β-内酰胺酶减少底物和产物降解等手段进一步提高合成反应效率。通过组合以上代谢工程手段，G-7-ADCA的产量从（0.89±0.28)g/L提高到（10.31±0.46)g/L，全细胞催化效率提高了11倍。

该研究工作通过对大肠杆菌初级代谢网络的精巧设计，重构TCA并偶联生物合成反应，实现高效的生物转化。展示了通过重构的TCA循环来推动目标酶促反应的可能性。该研究策略在α-酮戊二酸依赖型加氧酶类以及其他与TCA循环有关联的酶反应中具有广泛的借鉴意义（PNAS，2015）。

5. 武汉植物园在植物萜烯化合物酵母合成研究中取得进展

植物萜烯类物质是分布较为广泛且分子结构复杂多样的一类化合物，一般情况下这类化合物在植物体内的含量较低，且通常只在特殊生境下得以合成。随着合成生物学技术的诞生，酵母系统已经成为合成植物萜烯化合物的重要平台。

中国科学院武汉植物园硕士研究生孙志强在章焰生研究员的指导下，开展了酵母系统的遗传改造研究，对酵母基因组上的一些冗余基因进行了人工删除，获得一系列酵母突变体；通过代谢工程手段，实验评估了这些酵母突变体合成植物萜烯类物质的能力，结果发现：大部分酵母突变体相对于野生菌种，合成植物萜烯类化合物的能力提高了8～10倍，且酵母生长完全不受影响。该论文的发表对推进相关产业的发展具有实际应用指导意义。

6. 天津工业生物技术研究所成功获得第一代“人参酵母”细胞工厂

中科院天津工业生物技术研究所张学礼研究员课题组与中国中医科学院中药资源中心黄璐琦研究员课题组合作，获得能同时合成齐墩果酸、原人参二醇和原人参三醇3种人参基本皂苷元的第一代“人参酵母”细胞工厂（Scientific Reports，2015）。

人参皂苷（*Ginsenosides*）是人参（*Panax ginseng*）和西洋参（*Panax quinquefolium*）等珍稀药用植物中提取的药效成分。迄今为止已经发现的人参皂苷约有40余种，这类化合物具有相似的基本结构，依苷元架构的不同，可分为人参二醇型（PPD)、人参三醇型（PPT）和齐墩果酸型（OA）3类。由于野生人参资源已基本耗竭，目前获得人参皂苷的主要途径是从人

工栽培品种中提取。然而人工栽培人参、西洋参需要4～15年，生产上由于连作障碍和病虫害的困扰，其品质及其生长环境受到严重限制。人参皂苷类化合物产量已经远不能满足社会的需求，严重影响了人参的临床应用和人参皂苷类制药原料中间体的开发和应用，亟待提供新的资源途径。

科研人员前期构建出生产人参二醇型皂苷元的酵母人工细胞（Metab Eng，2013，20：146-156）。在该研究中，通过在酿酒酵母中整合了带有强启动子的*tHMG 1*，*ERG 9*，*ERG 1*和*bAS*等关键基因，获得产齐墩果酸型三萜化合物重要前体β-香树脂的底盘菌，β-香树脂产量达107mg/L。在此底盘菌基础上，整合了齐墩果酸的功能模块（OAModule）和原人参二醇-原人参三醇的功能模块（PPD/PPTmodule），获得第一代“人参酵母”细胞工厂GY-1。该细胞工厂能同时合成齐墩果酸、原人参二醇和原人参三醇3种人参基本皂苷元，产量分别达21.4mg/L，17.2mg/L和15.9mg/L，占总人参皂苷元的比例分别为39.3%，31.5%和29.2%。该研究为最终获得生产人参皂苷的酵母细胞工厂奠定了基础。

7. 基因工程改造植物生产抗癌物质

鬼臼草，这个短小、多叶植物是鬼臼毒素的原始来源，鬼臼毒素是一种细胞毒化合物，是依托泊苷这种抗癌药物的原始材料。这种药物自1983年就已经出现在美国市场上，被用于治疗几十种不同的癌症，从淋巴瘤到肺癌等。现在，鬼臼毒素主要是从美国很普通的鬼臼果中提取。但是这种植物是一种生长缓慢的植物，只能产生少量的化合物。

鬼臼果大量生产鬼臼毒素以抵抗潜在的病症。为了做到这一点，这些植物采用按部就班的方法合成它们的化学防御。但是因为这种化合物的合成路线还没有研究出来，没有人精确地知道哪些基因参与到分子的聚合中。加利福尼亚帕洛阿尔托斯坦福大学的化学工程师Elizabeth Sattely和其研究生Warren Lau解释称鬼臼毒素构成的蛋白质只有在叶子受损后才会产生。所以他们在健康的鬼臼果叶子上制造小孔，查看受损组织周围受伤前后出现的是哪种蛋白质。他们发现了31种，根据可能性功能进行划分。然后他们通过对4种等级成分正确的化学反应的了解，缩小了可能的候选成分。把各种可能的酶基因组合通过一种容易感染烟草的细菌，插入到植物组织中。最后产生了10种酶的组合，使这个植物产生了被称为（—）-4′-desmethyl-epipodophyllotoxin的分子，是依托泊苷的前身和一种有效的抗癌物质。

美国诺威奇的植物研究中心约翰英纳斯中心的生物化学家莎拉·奥科诺表示：“这是一项伟大的工程。”这项工作可能会成为医药公司抗癌药物的一

个稳定、充足的供应源，还有可能产生相似的、效果更好的化合物。

8. 上海生命科学研究院在二萜类化合物的合成生物学研究中取得进展

甜菊糖是仅存在于南美菊科植物甜菊（*Stevia rebaudiana* Bertoni）和中国的甜茶（*Rubus suavissimus*）等少数植物的一种四环二萜类化合物。近几十年来，随着人们对甜菊糖苷类化合物化学多样性和生理功能的认识，其作为下一代重要的健康天然甜味剂和潜在药物的价值已经获得了广泛的认可。中国科学院上海生命科学研究院植物生理生态研究所王勇研究组基于前期构建的甜叶菊RNA序列数据库，对甜菊糖生物合成途径的关键酶进行了广泛地挖掘。通过在静息细胞中共表达候选的细胞色素P450基因和糖基转移酶基因，解析和鉴定了甜菊糖生物合成途径中的两个关键酶，并在大肠杆菌底盘细胞中重构了从头合成甜菊糖苷类化合物的非天然合成途径。经一系列理性设计的表达条件优化，使大肠杆菌中甜菊糖生物合成的关键中间体产量得到大幅度提高，并成功地获得了其主要组分RA。该研究为实现甜菊糖苷等重要二萜类化合物的合成生物制造奠定了基础，同时为改造大肠杆菌成为复杂萜类化合物异源合成的底盘细胞提供了成功范例（Cell Research，2015年9月14日）。

9. 中国科学院天津工业生物技术研究所建立了基于谷氨酸棒杆菌中C—C缩合途径生物合成稀少糖策略

稀少糖及其衍生物具有独特的生理学功能，具有降血糖、抑制癌细胞生长与脂肪积累等作用，在食品、保健品、医药品与化妆品等领域具有十分重要的应用价值。目前主要通过单糖转化的方法实现稀少糖和稀少糖醇的生物合成。中国科学院天津工业生物技术研究所孙媛霞研究员带领的功能糖与天然活性物质研究组通过挖掘在C—C键的生物合成中具有广泛用途醛缩酶，探索以甲醛、乙醛、甘油醛及甘油等小分子底物合成稀少单糖及其衍生物的新途径，从而获得高附加值的稀少糖及其衍生物。研究组以谷氨酸棒杆菌为底盘微生物，通过代谢工程手段改造菌株，积累胞内磷酸二羟丙酮（DHAP）；同时在工程菌中构建由醛缩酶和去磷酸化酶组成的新合成途径，以葡萄糖和D-甘油醛为底物合成D-山梨糖（D-sorbose）和D-阿洛酮糖（D-psicose），得率达到1.18g/g D-甘油醛；优化发酵条件，最终D-山梨糖和D-阿洛酮糖的产量达到19.5g/L和13.4g/L。醛缩酶催化缩合反应时，具有较强立体选择性，通过选择不同种类的醛缩酶和醛基受体，可以得到不同构型的产物，研究组也发现该工程菌还可以利用甲醛合成D-赤藓酮糖（D-erythrulose），以羟基乙醛合成L-木酮糖（L-xylulose），以L-甘油醛合

成 L-果糖（L-fructose），以 D-赤藓糖合成 3*R*，4*S*，5*R*，6*R*-heptulose 和 3*R*，4*R*，5*R*，6*R*-heptulose，且都具有较高的转化率。

综上所述，该工程菌株具有合成 C_4，C_5，C_6，C_7 稀少酮糖的能力。利用小分子化合物建立了基于 C—C 缩合反应的绿色合成稀少糖策略，同时也为 1、2、3 碳化合物高效利用提供可借鉴思路（Biotechnology and Bioengineering，2015）。

10. 中国科学院天津工业生物技术研究所构建了非天然的 L-稀少酮糖的生物合成路线

L-稀少糖，具有重要生理功能，可用于防治肥胖、高血压、高血脂等疾病；此外，L-稀少糖还可以作为医药中间体合成 L-核苷类药物，提高其抗肿瘤活性。然而，目前能够获得的 L-稀少糖种类很少。

中国科学院天津工业生物技术研究所功能糖与天然活性物质研究组通过代谢工程技术，构建了合成 L-型稀少酮糖的工程菌，并成功合成了 L-山梨糖和 L-阿洛酮糖。科研人员首先挖掘了在 C—C 键的生物合成中具有广泛用途的果糖 1,6-二磷酸醛缩酶（FruA）和塔格糖 1,6-二磷酸醛缩酶（TagA），发现来源于大肠杆菌的 FruA 和地衣芽孢杆菌的 TagA 催化磷酸二羟丙酮（DHAP）和 L-甘油醛，出现产物构型非专一现象，获得两种产物 L-山梨糖和 L-阿洛酮糖。随后以谷氨酸棒杆菌为出发菌株，构建并优化了由 FruA 和去磷酸化酶（YqaB）组成的醛缩途径，以葡萄糖等为底物合成两种 L-稀少己酮糖，通过代谢工程改造及发酵条件优化，提高了胞内 DHAP 和 L-甘油醛的含量，产物得率进一步得到提高，最终 L-山梨糖和L-阿洛酮糖产量为 3.5g/L 和 2.3g/L。该研究成果对于合成非天然构型的 L-稀少糖提供了可借鉴的思路（Applied and Environmental Microbiology，2015）。

11. 中国科学院天津工业生物技术研究所在产糖醇酵母基因组重组改造研究中取得进展

糖醇是一类重要的功能性化合物，具有低热值、低胰岛素代谢响应、防龋齿等特性。2004 年，美国能源部（DOE）将其中的 D-阿拉伯糖醇和木糖醇列为 12 类高附加值生物基化学品之一，已广泛应用于食品、医药及化工领域。目前，生产糖醇的方法主要是化学加氢法，但是该方法存在设备投资大、底物要求高等问题，因此，绿色高效的生物合成功能糖醇方法备受关注。而要实现功能糖醇的生物合成，核心在于获得高产糖醇微生物，并根据生产工艺进行有效改造。

中国科学院天津工业生物技术研究所进化与代谢工程研究组在前期工作

中筛选获得了一株高效产糖醇异常毕赤酵母 *Pichia anomala* TIB-x229。*P. anomala* TIB-x229 可以将葡萄糖转化为 D-阿拉伯糖醇和核糖醇，其最高糖醇转化率可达 0.57g/g。*P. anomala* TIB-x229 也可以将木糖转化为 D-阿拉伯糖醇、核糖醇和木糖醇，其最高转化率可达 0.77g/g。同时，以不同比例葡萄糖和木糖混合糖为底物时，*P. anomala* TIB-x229 也表现出良好的糖醇转化能力，并没有表现出明显的葡萄糖抑制效应，这有利于混合糖的同步有效利用。当以木糖母液废液为底物进行生物转化时，*P. anomala* TIB-x229 也表现出良好的抗逆性和糖醇转化性能，为低成本原料利用奠定了重要基础。

为了进一步提高酵母 *P. anomala* TIB-x229 糖醇生产性能，研究人员将高碘酸盐糖醇显色筛选和基于荧光标记的流式融合子筛选进行有效的整合，构建了高效产糖醇酵母基因组重组改造筛选方法。首先，通过传统的紫外和等离子体诱变方法构建突变体亲本库，并利用显色法高通量筛选糖醇产量提高菌株作为出发菌；然后，基于高效荧光染料标记流式筛选技术，对含双荧光融合子进行分选并评价糖醇生产性能。通过两轮基因组重组筛选，实现了产糖醇酵母性能的有效提升，重组菌株 GS2-3 的糖醇产量较原始菌 *P. anomala* TIB-x229 提高了 32.3%，为进一步实现糖醇生物制造奠定了基础。该研究构建的高效基因组重组技术实现了菌种产糖醇性能快速高效提升，同时也为其他缺少遗传标记的非常规酵母基因组工程改造提供了解决方法（Microbial Cell Factories，2015）。

12. 利用转基因细菌合成高能生物燃料

在需要最小化燃料重量时，高能燃料非常重要。有一种从树木中提炼的化合物蒎烯，经二聚化后生成蒎烯二聚体，已证明其能量密度和航空燃料 JP-10 相当。佐治亚理工学院与联合生物能源研究院科学家通过转基因工程改造细菌，让它们能合成蒎烯，有望替代 JP-10 用在导弹发射及其他航空领域。从石油中提炼 JP-10 供给有限，将来生物燃料有望补其不足，甚至促进新一代发动机的开发。相关研究发表在《ACS Synthetic Biology》上。

在前期生物工程的研究阶段，论文资深作者、佐治亚理工学院副教授 Pamela Peralta-Yahya 和同事们已将蒎烯产量提高了 6 倍。他们在研究替代酶，将其插入大肠杆菌以产生蒎烯，已选定的酶分为两类：3 种 PS（蒎烯合成酶）和 3 种 GPP（香叶基二磷酸合成酶），通过实验来寻找最佳组合以获得最高产量。目前，他们已将产量提高到 32mg/L。但要和来自石油的 JP-10 竞争，产量还要提高 26 倍，Peralta-Yahya 说，但这也在生物工程大

肠杆菌的可能范围内。

Peralta-Yahya 认为，目前的障碍在于系统内部的一个抑制过程。她表示："我们发现，是酶被基质抑制了，这种抑制取决于浓度。目前我们需要的是在高浓度基质中不会被抑制的酶，或在整个反应中能维持基质低浓度的方法。这两方面都比较困难，但并非无法克服的。"

13. 利用经遗传改造的细菌将生物质能直接转化为乙醇

佐治亚大学研究人员发表在《美国国家科学院院刊》上一篇论文报道，他们对能降解木质纤维素的细菌嗜热木聚糖酶进行遗传改造后，其直接将以柳枝稷为原料的生物质能转化成了乙醇燃料。该研究未来有望实现工业化生产，生产出物美价廉的燃料。

在利用柳枝稷和巴茅根等非食物农作物生物质能制造具有成本效益的生物燃料的过程中，面临的一个主要"拦路虎"是利用微生物发酵制造乙醇之前，要对植物进行预处理——将植物的细胞壁破解，科学家们一直没有找到很好的办法，因此，也拖慢了科学家们用生物质能生产生物燃料的步伐。

现在，佐治亚大学富兰克林文理学院遗传学系教授珍妮特·威斯特菲尔玲和该校生物能源科学中心（由美国能源部资助）的研究人员，历时两年半的研究，对细菌嗜热木聚糖酶进行了遗传改造，经过改造后的菌株成功地承担了拆解植物生物质能细胞壁的任务，摒弃了预处理过程。

威斯特菲尔玲及其同事删除了嗜热木聚糖酶的一个乳酸脱氢酶基因，引入了制造乙醇的热纤梭菌的一个乙醛/乙醇脱氢酶基因，经过遗传改造的嗜热木聚糖酶因此拥有了把糖发酵成乙醇的能力。研究结果表明，这种经过改造的嗜热木聚糖酶菌株把柳枝稷生物质能转化成了它的总发酵终产物的70%，相比之下野生型菌株的产量为0。

14. 一种无害的大肠杆菌能够实现丙烷的可再生

化石燃料是一种有限资源，随着人口的不断增长，人类必须找到新的材料或技术来满足日益增长的能源需求。丙烷是液化石油气的主要组成部分，很容易液化，在合成后能够立刻被分离出来，易于运输、存储和使用。

发表在《自然通讯》杂志上的一项研究中，研究人员通过一些酶阻断了大肠杆菌中脂肪酸进入细胞膜的生物过程，引导脂肪酸进入不同的生物途径，使大肠杆菌产生了丙烷。该研究为实现能源的可再生提供了可能性，有望取代不可再生的化石燃料。

在这项研究中，科学家们使用大肠杆菌作为宿主生物体，首先通过硫酯酶新的变体中断大肠杆菌脂肪酸进入生物膜的过程，得到了丙烷产生的前体

化合物——丁酸。随后，他们用了一种叫做酰基载体蛋白质的细菌酶让丁酸变成丁醛。最后，他们用了一种最近才发现的能够催化丙烷生成的酶 ADO (aldehyde-deformylating oxygenase)。虽然此前也有科学家尝试通过 ADO 产生燃料，但是结果都不尽如人意。在这项研究中，科学家们通过电子刺激 ADO，增强了它们的催化能力，最终产生了丙烷。不过，该研究目前还处于早期发展阶段，大肠杆菌产生的丙烷水平较低，科学家们正在改进合成过程。他们希望未来 5～10 年，该研究可以实现商业上的可行性。研究人员的最终目标是，将大肠杆菌的这个产能系统转入到光合细菌中，将来有一天可以将太阳能直接转化为化学能。

15. 大肠杆菌“造”出最耐热生物塑料

日本研究人员在美国化学学会刊物《大分子》杂志上报道，他们利用大肠杆菌，通过转基因操作和光反应等方法，制作出 400℃左右高温下也不会变性的生物塑料，是当前同类塑料中最耐热的。

日本科学技术振兴机构等机构联合发表的公报说，这种塑料是透明的，硬度特别高，用于汽车上代替玻璃，能大幅度减轻汽车重量，从而节约能源、减少二氧化碳排放。

生物塑料用来自植物等的生物质为原材料生产，有利于保护环境。但此前的生物塑料硬度和耐热性都较差，所以用途有限，一般都是作为一次性材料使用。

日本研究人员注意到，某些放线菌分泌的一种氨基肉桂酸拥有非常坚固的结构。研究人员根据这一发现对大肠杆菌进行基因重组，再利用它使糖分发酵，制造出自然条件下几乎不存在的“4-氨基肉桂酸”。

研究人员通过光反应和高分子化等方法，用“4-氨基肉桂酸”聚合制取聚酰胺酸，然后在 150～250℃的真空下加热制成聚酰胺薄膜。这种薄膜难以燃烧，能够耐受 390～425℃的高温，而此前生物塑料的最高耐热温度是 305℃。

研究人员认为，比起以石油为原料、通过复杂工艺制造的传统塑料，这种生物塑料成本相对较低。他们今后准备进一步提高其强度，争取早日达到实用化。

16. 天津大学在微生物燃料电池方面取得进展

天津大学化工学院学生团队第一次将复杂的混菌体系概念应用到微生物燃料电池中，并且得到了较为高效稳定的电输出结果，也就是高效混菌微生物燃料电池。

天津大学的学生们利用基因工程对菌株进行改造，使工程化培养的混菌体系不仅共生，还能高效协同。这款电池目前能持续高效产电超过 80h。未来，通过工程化设计和装置材料改进，有可能做成 5 号电池，甚至手机电池。

该项成果获得了美国麻省理工学院主办的 2015 国际遗传工程机器设计竞赛金奖及该赛事最佳能源工程单项奖。

17. 中国科学院微生物所在大肠杆菌中实现碳浓缩固碳

将 CO_2 转化为燃料或化学品，是实现 CO_2 的资源化利用、缓解资源能源短缺和温室效应的一种途径。经遗传改造的蓝细菌或者藻类等光合自养微生物，可以将 CO_2 转化为包括乙醇、丁醇、丙酮、异丁醛、乳酸等在内的数十种化学品，但由于自养生物生长速度慢，CO_2 生物转化为这些化学品的效率还比较低。

异养生物可以通过磷酸烯醇式丙酮酸羧化酶等自有途径固定 CO_2，但目前尚不清楚光合生物的固碳途径是否能在异养生物中发挥作用，效率如何。如果能够在异养生物酵解途径的基础上引入额外的固碳途径并发挥功能，则有可能为目标代谢产物的生产提供额外的碳架来源。

从这一假设出发，中国科学院微生物研究所李寅课题组在大肠杆菌中导入了卡尔文循环中的磷酸核酮糖激酶和核酮糖-1,5-二磷酸羧化酶/加氧酶，发现可以在大肠杆菌的中央代谢中固定额外的 CO_2。采用基于 ^{13}C 的定量分析发现，CO_2的供给是大肠杆菌异养固碳的限速步骤。进一步引入蓝细菌特有的碳浓缩机制，大肠杆菌中央代谢的固碳速率可以达到与 14 种蓝细菌和藻类的固碳速率相当，实现了蓝细菌固碳和碳浓缩机制在异养生物中的重编程，为进一步提高异养生物固碳效率奠定了基础（Biotechnology for Biofuels，2015）。

18. 中国科学院合肥物质科学研究院构建细菌生物传感器实现水环境砷的快速检测

中国科学院合肥物质科学研究院技术生物与农业工程研究所环境毒理与生态研究室研究员吴李君课题组在细菌生物传感器对水环境中砷的快速检测方面取得新进展。研究针对砷这一危害较大的环境污染物，通过定向进化技术构建更加灵敏高效的砷的细菌生物传感器，实现了方便易行、低成本的砷的快速检测。上述研究成果已被国际环境科学期刊 Environmental Science & Technology（2015；DOI：10.1021/acs. est. 5b00832）接受发表。

项目组成员利用带有绿色荧光蛋白的报告载体，以砷诱导型启动子为起

始材料，利用易错 PCR 和 DNA 重组技术获得启动子突变文库。通过基于流式细胞仪的荧光激活细胞分选（FACS）筛选手段，定向进化得到灵敏、专一、高效的砷诱导型启动子，从而构建更加灵敏高效的砷的细菌生物传感器。研究结果显示：进化后的砷的细菌生物传感器 ep3，其相对诱导活性比野生型提高了 12 倍，并且对砷的响应时间缩短了一倍，可在 45min 内获得良好的荧光响应；在实际诱导操作中，进化后的砷细菌生物传感器可使用平台期菌作为出发菌，较之传统的诱导操作选用对数期菌减少了 2～3h 的前期准备时间，使其在实际检测中操作更加方便便捷；面对复杂水环境中的离子等干扰时，进化后的砷细菌生物传感器的生长和荧光响应都没有出现明显的异常，表明其在实际复杂水环境检测中具有一定的抗干扰能力；进化后的砷细菌生物传感器对砷污染的内蒙古井水进行检测结果，和电感耦合等离子体质谱（ICP-MS）方法检测结果非常接近，说明该砷细菌生物传感器可以成功地作为一种新型、简便、廉价的环境砷的检测方法。

19. 微型游泳生物机器人（bio-bots）问世

美国 Illinois 大学的 Gutgsell 机械科学和工程学教授 Taher Saif 教授领衔的团队 2014 年在《自然通讯》杂志上发表了他们的工作。该研究团队开发了一系列微型生物混合机器人，这些机器人像精子一样游动。这种机器人是目前首个能够靠自身力量穿过黏性生物环境的合成机械结构。

他们研发的生物机器人——bio-bots 是根据单细胞加上长尾巴——鞭毛的模型制作的，外形类似精子的结构。研究人员通过使用柔性聚合物制造了机器人的身体，在机器人头部和尾部之间培养了心脏细胞，培养细胞自动对准并同步跳动，驱动尾部摆动，推进生物机器人前进。然而关于细胞间如何在柔性聚合物尾巴上相互联系仍不清楚，但是细胞必须在正确的方向同步跳动才能使尾部移动。该研究团队还设计了双尾机器人，而这种机器人游动的速度更快，多尾也带来了导航的可能性。

研究人员设想未来的机器人能够感知化学或光信号并向目标游动，这样或能够为医药和环境应用带来新的思路。Saif 表示，希望能使用基本的结构结合干细胞技术制作智能结构为供给药物，实施微创手术或靶向治疗癌症带来可能。

麻省理工学院生物和机械工程教授 Roger Kamm 表示这项工作的最令人感兴趣的地方在于它显示出使用计算机建模与生物设计相结合方式的潜力。

20. 工程化细菌用于诊断早期癌症与糖尿病

美国麻省理工学院的一名生物医学工程师 Sangeeta Bhatia 与她的同事使用纳米颗粒用于癌症的检测。理论上，当有肿瘤存在时，这些纳米颗粒能够释放一类小肽分子，并能够最终在尿液中被检测出来。然而实验证明这一方法产生的信号过于微弱。之后，Bhatia 等人意识到细菌可能是更加有利的选择。因为细菌作为生物体能够不断地分裂与复制，从而增强信号反应。此后，Bhatia 团队与来自 UCSD 的 Jeff Hasty 团队合作开始了一项癌症特异性检测菌的遗传改造的研究课题。首先，他们利用大肠杆菌作为研究对象。经过试验，他们证明大肠杆菌在肝癌模型中寄生于肠道部位。之后，他们通过遗传改造向大肠杆菌植入 *LacZ* 报告基因，这一基因能够在细菌接触到肿瘤细胞时开始表达，从而表达大量的 LacZ 酶。接下来，研究者们向小鼠注射交联的化学发光底物，这一底物在 LacZ 存在的情况下会被切割从而释放化学发光，并汇集到小鼠的尿液中。具有这一信号的尿液样品将会由原本的黄色变为红色。另外，Bhatia 等人还发现这一手段比常规显微镜更加灵敏，对于直径小于 1cm 的肿瘤也能够明显检测到。

在另外一项独立的研究中，来自法国 Montpellier 大学的结构生物学家 Jerome Bonnet 等人利用相似的技术成功检测到了糖尿病的症状。主要标志为尿液中的糖类成分。

“它们都是这一领域的积极进展。”来自 MIT 的合成生物学家 Jim Collins 说道，然而这一手段最终得到批准还有很远的距离，“这一突破证明合成生物学在治疗领域与诊断领域均具有重要的作用。”

21. 西南大学重组基因获人工蚕丝

在教育部长江学者特聘教授夏庆友的带领下，以马三垣为首的 10 多人的研究队伍，通过基因组编辑，对丝蛋白进行了基因重组，并让家蚕吐出人工合成丝蛋白（Scientific Reports，2014）。

家蚕约有 16 425 个基因，其中一个基因叫做 *Fib-H* 基因，它表达的丝素重链是丝蛋白的最主要成分，是几千年以来人类驯化和利用家蚕的主要靶标。利用锌指核酸酶技术，研究者在家蚕的生殖细胞中“剪切”掉了其中的 *Fib-H* 基因。将事先设计好、与 *Fib-H* 基因类似的人工丝蛋白基因，在显微镜下注射到被敲除 *Fib-H* 基因的蚕卵体内。基因编辑成功的蚕卵，当它们长大后，吐出的丝中就含有人工合成丝蛋白。

22. 人工合成细胞感应分子“Notch”

所谓的“Notch”，是让细胞知道它们的邻居是什么样的细胞表面受体。

每个 Notch 分子是一个纳米版本的组桶式构件之一，在细胞膜外的一个手臂伸展向外，抓着桶状结构，其他的通过桶沿到达里面的胞内结构。Notch（一个受体），捕获细胞外的分子，然后传递信号进入细胞的细胞核，打开或关闭特定的基因。这就导致了比如血管和脑神经元的形成。

加利福尼亚大学的 Wendell Lim 同期在 Cell（2016）在线发表了两个相关研究报告。Lim 和他的同事们发现自然界中只有 4 种 Notch 分子。因此他们在小鼠的细胞中创造了新的人造 Notch 分子，新的外部传感部件和新基因活化的部分。研究表明，这种分子可能改造、转换一个细胞，让其在体内能够识别任何分子和打开任何基因的响应。例如细胞会感应分子的损伤和打开刺激修复的基因。或者它们可能会感应到“癌症”的相关分子，并激活基因，让免疫系统杀死肿瘤细胞。它们甚至可能感应微小的人造支架的蛋白质，填充膀胱、肝脏或其他专门的细胞生成替代器官。Lim 说：“我们能构建 Notch 感应任何我们想要的分子信号并连接到几乎任何我们想要打开的基因。”例如修复受损的组织，“你能将 Notch 蛋白设计为感应身体因为受伤而释放的蛋白，打开干细胞的基因使其分化成你想要的任何细胞。”也许是那些受损的心脏肌肉或撕裂的韧带组织。

在另一篇文章中，研究人员制备了既有 Notch 分子也有 CAR 受体的 T 细胞来感应癌细胞上的分子。Notch 识别肿瘤分子后，又启动基因让 T 细胞识别另一个不同的肿瘤细胞分子。当他们将这些人工细胞导入到小鼠的肿瘤部位，研究人员发现这些细胞吞噬肿瘤但保持了健康组织。

三、前景

世界各国政府和权威评估机构日益关注和重视合成生物学及其对生产大宗化学品、精细化学品以及高附加值的生物医药产品的推动作用。麦肯锡全球研究所和达沃斯论坛将合成生物学定为颠覆性技术，预测该技术将驱动相关市场和全球经济的革命性发展。2015 年美国发布了《生物学产业化：加速化学品先进制造的路线图》，将合成生物学列为核心发展技术。麦肯锡全球研究所发布的研究报告将合成生物学评价为未来的十二大颠覆性技术之一，预测 2025 年合成生物学和工业生物技术产值将达到 1000 亿美元左右。英国商业创新技能部将合成生物学列为未来的八大技术之一，预测 2020 年合成生物学产业规模将达 620 亿英镑。

我国是全球第二大药品消费市场，据国家药品统计年报，2014 年我国

药品市场纯销售额超过 1.5 万亿元人民币，当前我国已经进入老龄化社会，65 岁及以上的人口超过 1.2 亿，卫生健康是我国面临的重大挑战，医疗技术的进步和人民群众对健康需求的迅速增长，也对我国新药创制提出新的需求。2014 年，我国医药工业销售额 245 53.2 亿元人民币。但是，我国自主研发产品薄弱，药品生产以仿制为主，原创性新药甚少，生物医药关键技术也有明显差距。发展医药合成生物学技术是提高我国医药产业竞争能力的关键。

（一）天然药物的规模化生产及发现

天然药物是指自然界中具有药理活性的天然产物，大多是由动植物和微生物的次生代谢所产生的化合物。天然产物是目前临床用药的重要来源，据统计，50%以上的药物直接或间接来源于天然产物。然而天然产物结构复杂，离体选择性高，化学合成工艺往往经济性差，因此只能依赖于天然生物材料，从中提取制备原料药。此外，吗啡、青霉素、青蒿素、紫杉醇等天然药物在临床上都已有很久或较长的应用时间，并已出现耐药性问题。

合成生物学为这类天然产物的生产技术展示出良好的前景，特别是经过十几年的研究，2013 年工程酵母生产青蒿酸已经进入产业化。随着合成生物学的深入研究，将在结构复杂的天然药物及其衍生物（包括吗啡、青蒿素、紫杉醇、人参皂苷等等）的生产工艺开发中，发挥重要作用，降低技术成本，解决药源的经济性问题。

合成生物学技术将会推动发现、分离获得新的天然药物，也可以设计新的生物合成途径产生更多天然药物及类似物。伴随合成生物学的发展，天然药物研究将迎来全新的时代。

（二）临床治疗

合成生物学是现代生物学中一个重要分支，主要是通过综合利用遗传学、工程学原理以及计算机分析等手段对生物体进行部分或系统改造从而达到性状改造和功能优化的目的。近年来合成生物学渗透到生物医学的各个领域，对现代生物医学产生了深刻的影响，其中包括目前炙手可热的肿瘤细胞免疫治疗领域。

肿瘤免疫治疗继 2013 年被 Science 杂志评为年度十大进展以来取得了突飞猛进的进展，主要体现在两个方面：一方面是基于抗体的免疫检查点阻断治疗，主要是靶向 CTLA-4 和 PD1/PDL1 两个检查点抗体在临床上取得良好的疗效，并被 FDA 批准用于特定肿瘤的治疗；另一方面是基因工程修饰的免疫细胞（T 细胞和 NK 细胞）的过继治疗，尤其是 CAR-T 细胞在治疗

B细胞淋巴瘤上的惊人疗效（>90%响应率），使得人们真切地意识到“治愈癌症不是梦”。

合成生物学原理已经被广泛地应用于肿瘤治疗的免疫细胞的设计，产生了多样化的治疗策略，最大可能的做到高效、低毒、可控、通用等目标。但大部分方法、设计仅针对一个特定的问题，因此，联合使用不同策略理论上可以使病人得到最大治疗获益。然而，一些技术瓶颈限制了尽可能多的联合使用，如目前通用的病毒载体携带容量是有限的，不允许无限制加入表达元件，因此，如何有效地优化不同联合策略，在最大获益和技术允许之间做合理优化是今后CAR-T设计的一个巨大挑战。此外，除了文章提到的T细胞可以作为CAR的载体，其他效应细胞，如NK细胞也显示了巨大的应用前景，如何将CAR-T上的设计合理地转化到NK细胞上也是未来肿瘤免疫细胞治疗的一个方向。

（三）医学诊断

围绕早期筛查、临床诊断、疗效评价、治疗预后、出生缺陷诊断等需求，利用合成生物学开发快速、灵敏的诊断试剂和体外诊断系统。加快发展分子诊断等新兴技术，加速免疫、生物标志物、个体化医疗、病原体等体外诊断产品的产业化；发展可现场快速检测的血液、生化、免疫、病原体等体外诊断仪器及试剂的制备技术，促进规模化生产。

（四）新型疫苗

利用合成生物学方法来促进疫苗升级换代，重点推动新型疫苗（包括治疗性疫苗）的研发和产业化。突破一批规模化生产、制剂、质量控制关键技术，促进一批新品种投放市场，开展国际资质认证，形成示范效应。

（感谢下列单位和组织及个人提供相关材料：①马延和研究员主持的重大科学问题导向项目“人工合成细胞工厂”项目总体组；②清华大学陈国强教授、谢震研究员；③天津大学元英进教授、赵广荣教授、张卫文教授；④中国科学院深圳先进技术研究院刘陈立研究员；⑤军事医学科学院生物工程研究所孙强研究员；⑥中国科学院上海植生所覃重军研究员、王勇研究员；⑦上海交通大学冯雁教授；⑧中国科学院微生物研究所张立新研究员、娄春波研究员；⑨安徽大学张部昌教授课题组。）

（撰稿专家：方宏清）

基因编辑技术

一、概念和内涵

基因编辑（gene editing）是指对DNA分子上的指定序列进行增加、删除、插入和修改等操作。与人工诱变、随机插入失活等其他遗传操作相比，基因编辑更加侧重于对DNA序列的精确修饰，以实现基因插入、基因敲除、定点突变乃至基因重排或重编程等目的。操作对象可能是细胞的染色体，也可能是质粒等染色体外DNA。操作过程可能在体外（*in vitro*）或体内（*in vivo*）进行。

合成生物学的理论和实践为基因编辑技术的发展提供了巨大的空间。随着DNA从头（*de novo*）合成技术的进步，以及模块化和标准化概念的引入，DNA片段的获取周期日益缩短，成本也日趋低廉，因此对于较短的DNA分子（通常小于10kb），常采用从头合成的方式实现基因序列的修改和编辑，因此从广义上讲，基因编辑不仅包括对完整DNA片段的加工修改，还包括指定序列的从头合成与组装。

伴随系统生物学和组学的进展，人们已经不再满足于对单个基因的修饰，多位点、大规模的基因编辑将成为未来分子生物学和遗传工程的主要研究方式，是重要的使能技术（enabling technology），因而具有极为广泛的发展前景和巨大的应用价值：在科研领域，基因编辑可用于对模式生物基因的定点修饰，从而快速构建实验材料；在工农业生产领域，该技术可用于定向改造工业生产菌株或农作物，实现增产或按人的意愿产生新的功能；在医疗领域，该技术有助于更加深入地研究疾病发病机理，甚至改造人类基因，实现基因治疗等。科研活动和生产活动将随着该技术的发展和成熟实现进一步的专业分工和协作，从而引发包括科研技术服务、健康医疗等领域在内的生物产业的深刻变革。

二、国内外研发现状和趋势

如前所述，基因编辑的操作过程可以在体内进行也可以在体外进行，这

一般是指操作过程相对于最终宿主的发生位置，对于较复杂的基因编辑，可能会通过多次的体外-体内循环操作来达到目的，策略的选择与目标DNA片段的尺度和复杂程度有关。

对于较短的片段，一般倾向于使用合成片段直接组装，并在组装过程中引入不同的模块实现编辑。其中，限制酶切-连接是最为经典的DNA编辑方法，该方法使用限制性内切酶识别并切割特异性序列获得黏性末端，再使用连接酶将具有相容黏性末端的片段连接起来。该方法在原理上具有明显的限制——由于限制酶的识别序列较短，导致切割的特异性不强，组装用的片段序列因此而受限。但是，随着生命科学研究对DNA编辑技术需求的增长，特别是专业化科研服务公司的诞生和发展，有更多种类的限制性内切酶被发掘出来，并作为分子操作的工具酶而被商业化生产。随后被开发的多种使用策略也在一定程度上拓宽了限制酶切-连接法的适用范围。例如，由Thomas Knight提出的BioBrick（生物积块）标准化方案可用于提供去除内部酶切位点的组装用元件，并可借由同尾酶（isocaudomer）的引入实现标准化的循环拼装——即利用有限种类的内切酶可实现理论上的无穷多标准化片段的顺序组装。BioBrick的数量正在借助开放平台和全球科研工作者的努力而日趋丰富和完善，目前已有超过2万个注册的标准元件。此外，以Ⅱ型限制性内切酶为基础的golden gate组装法还可以实现多片段的标准化无缝（seamless）连接。伊利诺伊大学香槟分校的赵惠民教授利用其搭建的iBioFAB自动化平台实现了编码TALEN（转录激活因子样效应物核酸酶）基因的自动化酶切-连接组装，将每个TALEN基因的合成成本控制在10美元以下。由GeneScript公司推出的OLMA（短片段介导的多片段DNA组装）法基于Ⅱ型限制酶切-连接可实现代谢途径中各酶基因的一步组装和多位点的同时建库，大幅缩短了代谢通路优化的实验周期。

除了经典的限制酶切-连接方法外，基于同源臂的组装方法在近年来得到了快速发展和应用。其原理是在待连接的DNA片段末端设计40～60bp同源臂或重叠区，然后设法使重叠区单链化，这样就可以使具有相容单链区的DNA片段退火从而组装在一起。长单链区可以通过切口酶（nicking endonuclease）、碱基修饰［如USER（尿嘧啶特异性切除试剂）、PTRec（硫磷酰修饰DNA重组法）］或核酸外切酶［如SLIC（序列和连接非依赖克隆法）、Gibson等温组装］等手段获得。

利用酿酒酵母（*Saccharomyces cerevisiae*）高效的同源重组系统，可实现难以在大肠杆菌中进行的多片段和长片段组装，比较典型的例子是赵惠民研究组开发的DNA Assembler技术，可一次性将8个片段组装为总长度19 kb的目的DNA。Gibson等使用酿酒酵母成功将25个片段组装为长达600 kb的生殖支原体（*Mycoplasma genitalium*）全基因组，此后更是通过多级组装获得了长达1 Mb的丝状支原体（*Mycoplasma mycoides*）全基因组，并由此诞生了第一个由人造基因组控制的细胞“辛西娅（Synthia）”。酵母染色体的人工全合成也采用了相同的原理。但是，酵母菌同源重组的精确度不高，可用的筛选标记也比较有限，同时还受限于较长的培养周期和较低的质粒提取效率，因此尚未获得更大范围的应用。

尽管目前已经实现了基因组级别DNA的全合成，但出于成本考虑，对既有DNA分子进行定点修饰仍然是较大片段的主要编辑手段。目前的基因编辑技术的原理主要基于同源重组反应，即用具有同源臂的片段取代目标DNA分子（如染色体DNA）上的相应区域，实现基因片段的插入、敲除或替换。真核细胞具有较强的同源重组能力，用以修复细胞基因组的DSB（双链断裂）损伤，因此向真核细胞中导入非闭环DNA，即可诱发重组机制的启动。如果同时向目标DNA的指定位置引入DSB，则可大幅提高该位置的同源重组率，这是新一代基因编辑技术的主要策略，也是与传统基因打靶技术的根本区别。向目标DNA分子引入DSB是通过工程化核酸内切酶实现的，例如ZFN（锌指核酸酶）和TALEN，这两种核酸内切酶均可在工程化的改造后，特异性识别并切割含有指定序列的DNA而引入DSB。ZFN和TALEN已经广泛应用于医疗研究和基因修饰真核生物模型的构建。

CRISPR（clustered regularly interspaced short palindromic repeat）-Cas9技术是最新出现的DNA编辑技术，其原理是利用gRNA（引导RNA）引导并激活Cas9核酸内切酶切割指定序列引入DSB。该技术在近几年得到了快速发展，2013年，麻省理工学院-哈佛大学博德研究所（Broad Institute of MIT and Harvard）的张锋等科学家首次报道了CRISPR-Cas9系统在哺乳动物基因组编辑中的应用。由于该系统具有靶向精确、技术难度低、成本低廉、毒性低等优点，有取代ZFN和TALEN技术，成为基因编辑主流技术的趋势。2015年，张峰领导的研究组发现了另一种与Cas9具有相似功能的蛋白Cpf1，该蛋白分子量较Cas9蛋白更小，更容易进入成熟细胞，而且切割产生的黏性末端阻断了染色体的非同源末端连接（NHEJ）修复途径，从而使得DNA片段的插入更为可控。CRISP-Cpf1系统有望成为CRISPR-Cas9系统进行基因编辑的补充或替代工具。

尽管有几种代表性细菌可自发吸收外源DNA并整合至染色体中，但作

为最常用底盘细胞的大肠杆菌，其自身的同源重组效率极低，因此对大肠杆菌的染色体进行编辑，一般采用λ噬菌体 RED 重组系统提高同源重组率。天津大学赵学明研究组将 CRISPR-Cas9 系统引入到 λRED 重组操作中，由于其切割 DNA 的高效性，可在几乎所有个体的染色体指定位置引入 DSB，这样只有通过重组了外源片段而恢复了环状染色体的个体可以存活，极大地降低了阴性克隆的比例，可省略筛选标记的使用，支持连续或同时进行染色体上多个位点的编辑。

由于对染色体的编辑通常必须在活细胞内进行，又受限于较低的重组效率，因此很难以较低的成本完成更复杂的编辑，如染色体多位点同时建库等。但如果编辑目的仅是向染色体中插入少量外源基因，而不特别要求在指定区域实行原位操作，那么采用整合型载体就是另一种选择。例如由 Franc̦ois St-Pierre 等人开发的一步整合法系列质粒（pOSIP）即可通过限制酶切-连接和常规转化操作将外源片段导入细菌细胞，并在载体上携带的噬菌体整合酶的作用下重组整合到染色体的固定位置上，该方法可用于构建具有更高遗传稳定性的工业菌株。用于基因治疗的病毒载体腺相关病毒（AAV）也可将外源片段整合至人类第 19 号染色体长臂的特定位置，且不影响正常基因表达。

相对于基因编辑技术在科学研究和工业生产领域的广泛应用，其在医疗领域取得的进步则相对保守。这一方面是由于宗教和伦理因素的限制，另一方面则是出于安全考虑。中山大学基因功能研究人员黄军就研究组尝试通过 CRISPR-Cas9 技术对人胚胎中与地中海贫血症相关的 *HBB* 基因进行编辑，在经过编辑操作后存活的胚胎中，仅有 13% 的胚胎基因组被成功编辑，显然这一成功率难以满足医疗应用的要求。相对于改造人类生殖细胞的基因组，对体细胞进行基因编辑以治疗疾病的方法在遗传风险和伦理风险上都更为可控，目前已有多家科研机构和公司开展了相关研究，部分已经进入了临床测试阶段。

三、技术应用的现状和前景

广泛意义上的基因编辑并不是一门很新的技术，1973 年重组大肠杆菌质粒的成功即是对基因序列进行人工定点修饰的开端，1983 年 Genetech 公司成功地利用基因编辑技术获得了大肠杆菌生产的人体胰岛素，并成长为拥有 500 亿美元市值的生物技术公司。此后，随着技术进步和商业模式的引

入，各种遗传工程工具和终产品不断涌现，使得基因编辑技术在现代生物类产、学、研领域中占据了重要地位，有力地推动了生物学研究的快速进步和生物工程相关产业的蓬勃发展。而科研界和产业界对基因编辑操作的客观需求和社会化专业分工的客观趋势也推动了相关的技术服务外包产业的发展。

作为现代分子生物学的重要基础，DNA 的合成和组装技术进展迅速，并且实现了充分的商业化运作。值得注意的是，近年来随着高保真 DNA 聚合酶的商业化生产和广泛应用，以及测序成本的降低，对于 DNA 组装保真性的要求有一定程度的下降，相当多的组装方法依赖于使用 PCR 产生组装用小片段，或以 PCR 方式提高体外组装反应终产物的浓度。很多商业公司则推出了非克隆线性 DNA 合成服务，例如 IDT 公司提供的“gBlocks”基因片段合成服务，直接提供 2 kb 以内的体外合成双链 DNA，虽然保真度有所降低，但将供货周期降低至约一周内，售价则可低至 20 美分/bp 以下。Thermo Fisher Scientific 旗下的 GeneArt 也推出了与之相似的“Strings”片段合成服务。

作为基因编辑工具的新秀，CRISPR-Cas9 系统在逐步成熟的同时快速走向了商业化。该技术成功吸引到了大量投资，比尔和梅琳达·盖茨基金会（Bill & Melinda Gates Foundation）和谷歌为 Editas Medicin 公司投入了 1.2 亿美元用以研究医用基因编辑技术；杜邦公司投入资金与 Caribou Biosciences 公司联合，开展了农作物的基因编辑研究。许多生物技术服务公司，包括 DNA2.0、IDT、Thermo Fisher Scientific 等向用户提供编辑工具试剂盒，包括打靶及对照用 gRNA 设计及转录质粒、Cas9 表达质粒、Cas9 mRNA、纯化 Cas9、纯化 gRNA 等，GeneScript 则在销售试剂盒的同时向用户提供基于该技术的哺乳动物细胞系基因编辑服务。但目前转基因实验生物的商业化构建尚依赖于传统的基因打靶。

由国内的清华大学和中国科学院微生物研究所联合以色列特拉维夫大学开发的利用 CRISPR-Cas9 系统一步克隆大基因簇技术（CATCH）进一步拓展了该系统的应用范围，使其可以用于在体外缓冲液体系中特异性切割 DNA 片段。体外实验相较体内实验更为可控，且各组分的浓度有较大的自由度，这无疑为大片段的基因编辑提供了“离体编辑”这一新的思路。

基因编辑技术加快了代谢工程工业菌株的研发速度，利用 OLMA 方法已经成功构建了番茄红素高产菌和 PHA（聚羟基脂肪酸酯）高产菌。

医疗领域对基因编辑的态度虽然相对保守，但仍有显著的进展。目前已

有多种基因治疗方案获得了FDA（美国食品药品监督管理局）和EMA（欧洲药品管理局）的支持或批准。尚有用于治疗血友病、心力衰竭等疾病的基因治疗方案正在进行临床实验。CAR-T（嵌合抗原受体T细胞免疫疗法）是对人类T淋巴细胞进行基因编辑，令其导入人体后可继续增殖并特异性杀伤肿瘤细胞。Sangamo BioSciences公司对使用经过ZFN技术编辑基因的T细胞治疗艾滋病的疗法进行了临床测试；伦敦大奥蒙德街儿童医院（GOSH）则利用TALEN技术编辑异体T细胞基因组，对一名1岁的急性淋巴细胞白血病儿童进行了治疗，均观察到了良好的疗效。

由荷兰生物科技公司UniQure研制的“Glybera”在欧盟成为了第一种被批准上市的基因治疗药物，它利用腺相关病毒高效转导正常基因至脂蛋白酯酶缺乏症（LPLD）遗传病患者的体细胞中，该方法避免了Cas9等外源工具酶的引入，从而消除了因脱靶等导致的细胞毒性隐患。斯坦福大学医学院的研究人员成功地进行了利用重组腺相关病毒（rAAV）定点插入基因的动物实验，在该方案中避免了额外启动子的引入，具有更高的安全性，因而被认为具有更大的潜在医用价值。

另据《自然》杂志新闻报道，2015年10月，哈佛大学医学院的遗传学家George Church宣布其研究团队应用CRISPR-Cas9技术成功编辑和敲除了猪胚胎中的60个基因，超过了在其他任何动物中进行的编辑量的10倍以上，该研究成果有望使家猪成为稳定的器官移植供体。

综合以上事实，我们能够得出以下结论：

第一，基因编辑技术的发展完善和广泛应用，依赖于其他基础技术，如DNA体外合成技术、测序技术、高通量检测技术等的支持，同时也通过创造需求而促进了这些技术的发展和进步；

第二，基因编辑技术尚处于发展阶段，多种新技术尚未成熟，而对新技术的研发和实用化，将可能成为生物技术服务公司立足和发展的关键；

第三，随着对生命系统认识的不断完善，对生物遗传系统的定点修饰将代替传统的育种方式，为工农业生产提供优秀种源；

第四，以基因编辑为手段的医疗方法具有广阔的发展前景，而伴随着个人基因组测序可预期的广泛应用，基因治疗在临床上的大量应用也是未来确定的趋势。

我国在生物技术的研发和应用方面与发达国家相比总体上较为落后，新兴生物技术公司的资金和技术力量都比较薄弱，还面临着知识产权、学术界认同性等方面的限制。国家应在基因编辑等前沿生物技术的研发上予以资金和政策上的支持，促进产业和科研及不同科研课题间的横向合作，并做好科普宣传、舆论引导和监督管理工作，以生产和应用促进技术的发展。

（撰稿专家：娄春波）

微生物合成植物天然产物产业化进展

一、概述

植物天然产物是一类从植物体内分离出来的次生代谢产物，很多具有重要生理活性或生物学活性的化学物质，包括萜类、生物碱和黄酮类等。植物天然产物与人类生活息息相关，广泛应用于医药、保健、食品、化妆品及农业等领域。二萜类化合物紫杉醇是世界著名的抗癌药；倍半萜类化合物青蒿素为当今最有效的抗疟药；单萜类物质多具有较强的香气，可用于化妆品的制备以及食品防腐用等。生物碱是很多药用植物的有效成分，如阿片中的镇痛成分吗啡、喜树中的抗癌成分喜树碱以及长春花的抗癌成分长春新碱等。黄酮类化合物如多酚类化合物白黎芦醇以及异黄酮葛根素等对降低血脂、舒张血管以及防治心血管疾病具有重要的作用。苦参提取物苦参碱是一种低毒、低残留、环保型农药，近几年在农业上广泛应用，且有良好的防治效果。

目前国际社会对植物天然产物的需求不断攀升，市场也正在迅速扩大。以医药领域为例，20 世纪末，全球植物药市场规模已超过 600 亿美元。加拿大有 1/2 的人群在服用天然保健品，年销售额为 13 亿美元，年增长率约为 15%。欧盟的天然产物市场增长要快于化学药品，其销售额年均增长为 10%左右。在日本，植物提取物的年人均销售额在 40 美元以上。21 世纪初，我国植物药的市场规模已经接近 200 亿美元。据中国医药保健品进出口商会公布的统计数字，最近几年，我国每年出口中药材数量超过 20 万吨，总金额超过 10 亿美元。

植物天然产物需求巨大，因此高效生产的方法一直以来就是研究热点。植物天然产物的传统生产方法主要有直接提取法、化学合成法。直接提取法往往受限于植物资源，而且生物材料组成复杂，一些化合物在原料中含量低，提取工艺流程复杂、成本高，对野生植物资源造成严重破坏。很多具有巨大经济价值和应用价值的植物及天然产物资源，随着人类对其需求的不断增加，遭到了破坏，珍稀植物资源不断减少。化学合成步骤繁琐，对合成条件要求很高，效率低，依赖于不可再生石油资源，造成环境污染。

植物天然产物生物合成是指利用全细胞或酶催化生产有商业价值的天然产物的过程。与化学合成相比，生物合成拥有众多优点，包括：①一步酶催化往往能代替很多复杂多步的化学反应；②可以合成化学难以合成的复杂植物天然产物分子；③可以利用可再生原料，从而达到节约成本，保护环境和资源的目的。比较常用的生物合成法有酶体外转化、植物悬浮细胞及微生物合成。体外酶催化往往需要昂贵的辅因子。植物悬浮细胞生产天然产物存在周期长，提取工艺复杂，效率低等问题。

微生物发酵是一种新兴生产植物天然产物方法，其不受原料的限制，生产过程绿色清洁。利用微生物宿主异源合成植物天然产物是植物学、代谢工程、化学、合成生物学和微生物学等多学科交叉研究领域，通过在微生物宿主中创建植物天然产物的生物合成途径，调控元件协同表达、改造微生物代谢流、提高微生物对目标产物的耐受力，并通过高通量筛选等进一步提高目标产物的产量，获得高产菌株，进行工业生产植物天然产物。微生物异源合成将成为解决植物天然产物持续供应瓶颈问题的重要途径之一。

二、国内外研发现状与趋势

（一）国际植物源天然产物异源微生物合成取得突破

近十年来，国际上微生物合成植物天然产物研究进展迅速，取得了重大突破，已实现合成萜类、生物碱及黄酮等多类天然产物。最成功的是萜类天然产物的微生物合成，其中抗疟疾药物倍半萜青蒿素中间体青蒿酸的合成，堪称为划时代的工作。从植物中提取青蒿素，不仅产量低，而且青蒿的种植受季节和地域的影响，远远满足不了市场需求。在 Amyris Biotechnologies 公司和 Sanofi-Aventis 公司的参与下，美国加州大学伯克利分校 2003 年实现了大肠杆菌合成青蒿素中间体紫穗槐二烯。2006 年创建了合成青蒿酸酵母工程菌。2013 年，青蒿酸的生物合成有了飞跃的发展，发酵产量提升到 25g/L，另一方面利用光氧化成功地将青蒿酸转化成青蒿素，使利用微生物生产青蒿素有了革命性进展。紫杉醇为二萜类天然产物，是迄今世界上最主要的抗癌药物之一。其最先是从珍稀植物红豆杉树皮中提取，含量在万分之一，紫杉醇获得主要依赖于植物细胞培养。美国科学家通过在大肠杆菌中引入其前体紫杉二烯合成所需基因，并对其生物合成途径进行系统优化，产量

达 1g/L。美国麻省理工学院结合蛋白质理性设计和定向进化的策略，将银杏提取物主要活性成分二萜类天然产物银杏内酯合成途径中的关键酶海松二烯合成酶进行了优化，将海松二烯的合成效率提高了 2600 倍。

阿片类药物属于异喹啉生物碱，是止痛效果最好的一类药物，其生产依赖于罂粟种植。美国等国家科学家成功地改造酵母菌，实现利用葡萄糖合成阿片类药物前体蒂巴因以及氢可酮——一种广泛使用的止痛药，这是微生物合成植物天然化学品的又一个重大里程碑。这项工作展示了可以在微生物中打造越来越复杂的代谢途径，青蒿酸生物合成仅需在酵母中添加 6 个基因，而蒂巴因的合成需要来自植物、细菌和啮齿动物的 21 个基因，进一步引入 2 个基因可以生产氢可酮。当然，现在的发酵水平，离实现产业化还很遥远，需要将现在的产量增加 10 万倍才具有产业化的潜力。

植物天然产物微生物异源合成往往依赖于从植物中获取基因。依托泊苷被世界卫生组织广泛应用于肺癌、淋巴癌等癌症的治疗，列为必需的关键药品。依托泊苷其生产依赖于从盾叶鬼臼中提取前体物质鬼臼素，再进行化学法半合成。盾叶鬼臼生长周期较长，产量较低，限制了依托泊苷的广泛使用。斯坦福大学的研究人员，通过生物合成途径预测、RNA 序列差异谱分析以及在烟草中共表达鉴定了稀有植物盾叶鬼臼中鬼臼毒素合成途径中的关键酶，并首次成功在烟草中合成抗癌药物依托泊苷的前体物质依托泊苷糖苷配基。破译生物合成的相关酶，为微生物异源合成奠定了基础。

微生物异源合成黄酮类天然产物方面也研究较多，并取得了很大进展，比较典型的例子有白藜芦醇及花青素等的微生物合成。其中，白藜芦醇是一种天然抗氧化剂，被广泛应用于食品、医药、保健品等行业。创建的白藜芦醇的大肠杆菌细胞工厂，产量达 2.3g/L，为进一步产业化奠定了基础。最近瑞典科学家又实现了利用葡萄糖为原料在酵母中合成白藜芦醇。

（二）中国植物源天然产物异源微生物合成取得重大进展

发展天然产物生物合成技术在我国尤为重要，不仅是保护资源和生物多样性的需要，而且在促进我国由植物天然产物生产大国到生产强国的转变过程中将发挥重要作用，在改变我国经济发展方式方面具有重大战略意义。

“十二五”以来，我国启动了微生物合成植物源天然产物为基础的“新功能人造生物器件的构建及集成”等重大科技计划项目，推动我国在植物源天然产物生物合成途径解析及微生物合成方面取得巨大进步，获得了一些突破性进展。我国开始逐步拥有一些具有完整自主知识产权、国际领先的合成植物天然产物的菌株。

丹参酮属于松香烷型二萜化合物，是我国传统中药丹参根中提取的主要脂溶性活性成分，具有抗菌、消炎、活血化瘀、抗肿瘤等活性。中国中医科学院发现了催化生成丹参酮中间体次丹参酮二烯的萜环化酶，与中国科学院大连化学物理研究所、中国科学院天津工业生物技术研究所等单位合作，发现了多个参与丹参酮中间体合成的P450氧化酶，构建了高产次丹参酮二烯、铁锈醇及其他中间体的酵母工程菌，极大地推动了丹参酮类天然产物生物合成途径解析及微生物异源合成研究。

人参号称“百草之王”，在我国药用历史约四千年，具有很大的医疗价值和经济价值。人参皂苷是人参中的主要活性成分，属于三萜类化合物。野生的人参资源已基本耗竭，而人参的人工栽培又面临生长周期长、病虫害和连作障碍等问题，人参皂苷的供给、品质等都面临挑战。韩国科学家克隆与鉴定了苷元原人参二醇合成途径关键酶。在此基础上，中国科学院天津工业生物技术研究所和中国中医科学院合作构建了同时产齐墩果酸、原人参二醇和原人参三醇的“人参酵母”细胞工厂。中国科学院上海植物生理生态研究所在人参中发掘了多种糖基转移酶，实现了CK、RH1等稀有人参皂苷在酵母中的生物合成。

甜菊糖是重要的健康天然甜味剂，我国每年甜菊苷出口单品种即超过10亿元人民币。中国科学院上海植物生理生态研究所对甜菊糖生物合成关键酶进行了深入地挖掘，鉴定了甜菊糖生物合成途径中的细胞色素P450和糖基转移酶，在大肠杆菌底盘细胞中重构了以葡萄糖为原料合成甜菊糖苷类化合物的非天然合成途径。随后，经过一系列理性设计和优化，使大肠杆菌中甜菊糖生物合成的关键中间体产量得到大幅度提高，并成功地获得了其主要组分RA。

我国还在微生物合成胡萝卜素、白桦脂酸、红景天苷、天麻素、芬酸类及黄酮类天然产物方面取得了一系列原创性成果，获得一批新菌种，并具有了产业化的潜力。

三、前景及展望

随着生活水平的提高，人类对植物天然产物需求越来越高，直接提取法和化学合成远不能满足市场的广泛需求，这使得植物天然产物的微生物异源合成研究成为关注的热点。

天然产物生物合成是一个从基因到化合物的过程。植物中所蕴含的生理

活性成分多种多样，次生代谢途径十分复杂，对于大多数植物活性成分的生物合成途径还不了解，成为阻碍植物天然产物异源合成的主要因素之一。近年来，随着转录组、基因组及代谢组等组学技术及生物信息学技术快速发展，极大地推动了次生代谢途径的解析进程，为微生物合成植物天然产物奠定坚实的基础。在人工细胞合成能力将得到快速提升的预期下，各类重要天然产物合成途径中的基因元件成为微生物合成植物天然产物的关键资源。发达国家加大天然产物生物合成研究，以获得相关基因的专利权。我国具有丰富的植物资源，为研究植物天然产物的生物合成提供了重要条件。我国十分重视经济植物资源如中药，正进一步推动生物合成基因元件的发掘，为我国天然产物生物合成技术产业化提升国际竞争力和推动产业发展提供了重要基础保障。

微生物合成植物天然产物还将为植物活性物质的开发提供新的活力。从天然产物中寻找活性成分是新药研究有效途径之一。天然产物的研究已经有一百多年的历史，最近这些年出现了一个很大的问题就是在提取分离时有大量的化合物重复出现，而结构新颖活性突出的化合物较少，而且往往含量很低。基于基因元件的发掘，通过微生物合成技术，如异源表达、途径特异性调控、全局性调控等，不仅能够提供足够的样品，进行药理及临床试验，而且可以合成新颖植物天然产物。

目前，国家对发展天然产物生物合成技术十分重视，不断加大投入，优化发展环境，为生物合成技术产业化提供了有力保障。产业发展的核心技术自主创新能力与发达国家差距缩小。同时，我国天然产物生物合成领域产学研合作得到进一步加强。虽然我国很多企业在天然产物生物合成技术领域科技创新能力薄弱，缺乏基本研发部门，但是企业与高等院校和科研院所的产学研合作的长效机制正逐渐建立，科研成果和先进工艺技术与企业需求实现有效对接，极大地推动了我国天然产物生物合成技术的产业化进程。

生物合成技术正在深刻地影响着天然产物研发与生产，但一些技术瓶颈仍制约其进一步应用。一方面，高等植物基因组测序技术需要进一步突破，这是基因元件发掘的前提。另一方面，虽然预期天然产物的生物合成途径最终会被解析，但将特定次生代谢途径中的所有酶基因导入模式微生物中，存在宿主对密码子的偏好性、不同元件之间的适配性以及宿主菌本身生理调控机制的问题，导致蛋白不表达或无活性，目标产物产量低下。目标产物往往对宿主有毒性也导致产量难以达到产业化水平。实现植物天然产物的广泛微生物合成和批量生产尚须时日。例如，要实现吗啡或氢可酮等的产业化，生

物工程酵母的产量，需要在目前发酵水平的基础上，提高10万倍。

我国在植物天然产物，特别是中草药研究方面有着悠久的历史，从事相关领域的研究有深厚的基础，在微生物合成植物天然产物领域也显示了良好的发展态势。但总体而言，我国在多学科深入交叉融合、原创性思路、方法以及科学问题深入研究方面，与美国等发达国家相比，还有一定的差距。我国需要整合天然产物化学、植物学领域、工业生物技术及微生物领域优势团队集中进行植物天然产物解析，建立重要植物天然化学品的基因元件库，创建更多的合成植物天然产物的新菌种，实现工业化应用。我国是经济植物的资源大国、植物天然产物的生产及出口大国，利用微生物合成植物天然化学品将对我国合理利用和保护珍稀植物资源、推动中药现代化及天然药物的研发等方面发挥积极的推动作用。

总的来讲，我国在微生物合成植物天然产物研究方面，发展态势良好。可以预见，在不久的将来，一批重要植物天然产物生物合成途径将被解析，更多的新菌种将出现。随着合成生物学、工业生物技术等学科的迅速发展，将赋予植物天然产物尤其是传统中药以新的活力和生长点，也必将为经济可持续发展及人类的健康做出重要贡献。

（撰稿专家：刘涛）

生物产业发展现状与趋势

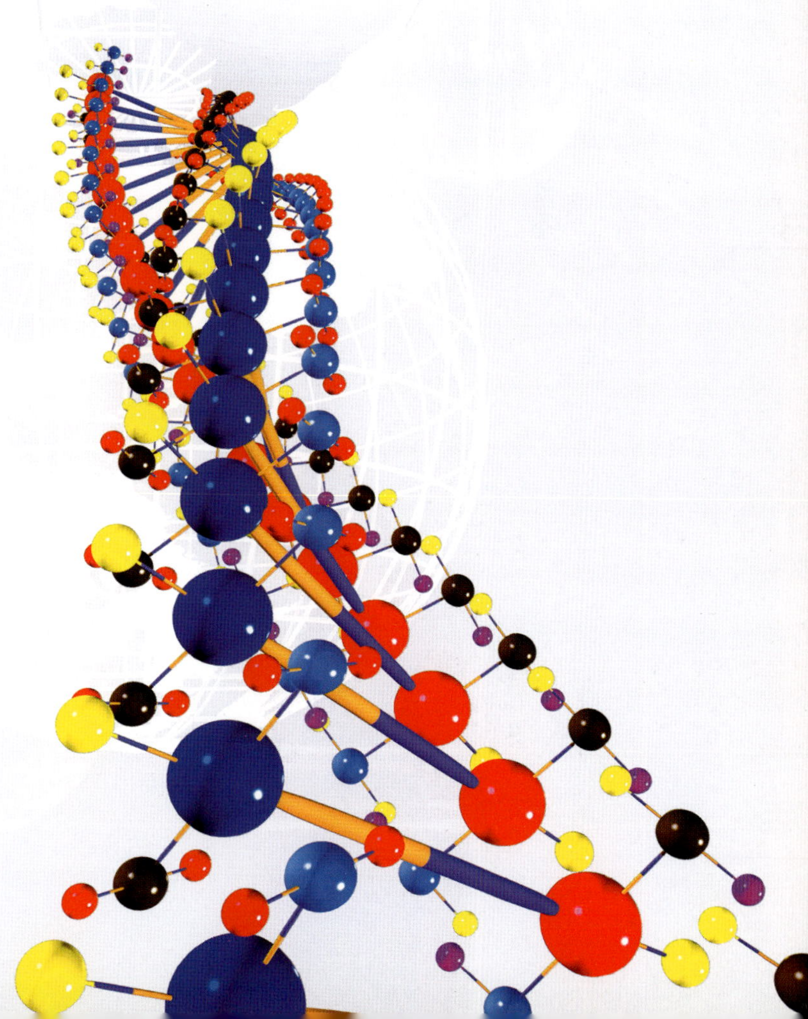

生物医药

2015 年度生物医药产业发展态势分析

一、全球生物医药产业发展态势

（一）全球生物医药市场分析

1. 全球药市：增速回升

据 IMS Health 数据显示，2014 年全球药品市场规模已达 9927 亿美元（按出厂家价格计算，汇率以 2014 年四季度为准，未经审计），增速超同期全球 GDP 近 6 个百分点，达 8.8%。

2012 年，因受“重磅炸弹”级药品专利到期高峰及支付方成本控制行为增加等因素影响导致增幅跌至低谷，2013 年和 2014 年随着美国市场因创新药物使用的增加及药物专利到期影响的降低导致的药品支出大幅上涨，带动全球市场增速出现回升，显示出全球药品市场良好的发展态势。

随着世界经济的缓慢复苏、人口总量的不断增长、社会老龄化进程的进一步加快以及发达国家药品消费额提升、新兴市场的药品需求扩大的有力保障，全球药品市场仍将呈现稳定增长趋势。预计到 2019 年全球药品市场规模将达到 13 304 亿美元，年复合增长率将达 6.0%（图 2-1）。

2. 新兴市场：发展迅速

北美、欧洲、日本等发达国家依然是当今全球主要的药品市场。2014 年美国医药市场在经济较强复苏的带动下实现稳定增长，而日本及欧盟主要医药市场均表现不佳，主要拖累因素包括经济复苏疲弱及药价控制、削减医疗开支等政策的不利影响。

新兴市场经济快速增长，医疗服务水平不断提高，带动药品市场规模不断扩大，展现了较大的市场潜力；而发达国家药品市场较为成熟，人均药品支出已经达到顶峰，增长空间有限，加之专利悬崖及政府财政紧缩等因素影

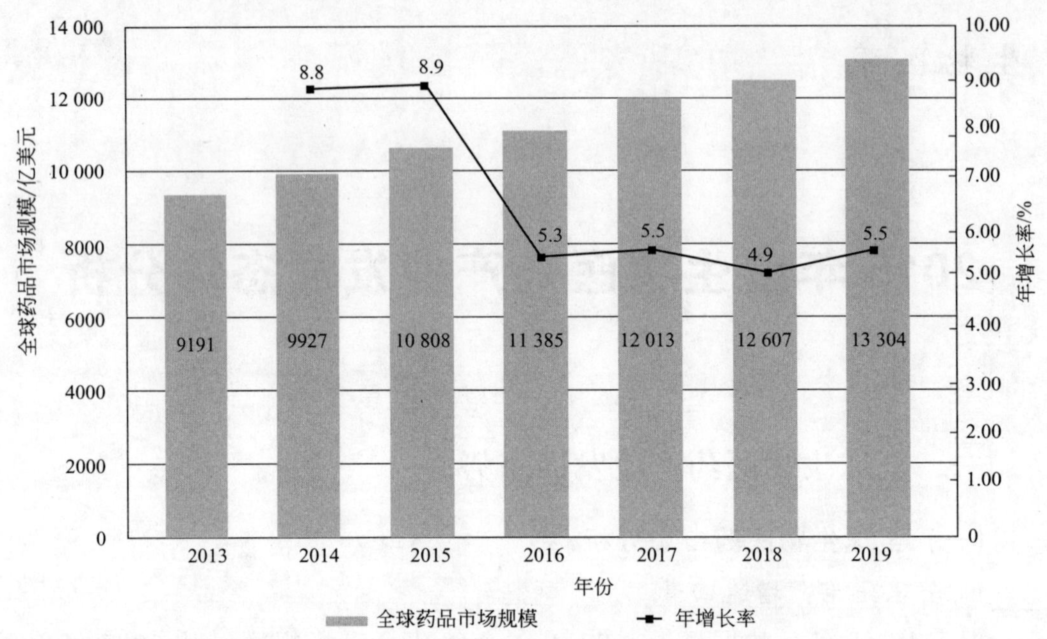

图 2-1　2013～2019 年全球药品市场规模与增长趋势

数据来源：IMS Health

响，药品销售增速放缓。到 2015 年，美国占国际医药市场支出的份额将从 2005 年的 41%下降到 31%，而位于国际医药市场支出份额第五名的欧洲国家同时也将从 20%下降到 13%。同时，17%高增长新兴市场将由中国引领，到 2015 年其所占份额将从 2005 年的 12%上升到 28%（图 2-2）。

近几年，亚洲（日本除外）、拉丁美洲（包括加勒比海）、印度次大陆和非洲等地区的发展中国家药品市场增长较快，这主要得益于这些发展中国家的药品需求不断扩大，人口持续增长，人均收入稳步提高以及医疗保障体系不断完善。新兴市场中，印度医药市场运行环境改善；巴西、印度尼西亚医药市场在本国经济形势不佳的背景下依然实现稳定增长，但增速有所放缓；俄罗斯医药市场运行环境显著恶化，市场表现急转直下。这无疑预示着新兴市场仍将是未来全球药品市场发展的主要动力。从具体区域来看，2014 年亚太地区药品销售额实现最快增长，同比增速达 7.26%；北美地区增速最慢，仅为 1.39%（图 2-3）。

3. 抗肿瘤药：保持畅销药榜首

随着癌症发病率不断上升，世界抗肿瘤药物市场急速扩张，明显超过其他药物的增长。Evaluate Pharma 数据显示，2013 年全球抗肿瘤药物市场规模达到 728 亿美元，同比增长 7%；该机构预测显示，到 2020 年全球抗肿瘤

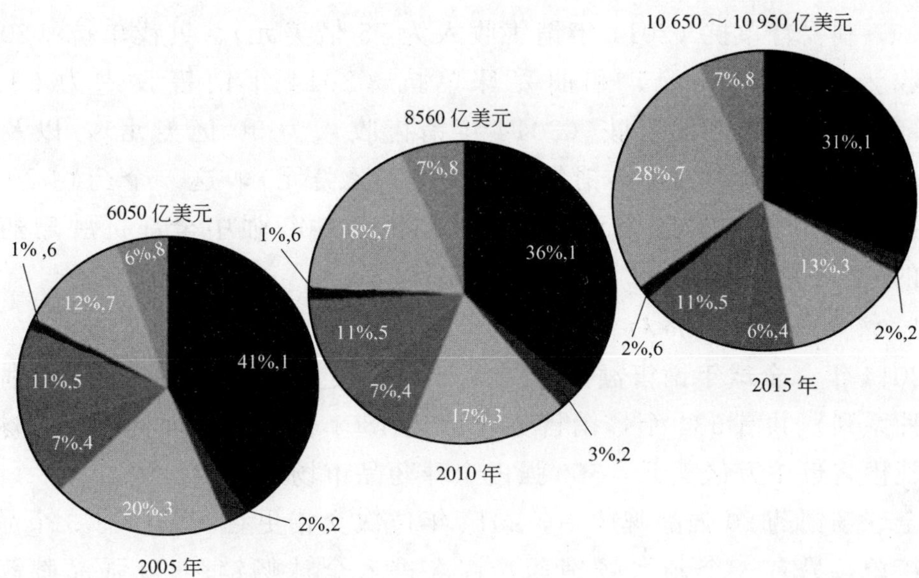

图 2-2　全球药品区域市场情况

数据来源：IMS Market Prognosis，Apr 2011

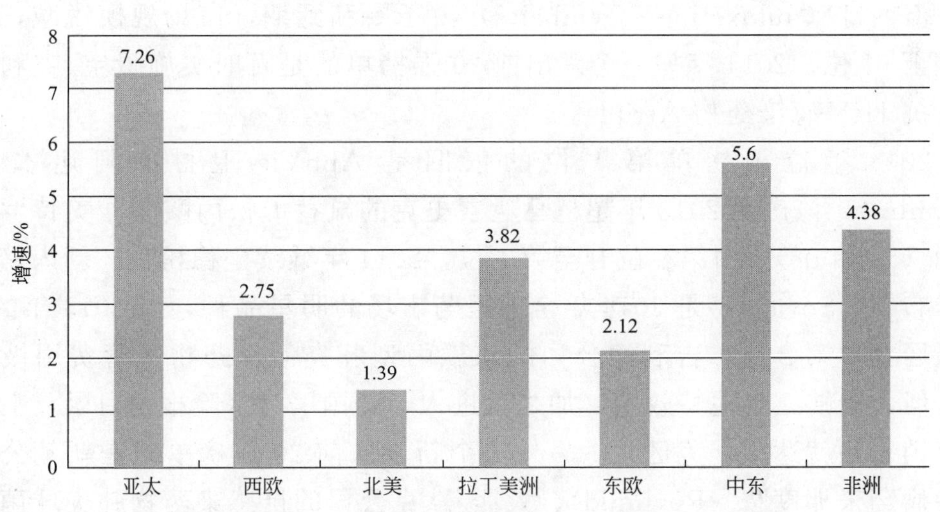

图 2-3　全球各区域药品销售同比增速

数据来源：IHS

药物市场规模将超过 1530 亿美元，年均增速达 11.2%。与此同时，全球抗肿瘤药物呈现较为突出的寡头垄断局面，2013 年罗氏、诺华、阿斯利康等前十大抗肿瘤药企的市场份额达到 72.2%。

2014 年寡头局面依旧。业绩主要归功于罗氏公司的 3 个抗肿瘤单克隆抗体——利妥昔单抗（2014 年销售收入为 75 亿美元）、贝伐单抗（2014 年销售收入为 70 亿美元）和曲妥珠单抗（2014 年销售收入为 69 亿美元），新基公司的来那度胺（2014 年销售收入为 50 亿美元），以及诺华公司的伊马替尼（2014 年销售收入为 47 亿美元），这 5 个药物 2014 年的总销售额达到 311 亿美元，占全球畅销药 500 强中全部抗肿瘤药物销售额的 47.1%。

4. 畅销药：品牌格局变化较大

2014 年，全球年销售额大于或等于 1 亿美元的品牌药（包括品牌系列或品种系列）共有 534 个，销售额合计达 4801 亿美元。而同期，全球药品市场规模将近 1 万亿美元，500 强占全球药品市场近一半份额。

全球畅销药 20 强品牌药中，2014 年位次交错更替，其中有 3 个品牌药跌出榜单，另有 3 个新晋畅销药，首次进入全球畅销药 20 强品牌药榜单（表 2-1）。

面临仿制药和新竞争产品的压力，埃索美拉唑（esomeprazole，Nexium）呈现销量下滑，从 2012 年全球最畅销药物第 4 的位置跌至 2013 年的第 6 位，2014 年更是跌出了榜单。2012 年和 2013 年维持在 10 名左右的度洛西汀（duloxetine，Cymbalta）由于专利到期，市场规模锐减，2014 年跌至 67 位。2014 年另一个跌出前 20 强榜单的是百时美施贵宝/吉利德的复方抗 HIV 感染药物 Atripla。

2014 年位于榜单第 1 位的依旧是 AbbVie/卫材的阿达木单抗（Humira），该产品 2013 年超越葛兰素史克的氟替卡松丙酸酯沙美特罗复方制剂（Seretide），由第 2 位升至第 1 位，2014 年继续坐稳榜首。新入榜单的索非布韦（Sovaldi）是 2014 年全球医药市场的明星品种，由 2013 年的 488 位跃居榜单第 2 位，吉利德公司的该款丙型肝炎治疗药物尽管费用极其高昂，但由于缺乏其他特效药，加之其进入了美国医疗保险报销目录，上市前两年销售额就达 100 美亿元。另外 2 个新进入前 20 强榜单的是新基公司的抗肿瘤药来那度胺（Revlimid）、大熊/默克公司的抗感染药物肺炎球菌结合疫苗（Prevnar 7/Prevnar13）。

2014 年有 9 个生物制品进入全球最畅销药物前 20 名（较 2013 年多 1 个）。由于专利期满和仿制药进入市场，某些“重磅炸弹”级药品销量有大幅下挫，但仍有 12 个重磅炸弹级药物销量超过 50 亿美元（较 2013 年少 2 个）。

表 2-1　2014 年全球 20 大畅销品牌药

排名	商品名	中文通用名	销售额/百万美元	变化	公司名称	大类
1	Humira	阿达木单抗	13 021	17%	AbbVie/卫材	生物技术药物
2	Sovaldi	索非布韦	12 410	8828%	吉利德	抗感染药
3	Remicade	英夫利西单抗	10 151	3%	强生/默沙东/三菱田边	生物技术药物
4	Enbrel	依那西普	9120	3%	安进/辉瑞/武田	生物技术药物
5	Lantus	甘精胰岛素	8152	11%	赛诺菲	内分泌系统药物
6	Rituxan	利妥昔单抗	7356	−1%	百健艾迪/中外/基因技术/罗氏	生物技术药物
7	Avastin	贝伐珠单抗	6841	3%	中外/罗氏	生物技术药物
8	Advair Diskus	沙美特罗+氟替卡松,复方	6700	−20%	艾美罗/葛兰素史克	呼吸系统药物
9	Herceptin	曲妥珠单抗	6690	3%	中外/罗氏	生物技术药物
10	Crestor	瑞舒伐他汀	6617	−5%	阿斯利康/盐野义	心血管系统用药
11	Abilify	阿立哌唑	6416	−32%	百时美施贵宝/灵北/大冢	精神障碍用药
12	Lyrica	普瑞巴林	5435	12%	卫材/辉瑞	神经系统用药
13	Revlimid	来那度胺	4980	16%	新基	抗肿瘤药
14	Gleevec	伊马替尼	4746	1%	诺华	抗肿瘤药
15	Spiriva	噻托溴铵	4722	3%	勃林格殷格翰	呼吸系统药物
16	Neulasta	非格司亭	4596	5%	安进/协和发酵麒麟	生物技术药物
17	Prevnar 13	肺炎球菌结合疫苗	4464	12%	大熊/默沙东	生物技术药物
18	Nexium	埃索美拉唑	4442	−2%	阿斯利康	消化系统用药
19	Lucentis	雷珠单抗	4254	2%	诺华/罗氏	生物技术药物
20	Copaxone	格拉替雷	4237	−2%	赛诺菲/梯瓦	神经系统用药

数据来源：Pharmalive。

在这些全球畅销药物中，最夺人眼球的莫过于前十大品牌药。在 2014 年销售业绩榜中，这十大品牌药的销售额均在 66 亿美元以上，超过 2013 年 3 亿美元（2012 年为 58 亿美元，2013 年为 63 亿美元），创造了 871 亿美元的市场，比 2013 年高出 79 亿美元，在全球医药市场中的占比达 8.3%，比 2013 年增长 0.2 个百分点。在畅销药前十强中，生物技术药物有 6 席，比 2013 年增加 2 席；在化学药品中，4 个产品分别属于抗感染药物、内分泌系

统药物、呼吸系统药物和心血管系统用药。

在2014年畅销药前十强中，与2013年相比，AbbVie/卫材的Humira继续占据榜首位置，第2位吉利德的Sovaldi是新入榜单，强生/默沙东/三菱田边的Remicade由第8位升至第3位，而艾美罗/葛兰素史克的Advair Diskus则下降6位至第8位。其他药物位次变化不大。

5. 生物技术药物：保持较大增长

全球生物技术药物的销售额基本上以每5年翻一番的速度增长，已成为全球医药产业增长最快的领域之一。

随着化学新药开发难度的加大，以及人类对生物技术新药的不断探索和开发，生物技术制药行业呈现出产业化明显加快、规模迅速扩张、新药开发热情高涨等特点。因此，如今生物技术药物正在快速崛起，并有着大幅增长的发展趋势，这一点从全球历年的畅销药物中能得到很好的体现。

2000年，全球十大畅销药物中，生物技术药物只有分别来自安进和强生公司的阿法依伯汀（epoetin alfa，Epogen/Procrit）。而2012年全球十大畅销药中，生物技术药物有4个品种，分别为位于第2位的阿达木单抗（增长18.5%），位于第5位的依那西普（增长9.7%），位于第6位的英夫利昔单抗（增长10.6%）和位于第9位的利妥昔单抗（增长8.8%）。2011年位于第15位的贝伐单抗于2012年上升至第11位，增长4.5%。在2013年全球十大畅销药中，生物技术药物有4个品种，分别为位于榜首的阿达木单抗（增长18.5%），位于第4位的依那西普（增长8.7%），位于第8位的英夫利昔单抗（增长7.8%）及位于第10的利妥昔单抗（增长5.7%）。在2014年全球十大畅销药中，生物技术药物达到6个品种，并都保持增长态势。

生物技术药物的显著特征是平均单品种市值更高。在2014年畅销药500强中，化学药共计425个产品，占产品数的79.59%；生物药共计109个产品，占产品数的20.41%。但从销售额上看，化学药畅销药的销售总额为3113.11亿美元，占畅销药销售总额的64.84%，生物药畅销药的销售总额为1688.22亿美元，占畅销药销售总额的35.16%。生物药畅销药单品种的平均销售额已超过化学药畅销药单品种平均销售额的2倍，达到了15.49亿美元。

（二）全球生物医药研发

据Pharmaprojects数据库，2014年全球首次上市新活性物质（NAS）共60个（表2-2），2014年全球首次上市的新药（包括新制剂）共127，提示新型制剂的开发还是受到企业一定的重视。

表 2-2　2014 年全球首次上市的新活性物质

药品名称	原研企业	适应证	首次上市国家/地区	首次上市日期
desogestrel/ethinyl estradiol+ethinyl estradiol	Teva	女性避孕药	美国	2014/1/1
turoctocog alfa	Novo Nordisk	A 型血友病	日本	2014/1/15
vortioxetine	Lundbeck	抑郁症	美国	2014/1/22
rabies vaccine	Zydus Cadila	狂犬疫苗	印度	2014/1/28
meningococcal B vaccine	Novartis	脑膜炎疫苗	欧盟	2014/1/28
obinutuzumab	Roche	癌症，白血病	美国	2014/1/30
hepatitis-B immunoglobulin for neonates	Biotest	乙肝	越南	2014/2/5
elosulfase alfa	BioMarin	莫尔基奥氏综合征	美国	2014/2/14
conbercept	Chengdu Kanghong	湿性年龄相关性黄斑变性	中国	2014/2/27
sucroferric oxyhydroxide	Galenica, Switzerland	高磷血症	美国	2014/3/11
anti-H5N1 avian influenza antibodies	Fab′entech	流感疫苗	澳大利亚	2014/3/27
influenza vaccine, pandemic	GlaxoSmithKline	流感疫苗	日本	2014/3/31
defibrotide	Gentium	血栓	澳大利亚/德国	2014/3/31
tasimelteon	Bristol-Myers Squibb	非 24h 睡醒障碍	美国	2014/4/9
apremilast	Celgene	中重度斑块状银屑病	欧盟	2014/4/15
ipragliflozin	Astellas	2 型糖尿病	日本	2014/4/17
olodaterol	Boehringer Ingelheim	慢性阻碍性肺病	欧盟	2014/4/23
umeclidinium bromide/vilanterol	Theravance	慢性阻塞性肺疾病	美国	2014/4/28
serelaxin	Novartis	心力衰竭	俄罗斯	2014/4/30
eftrenonacog alfa	Biogen	B 型血友病	美国	2014/5/5
delamanid	Otsuka	肺结核	英国	2014/5/16
luseogliflozin	Taisho	2 型糖尿病	日本	2014/5/23
tofogliflozin	Roche	2 型糖尿病	日本	2014/5/24
siltuximab	Johnson & Johnson	卡斯尔曼病	美国	2014/5/31

续表

药品名称	原研企业	适应证	首次上市国家/地区	首次上市日期
LQ-006	Luqa Pharmaceuticals	肠胃病	中国/香港	2014/6/6
allisartan isoproxil	Allist Pharmaceuticals	轻、中度原发性高血压	中国	2014/6/15
vedolizumab	Takeda	克罗恩病与结肠炎	美国	2014/6/16
vorapaxar	Merck & Co.	血栓	美国	2014/7/1
efinaconazole	Kaken Pharmaceutical	灰指甲	美国	2014/7/4
alectinib hydrochloride	Roche	非小细胞肺癌	日本	2014/7/4
efraloctocog alfa	Biogen	A 型血友病	美国	2014/7/15
influenza vaccine, trivalent	Serum Institute of India	流感疫苗	印度	2014/7/16
dalbavancin	Pfizer	皮肤感染	美国	2014/7/18
tedizolid	Merck & Co.	皮肤感染	美国	2014/7/22
ramucirumab	Eli Lilly	进展期胃癌或胃食管连接部腺癌	欧盟	2014/7/24
albiglutide	Human Genome Sciences	2 型糖尿病	美国	2014/7/30
belinostat	TopoTarget	复发难治性外周 T 细胞淋巴瘤	美国	2014/8/1
imidazolyl ethanamide pentandioic acid	Valenta Pharm	化疗引起的中性粒细胞减少症	俄罗斯	2014/8/14
daclatasvir	Bristol-Myers Squibb	丙型肝炎病毒感染	德国	2014/8/15
empagliflozin	Boehringer Ingelheim	2 型糖尿病	美国	2014/8/26
eliglustat	Sanofi	葡糖脑苷脂沉积病	美国	2014/8/27
nivolumab	Ono	黑色素瘤	日本	2014/9/2
tavaborole	Anacor Pharmaceuticals	灰指甲	美国	2014/9/22
asunaprevir	Bristol-Myers Squibb	丙型肝炎病毒感染	日本	2014/9/23
sofosbuvir+ledipasvir	Gilead Sciences	丙型肝炎病毒感染	美国	2014/10/13
simoctocog alfa	Octapharma	血友病 A	英国	2014/10/15
pembrolizumab	Merck & Co.	癌症	美国	2014/10/28
DR-5001	Teva	预防腺病毒感染	美国	2014/10/28
idelalisib	Gilead Sciences	癌症，白血病和淋巴瘤	美国/欧盟	2014/10/29

续表

药品名称	原研企业	适应证	首次上市国家/地区	首次上市日期
oritavancin	Eli Lilly	抗菌药	美国	2014/11/6
dulaglutide	Eli Lilly	2 型糖尿病	美国	2014/11/10
susoctocog alfa	Ipsen	获得性血友病 A	美国	2014/11/15
meningococcal B vaccine	Pfizer	脑膜炎疫苗	美国	2014/11/18
vaniprevir	Merck & Co.	丙型肝炎病毒感染	日本	2014/11/25
suvorexant	Merck & Co.	失眠	日本	2014/11/26
ripasudil hydrochloride hydrate	D. Western Therapeutics	青光眼	日本	2014/12/2
ataluren	PTC Therapeutics	肌营养不良症	德国	2014/12/3
blinatumomab	Amgen	B 细胞慢/急性淋巴白血疾病	美国	2014/12/18
ombitasvir+paritaprevir+ritonavir	Abbott	丙型肝炎病毒感染	美国	2014/12/20
dasabuvir	Abbott	丙型肝炎病毒感染	美国	2014/12/20

数据来源：PJB。

2014 年全球首次上市的新活性物质数量较 2013 年有较大的提升。生物技术药物有 26 个，其中疫苗 7 个，单克隆抗体类药物 7 个。新分子实体（NCE）中也有不乏能创造巨大销售效益的好品种。美国仍然是全球 NAS 上市的首选市场，有 30 个产品选择美国作为全球第一投放市场，比 2013 年增加了 3 个产品。2014 年 NAS 在 12 个国家和地区首次上市，与 2013 年数量一致。在美国仍占据着最受青睐的药品市场的头把交椅的同时，全球药物研发的强劲势头、研发中心的全球化带来的研发实力的提升以及新兴市场快速增长所带来的市场空间，都使得 NAS 的上市更为全面出击，多点开花。其中，中国有 3 个新药进入表单，较 2013 年多了 2 个，分别是治疗湿性年龄相关性黄斑变性的生物药 conbercept、治疗原发性高血压的化学药 allisartan isoproxil 和肠胃病药物 LQ-006。

2014 年全球首次上市的 NAS 中，最引人关注的是生物技术药物明显增多，占比从 2013 年 31.8%升至 43.3%。药物类别方面，抗感染类、血液系统类、内分泌系统类药物占比较高，其他产品分别涉及精神神经类用药、消化系统用药、呼吸系统用药、皮肤科用药等领域。可见新药研发的重点领域相对集中。

二、我国生物医药产业发展态势

医药行业的发展似乎正契合中国经济新常态的特征，增长进入换挡期，由高速增长转为中高速增长，而行业发展要依靠改革、调整和创新驱动发展。

2011年作为“十二五”的开局之年，随着医药卫生体制改革的全面推进和不断深化，医药市场呈逐渐扩容态势。全国医药工业生产和销售继续保持平稳增长，但增幅趋缓，由于宏观环境复杂多变，行业效益呈现同比下滑，企业亏损情况不容乐观，医药外贸增长乏力，出口存在较大的不稳定因素。

2012年医药工业主要指标持续回暖，销售产值、主营业务收入、利润总额等较2011年均有较好的增长，盈利能力依然大幅高于全国制造业水平。经济平稳向好，国际环境逐渐好转，政策环境持续改善等多方面原因导致医药工业出现持续回暖的趋势。

2013年我国产业结构面临较大的调整压力，经济增速明显下滑，但是医药产业受益于下游刚性需求继续保持稳定、较快速度增长。老龄化、城市化、居民收入增长和政府投入四大驱动因素仍为医药工业市场容量增长的主要因素。另外，仿制药质量一致性评价、原料药污染治理、医药反商业贿赂、新版GMP认证的实施、新基药目录实施等所有这些措施，虽然多数不是在2013年发端但均在2013年有实质性进展。

2014年我国GDP增速持续放缓，但医药行业政策环境改善，相关行业政策更加务实，并透露出市场开放的信号。在此背景下，我国医药行业保持平稳增长，但行业增加值增速及利润增速放缓，表明行业发展速度和整体盈利能力有所下降。全年医药工业主要经济指标，除出口交货值增速总体呈上升趋势外，其余经济指标均呈下滑状态。2014年医药制造业增加值增速达12.3%，虽然较2013年同期下降了1.2个百分点，但仍高出全国工业增加值4.0个百分点，在全国工业各行业中排名靠前。

（一）医药产业现状

1. 医药工业稳步发展，但增幅放缓

我国医药工业包括化学原料药制造业、化学药品制剂制造业、中药饮片加工制造业、中成药制造业、生物药品制造业、卫生材料及医药用品制造业、医疗仪器设备及器械制造业和制药机械制造业8个子行业。

2014年有医药工业企业7511家，较2013年增长了5.0%。

（1）主营收入与利润总额同步增长　2014 年我国医药工业企业主营业务收入达 24 553.16 亿元，同比增长 13.1%；实现利润总额 2460.69 亿元，同比增长 12.3%，主营业务和利润总额增幅接近。其中中药饮片、生物药品制造、卫生材料及医药用品和医疗仪器设备及器械制造业的主营收入增长超过医药工业平均水平。利润总额增长方面，化学药品制剂和医疗仪器设备及器械制造增长领先于医药工业平均水平，其他子行业增长不及收入端。

总体来看，化学药品行业主营业务收入和利润总额占比最大，而医疗仪器设备及器械制造主营业务收入和利润增长较快。利润率方面各子行业仍然出现下滑态势（表 2-3）。

表 2-3　2014 年我国医药工业各子行业的主要经营指标完成情况

行业	主营收入/亿元	同比/%	利润总额/亿元	同比/%	利润率/%	同比/%
化学药品原料药制造	4240.3	11.3	311.8	12.3	7.4	−0.1
化学药品制剂制造	6303.7	12.0	733.9	16.1	11.6	0.4
中药饮片加工	1495.6	15.7	105.3	8.4	7.0	−0.5
中成药生产	5806.5	13.1	597.9	9.3	10.3	−0.3
生物药品制造	2749.8	13.9	321.8	11.8	11.7	−0.2
卫生材料及医药用品制造	1662.3	15.5	152.4	10.5	9.2	−1.3
医疗仪器设备及器械制造	2136.1	14.6	219.3	12.6	10.3	0.1
制药专业设备制造	158.86	11.0	18.26	5.17	11.5	−0.6
医药工业	24 553.16	13.1	2460.69	12.3	10.0	−0.1

数据来源：国家统计局 2014 年统计快报。

（2）经济效益情况　全行业资产总额增速平稳：2014 年我国医药工业资产总额为 22 847.13 亿元，同比增长 16.5%。

从行业整体情况来看，除化学药品原料药制造业和生物药品制造业的资产总额增幅低于医药工业整体水平，其余子行业均高于医药工业整体水平。

比较来看，2014 年医药工业 8 大子行业的资产总额变化情况中，中药饮片加工业的增速呈持续上升的趋势；化学药品制剂制造业的增速基本持平；化学药品原料药制造业的增速呈波动上升趋势，可见原料药企业转型升级、环保达标的投资力度在不断加大（表 2-4）。

表 2-4　2014 年我国医药工业各子行业资产总额情况

行业	资产总额/亿元	同比增长/%
化学药品原料药制造	4066.5	12.0
化学药品制剂制造	6366.8	16.6
中药饮片加工	994.0	25.3
中成药生产	5409.3	17.8
生物药品制造	2848.2	16.1
卫生材料及医药用品制造	1149.1	16.5
医疗仪器设备及器械制造	1832.4	18.5
制药专业设备制造	180.8	12.4
医药工业	22 847.1	16.5

数据来源：国家统计局 2014 年统计快报。

总体亏损面维持稳定。2014 年我国医药工业共计 7511 家企业，约有 742 家企业亏损，亏损面总体为 9.9%，与 2013 年相比，略降 0.3 个百分点，亏损情况好转（表 2-5）。

表 2-5　2014 年我国医药工业各子行业的亏损情况

行业	亏损企业/个	同比/%	亏损面/%	同比/%
化学药品原料药	158	−0.6	12.7	−0.7
化学药品制剂	132	11.9	12.1	0
中药饮片	45	9.8	5.1	0.8
中成药	161	9.5	10.4	−0.4
生物药品	92	37.3	10.4	1.9
医疗仪器设备及器械	110	−6.8	10.2	−0.9
卫生材料及医药用品	36	−32.1	5.4	−3.2
制药专业设备制造	8	14.3	6.6	1.5
医药工业	734	4.5	9.9	−0.3

数据来源：国家统计局 2014 年统计快报。

从各子行业情况来看，亏损企业和亏损面数据都提示，卫生材料及医药用品行业亏损情况明显好转，而生物药品行业亏损加剧，提示该子行业的整体形势不容乐观。

亏损面最大的是化学药品原料药，亏损面达 12.7%，亏损面较低的是中药饮片和卫生材料及医药用品业，分别为 5.1%和 5.4%，亏损面同比下

降最大的是卫生材料及医药用品。

研发投入不断加大，创新能力有待提高。近年来我国企业对创新研发重视程度不断在提高，研发费用在不断增长，从高技术产业的统计口径看，2010 年医药制造业规模以上工业企业研发投入为 122.6 亿元，2014 年达 390.3 亿元，复合增长率达 33.6%（表 2-6）。

表 2-6 医药制造业企业研发投入

项目	2010 年	2011 年	2012 年	2013 年	2014 年
经费投入/亿元	122.6	211.2	283.3	347.7	390.3
投入强度/%	1.82	1.46	1.63	1.69	1.67

数据来源：国家统计局。

据国家统计局发布，2014 年医药制造业规模以上工业企业研发强度为 1.67%，较 2013 年下降 0.02 个百分点，投入强度已经较为稳定。但总体来说，我国医药工业的研发投入与发达国家相比还较低，创新能力有待提高。但随着国家发布鼓励创新政策，以及新版 GMP 认证的推进，仿制药质量一致性评价的推进，研究开发的整体费用均在增长之中。

（3）区域格局变化较小　2014 年主营业务收入居前 3 位的地区是山东、江苏、河南，合计占到全行业主营业务收入的 36.58%，集中度略高于 2013 年。利润总额居前 3 位的地区是山东、江苏、广东，合计占到全行业利润的 37.64%。出口交货值居前 3 位的地区是江苏、浙江、山东，合计占到全行业的 50.38%。按照区域划分，中西部地区的医药工业主营业务收入增速快于东部地区 2.9 个百分点。

主营收入方面：根据国家统计局 2014 年统计快报，2014 年主营业务 10 强没有新入者，仅河南、广东交换位次。前三甲位序未发生变化，山东省稳居首位（表 2-7）。

表 2-7 2013 年医药工业主营业务收入 10 强省市

2013 年			2014 年		
排序	地区	主营业务收入/亿元	排序	地区	主营业务收入/亿元
1	山东省	3352.8	1	山东省	3831.7
2	江苏省	3035.1	2	江苏省	3495.4
3	广东省	1335.3	3	河南省	1654.5
4	河南省	1293.8	4	广东省	1526.6

续表

2013 年			2014 年		
排序	地区	主营业务收入/亿元	排序	地区	主营业务收入/亿元
5	吉林省	1290.2	5	吉林省	1526.0
6	浙江省	1080.5	6	浙江省	1185.5
7	江西省	929.1	7	江西省	1069.6
8	四川省	914.9	8	四川省	1006.5
9	湖北省	843.0	9	湖北省	953.5
10	辽宁省	842.1	10	辽宁省	851.5

数据来源：国家统计局 2014 年统计快报。

利润总额方面：根据国家统计局 2014 年统计快报，2014 年 10 强省门槛上涨 10 亿元，达 87.6 亿元。山东继续保持领先地位，实现利润 377.3 亿元；江苏紧随其后，实现利润 363.9 亿元。前三位位序保持不变。另外，榜单 5～10 位差距较小，2013 年位次接近的浙江和北京，四川和上海分别互换了位次（表 2-8）。

表 2-8　2014 年医药工业利润 10 强省市

2013 年			2014 年		
排序	地区	利润总额/亿元	排序	地区	利润总额/亿元
1	山东省	336.1	1	山东省	377.3
2	江苏省	306.3	2	江苏省	363.9
3	广东省	173.6	3	广东省	185.0
4	河南省	125.4	4	河南省	152.7
5	北京市	125.1	5	浙江省	139.9
6	浙江省	115.5	6	北京市	131.0
7	吉林省	106.1	7	吉林省	123.1
8	上海市	91.0	8	四川省	99.3
9	四川省	90.2	9	上海市	96.3
10	辽宁省	77.8	10	辽宁省	87.6

数据来源：国家统计局 2014 年统计快报。

(4) 资产投资平稳增长　2014 年，我国医药制造业累计完成固定资产投资总额达 5205.4 亿元，同比增长 15.1%。增速与 2013 年的飞速增长相比有所放缓，下降了 11.4 个百分点，主要原因是投入需求大的无菌药品生产 GMP 升级已在 2013 年底基本完成（表 2-9）。

表 2-9　2010～2014 年医药制造业固定资产投资情况　单位：亿元

行业	2014 年	2013 年	2012 年	2011 年	2010 年
化学原料及化学制品制造业	14 584	13 210	11 263	8787	7040
医药制造业	5208	4529	3578	2649	1797

数据来源：国家统计局。

(5) 医药工业 500 强企业突现产业发展　占 6.7% 的医药工业 500 强企业在各项指标的完成方面均显示了其重要的地位。资产总额占 76.0%。完成主营业务收入占 37.3%（较 2013 年下降 2.1 个百分点），完成利润总额占 59.1%（较 2013 年增长 2.2 个百分点）。医药工业 500 强企业资产的集中度和盈利能力均表现较好。对于医药工业“十二五”规划所设计和发展的要求，医药行业兼并重组的高潮将推动 500 强企业进一步提升行业集中度，而与此同时，对这些企业在节能降耗、管理优化方面提出了进一步的提升要求，行业“多、小、散、乱”的局面将会得到改变。

与 2014 年世界制药前 10 强占世界药品市场规模的 34.0% 相比，我国医药工业 500 强 2014 年主营业务收入在全国医药工业企业主营业务收入中的占比为 37.3%，产业集中度提升还有很大的空间。

2014 年医药工业 500 强中销售收入超过 100 亿元的有 11 家（与 2013 年持平），(60～100) 亿元的有 19 家（较 2013 年增加了 2 家），(20～60) 亿元的 75 家（较 2013 年增加 1 家），其他大部分集中在 (1～20) 亿元之间。整体收入规模呈两极分化态势，大者更大，而中等规模的企业主要集中于 (20～40) 亿元之间，(60～100) 亿元规模企业数较少，是规模增长的一个瓶颈，要形成合理的规模梯队，还需要培养一些中大型企业。产业结构调整、医药工业“十二五”规划等宏观政策均向提升产业集中度，企业做大、做强、做优倾斜。2014 年 3 月，国务院印发了《关于进一步优化企业兼并重组市场环境的意见》。该政策的出台为兼并重组营造了良好的政策环境，成为近两年兼并重组加快发展的一个重要推动因素（表 2-10）。

表 2-10　2014 年度医药工业 500 强多项指标情况

指标	销售产值/亿元	资产总额/亿元	主营收入/亿元	利润总额/亿元
500 家	10 000	17 363	9156	1453
全行业	—	22 847	24 553	2460
占比/%	—	76.0	37.3	59.1

数据来源：工业和信息化部《2014 年中国医药统计年报》及 2014 年统计快报。

子行业方面：2014 年医药工业 500 强企业涵盖 8 大子行业，其中有 48%属于化学药品行业，31.2%属于中成药行业。化学药品行业平均利润总额、工业总产值、销售产值、资产总额、主营收入、销售费用、营业成本均列 8 大子行业之首（表 2-11）。

表 2-11　2014 年医药工业 500 强中各子行业企业各项指标完成情况

单位：亿元

子行业	企业数/家	工业总产值	销售产值	资产总额	主营收入	利润总额	销售费用	主营业务成本
化学药品	240	6299	5999	12 452	5511	893	1492	3500
生物药品	45	412	382	648	365	99	92	133
医疗器械	28	399	402	473	292	55	65	239
卫生材料	10	60	57	53	55	7	5	39
制药装备	4	33	33	76	32	8	2	20
中成药	156	3021	2923	3351	2793	360	711	1698
中药饮片	17	209	204	310	107	31	6	58
合计	500	10 433	10 000	17 363	9156	1453	2374	5688

数据来源：工业和信息化部《2014 年中国医药统计年报》。

盈利能力方面：2014 年医药工业 500 强企业资产利润率 9.1%（较 2013 年下降 0.3 个百分点），可见兼并重组的推进对企业的资产盘活与利用提出了新的要求，资产利用效益有待进一步提高，企业盈利能力、经营管理都需要不断加强（表 2-12）。

2014 年医药工业 500 强企业销售利润率为 15.9%（较 2013 年增加 1.3 个百分点），可见进入医药工业 500 强的企业主营业务市场竞争力强、发展潜力大、获利能力在不断增强，企业发展有可持续性。

成本费用利润率为 15.8%（较 2013 年增加 1.4 个百分点）。总体来说，500 强企业的获利能力较强，经济效益较好。

表 2-12　2014 年医药 500 强企业盈利能力

行业类别	资产利润率	销售利润率	成本费用利润率
医药工业 500 强	9.1%	15.9%	15.8%

数据来源：工业和信息化部《2014 年中国医药统计年报》。

资产总额方面：2014 年 10 强变化不大，中国医药集团总公司延续 2013 年继续荣登榜首，前 3 位位序未发生变化。

天津市医药集团有限公司和上海复星医药（集团）股份有限公司位次交替。康美药业股份有限公司首次进入榜单。石药集团有限责任公司跌出 10 强榜单。10 强企业的变化见证了中国医药工业的飞速发展和行业结构的变化（表 2-13）。

表 2-13　2014 年医药工业资产总额 10 强变化

2014 年		2013 年	
排序	企业名称	排序	企业名称
1	中国医药集团总公司	1	中国医药集团总公司
2	中国通用技术(集团)控股有限责任公司	2	中国通用技术(集团)控股有限责任公司
3	华润医药控股有限公司	3	华润医药控股有限公司
4	上海医药(集团)有限公司	4	上海医药集团股份有限公司
5	天津市医药集团有限公司	5	上海复星医药(集团)股份有限公司
6	上海复星医药(集团)股份有限公司	6	天津市医药集团有限公司
7	广州白云山医药集团有限公司	7	广州医药集团有限公司
8	威高集团有限公司	8	石药集团有限责任公司
9	中国远大集团有限责任公司	9	威高集团有限公司
10	康美药业股份有限公司	10	中国远大集团有限责任公司

数据来源：工业和信息化部《2014 年中国医药统计年报》和《2013 年中国医药统计年报》。

主营业务收入方面：与 2013 年相比，2014 年 10 强企业变化较大，扬子江药业集团有限公司跃居榜首，广州医药集团有限公司和修正药业集团股份有限公司依次下滑一位。上海医药（集团）有限公司继 2013 年跌出榜单后，2014 年重回 10 强。齐鲁制药有限公司和辉瑞制药有限公司都是新进上榜，而哈药集团有限公司、天津市医药集团有限公司和石药集团有限责任公司则跌出 10 强榜单。兼并重组与规模做大是几大集团的共同特点（表 2-14）。

表 2-14　2014 年主营业务收入 10 强变化

2014 年		2013 年	
排序	企业名称	排序	企业名称
1	扬子江药业集团有限公司	1	广州医药集团有限公司
2	广州医药集团有限公司	2	修正药业集团股份有限公司
3	修正药业集团股份有限公司	3	扬子江药业集团有限公司
4	中国医药集团总公司	4	华润医药控股有限公司
5	华润医药控股有限公司	5	中国医药集团总公司
6	上海医药(集团)有限公司	6	威高集团有限公司
7	拜耳医药保健有限公司	7	哈药集团有限公司
8	齐鲁制药有限公司	8	拜耳医药保健有限公司
9	辉瑞制药有限公司	9	天津市医药集团有限公司
10	威高集团有限公司	10	石药集团有限责任公司

数据来源：工业和信息化部《2014 年中国医药统计年报》和《2013 年中国医药统计年报》。

利润总额方面：2014 年，10 强企业位次发生变化。扬子江药业集团有限公司上升三名位列第五，发展势头强劲。上海复星医药（集团）股份有限公司下跌四位到第九，修正药业集团股份有限公司上升一位排名第八。其他企业位次均保持不变，中国医药集团总公司仍位居榜首（表 2-15）。

表 2-15　2014 年中国医药工业利润总额 10 强变化

2014 年		2013 年	
排序	企业名称	排序	企业名称
1	中国医药集团总公司	1	中国医药集团总公司
2	华润医药控股有限公司	2	华润医药控股有限公司
3	中国通用技术(集团)控股有限责任公司	3	中国通用技术(集团)控股有限责任公司
4	上海医药(集团)有限公司	4	上海医药集团股份有限公司
5	扬子江药业集团有限公司	5	上海复星医药(集团)股份有限公司
6	云南白药集团股份有限公司	6	云南白药集团股份有限公司
7	威高集团有限公司	7	威高集团有限公司
8	修正药业集团股份有限公司	8	扬子江药业集团有限公司
9	上海复星医药(集团)股份有限公司	9	修正药业集团股份有限公司
10	齐鲁制药有限公司	10	齐鲁制药有限公司

数据来源：工业和信息化部《2014 年中国医药统计年报》和《2013 年中国医药统计年报》。

医药工业500强呈现规模水平扩大、增长速度加快、综合实力提升的特点。2014年，我国医药工业发生了许多巨大变化，在“十二五”规划的统领下，在激烈的市场竞争推动下，企业兼并重组频发，大型企业集团纷纷组建成立。华润医药、国药集团等央企和上海医药等一批地方重点企业集团领衔医药工业兼并重组浪潮，推动了新一轮的医药工业结构改革。通过资本运作、兼并重组、研发创新等手段，正在集中优势，把大企业做得更大，并逐步地在做大的基础上实现着做强的梦想和突变。

2. 医药流通业发展势头良好

2014年我国药品流通行业销售总额达到15 021亿元，同比增长15.2%，增速较上年同期下降1.5个百分点。其中，2014年医药零售市场销售规模达3004亿元，同比增长9.1%，增幅回落2.9个百分点。2014年各级政府对城镇居民医保和新农合参保者的每人每年补助标准由2013年的280元提高到320元，扩大了对这部分经济支付弱势人群的医疗保障程度，为药品使用提供了增长基础。基层医改在实施基本药物制度的同时进行了配套的综合改革，初步建立了基层医疗卫生机构运行新机制，有利于医药行业的健康发展。

药品类销售占主导地位。在七大类医药商品销售中，药品类占到销售总额的73.8%；其次为中成药类，占销售总额的14.6%；中药材类占4.0%；医疗器械类占3.6%；化学试剂类占1.3%；玻璃仪器类占0.2%；其他类占2.5%。

2014年度流通企业主营业务收入前10强企业见表2-16。

表2-16 2014年度流通企业主营业务收入前10强企业

序号	企业名称
1	中国医药集团总公司
2	华润医药商业集团有限公司
3	上海医药集团股份有限公司
4	九州通医药集团有限公司
5	广州医药有限公司
6	重庆医药(集团)股份有限公司
7	南京医药股份有限公司
8	华东医药股份有限公司

续表

序号	企业名称
9	中国医药健康产业股份有限公司
10	四川科伦医药贸易有限公司

数据来源：商务部《2014 年度药品流通行业运行统计分析报告》。

3. 医院用药市场增速减缓

我国医院用药市场是整个医药市场举足轻重的第一终端。据统计，目前其用药量占全国医药市场的 75%～80%。2006～2014 年全国 22 城市样本医院购药金额每年以两位数的增长率增长，至 2014 年，总购药金额达 1428.9 亿元，同比增长 12.40%。医保的扩容、人口老龄化、就诊率的上升等催动了中国医药市场的快速发展。

2007 年的全面降价叫停，使得该年医院购药情况增长喜人，其后即保持平稳的容量增长，但增幅趋缓。特别是招标采购与大范围药品降价“双重利刃”加快了医院购药增长的走低趋势，2013 年仅增长 10.70%，2014 年略微回升至 12.40%，仍处于较低水平。见图 2-4。

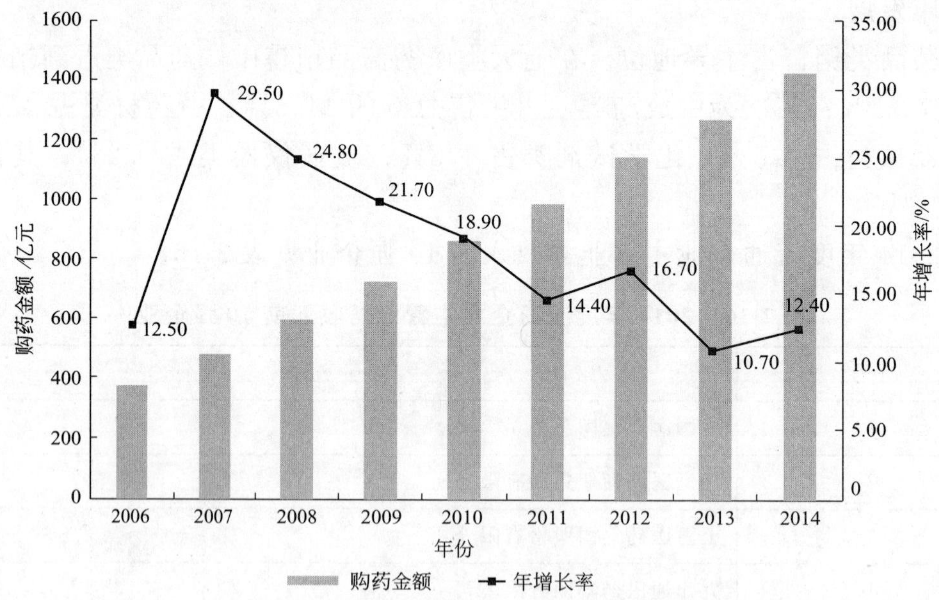

图 2-4　2006～2014 年重点城市样本医院购药金额及变化趋势

从样本医院购药各大类情况来看，2014 年使用领先的大类分别是全身用抗感染药物、心血管系统药物、血液和造血系统药物及抗肿瘤药，约占全部金额的 49.8%。神经系统用药是 2009～2014 年间年复合增长率最大的一类药物，为 22.70%，其次为生物技术药物，2009～2014 年间年复合增长率

为21.15%（表2-17）。

表2-17　样本医院各药品大类购入金额、复合增长与占比情况

治疗大类	2009年		2014年		年复合增长率/%	占比增量/%
	金额/亿元	占比/%	金额/亿元	占比/%		
抗感染药	175.84	24.30	222.20	15.55	4.79	−8.75
心血管系统用药	91.77	12.68	189.64	13.27	15.62	0.59
血液和造血系统用药	77.10	10.65	158.94	11.12	15.57	0.47
抗肿瘤药	64.16	8.87	140.32	9.82	16.94	0.95
消化系统用药	57.29	7.92	123.95	8.67	16.69	0.75
神经系统用药	43.96	6.07	122.25	8.56	22.70	2.49
免疫调节剂	51.66	7.14	108.05	7.56	15.90	0.42
内分泌及代谢调节用药	40.26	5.56	84.04	5.88	15.86	0.32
杂类	29.00	4.01	64.93	4.54	17.49	0.53
生物技术药物	16.07	2.22	41.94	2.94	21.15	0.72
呼吸系统药物	16.35	2.26	41.56	2.91	20.51	0.65
骨骼与肌肉用药	16.30	2.25	35.06	2.45	16.55	0.20
精神障碍用药	10.81	1.49	27.01	1.89	20.10	0.40
麻醉药及其辅助用药	11.07	1.53	24.60	1.72	17.31	0.19
生殖系统用药及性激素	5.53	0.76	12.58	0.88	17.87	0.12
感觉器官用药	4.79	0.66	10.25	0.72	16.44	0.06
皮肤科用药	4.97	0.69	8.85	0.62	12.24	−0.07
泌尿系统用药	3.71	0.51	6.48	0.45	11.80	−0.06
抗变态反应药物	2.87	0.40	5.96	0.42	15.76	0.02
原料药及非直接作用于人体的药物	0.18	0.03	0.31	0.02	11.28	−0.01
合计	723.68	100.00	1428.92	100.00	14.58	

数据来源：中国药学会全国样本医院购药金额数据库。

2014年，重点城市样本医院使用领先的30个品种见表2-18。

表2-18　样本医院使用领先前30位品种统计

2014年位序	2013年位序	药品名称	用药金额/万元	同比/%
1	1	氯化钠	190 468	14.98
2	3	人血白蛋白	177 348	21.62

续表

2014 年位序	2013 年位序	药品名称	用药金额/万元	同比/%
3	2	神经节苷脂	175 878	9.00
4	4	氯吡格雷	159 935	10.39
5	5	前列地尔	144 366	5.41
6	7	紫杉醇	138 810	15.07
7	9	阿托伐他汀	137 401	17.96
8	6	磷酸肌酸	136 893	8.13
9	10	兰索拉唑	133 899	19.75
10	8	胸腺五肽	131 772	9.49
11	11	奥拉西坦	123 509	10.61
12	15	恩替卡韦	120 736	31.13
13	13	小牛血去蛋白提取物	120 584	16.92
14	17	泮托拉唑	109 284	20.72
15	22	哌拉西林＋三唑巴坦，复方	106 417	22.35
16	12	多西他赛	102 624	－0.82
17	19	复合辅酶	100 904	12.55
18	24	培美曲塞	99 455	20.06
19	174	奥美拉唑	98 250	5.67
20	16	脂肪乳	97 404	7.09
21	28	美罗培南	96 801	24.97
22	21	胸腺肽 α_1	96 757	10.36
23	29	伏立康唑	96 340	34.02
24	18	氨基酸，复方	95 440	6.10
25	20	氨溴索	94 345	6.39
26	23	维生素，复方	90 065	3.99
27	25	转化糖	89 201	11.09
28	35	埃索美拉唑	86 410	26.38
29	26	左氧氟沙星	85 480	8.84
30	30	异丙酚	82 658	15.45

数据来源：工业和信息化部《2014 年中国医药统计年报》。

4. 医药进出口增长继续放缓

从海关数据来看，2014 年医药进出口总额为 980.3 亿美元，同比增长 9.3%。其中，出口额为 549.8 亿美元，同比增长 7.4%，进口额为 430.5 亿美元，同比增长 11.8%，进口额的增长率超过出口额。实现贸易顺差 119.3 亿美元，同比下降 5.8%。可见，2014 年我国医药外贸增长速度继续放缓（表 2-19）。

表 2-19　2014 年我国医药产品进出口完成情况

项目	出口额/亿美元	同比/%	占比/%	进口额/亿美元	同比/%	占比/%
中药类（包括保健品、提取物、中成药、中药材及饮片）	35.9	14.5	6.5	10.4	−3.8	2.4
西药类（包括西药原料、西药制剂、生化药）	313.7	9.3	57.1	262.4	16.8	61.0
医疗器械类（包括医用敷料、一次性耗材、医院诊断与治疗、保健康复用品、口腔设备与材料）	200.2	3.6	36.4	157.7	5.3	36.6
合计	549.8	7.4	100	430.5	11.8	100

数据来源：中国医药保健品进出口商会。

在激烈的国际市场竞争环境下，在我国医药外贸中地位举足轻重的西药类产品 2014 年的进出口额为 576.1 亿美元，占比 58.8%，与 2013 年比提高 2.8 个百分点。在这一年中，我国西药类产品出口额为 313.7 亿美元，同比增长率 9.3%；西药类产品进口额为 262.4 亿美元，同比增长 16.8%；进口和出口增幅均出现回升，较医药整体的进口和出口同比增长率均分别高出约 5 个百分点和 2 个百分点；西药类产品的贸易顺差继续收窄 17.9%，金额为 51.3 亿美元。近年来，西药出口的高速增长一直是维持我国医药产品出口增长的主要支撑点。自 2013 年以来，国家对原料药产业进行结构调整，再加上外需疲软、国际市场对中国新兴医药产业的打压以及欧美对从中国进口医药的监管日趋严格，使我西药出口贸易遭遇寒冬。2014 年我国西药类产品出口有所回温，呈现出以下特点。

原料药一直是我国最具特色的医药出口品种，在世界市场中占有绝对份额。2014 年我国西药原料药出口形势有所好转，出口额共计 258.57 亿美元，同比增长 9.57%，并出现了量价齐升的好局面。一方面，随着外需的改善，西药原料药出口数量同比增长 6.38%；另一方面，出口价格企稳回升，出口均价同比上涨 3.00%，表明医药行业结构调整已初见成效。从具体类别来看，2014 年多数类别西药原料药产品的出口额实现同比增长。其中，激素类、麻醉用药、其他抗感染类等多个类别出口增长显著，出口额同比增速都在20%以上。激素类出口额同比增幅最大，高达52.99%，但出口均价同比下降17.97%，反映了该类产品在国际市场激烈的价格竞争。此外，出口金额占比最高的维生素类原料药，一改多年来出口下跌的势头，出口同比增速回升至10.85%，这可能与其国际供求周期性变化有关。

我国制剂出口呈现二元结构。一方面经过多年发展，我国医药产业涌现出一批高水平的国际化先导企业，这些企业在制剂国际化道路上行进步伐较快，大部分制剂产品获得了发达国家认证，出口到国外规范市场；另一方面，国内大多数企业的出口产品结构并未发生实质性调整，很多以低端产品为主，目的地多为非规范市场，且彼此间低价竞销严重。随着部分企业推动制剂国际化的进程加快，2014年我国西药出口形势也有所好转，全年实现出口额29.38亿美元，同比增长8.37%，增速较2013年提高2.55个百分点。

2014年我国中药类产品出口总额35.9亿美元，同比增长14.5%，增速较2013年明显下降，但依然是增长最快的类别。除外部需求的稳定增长之外，国内中药材价格持续走高并传导至出口价格也是我国中药类产品出口金额快速增长的重要原因，2014年中药类产品平均出口价格为10.15美元/kg，同比上涨5.24%。

另一方面，主要受保健品出口价格大幅下跌的影响，中药类整体出口平均价格上涨幅度较2013年明显收窄，这也是出口金额增速下降的主要原因所在。从具体数据来看，2014年我国中药类产品出口数量同比增长8.78%，较2013年提高2.62个百分点，表明外部需求稳定回升的态势并未改变；但出口价格涨幅较2013年大幅下降13.01个百分点，拖累出口金额同比增速下降11.05个百分点。

从不同子类的出口表现来看，出口主力提取物保持了25.88%的高速增长；而出口额占比最低的中成药国际化进程阻碍重重，推进缓慢，出口额同比下降6.25%，是唯一出现金额下滑的中药类子类（表2-20）。

表2-20　2014年我国中药类产品进出口情况

项目	出口额/亿美元	同比/%	占比/%
保健品	2.7	8.9	7.52
提取物	17.77	25.88	49.47
中成药	2.5	−6.25	6.96
中药材及饮片	12.95	6.91	36.05
中药类总计	35.92	14.49	100

数据来源：中国医药保健品进出口商会。

2015 年，欧美经济缓慢复苏，国际监管环境进一步趋严，人民币升值压力犹存，印度等主要竞争对手货币贬值严重将进一步削弱我国医药产品竞争力，我国医药外贸发展面临严峻考验。但是随着我国医药企业转型升级步入改革深水区，我国医药外贸机遇大于挑战。

（二）医药研发创新情况

1. 药品注册审批情况

药品批准生产上市情况：2014 年，共批准药品注册申请 501 件。其中批准境内药品注册申请 431 件，批准进口 70 件。批准上市药品中，化学药品数量仍居首位，占全年批准上市药品的 95.4%，中药和生物制品数量相当。与 2013 年相比较，2014 批准药品的数量显著增加，增加了 85 个（2013 年共批准 416 个），其中主要是化学药品增加了 104 个，而中药和生物制品分别减少了 16 和 3 个。批准化学仿制药品的数量增加了 69 个，批准新药的数量增加了 37 个（表 2-21）。

表 2-21　2014 年批准上市的药品情况

<table>
<tr><th>注册分类</th><th>新药</th><th>改剂型</th><th>仿制药</th><th>进口药</th><th>合计</th></tr>
<tr><td>化学药品</td><td>128</td><td>26</td><td>256</td><td>68</td><td>478</td></tr>
<tr><td>中药</td><td>11</td><td>0</td><td>0</td><td>0</td><td>11</td></tr>
<tr><td>生物制品</td><td colspan="3">10</td><td>2</td><td>12</td></tr>
<tr><td>合　　计</td><td colspan="5">501</td></tr>
</table>

数据来源：国家食品药品监督管理总局。

批准药物临床研究情况：2013 年准临床研究药物数量大幅下滑后，2014 年回升到前几年的水平，共 880 个，较 2013 年增长 135%（表 2-22）。

表 2-22　2014 年批准临床的药品情况

<table>
<tr><th>注册分类</th><th>临床试验</th><th>生物等效性试验</th><th>小计</th></tr>
<tr><td>化学药品</td><td>583</td><td>159</td><td>742</td></tr>
<tr><td>中药</td><td>28</td><td>0</td><td>28</td></tr>
<tr><td>生物制品</td><td>110</td><td>0</td><td>110</td></tr>
<tr><td>合计</td><td colspan="3">880</td></tr>
</table>

数据来源：国家食品药品监督管理总局。

2011～2014 年批准药物临床研究概况比较见表 2-23。

表 2-23　2011～2014 年批准药物临床研究概况比较

注册分类	2011 年	同比/%	2012 年	同比/%	2013 年	同比/%	2014 年	同比/%
化学药品	483	−38	603	25	316	−48	742	135
中药	54	−2	39	−28	9	−77	28	211
生物制品	84	4	62	−26	49	−21	110	124
总计	621	−32	704	13	374	−47	880	135

数据来源：国家食品药品监督管理总局。

2. 药品注册受理情况

2014 年国家食品药品监督管理总局药品审评中心受理新注册申请 8778 个（以受理号计，不含复审），较 2013 年增加 16.6%；其中，化药新申请以受理号计共 7829 个，中药新申请 495 件，生物制品 454 件。2014 年化药审评任务接收量增加明显，较 2011～2013 年年均化药审评任务接收量增幅近 30%，占年度审评任务接收总量近 90%；中药和生物制品审评任务的接收量均有所下降（表 2-24）。

表 2-24　2014 年药品新注册受理情况

分类	新药上市申请（NDA）	仿制及改剂型申请（ANDA）	补充申请	新药临床申请（IND）	进口再注册	验证性临床	合计
化学药品	265	2572	2461	381	313	1837	7829
中药	38	18	361	64	14		495
生物制品	37		225	186	6		454

数据来源：国家食品药品监督管理总局（注：以受理号计）。

化药重复申报情况：与 2013 年相比，化学仿制药注册申请方面的低水平、重复申请状况，未见改观。截至 2014 年年底，待审的化药 ANDA 申请共 8713 个，占待审任务总量的 46.9%，涉及活性成分 1061 个。重复申报较为严重的有 112 个活性成分（相同活性成分品种待审任务 20 个以上），涉及待审任务 4829 个，占化药 ANDA 总待审任务量的 55.4%（表 2-25）。

表 2-25　化药仿制药重复申报情况

重复情况分组	活性成分数量	涉及任务
100 个申请以上	8	983
50～99 个申请	23	1535
30～49 个申请	30	1079
20～29 个申请	51	1232

数据来源：国家食品药品监督管理总局。

（三）医药政策环境

医药行业作为弱周期行业，受国家政策影响较大，政策环境对于行业运行状况有着重要的影响。2015 年我国医药行业政策环境优于 2014 年，相关行业政策较以往更加务实，并透露出市场开放的信号，提振了行业的信心。其中，医疗器械、中医药、生物制药等子行业的政策扶持力度较大，有望进入快速发展期。微观企业层面上，技术开发能力强、转型升级快、产品附加值高、产品结构好的企业由于符合政策方向，将成为政策受益的主体。

1. 新版药典颁布，药品标准全面提升

2015 年 2 月 4 日，2015 年版《中华人民共和国药典》经第十届药典委员会执行委员会全体会议审议通过。6 月 5 日，国家食品药品监督管理总局正式颁布《中华人民共和国药典》2015 年版，12 月 1 日起实施。新版药典的颁布标志着我国用药水平、制药水平以及监管水平的全面提升，将促进药品质量的整体提高，对于保障公众用药安全有效意义重大。

与上一版药典对比，新版药典品种增加，质量要求更加严格，饮片标准大幅度提高。重点发挥了四方面的作用：维护公众健康，保障用药安全有效；引领产业结构调整和产品质量升级；提升企业竞争力；助力中国制药通向国际化道路。

药典是药品行业的“宪法”，新版药典建立完善和高水平的药品质量标准体系，强化了《中华人民共和国药典》在国家药品标准中的核心地位。

2. 推进医疗器械国产化，数字诊疗装备备受关注

2015 年 2 月 28 日，科技部联合卫计委、工信部、食药总局、总后卫生部等部门，发布《数字诊疗装备重点专项实施方案（征求意见稿）》（以下简称《意见》），旨在通过科技创新，提升我国医疗器械产业自主研发技术水平，促进产业转型升级，培育新的经济增长点。

《意见》主要内容包括 4 个方面：①重点推进 4 方向 10 领域的产品化开发和产业化发展；②未来突破重点主攻进口依赖设备与技术；③建立新装备示范基地，推广国产诊疗设备；④多方面保障计划实施，中央财政为主导加大各方面投入。

《意见》的出台，将推进我国医疗器械“数字化、网络化、智能化”发展，提高我国医疗器械特别是高端影像诊断和大型治疗等数字诊疗装备的技术竞争力，加快高端医疗设备国产化进程。“十三五”期间，国产化浪潮将爆发。

3. 公立医院改革加快，破除“以药补医”

公立医院是我国医改中最为核心的难点和焦点。2015 年 4 月和 5 月，国务院办公厅分别印发了《关于全面推开县级公立医院综合改革的实施意见》和《关于城市公立医院综合改革试点的指导意见》两个文件。

县级公立医院综合改革提出，2015 年在全国所有县（市）的县级公立医院破除以药补医，以管理体制、运行机制、服务价格调整、人事薪酬、医保支付等为重点，全面推开县级公立医院综合改革。

城市公立医院综合改革试点的指导意见提出，在 100 个地级以上城市进行公立医院改革试点，破除以药补医机制，切断医院和医务人员与药品间的利益链，并将全面实施城乡居民大病保险制度。城市公立医院综合改革试点将在 2017 年全面推开，届时将实现“大病医保”、“取消药品加成”、“个人卫生支出占比降至 30%以下”。

两个指导意见都拿“以药补医”开刀。破除以药补医是医改的核心问题，破除“以药补医”打掉了虚高药价，最终患者将享受更低价格的药品服务。对于医院而言，药品的虚高部分被挤压掉，有利于调整其收入结构。另外继续推行分级诊疗更是亮点。

4. 政府放开药价，有望推进药价市场化

2015 年 5 月，国家发展改革委等 7 部委联合发布《关于印发推进药品价格改革意见的通知》（以下简称《通知》），决定从 6 月 1 日起取消绝大部分药品政府定价，完善药品采购机制，发挥医保控费作用，药品实际交易价格主要由市场竞争形成。《通知》规定，除麻醉药品和类精神药品仍暂时由国家发展改革委实行出厂价格和零售价格管理外，对其他药品政府定价均予以取消，不再实行零售限价管理，按照分类管理原则，通过不同的方式由市场形成价格。

我国从 1948 年开始对药品价格进行政府管制，经过了半个多世纪的发展，药品价格由管制式走向半开放式，体现了我国药品市场的不断发展与完善。这是市场竞争下的良性结果，药品价格改革将推动我国医药行业更好地实现资源配置，促进发展。

取消药品政府定价后，由于有招标采购机制的约束，医院销售的药品价格会保持基本稳定。对制药企业的影响则不尽相同，对于生产低水平仿制或过度竞争药品的企业来说，未来药价的放开将带来巨大挑战。对于有专利药品、原创药品或独家品种的企业来说，药价放开是非常利好的消息，这些企业可以利用品种优势适当提价，实现优质优价，增加营收、加速企业发展。

5. 审评审批制度改革，行业面临洗牌

2015年8月18日，国务院正式公布了《国务院关于改革药品医疗器械审评审批制度的意见》(以下简称《意见》)。《意见》指出，我国将严格控制重复申请的药品审批，争取在2016年年底前消化药品审批积压存量，2017年实现注册申请和审批数量年度进出平衡，2018年实现按规定时限审批。

《意见》提出了提高仿制药质量、鼓励研究和创制新药、提高审评审批透明度、调整收费政策等重要内容。

一直以来，我国对仿制药的评价是“仿已有国家标准的药品”，并未强调质量和疗效，使得一些仿制药申报标准不太高。这造成我国很多仿制药，特别是在2007年以前批准的仿制药的疗效不是太好，和进口的同类产品相比，疗效有明显差别。根据《意见》要求，我国将推进仿制药质量一致性评价，仿制药审批要以原研药品作为参比制剂，确保新批准的仿制药质量和疗效与原研药品一致。同时，针对一些企业求快，导致申报资料不规范，甚至弄虚作假，虚报质量标准、临床试验时间等行为，《意见》同时要求严肃查处。

6. 药品上市许可持有人制度试点，鼓励研发创新

2015年11月4日，十二届全国人大常委会第十七次会议表决通过了《关于授权国务院在部分地方开展药品上市许可持有人制度试点和有关问题的决定》，授权国务院在北京、天津、河北、上海、江苏、浙江、福建、山东、广东、四川十省市，开展为期三年的药品上市许可持有人制度试点，推进我国药品产业转型升级。

目前我国药品管理法规定，只有药品生产企业才可以申请药品注册，取得药品批准文号。随着我国药品产业的快速发展，这一规定逐渐导致研发机构积极性不足、企业重复建设现象严重、政府审批资源遭遇浪费等问题。

药品上市许可持有人制度是当前国际社会普遍采用的重要制度，这个制度的核心就是鼓励药品研发创新，调动各方面的积极性。其最大特点是允许药品上市许可持有人与生产企业相分离，主要具有几个方面的优势：有利于充分调动研发者的积极性，促进药品创新，并使批准上市的药品可以迅速地扩大市场、占领市场；有利于优化资源配置，抑制低水平重复建设，促进结构调整和产业升级；有利于落实企业主体责任，加强药品质量管理，提高药品质量；有利于创新药品治理机制，充分发挥政府、企业和市场三者在加强药品管理中的作用。

7. 健康中国上升至国家战略

2015 年 11 月 3 日《中共中央关于制定国民经济和社会发展第十三个五年规划的建议》发布，建议提出的“健康中国”引人注目，更令人期待。

中央建议，推进健康中国建设。深化医药卫生体制改革，实行医疗、医保、医药联动，推进医药分开，实行分级诊疗，建立覆盖城乡的基本医疗卫生制度和现代医院管理制度。全面推进公立医院综合改革，坚持公益属性，破除逐利机制，建立符合医疗行业特点的人事薪酬制度。鼓励社会力量兴办健康服务业，推进非营利性民营医院和公立医院同等待遇。优化医疗卫生机构布局，健全上下联动、衔接互补的医疗服务体系，完善基层医疗服务模式，发展远程医疗。促进医疗资源向基层、农村流动，推进全科医生、家庭医生、急需领域医疗服务能力提高、电子健康档案等工作。

健康中国写入国家“十三五”规划，有望全面推进医疗卫生体制改革，理顺药品价格，实行医疗、医保、医药联动，建立覆盖城乡的基本医疗卫生制度和现代医院管理制度。随着健康中国落地，“十三五”期间围绕大健康、大卫生和大医学的医疗健康产业有望突破十万亿市场规模。医疗健康产业也将引领新一轮经济发展浪潮，医疗服务、健康保险、创新药、精准医疗及互联网医疗等细分领域将拔得头筹。

健康产业发展，重点是创新和质量两大重点层面，这两方面的提升，将成为促进中国经济转型升级的重要力量，我国的经济结构也将进一步得到优化调整。此外，健康中国有望成为培育新经济增长点的重要“源头活水”，国人医疗消费需求进一步扩大，健康产业消费市场将呈现出巨大潜力和发展活力，而这也将成为“十三五”时期乃至更长时间内中国经济持续增长的重要支撑。

（四）问题和展望

1. 存在的问题与影响因素

（1）医保管理提升推进了医保控费的升级　2015 年 1 月，《全国医院医疗保险服务规范》（以下简称《规范》）正式发布，宣布将从医院层面狠抓医保精细化管理工作。随着全民医保目标的逐步实现，医保基金收入不断减少，支出却持续增加，医保大规模、粗放式的管理模式难以为继。《规范》明确指出将医保管理提高到医院行政管理的高度，要求定点医疗机构成立由院领导负责的医疗保险管理委员会，建立健全医疗保险管理体系，形成医院、主管部门、科室三级医疗保险管理网络，并设立与医疗保险管理任务相适应、与本单位医疗行政管理部门平行、独立的医疗保险管理部门。这将促

进医院主动进行医保控费，很可能会对目前的医院用药结构产生较大影响，影响力度或赶超“限抗令”，尤其是对慢性病用药领域。虽然医保控费升级并非一蹴而就，是逐步推进的过程，但对制药企业来说把握政策脉搏、调整产品结构时间紧迫。

（2）非无菌药品生产GMP认证限期将至　按照《药品生产质量管理规范（2010年修订）》的要求，药品生产企业血液制品、疫苗、注射剂等无菌药品的生产，应在2013年12月31日前达到新版药品GMP要求；其他类别药品的生产均应在2015年12月31日前达到新版药品GMP要求，未达到新版药品GMP要求的企业（车间）在上述规定期限后不得继续生产药品。按要求无菌药品的生产企业（车间）已在2013年年底基本完成GMP升级认证，非无菌药品生产企业（车间）限期将至，虽然距认证限期仍有半年之多，但企业改造升级、排队认证都需要较长时间，届时会有部分企业无法按要求及时通过认证，面临停产倒闭或被收购的命运。但在认证限期之前，为了盘活资产或企业整体规划方向，这部分企业可能会采取批文转让等方式挖掘“剩余价值”，而一些大企业则可以通过收购兼并实现产业扩张，未来随着产业格局的进一步明朗，行业洗牌在所难免。

（3）国内药企自主研发动力不足　研发创新是制药企业可持续发展的关键，但在我国新药研发对制药企业来说无疑是一场勇敢者的游戏——处处壁垒，机关重重。参与者常常是提心吊胆，走得步步惊心，越往后越是“九死一生”。

在中国，新药研发面临的一个难以逾越的壁垒就是药品审批速度慢、耗时长，我国一个新药审批平均耗时八年，许多新药因被堵在漫长的审批路上而错失市场先机。此外，新药研发回报率持续走低也是影响制药企业研发积极性的主要原因。据统计，随着新药研发成本的不断提高，制药企业的研发投资回报率已从2010年的10%左右下降至2013年的5%左右，如此庞大的初期投入，加之高比例的研发失败率以及新产品上市后的不确定性，都令我国制药企业望而却步。

而市场终端的持续降价与医药市场的激烈竞争投入，则进一步影响和限制了企业对创新研发的投入。

2. *未来趋势展望*

（1）药品市场规模将保持稳步增长　2015年我国宏观经济将保持稳定增长，GDP将保持在7%左右的增速，我国药品市场规模也将保持稳步增长的趋势。

国家医疗卫生投入进一步增大。2015年1月国家卫计委发布了《关于

做好2015年新型农村合作医疗工作的通知》（以下简称《通知》），《通知》指出2015年各级财政对新农合的人均补助标准在2014年的基础上提高60元，达到380元，农民个人缴费标准在2014年的基础上提高30元，全国平均个人缴费标准达到每人每年120元左右，2015年新农合筹资将增加700多亿元，总规模预计达4000亿元。

市场刚性需求持续增长。随着城镇化战略的推进，城镇人口的增长，收入的提高以及城镇医保参保人数的增加，我国药品市场的需求也随之扩大，这一以产业聚集为基础的农村城镇化过程将成为今后多年我国医药经济发展的巨大推动力。此外，老龄化进程的加快、单独二胎政策的开放等也会带动药品刚性需求的增长。

（2）创新药、基药将受益于药审改革和分级诊疗　2015年实施的多项新药注册审批政策利好创新药、高质量仿制药生产企业。提高仿制药注册审批门槛、开展一致性评价、开通创新药绿色通道等规定加快了创新药的上市速度，同时淘汰掉一批伪新药，提高行业集中度。

分级诊疗将患者分流到基层医院，带来基层医院用药量的增长，基药市场将迎来新一轮扩容。目前基药品种在基层医疗机构的使用比率在90%以上，二级医院使用比例约为40%，在三级医院的使用比例约为25%。预计2017年基层医疗卫生机构诊疗量占总诊疗量比例需达到65%以上，基药市场有望达到翻倍的增长。

（3）进口替代利好国产器械　从整个2015年的政策看，国家对于医疗器械行业是大力扶持的，行业地位与重要性大幅提升，进口替代成为行业发展的主要趋势，法规政策频频出台，法规向国际化看齐，行业监管不断趋严。这种趋势在2016年仍将延续，国家对医疗器械产业的扶持力度不会改变。

器械板块政策红利包括国家鼓励使用国产设备，采购进口设备条件、数量限制；随着分级诊疗的推进，大量基层医院产生采购设备需求。同时，我国器械耗材与药品消费比例（0.2∶1）远低于全球平均水平（0.7∶1），未来随着医生诊疗习惯的改变，器械耗材的占比将会有较大的提升空间。

（4）政策和需求共同拉动民营医疗服务增长　在过去30年，社会资本办医政策经历了1985～1992年的初探阶段，1992～2005年的市场化推动阶段，2005～2009年的市场化之过的争论和反思阶段，在2009年新医改发布之后逐步明晰。即公立医院作为提供基本医疗服务的主体，同时政府将支持和引导社会资本进入医疗服务行业共同发展，缓解供需矛盾，满足大众多层

次、多元化的需求，并激活市场竞争，推动公立医院提高效率和质量。

在政策优惠和需求双重拉动下，民营资本在专科、高端以及第三方服务市场发展迅速，同时药品企业、其他行业转型公司通过参与公立医院改制、收购或新建医院切入服务领域，未来三年医疗服务行业有望保持20%以上的高增速。

(5) 医药行业兼并重组将持续火热　2015年1～10月，我国医药行业并购金额已超1000亿元，相比2014年同期增长约80%，增速远超其他行业。已公告的并购案例数达260起，77%发生在制药、生物科技领域，23%发生在器械与服务领域。从案例数和并购金额来看，自2013年起，制药、生物科技领域的并购规模和增速逐渐成为主流。

就我国目前的总体经济发展情况来看，医疗药品作为刚性需求，医药行业仍是未来数年增长相较稳定的行业，虽然受诸多因素影响，收入利润有所下滑，但医药行业整体增幅仍将保持在13%左右。2015年底是GMP大限之年，许多企业不能成功通过GMP认证，面临关停并转的状态，或将被兼并收购。多因素合力使得2016年我国医药行业内兼并重组还将持续火热。

（撰稿专家：朱皓阳　钟倩　周斌）

抗 体 药 物

一、概述

抗体药物是以细胞工程和基因工程为主体的抗体工程技术制备的药物，特异性地与分布在细胞表面及病原体上的靶抗原或可溶性的细胞因子、毒素等靶抗原的特异性表位相结合，发挥杀伤、阻断、中和、免疫调理等作用，具有特异性高、靶向性强、性质均一、疗效确切、副作用少、安全性好等优点，已在肿瘤、免疫性疾病（包括器官移植）、感染性疾病、代谢性疾病、心血管病等疾病的治疗中得到广泛应用。1975 年第一个鼠单抗上市，但是直到 2002 年第一个全人源单抗 adalimumab 上市，抗体药产业才进入了高速发展期；2012 年有 6 个抗体药年销售额超过 50 亿美元，成为超级“重磅炸弹”；到 2014 年，累计已有 46 个抗体药物上市。2014 年抗 PD-1 的肿瘤免疫治疗抗体上市，开启了肿瘤免疫治疗时代。到 2015 年，已经有超过 15 个全人抗体上市，而抗肿瘤免疫治疗的多个靶点研发也进入了热潮。

2015 年以来，从全球市场来看，抗体药继续保持井喷式的发展势头，全年有 9 个新品种获 FDA 批准上市，9 个已有的抗体品种扩展了适应证。从中国市场看来，有 7 个获得临床批件，另有 32 个抗体品种等待临床审批，显示巨大的发展潜力。自 2011 年以来抗体药物已占整个生物制药领域的 40%以上，并逐年增加，2014 年全球市场已超过 680 亿美元，虽然目前尚未获得数据，但我们估计 2015 年抗体药市场应当已取得了更好的市场成绩。本文将就 2015 年国内外获批的主要抗体品种为例，简述国内外产业发展近况。

二、2015 年全球抗体药品种和市场

由于抗体类新药一般来说多首先通过 FDA 上市，随后登陆 OECD、日本等市场，故本文主要以 FDA 批准品种为例进行统计及分析。

（一）2015 年 FDA 新批准的抗体品种

根据统计，美国 FDA 于 2015 年批准的 9 个抗体新品种中，有 4 个（dinutuximab、daratumumab、necitumumab、elotuzumab）为抗肿瘤抗体；2 个竞争品种（evolocumab、alirocumab）均靶向 PCSK9，治疗高胆固醇血症；1 个 secukinumab 治疗自身免疫病，1 个抗凝血剂（idarucizumab）以及 1 个 idarucizumab 治疗罕见病（表 2-26）。下面将分别简要介绍以下品种。

表 2-26　FDA 新批准的单克隆抗体药物

序号	通用名	靶点	商品名	适应证	批准日期
1	elotuzumab	SLAMF7	Empliciti	多发性骨髓瘤	2015/11/30
2	necitumumab	EGFR	Portrazza	非小细胞肺癌	2015/11/24
3	daratumumab	CD38	Darzalex	多发性骨髓瘤	2015/11/16
4	mepolizumab	IL-5	Nucala	重症哮喘	2015/11/4
5	idarucizumab	NOAC	Praxbind	抗凝血	2015/10/16
6	evolocumab	PCSK9	Repatha	高胆固醇	2015/8/27
7	alirocumab	PCSK9	Praluent	高胆固醇	2015/7/24
8	dinutuximab	GD2	Unituxin	神经母细胞瘤；儿童高风险神经母细胞瘤	2015/3/10
9	secukinumab	IL-17	Cosentyx	斑块状银屑病	2015/1/21

截至 2015 年 12 月 31 日，数据来源：http：//www.drugs.com/。

1. secukinumab

美国 FDA 于 2015 年 1 月 21 日批准 secukinumab 用于治疗成人中重度斑块状银屑病，secukinumab（Cosentyx）是由诺华公司开发的靶向 IL-17A 的单克隆抗体。secukinumab 可阻断炎症反应相关的白介素-17A 与受体结合，抑制斑块状银屑病发病过程中的炎症应答。该品为皮下注射给药制剂。

该品的安全性和有效性基于四项临床试验，共纳入 2403 例患有斑块状银屑病且适合光疗法或全身系统性治疗的受试者，受试者随机接受该品或安慰剂，比较银屑病皮肤变化程度、性质及严重程度的评分结果显示，与安慰剂组相比，该品治疗组临床应答更为显著，患者皮肤病灶获得清除或几乎清除。该品获批同时附有一份用药指南，患者应知晓该品可抑制免疫系统从而增加感染风险。此外，也有严重过敏反应的报道。该品最常见的不良反应为腹泻和上呼吸道感染。

Cosentyx 由位于新泽西东汉诺威的诺华制药公司上市销售。

2. nivolumab

FDA于2015年3月4日批准了施贵宝的nivolumab用于治疗在经铂类为基础化疗期间或化疗后发生疾病进展的转移性鳞性非小细胞肺癌。这距FDA接受这个申请只有四个工作日，创审批纪录。此前（在2014年12月），FDA加速批准了nivolumab（Opdivo）用于治疗对其他药物没有应答的不可切除的或转移性黑色素瘤患者。2015年11月23日，FDA进一步批准nivolumab用于转移性肾细胞癌的治疗。nivolumab是一个单克隆抗体，与PD-1受体相结合并阻断其与PD-L1、PD-L2的相互作用，因此解除了PD-1通路介导的对免疫应答的抑制，其中包括抗肿瘤免疫应答。

nivolumab的推荐剂量为每2周静脉输注3mg/kg，持续60min。nivolumab最常见的不良反应包括疲劳、呼吸急促、骨骼疼痛、食欲不振、咳嗽、恶心和便秘。最严重的不良反应主要是免疫系统介导的健康组织器官受累，包括肺、结肠、肝、肾。现在PD-1抑制剂已经在黑色素瘤、肺癌、肾癌、膀胱癌、头颈癌、三阴性乳腺癌等多个实体瘤和几个血癌显示疗效，但黑色素瘤、肺癌、膀胱癌是疗效最好的适应证。

专家估计PD-1抑制剂最终会造就一个300亿～350亿美元的巨大市场，主要被施贵宝、默克、罗氏、阿斯利康四家瓜分，其中Opdivo将以75亿～100亿美元占据最大份额。

3. Unituxin（dinutuximab）

美国FDA于2015年3月10日批准了United Therapeutics公司的Unituxin（dinutuximab）上市，作为二线疗法治疗主要发生在儿童的一种罕见癌症——神经母细胞瘤（neuroblastoma）。Unituxin是一种能和神经母细胞瘤细胞表面结合的抗体，是美国FDA批准的第一个针对治疗高危神经母细胞瘤的药物。Unituxin获批作为二线疗法治疗之前经过包括手术、化疗、放疗等综合治疗且表现应答的高危神经母细胞瘤的儿童患者。

支持Unituxin疗效和安全性的临床试验招募了226例高危神经母细胞瘤的儿童患者。结果发现，3年后Unituxin联合用药组有63%的患者肿瘤没有增大或复发，高于isotretinoin对照组的46%（更新数据分别为73%和58%）。Unituxin带有黑框警告，提醒患者和医护人员Unituxin能刺激神经细胞，引起需要静脉注射毒品治疗的严重疼痛。Unituxin还会引起神经损伤和包括呼吸道肿胀、呼吸困难、低血压等危及生命的输液反应。Unituxin还可能导致包括感染、眼部问题、电解质紊乱以及抑制骨髓等其他的严重副作用。Unituxin最常见的副作用有剧烈疼痛、发热、低血小板计数、输液

反应、低血压、低钠血症、肝酶升高、贫血、呕吐、腹泻、低钾血症、低血钙、白细胞减少、荨麻疹以及毛细血管渗漏综合征等。

FDA 授予 Unituxin 优先评审和罕见病药物地位，而且随着 Unituxin 获批的同时奖励 United Therapeutics 公司一张罕见儿科疾病优先审查奖券（rare pediatric disease priority review voucher），这是 FDA 根据儿童罕见病优先评审奖券政策颁发的第二张优先审查奖券。

4. 降血脂新药 Praluent（alirocumab）

2015 年 7 月 24 日，美国 FDA 批准了赛诺菲安万特的降血脂新单克隆抗体药物 Praluent（alirocumab）上市。Praluent 为 PCSK9 抑制剂，PCSK9 为前蛋白转化酶枯草溶菌素 9 蛋白，该蛋白可降低肝脏从血液中清除低密度脂蛋白胆固醇（LDL-C）的能力，而 LDL-C 被公认为心血管疾病的主要风险因子。Praluent 为注射剂，注射笔内 Praluent 浓度为 75mg/mL 或 150mg/mL。Praluent 由赛诺菲和再生元开发。

Praluent 最常见的副作用包括瘙痒、肿胀、注射位置的疼痛或瘀伤、鼻咽炎和流感等。PCSK9 抑制剂提供了一种全新的降低 LDL-C 模式，被视为他汀类药物之后降脂领域取得的最大进步。

5. 降血脂新药 Repatha（evolocumab）

2015 年 8 月 27 日，FDA 批准了安进的 PCSK9 抑制剂 Repatha（evolocumab）用于家族性高血脂症和需要附加治疗的高危动脉硬化病人。这和赛诺菲/再生元的同类药物 Praluent 的标签一样。Repatha 是安进公司研制的一种靶向 PCSK9 的单克隆抗体，用以治疗杂合家族性高胆固醇血症、纯合体家族性高胆固醇血症和需要额外降低胆固醇的动脉粥样硬化性心脏病患者。作为第二种过审的 PCSK9 抑制剂药物，Repatha 与 Praluent 处于两强争霸的位置，并给患者提供了第二种新类型药物选择。

根据路透社数据，预计到 2020 年，Repatha 和其竞争对手 Praluent 将在全球产生超过 20 亿美元的年销售额。

6. 达比加群酯逆转剂 Praxbind（idarucizumab）

美国 FDA 于 2015 年 10 月 16 日加速批准了 Praxbind（idarucizumab）上市申请。Praxbind 是由德国制药巨头勃林格殷格翰（BI）研发，并于 10 月中旬获得 FDA 加速批准。新型口服抗凝血剂 Pradaxa（达比加群酯）的抗凝作用可以挽救许多患者的生命，但在某些情况下医生也需要迅速逆转该药的抗凝效果。当患者因使用 Pradaxa 而出现不可控制的出血等紧急情况时，Praxbind 可作为速效逆转剂，适用于接受抗凝血剂 Pradaxa 治疗的患

者，在急诊手术、介入性操作或出现危及生命或无法控制的出血并发症，需要逆转 Pradaxa 的抗凝作用时使用。该药的上市，将为临床医生及患者在选择 Pradaxa 治疗时增添信心。Prabind 和 Pradaxa 都由勃林格殷格翰研发和销售。该药在 11 月亦获得欧盟委员会（EC）批准。

7. mepolizumab

英国制药巨头葛兰素史克（GSK）单抗药物 mepolizumab（Nucala，美泊利单抗）获美国 FDA 批准年龄在 12 岁及以上患者与其他哮喘药物一起使用用于哮喘的维持治疗。FDA 肺过敏药物专家委员会（PADAC）支持批准 mepolizumab（每 4 周一次皮下注射 100mg 剂量）作为一种附加（add-on）维持疗法，用于重度嗜酸性粒细胞性哮喘成人患者的治疗。mepolizumab 是一种实验性全人源化单克隆抗体，特异靶向白细胞介素 5（IL-5）。IL-5 是一种细胞因子，能够调节嗜酸性粒细胞（白细胞）的生长、活化、存活，并能够为嗜酸性粒细胞从骨髓迁移至肺部及其他器官提供重要的信号。

mepolizumab 与人 IL-5 结合，阻断 IL-5 与嗜酸性粒细胞表面受体的结合。以这种方式抑制 IL-5 对受体的结合作用，能够降低血液、组织、痰液中的嗜酸性粒细胞水平，这反过来又能够降低嗜酸性粒细胞所介导的炎症。目前，mepolizumab 正处于多个临床项目中，尝试用于慢性阻塞性肺病、重度嗜酸粒细胞性哮喘、嗜酸粒细胞性肉芽肿性多血管炎（EGPA）的治疗。Nucala 最常见的副反应包括头痛、注射部位反应、背痛和虚弱。几小时或几天有可能发生超敏反应，包括面、口、舌肿胀，眩晕以及荨麻疹。另外，接受 Nucala 治疗的患者曾发生带状疱疹。

8. daratumumab

2015 年 9 月 8 日美国 FDA 批准了单抗药物 daratumumab 治疗多发性骨髓瘤（MM）的生物制品许可申请（BLA）。用于既往已接受至少 3 线治疗（包括一种蛋白酶抑制剂 PI 和免疫调节剂 IMiD）的 MM 患者或对 PI 和 IMiD 均难治性 MM 患者的治疗。这类患者被称为“双重难治”多发性骨髓瘤，意指患者针对至少 2 类最常用的抗骨髓瘤药物已产生抗性。此前，FDA 已于 2015 年 3 月 9 日和 5 月分别授予 daratumumab 优先审查资格以及突破性药物资格，8 月 6 日 FDA 授予 daratumumab 治疗滤泡性淋巴瘤孤儿药资格。

daratumumab 是杨森公司（Janssen）开发的一种人源化抗 CD38 单克隆抗体，具有广谱杀伤活性，靶向结合多发性骨髓瘤细胞表面高度表达的跨

膜胞外酶 CD38 分子，可通过多种机制诱导肿瘤细胞的快速死亡。除了多发性骨髓瘤，daratumumab 也有潜力治疗高表达 CD38 分子的其他类型肿瘤，包括弥漫性大 B 细胞淋巴癌（DLBCL）、慢性淋巴细胞白血病（CLL）、急性淋巴细胞白血病（ALL）、浆细胞性白血病（PCL）、急性髓性白血病（AML）、滤泡性淋巴瘤（FL）和套细胞淋巴瘤（MCL）。2015 年 7 月，强生制药首次在国内进口申报人源抗 CD38 单抗（daratumumab）注射液。

9. necitumumab

FDA 于 2015 年 11 月 24 日批准 necitumumab（Portrazza）与吉西他滨和顺铂两种化疗药物联用治疗进展期（转移性）鳞状非小细胞肺癌，成为第一个被批准用于进展期鳞状非小细胞肺癌患者一线治疗的靶向治疗药物。necitumumab 是一个 EGFR 的人源重组性 IgG1 单克隆抗体。

在一项包含 1093 例进展期鳞状非小细胞肺癌患者的Ⅲ期临床试验 SQUIRE 的结果提示：GP 联合 necitumumab 治疗组较之单用 GP 化疗组，总生存期有显著提高，且三药联合组死亡风险降低 16%。但是，necitumumab 对非鳞状非小细胞肺癌患者的治疗没有显著有效性。necitumumab 最常见的副反应包括皮疹和低镁症，进而导致肌无力、癫痫、不规则心跳等。还可能出现心脏骤停和突然死亡等。此次，Portrazza 获批与吉西他滨和顺铂联用，将成为进展期鳞状非小细胞肺癌患者延长生存期的一个新选择。

10. elotuzumab

2015 年 11 月 30 日 FDA 批准 elotuzumab（Empliciti）与两款其他治疗药物合并用于既往接受过 1～3 种药物治疗的多发性骨髓瘤患者。是继 Darzalex（daratumumab）之后第二款获批用于治疗多发性骨髓患者的单克隆抗体。Empliciti 能够激活人体免疫系统对多发性骨髓瘤细胞发动攻击，并将其杀死。

Empliciti 的安全性及有效性在一项随机、开放式临床研究中得到评价，该研究受试者为 646 名在既往治疗后疾病复发或对之前治疗药物不响应的多发性骨髓瘤患者。研究中，那些接受 Empliciti＋来那度胺＋地塞米松治疗的患者与仅使用来那度胺＋地塞米松的患者相比，其疾病恶化之前的时间经历了延长，Empliciti 治疗组为 19.4 个月，来那度胺＋地塞米松治疗组为 14.9 个月。此外，78.5% 的 Empliciti＋来那度胺＋地塞米松治疗患者观察到其肿瘤经历完全或部分缩小，相比之下，那些仅使用来那度胺＋

地塞米松治疗的患者中只有 65.5% 的人达到这一结果。Empliciti 最常见的副作用是疲劳、腹泻、发烧（发热）、便秘、咳嗽、神经损伤导致的手脚无力或麻木（周围神经病变）、鼻与咽喉感染（鼻咽炎）、上呼吸道感染、食欲下降及肺炎。

FDA 授予了 Empliciti 上市申请突破性治疗药物资格和优先审评及孤儿药物资格。Empliciti 由纽约州纽约市的百时美施贵宝上市销售。Darzalex 由宾夕法尼亚州霍舍姆的杨森生物科技上市销售。来那度胺由新泽西州萨米特的塞尔基因公司上市销售。

11. pembrolizumab

美国默克宣布，Keytruda（pembrolizumab）成为美国 FDA 批准的首例 PD-1 单抗。该药适应证为不可切除的或转移性黑色素瘤。

pembrolizumab 是一种新型人源化单抗，通过作用于程序性细胞死亡 1（PD-1）提升人体免疫力，消灭晚期黑色素瘤。根据临床Ⅰ期数据显示，24%黑色素瘤患者在接受治疗之后体内的肿瘤大小出现缩小。

默克正在进行晚期黑色素瘤的临床Ⅱ期研究和临床Ⅲ期研究，为该药物提供进一步研究支持。

（二）FDA 新批准的扩大适应证品种

截至 2015 年 12 月底，美国 FDA 共批准了 6 种单克隆抗体药的新适应证，除 ranibizumab（Lucentis）用于糖尿病和视黄斑变性外，其余新适应证均为肿瘤。它们分别是：

① ramucirumab（Cyramza）与 FOLFIRI 方案联合用于转移性结直肠癌的二线治疗；

② adalimumab（Humira）中度至重度化脓性汗腺炎；

③ ipilimumab（Yervoy）辅助性治疗Ⅲ期黑素瘤；

④ nivolumab（Opdivo）联合治疗 BRAF V600 野生型黑色素瘤，晚期肺癌，肺癌；转移性肾细胞癌等 6 个适应证；

⑤ pembrolizumab（Keytruda）晚期非小细胞肺癌。

三、全球抗体研发热点分析

21 世纪以来全球抗体销售市场和研发领域就一直处于快速上升阶段，自从 CTLA-4 和 PD-1 抗体上市以来，抗肿瘤免疫治疗成为最新的成长点，并且不断升温。2015 年全球抗体研发和产业热度再上新高，最大的热点仍

然是基于免疫检查点的抗肿瘤免疫靶向抗体。除此之外，抗体领域在抗体偶联药物（ADC）、抗病毒和抗细菌抗体、抗体生物类似药等领域，均有较好的发展态势。另外，对于抗体生产来说，基于CHO细胞的抗体表达地位也进一步稳固。

（一）免疫检查点抗体与免疫抗肿瘤

免疫检查点疗法（immune checkpoint therapy）是一类通过调节T细胞活性来提高抗肿瘤免疫反应的治疗方法。近期，自FDA批准的3种免疫疗法药物（分别叫做ipilimumab、pembrolizumab与nivolumab）进入市场，且其占据的市场份额较大，免疫检查点抑制疗法在各类恶性肿瘤患者抗肿瘤治疗的应用越来越广泛，刺激人们对免疫检查点抑制疗法新药的研发；还有一些免疫检查点抑制疗法新药仍处于早期临床试验，且众多的免疫检查点抑制疗法新药开发者在开发新的作用靶点。

目前针对免疫检查点的单克隆抗体专利主要以保护抗PD-1抗体及抗CTLA-4抗体为主，以抗PD-L1抗体及抗CD28抗体为辅。免疫检查点抑制疗法技术能够治疗的疾病呈现出多样化，针对各类疾病的治疗应用都能占有一席之地，这也是免疫检查点本身的多样性特点决定的。免疫检查点抑制疗法技术中应用于治疗癌、肿瘤、传染病、自身免疫性疾病、过敏性疾病和炎症性疾病的药物主要有抗CTLA-4抗体、PD-1抗体、药物组合物及蛋白。其中用于治疗自身免疫性疾病（如：Ⅰ型糖尿病、异种器官移植的免疫排斥反应等）的药物主要有抗体偶联物及单克隆抗体药物（例如：抗CTLA-4抗体、抗PD-1抗体、抗CD80抗体）；用于治疗感染病毒（如：HIV、HBV）的药物主要有抗PD-1抗体及药物组合物。单克隆抗体药物中的抗PD-1抗体还能够通过抑制B细胞的表达从而达到治疗恶性血液病的功效。从上述分析来看，免疫检查点的研究是将来解决肿瘤、癌症、传染病及自身免疫病这些疑难杂症的希望，尤其是恶性肿瘤以及包括病毒、细菌及寄生虫感染的传染性疾病的治疗。

在该领域中最为活跃的是新兴的生物技术公司（如：Medarex公司、美国基因泰克公司、生物基因艾迪克公司、Amplimmune公司），但其中也不乏传统的制药巨头（如：美国辉瑞、美国安进）；此外，非营利性的科研机构（如：丹娜法伯癌症研究院）也在其中占有相当大的比重。这种三足鼎立的态势反映出免疫检查点抑制疗法技术与基础研究进展的关联度比较高，但是其商业化应用已经比较成熟，使得传统制药巨头也纷纷加入争夺市场，例如美国制药公司百时美施贵宝以24亿美元收购生物科技公司Medarex公

司，借此获得 Medarex 的癌症治疗药物；瑞士罗氏制药集团在 2009 年 3 月 26 日出资约 468 亿美元全额收购了美国基因泰克公司；阿斯利康（AstraZeneca）收购美国生物技术公司 Amplimmune，Amplimmune 产品线包括 AMP-514，这是一种抗程序性死亡因子 1（PD-1）药物，目前已启动Ⅰ期临床试验。

PD-1 和 CTLA-4 联合应用于黑色素瘤取得成功后，在更多的肿瘤类型上进行临床Ⅲ期试验。在免疫治疗中，对免疫抑制的松绑要比直接免疫激活更主要，因此在免疫治疗联合靶点的选择中，也需要注意。降低免疫抑制后，就可以多种直接的免疫刺激治疗打开局面。虽然 PD-1 和 CTLA-4 激活剂的联合应用可以提高治疗效果，但同时也会带来毒性的增加。因此，制药公司仍然在寻找可以和 PD-1 联合使用提高药效但毒性不那么大的联用药物。

与免疫检查点抑制剂联合使用的候选靶点已有多种药物在临床研究中，可以通过直接刺激细胞毒性 T 细胞、封闭肿瘤表达的免疫抑制因子、抑制 Treg 细胞、封闭 NK 细胞抑制活性，以及封闭例如 IDO 等可溶性因子活性等方法与免疫检查点抑制剂共同作用抑制肿瘤。表 2-27 列举了一些目前正在临床试验中的抗肿瘤免疫候选药物。

表 2-27　免疫检查点相关在研药物汇总

	名称	曾用名	靶点	适应证	Ig 类型	主要研究公司	研发阶段
1	tremelimumab	ticilimumab	CTLA-4	恶性间皮瘤	全人源 IgG2	阿斯利康	PhaseⅢ
2	atezolizumab	MPDL3280A RG7446	PD-L1	非小细胞肺癌	全人源 IgG1	罗氏	PhaseⅢ
3	MEDI4736	durvalumab	PD-L1	晚期非小细胞肺癌	Fc 优化的人源单抗体	advaxis，MedImmune，GSK 等	PhaseⅢ
4	avelumab	MSB0010718C	PD-L1	非小细胞肺癌	全人源 IgG1	默克和辉瑞	PhaseⅢ
5	PDR001	—	PD-1	鼻咽癌等实体癌	全人源	诺华	PhaseⅢ
6	urelumab	PF-05082566 BMS-663513	4-1BB-4 -1 BB ligand CD137	淋巴系统疾病，实体癌	全人源激动型单抗 IgG4	施贵宝	PhaseⅡ
7	MEDI6469	D4981C00001	OX40 - OX40 ligand	1 期：乳腺癌，弥漫大 B 细胞淋巴瘤，前列腺癌 1/2 期：结肠直肠癌，头颈部癌	鼠源单抗	阿斯利康	PhaseⅡ

续表

	名称	曾用名	靶点	适应证	Ig类型	主要研究公司	研发阶段
8	TRX518		GITR	恶性黑色素瘤和晚期实体瘤	人源化单抗	GITR Inc.，Tolerx Inc.	Phase Ⅰ
9	varlilumab	CDX-1127	CD27	淋巴瘤/白血病	全人源IgG1k	Celldex therapeutics	Phase Ⅱ
10	CP-870893		CD40 - CD40 ligand	晚期实体癌，胰腺癌	全人源单抗IgG2	辉瑞	Phase Ⅰ
11	BMS -986016	BMS 986016	LAG3	白血病，多种淋巴瘤，实体瘤	单抗	施贵宝	Phase Ⅰ
12	MGA271	enoblitu-zumab	B7-H3（CD276）	胃癌	Fc优化的IgG1	MacroGenics Inc.	Phase Ⅰ
13	lirilumab	BMS-986015 IPH2102	KIR2DL1/2/3	多发性骨髓瘤，白血病，霍奇金和非霍奇金淋巴瘤	人源化单抗	Innate Pharma S. A.，施贵宝	Phase Ⅱ
14	IPH2201		NKG2D and NKG2A	类风湿性关节炎	人源化单抗IgG4	Innate Pharma S. A.，阿斯利康	Phase Ⅰ
15	emactuzumab	RG7155 RO5509554	CSF1R	实体瘤，绒毛结节性滑膜炎	人源化单抗IgG1	罗氏	Phase Ⅱ
16	ulocuplumab	BMS-936564 MDX-1338	CXCR4 - CXCL12	急性淋巴细胞白雪病，B细胞淋巴瘤，B细胞干细胞白血病，多发性骨髓瘤	人源化单抗	Medare，施贵宝，Medarex	Phase Ⅰ/Phase Ⅱ
17	bavituximab	PGN401	Phosphati-dylserine	非小细胞肺癌	人鼠嵌合抗体	Peregrine Pharmace-uticals	Phase Ⅱ/Phase Ⅲ
18	CC-90002	Ca ImmRx	SIRPA - CD47	血液肿瘤	人源化单抗	Celgene Corporation	Phase Ⅰ
19	MNRP1685A	vesencumab M 1685A RG7347 R7347	Neuropilin-1	实体癌	人源化单抗	基因泰克，罗氏	Phase Ⅰ

（二）抗体偶联药物（ADC）

ADC类药物是将抗体和化学药嵌合而成的，兼具生物药和化学药的优势，是利用抗体独特的靶向性质和细胞毒极强的药物偶联设计的一种抗肿瘤新药，能够精准地将药物富集在肿瘤组织，从而在杀死肿瘤细胞的同时对正

常细胞基本没有毒性。如果说一般化学药是正常细胞和病态细胞通杀的散弹，而ADC类的药则是精确制导的导弹，所以ADC药又被称为“生物导弹”。2013年上半年，美国FDA先后批准两种ADC药物上市，分别为Seattle Genetics公司的Adcetris和罗氏公司的Kadcyla。ADC候选药物在数量上已经超过同为“改型抗体”的双特性抗体、抗体片段等类别，成为单克隆抗体药物，尤其是肿瘤治疗用单抗的研究热点与发展方向。ADC药物的治疗潜能引发了很多生物技术公司和国际制药巨头开展相关的研究，目前几乎所有制药巨头都有ADC在研项目。根据每日单抗报道的汤森路透Cortellis竞争情报药物数据库（CCI检索日期：2015年11月12日）检索结果，目前已公开ADC的数量为342种，处于临床研究的ADC药物共有68个，其中39个处于Ⅰ期临床，24个处于Ⅱ期临床，5个处于Ⅲ期临床，临床ADC药物仍主要集中在肿瘤治疗领域。根据全球知名市场调研公司Research & Markets发布的一份新报告，未来10年，预计将有7～10个ADC新药上市，2024年ADC市场将达到100亿美元。

ADC药物由重组抗体、化学药物及“连接物”（Linker）共同构成。ADC药物的开发涉及：药物靶点的筛选，重组抗体的制备、“连接物”技术开发以及高细胞毒性化合物的优化四个方面，上述四个方面任一个环节出现问题，都会影响到ADC药物的安全性和有效性。目前，ADC药物开发的核心技术掌握在少数国外公司手中。如：美国的Seattle Genetics公司和ImmunoGen公司。Seattle Genetics公司采用的是ADC技术平台，ImmunoGen公司采用的是靶向型抗体荷载（TAP）专利技术平台，而且两公司所开发的ADC药物所偶联的化学药物有所不同：Genetics公司在研的ADC药物多使用微管蛋白聚合酶抑制剂MMAE、MMAF等；而ImmunoGen公司在研的ADC药物多使用微管蛋白解聚剂美登素DM1、DM4等。由于ADC药物研发线不断充实，近年不断有新产品陆续上市，国际制药界对于ADC药物的开发热情持续高涨。众多制药巨头不惜斥巨资从上述公司引进技术。近年，辉瑞、雅培从Seattle Genetics公司，礼来、诺华从ImmunoGen公司，默克从Ambrx公司分别引进ADC药物开发技术。上述每笔技术引进的支出都在2亿美元以上。2015年，我国的浙江医药集团也宣布，该公司将从Ambrx公司引进技术，共同开发靶点为her2的ADC药物。罗氏公司计划投资2亿美元建立新的ADC研究中心，Sigma-Aldrich，Carbogen Amcis，Lonza等制药商也都有意进军该领域。

（三）抗体生物类似药（仿制药）开始占领市场

生物仿制药是与原研药具有相同的活性成分，在剂量、剂型、给药途径、安全性和有效性、质量、治疗作用以及适应证上没有显著差异的一种仿制品。具有降低医疗支出、提高药品可及性、提升医疗服务水平等重要经济和社会效益的作用。

2015 年 12 月初，瑞士诺华制药公司的 Zarxio 成为第一个在美国获得 FDA 审批通过的生物仿制药。几周之后，美国安进公司输掉了试图延期 Zarxio 进入市场销售环节的法律诉讼。安进原本打算通过诉讼来扩展自己药品 Neupogen 的排他销售期，而 Zarxio 正是仿制 Neupogen 后制造而成的生物仿制药。这是一个里程碑式的发展，可能对制药领域一些利益相关者的未来发展产生影响。

相比于小分子的仿制药而言，生物仿制药的制造工艺难度更大，要求的专利技术也更多。因为生产过程中存在诸多技术难点，仿制版本药物的审批前景也不明朗，因此生物制剂生产商们在美国还没有遭遇太大的竞争压力。不过，这种局面在未来可能发生改变。虽然生物技术的投资者可能不愿意看到这种情况发生，但是药物购买者和美国医疗保健系统将因此在未来十年内节约数十亿美元。如果生物仿制药的市场顺利发展壮大，那么艾伯维公司、瑞士罗氏制药和辉瑞制药等几家公司也会受到巨大冲击。

目前，市面上有 11 种还处于发展阶段的生物仿制药在同艾伯维公司的 Humira 药物竞争，而 Humira 的专利排他权将于 2016 年在美国失效。只要这 11 种生物仿制药中的几种能在未来几年投放市场，那么巨大的竞争压力将能够显著拉低生物仿制药的价格。其降价的幅度可能比我们预想的还要夸张，甚至只是原研药价格的 30%左右。罗氏制药肿瘤学领域业务一直发展良好，据估算营业额达到了 1100 亿美元。而这个业务主要的支柱就是生物类抗癌药，比如 Rituxan/MabThera 和 Herceptin。市面上有几个竞争对手正在研制这些生物抗癌药的生物仿制药，这对罗氏制药产品未来发展形成了限制威胁。

虽然艾伯维和罗氏制药都在生物仿制药的发展中受到了冲击，但是我们估计辉瑞制药却有可能从中受益。辉瑞一直专注于研发旗下通用药物的生物仿制药。最近，辉瑞还收购了美国药物及医疗设备制造商 Hospira 公司。Hospira 公司已经在欧洲获得了批准，可以生产 Remicade 药物的生物仿制药。

四、我国2015年抗体药物申报和审批情况

2015年全年CFDA新发单克隆抗体药物批件7项，其中治疗用生物制品Ⅰ类3项，Ⅱ类4项（表2-28）。2015年CFDA受理临床研究申请的单克隆抗体注射液共有32项，其中治疗用生物制品Ⅰ类4项，包括无锡药明康德的重组全人抗白介素-6单克隆抗体注射液、上海赛伦的重组全人源抗EGFR单克隆抗体注射液、苏州众合的重组人源化抗BLyS单克隆抗体注射液以及神州细胞工程的重组全人源抗肿瘤坏死因子α单克隆抗体注射液，其余治疗用生物制品Ⅱ类28项。

表2-28　CFDA 2015年批准临床试验的单克隆抗体药物

序号	受理号	药品名称	注册分类	申请类型	承办日期	企业名称	办理状态	状态开始日
1	CXSL1400138	重组人源化抗PD-1单克隆抗体注射液	治疗用生物制品1	新药	2015-01-21	泰州君实生物	已发批件	2015-12-11
2	CXSL1400074	全人源抗人TNF-α单克隆抗体注射液	治疗用生物制品2	新药	2014-9-28	武汉生物制品研究所	已发批件	2015-09-23
3	CXSL1300037	重组抗VEGF人源化单克隆抗体注射液	治疗用生物制品2	新药	2013-05-30	齐鲁制药	已发批件	2015-10-13
4	CXSL1300036	重组抗VEGF人源化单克隆抗体注射液	治疗用生物制品2	新药	2013-05-30	齐鲁制药	已发批件	2015-10-13
5	CXSL1300025	重组抗人DR5单克隆抗体注射液	治疗用生物制品1	新药	2013-05-24	北京同为时代生物技术	已发批件	2015-10-13
6	CXSL1300003	重组人源化抗血管内皮生长因子(VEGF)单克隆抗体注射液	治疗用生物制品1	新药	2013-03-07	苏州思坦维生物技术	已发批件	2015-06--25
7	CXSL1200033	重组人鼠嵌合抗CD20单克隆抗体注射液	治疗用生物制品2	新药	2012-05-23	上海复宏汉霖生物技术	已发批件	2015-04-22

数据来源：药智数据。

随着我国创新及科研环境近年来大为改善，大量在国外学习的产业人才学成归国，为知识密集型的抗体行业发展储备了人才，我国抗体药物产业在近几年也迎来了跨越式的发展。因此，自2013年以来，提交CFDA审批的单克隆抗体类药物出现了井喷式的增长，由2003～2012年的零星申报，到2013年陡增为11项，2014年总共24项，2015年更增长为38项。与此同时，创新型的治疗用生物制品Ⅰ类申请，自2007年实现零的突破后，于

2014 年再次出现，并在 2014 年达到在申 1 项和批件 4 项的爆发，2015 年更有 7 项之多，说明我国抗体产业的创新能力已得到显著提升（图 2-5）。

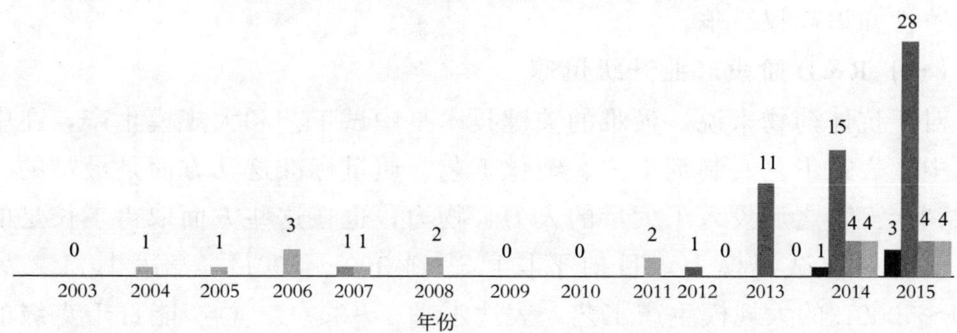

图 2-5　2003～2015 年国产治疗类单克隆抗体在 CFDA 申请审批情况

单抗类在全球重磅药物排行榜中高高在上，国内众多医药企业逐利注册。从靶点分析图 2-6 可以看出，中国的药品仿制模式中一窝蜂仿制同一类药品的现象仍旧比较明显。

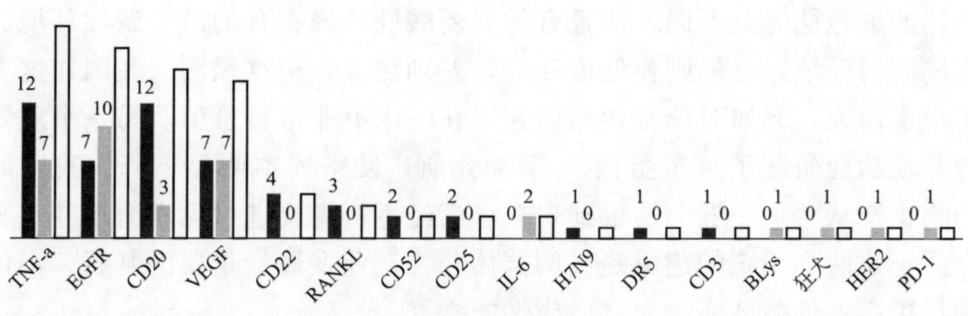

图 2-6　2003～2015 年在 CFDA 申报或已获批治疗类单克隆抗体药靶点分析

同时也可以看到，我国的抗体企业中已有一些有自主研发实力的企业开始进军比较新的靶点，例如针对红斑狼疮的 BLyS，以及 PD-1 等。

五、我国治疗性抗体产业分析及展望

截至 2015 年，我国共批准了 17 个抗体药物上市，其中 10 种是进口品种，仅 7 种是自主研发的。其中百泰生物药业有限公司生产的单抗药物泰欣生和上海中信国健药业股份有限公司生产的益赛普的销售额已过亿元。此外，武汉生物制品研究所、华神集团、海正药业等企业也有抗体药物在我国上市销售。整体来看，我国单克隆抗体项目多数创新不足，上市品种多为成熟靶点的仿制型药物；此外很多项目都处于实验试制阶段，技术多通过引进或购买授权，距离产业化还有相当大的距离，将来也会面临着国外药企巨头的竞争性知识产权纷争。

（一）R&D 阶段产业升级迅速

对于抗体药物来说，最难的关键技术是中试工艺和大规模生产，在中试工艺中，表达工艺、制剂工艺、纯化工艺、质量标准这几方面是最难的。我国在“十五”之后投入了大量的人力、物力，也在这些方面取得了长足的进步。例如在中试规模上，目前平均已达到 300～500L，表达 1g/L。另外 3000～5000L 的大规模生产工艺，表达水平 1～3g/L，总产能百千克级的规模化生产能力也已具备。在重要的关键原材料方面，例如无血清培养基和亲和层析介质，也实现了国产化。我国目前多采用 5000L 的细胞培养反应器，这方面我国已经走到了世界的前列。

我国在关键性原材料研制、质量控制和新药研究开发方面，最大的一个突破是无血清培养基。无血清培养基在整个生产工艺中占有很重要的地位，每一种细胞，当构建无菌细胞株时，尽管母细胞相同，甚至基因也相同，但所筛选的细胞株完全不同，而且有的需要酸性环境、有的需要碱性环境、有的需要高糖环境、有的则要低糖环境，差别之大，很难预测。我国在这方面做了很多研究，例如对糖基化的研究，在临床上非常有价值。另一个重要的进展是成功地研制了重组蛋白 A 亲和介质，使得成本明显下降。我国的抗体药物生产从“十一五”结束到现在，已经不再需要进口无血清培养基和亲和介质，这两个系统的建成是我国抗体药物产业发展最重要的基石，不仅能够满足生产、价格低廉，而且适应性非常好。

从总体看，我国在抗体药领域有了长足进步，具有一定的技术储备和产业规模，但相比美、日、欧还有一定差距。另外，目前我国对抗体药物研制和抗体规模化制备的投入还没有达到国民需要的最低点，因此亟需政府的支持。我国抗体药物质量控制标准距国际现行标准也还有很大的差距。此外，新药结构、药效、免疫原性研究等平台的建立对抗体药物生产的影响也至关重要。

（二）仿制药竞争激烈

2015 年，有 640 亿美元市场价值的生物专利药到期，其中现在上市的大牌抗体药物中有 70%的专利在 2015 年到期，这无论对国外还是中国药企

均是个机遇。这一轮国外单抗药物的“过期高潮”，对于仿制的国内药企来说解除了知识产权方面的障碍，使得成熟靶点的仿制型单抗（生物类似物）快速发展成为可能。从国际市场的靶标看来，肿瘤坏死因子（TNF）是仿制数量最多的一类，针对自身免疫及肿瘤疾病的治疗，激酶 VEGF、HER2、EGFR 等较多是肿瘤抗体药物靶标，白细胞分化抗原（CD）类和白细胞介素（IL）类也是抗体仿制药主要作用的靶标。

目前重要的抗体企业包括默克、三星、安进、礼来等均在生物仿制药领域有重大布局。另外，专利到期后通常会发生很多企业争相仿制的恶性竞争的局面，由于掌握核心技术的公司还有外围专利进一步扩展维护其圈地范围。因此，针对这些老靶点，仍有新药不断涌现，在国际和国内市场上均出现了新品种与仿制药白热化竞争的局面。

此外，PD-（L）1、PCSK9 等免疫检查点已经成为近两年抗体药物研发热点靶标。随着国内原研能力的逐年提高，目前也有部分产品正在追赶一线研发大潮，并有望在这一轮竞争中挤入国际市场。

根据汤森路透公布的数据，从目前全球公司对于主要国家地区生物药布局的数量上来看，拥有生物药研发管线最多的国家是美国，中国位居第二。但是，拥有生物类似药研发管线数量最多的国家是中国。随着留学归国人员的回归，风险投资的介入，生产技术的发展以及国家政策的影响，中国许多公司开始涉足生物类似药领域。其中不乏有如齐鲁制药、浙江海正药业、双鹭药业这样的老牌公司，也有如苏州康宁杰瑞、上海复旦张江生物医药有限公司这样的新秀。

虽然生物类似药领域发展良好、竞争激烈，但是，从更长远考虑，我国的抗体产业仍须解决创新品种不足的问题。其中最大的挑战来自于药物新靶点的发现，因为这不是一蹴而就的事情，而是只有在长期的临床治疗和长期的实验室研究中才能知道是否有靶点。

（三）自主研发能力逐渐增强

随着单抗药物产业的发展，中国单抗药物的研发工作也发展迅速。2015年申请和获批的单抗品种来看，有北京同为时代 DR5 抗体（已获批），苏州众合生物重组人源化抗 BLyS 单克隆抗体注射液，军事医学科学院和上海赛伦生物技术共同开发的重组全人源抗 EGFR 单克隆抗体注射液，无锡药明利康生物医药重组全人抗白介素-6 单克隆抗体注射液，泰州君实生物重组人源化抗 PD-1 单克隆抗体注射液。

在中国的抗体药研发格局中，不同背景的主要企业在其中扮演了不同的

角色，在抗体药自主研发中也有各自的发展特点。

（1）生物药企业　以中信国健、百泰为代表，国内最早拥有上市抗体药物产品的生物药物企业，有研发、生产、营销的完整产业链。但在产业剧烈变革的时代，也面临诸多挑战。

（2）生物类似药企业　以齐鲁制药、嘉和生物、复宏汉霖为代表，资本充足，起步较晚，以符合国际标准的高质量生物类似药为突破点来破局。但这类企业也最多，竞争也最为激烈，包括正大天晴、华海药业等一大批企业。

（3）自主创新企业　以恒瑞医药、百济神州等为代表，研发水平着眼国际水准，靠自主创新达到核心竞争力。这里面又分为两类，一类是已经拥有雄厚资本的恒瑞药业，立志于成为国际一流的创新推动型药企，一类是百济神州这种研发型企业，通过资本市场以及合作开发方式，来获得前期研发需要的资本。这也是欧美通行的研发模式。

（4）中、化药企业　以海正药业、康弘药业为代表，本身已经具有一定规模的中药、化药企业，是最早一批重金布局抗体药物领域的企业。海正在研产品线丰富，但上市产品安百诺营销压力大，后续面临新一批抗体药物研发企业的激烈竞争。康弘的郎沐虽上市较晚，但头顶首个获得 WHO INN 的光环，占据了地利人和，获得了初步成功，后续仍有 KH903、KH906 等 pipeline 储备。

（5）CRO/CMO　不得不提的还有国内的生物药物 CRO/CMO 产业，比较突出的例如药明康德，这类企业在整个抗体药物发展过程中将发挥巨大作用，甚至影响产业格局。

（四）市场交易和国际合作

作为高科技行业的代表，单抗药物的研发离不开基础科学的深入研究。新靶点的发现、单抗作用机制研究、单抗改造和质量研究都与免疫学、生物化学等基础科学的研究密不可分。这就离不开医药企业与大学、研究所等科研机构的紧密合作及科研成果的产业化。随着单抗药物产业的发展，中国单抗药物的研发工作也发展迅速。国际制药巨头除了用成熟产品抢占中国市场外，在药物研发方面也未停止布局。与国内合同生产机构（CMO）合作进行的研发已有数个申请排队待审，多家医院也已经参与到多个重磅级单抗药物的国际多中心的Ⅲ期临床试验，跨国产业化合作也如火如荼，并且一改过往单一的引进模式，开始走出国门。

2015 年抗体领域的市场交易也极为频繁。在 2015 年中国药企的对外交易中，比较值得一提的有以下几例。

2015年9月1日，江苏恒瑞医药股份有限公司与美国Incyte公司在美国达成协议，将具有自主知识产权的用于肿瘤免疫治疗的PD-1单克隆抗体项目有偿许可给美国Incyte公司。

2015年9月5日，在韩国总统朴槿惠莅临见证下，海南海药控股子公司中国抗体制药有限公司与韩国ABCONTECK公司举行合作备忘录签字仪式，合作开发“发热伴血小板减少综合征”的单克隆抗体产品产业化项目。

2015年10月12日，美国礼来制药与信达生物宣布在未来的十年，双方将在中国和全球共同开发和商业化三个以抗PD-1为基础的双特异性肿瘤治疗抗体。

2015年10月21日精华制药集团股份有限公司公告，与美国Kadmon Corporation，LLC公司签署了《合作与授权协议》，就VEGFR-2全人源单克隆抗体和PDL-1全人源单克隆抗体产品开发进行合作。根据协议，公司将获得合作公司给予的中国大陆、香港、澳门及台湾地区（以下简称“授权区域”）内研发、生产及商业化运作上述两项产品的独家授权许可，付款方式为里程碑式付款，单个技术产品的合作金额为2000万美元（其中首期付款各为200万美元），协议的总金额为4000万美元。

2015年10月14日，沃森生物发布公告称，其控股子公司嘉和生物研发的单抗产品“注射用重组抗HER-2人源化单克隆抗体”和“注射用重组抗TNF-alpha人鼠嵌合单克隆抗体”均已获得CFDA颁发的临床批件，现正在开展临床研究工作。11月17日，沃森生物公告称，嘉和生物自主研发的创新药“杰瑞单抗注射液”向上海市食品药品监督管理局提出临床研究注册申请并获得受理。

2015年10月16日，百济神州向美国证交会（SEC）提交了筹集高达1亿美元的首次公开募股申请，计划以BGNE作为股票代码登陆纳斯达克市场。11月11日，百济神州1类生物药PD-1单抗BGB-A317注射液的临床申请获受理（CXSL1500096）。BGB-A317是一个高选择性的、强效的全人源的抗PD-1的单克隆抗体候选药物。百济神州计划在苏州建立cGMP标准的生物药生产工厂，预计2017年建成。

在这一科研协作、国际化合作的产业发展背景下，相信在不久的将来，中国的单抗药物研发及生产将逐步与世界发达国家同步，国际、国内市场会出现越来越多的国产单抗药物，更好地造福于人类。

（撰稿专家：仇玮祎）

重组蛋白多肽药物

一、概述

蛋白多肽类药物是指能影响和调节机体生理生化和病理过程，用以诊断、预防和治疗人的生理疾病的蛋白质和多肽类生物大分子内源性物质，一般采用现代生物技术，运用DNA重组技术，借助某些微生物、植物和动物生产。目前已经发现的蛋白多肽超过7000种，这些蛋白多肽在人的生命活动中发挥了关键的作用，具有重要的生理功能。蛋白多肽类药物从广义上包括很多，如氨基酸及其衍生物类、细胞生长因子、酶和辅酶类以及重组生物制品类药物。与以往的小分子药物相比，蛋白质药物具有高活性、特异性强、低毒性、生物功能明确、有利于临床应用的特点。由于其成本低、成功率高、安全可靠，已成为医药产品中的重要组成部分。本文介绍的蛋白多肽类药物不包括重组疫苗、单克隆抗体药物。

自1982年世界上第一个重组蛋白药物——重组人胰岛素Humulin上市以来，重组蛋白药物已经历了30多年的发展历程。目前全球已经对大量的重组蛋白多肽药物进行了研发，其中人胰岛素、人生长激素、卵泡刺激激素等多肽类激素药物，重组人促红细胞生成素、粒细胞/单核细胞集落刺激因子等人造血因子，重组人α干扰素、β干扰素、白细胞介素等人细胞因子，重组人凝血因子Ⅷ、重组人凝血因子Ⅶ、重组人凝血因子Ⅸ、组织血浆酶原激活物、C反应蛋白、重组人抗凝血酶等人血浆蛋白因子，人骨形成蛋白、重组酶、TNF受体和IgG的Fc片段的融合蛋白等融合蛋白，重组水蛭素等外源重组蛋白已有产品上市。总的来说，重组蛋白药物的发展分为两个阶段：一阶段是1982～2000年的短效重组蛋白时代；另一个阶段是2000年后的长效重组蛋白时代。不过2003年后，重组蛋白药物市场似乎进入了成熟期，新药特别是重磅新药的上市数量有所减少。进入21世纪，随着生物学技术和方法的发展以及人类基因组计划的完成，人们发现基因只是合成蛋白质的信息指令，蛋白质才是行使功能的主体，所有的生理活动最终都需要蛋

白质来参与。近几年随着分子生物学、干细胞研究、生物材料、合成生物学、组织工程技术的突破性发展，蛋白多肽已经在上述学科中广泛应用，并与上述学科融合发展，研发了许多蛋白多肽药物。重组蛋白药物的疗效显著高于传统的小分子化学药物，甚至是治疗某些特殊疾病的不可替代药品，已成为现代生物制药领域最重要的一类产品之一。2015 年美国食品药品监督管理局（FDA）批准上市新药 45 种，其中生物制品 13 个。CFDA 于 2016 年 2 月 22 日发布 2015 年度药品上市批准情况的公告，其中当年批准上市的生物制品共 25 个。

目前蛋白多肽药物的来源主要有以下几类，一类是从天然产物中分离纯化的活性蛋白多肽，包括从动物、植物或微生物中分离纯化的蛋白多肽。一类是通过重组 DNA 技术，在微生物、哺乳动物细胞、昆虫细胞发酵表达蛋白多肽，目前人的生长激素释放抑制因子、胰岛素、生长激素、胸腺激素、干扰素等可以在大肠杆菌、酵母、CHO 细胞或者昆虫细胞中发酵生产。多肽类药物除了上述两种方法外，还可以通过人工化学合成，多肽药物的化学合成根据是否使用固相载体分为液相合成和固相合成两种方法。人工化学合成多肽是目前多肽药物生产中广泛使用的方法。

二、主要产品

重组蛋白药物绝大部分是人体蛋白或其突变体，可根据功能和性质将目前已上市的重组蛋白药物分为重组的多肽类激素、造血因子、细胞因子、血浆蛋白因子、融合蛋白、重组酶等几大类。

（一）具有代表性的蛋白多肽药物

1. 多肽类激素药

（1）人胰岛素，适应证是糖尿病。1982 年第一个重组人胰岛素 Humulin（Eli Lilly）上市。

（2）人生长激素，适应证是生长激素缺陷、发育障碍，矮小症。1985 年第一个重组人生长激素 Protropin（Genetech）上市。

（3）卵泡刺激激素和其他激素，适应证是不育症、调节排卵、更年期骨质疏松等。

2. 人造血因子

（1）重组人促红细胞生成素，适应证是贫血。1989 年上市第一个重组人促红细胞生成素 Epogen（Amgen），现有的 5 个产品中 4 个是“重磅炸

弹”级产品，Aranesp（Amgen，Epoetin α 突变体）、Neorecormon（Roche，野生型 Epoetin β）、Procrit（Johnson & Johnson，野生型 Epoetin α）和 Epogen（野生型 Epoetin α）。

（2）粒细胞/单核细胞集落刺激因子 GM-CSF，适应证是癌症或癌症化疗引发的感染预防和治疗。仅有的 3 个产品 2 个是“重磅炸弹”级产品，Neulasta（Amgen，PEG 化的 GM-CSF）和 Neupogen（Amgen，GM-CSF 突变体）。

3. 人细胞因子

（1）α 干扰素，适应证为慢性病毒性肝炎和某些癌症。1986 年第一个重组人 α 干扰素 Roferon（Huffman-La Roche）上市，其中 2 个为“重磅炸弹”级产品，一个是 Pegasys（Roche，PEG 化的重组人 α 干扰素-2a），另一个 Schering Plough 的 PEG-Intron A/Intron A。

（2）β 干扰素，适应证为多发性硬化症（MS）。3 个产品都是重磅产品，Rebif（Serono，野生型 β 干扰素 1a）、Avonex（Biogen，野生型 β 干扰素 1a）和 Betaferon/Betaseron（Schering AG，β 干扰素 1a 突变体）。

（3）其他细胞因子（4 个），包括白细胞介素 1、白细胞介素 2 和白细胞介素 11 的突变体，适应证为肿瘤化疗引起的血小板减少症、肾细胞癌和慢性肉芽肿疾病等。

4. 人血浆蛋白因子

（1）重组人凝血因子Ⅷ，适应证是血友病 A。最早上市的为 Recombinate（Baxter 和 Genetics，野生型），最畅销的是 Kogenate（Bayer，野生型）及 Advate（Baxter，野生型）。

（2）重组人凝血因子Ⅶ，仅上市 NovoSeven（Novo Nordisk），适应证是血友病和止血。

（3）重组人凝血因子Ⅸ，仅 Renefix（Genetics）1 个，适应证是血友病 B。

（4）组织血浆酶原激活物 tPA，最早上市的为 Activase（Genetech），现有 4 个品种，适应证是急性心肌梗死。

（5）C 反应蛋白，适应证是严重败血症，仅 Xigris（Eli Lilly）1 个。

（6）重组人抗凝血酶（ATryn）是 2006 年批准的、第一个由转基因动物（羊）生产的重组药物。

5. 重组酶

适应证为先天性酶缺陷的替代治疗。1993 年第一个重组酶 Pulmozyme

(Genetech) 上市，适应证是肺纤维化。

6. 融合蛋白

融合蛋白是为数很少的以抑制为作用机理的重组药物。1998 年批准的 Enbrel (Amgen) 是 TNF 受体和 IgG 的 Fc 片段的融合蛋白，含 934 个氨基酸，适应证为风湿性关节炎，为“重磅炸弹”级产品，近 5 年的销售额约 100 亿美元。1999 年上市的免疫毒素 Ontak (Ligand)，适应证是皮肤 T 细胞淋巴瘤 (CTCL)，是缺失细胞结合域的白喉毒素与 IL-2 的 N 端 133 个氨基酸的融合蛋白。2003 年上市的 Amevive (Biogen Idec) 是 LEF-3 的 CD2 与 IgG 的 Fc 片段的融合蛋白，适应证是牛皮癣。

7. 外源重组蛋白

外源蛋白能够用于人的疾病治疗，这在单克隆抗体药物发展过程中已经得到了验证。重组水蛭素 (hirudin)，适应证为血栓性疾病。

(二) 2015 年 FDA 新批准的蛋白多肽药物

重组人甲状旁腺激素 (natpara)，2015 年 1 月 23 日批准上市，重组人甲状旁腺激素是一个由 84 个氨基酸组成的单链多肽，结构与天然甲状旁腺激素相同。适用于甲状旁腺功能低下症成人患者，作为一种辅助钙和维生素 D 的治疗药物来控制低血钙。这是被批准用于该适应证的第一个甲状旁腺激素制剂。FDA 专家小组的决定主要是基于对一项随机双盲安慰剂对照的跨国临床试验 (REPLACE) 的数据进行讨论后作出的。这一关键性研究发表于 2013 年 11 月的《柳叶刀·糖尿病骨质疏松》杂志上。一项周期为两年的小鼠试验显示，高剂量 Natpara 与骨肉瘤风险升高相关。当该药以低剂量给药时，风险几乎消失。尽管如此，FDA 工作人员表示，“数据未表明在临床暴露水平时，人类发生骨瘤的风险是极小的。”由于骨肉瘤的潜在风险，该药应仅适用于对使用补钙和活性维生素 D 血钙无法很好控制的低钙血症患者。

甘精胰岛素 (Toujeo)，2015 年 2 月 25 日批准上市，该药由法国制药巨头赛诺菲 (Sanofi) 研发生产，该公司研发的 Toujeo 是来得时 (Lantus) 的升级产品。来得时是全球首个长效胰岛素类似物，已在全球糖尿病市场称霸多年，年销售额高达 80 亿美元，其美国专利已于 2015 年 2 月 12 日到期。具体而言，FDA 已批准 Toujeo [甘精胰岛素 (重组 DNA 来源) 注射液，300U/mL] 作为一种每日一次的长效胰岛素，用于 1 型和 2 型糖尿病成人患者，以改善血糖控制。Toujeo 的获批，是基于 EDITION 临床项目的数据，该项目包括一系列国际Ⅲ期研究，在更广泛和多样性糖尿病 (1 型和 2

型）群体中评估了 Toujeo 的疗效和安全性。该项目所有临床研究均达到了主要终点，数据显示，Toujeo 降血糖疗效媲美来得时，同时低血糖发生率显著降低。

德谷胰岛素（insulin degludec），2015 年 9 月 25 日在美国上市，商品名 Tresiba，诺和诺德制药公司（Novo Nordisk）研发。同时，美国 FDA 批准了双相胰岛素（degludec/门冬胰岛素）的复方制剂，商品名 Ryzodeg。用于改善糖尿病成人患者的血糖控制。作用机制：长效人胰岛素类似物，通过刺激葡萄糖外周摄取（尤其是骨骼肌和脂肪组织）和抑制肝葡萄糖产生从而降低血糖的效果，同时抑制脂肪和蛋白质水解，增加蛋白质合成。

Asfotase alfa，2015 年 10 月 23 日在美国上市，商品名 Strensiq，亚力兄制药公司（Alexion Pharmaceuticals）研发，治疗围产期、婴儿和幼儿期发作的低磷酸酯酶症（HPP）。作用机制：该品通过替代组织非特异性碱性磷酸酶（TNSALP），降低该酶底物水平而发挥作用。

Sebelipase alfa，2015 年 12 月 8 日在美国上市，商品名 Kanuma，亚力兄制药公司研发，用于治疗诊断为溶酶体酸性脂肪酶（LAL）缺乏的患者。作用机制：该药物是一种酶替代治疗药物，通过蛋白质上多糖表达与细胞表面受体结合，随后内化到溶酶体，催化胆固醇酯和甘油三酯的溶酶体水解，释放出胆固醇、甘油和游离脂肪酸。

三、市场分析

截至 2016 年 2 月 5 日，国外各大公司陆续披露了 2015 年核心药品的销售额，表 2-29 中主要列出了生物制药公司 2015 年度的重组蛋白多肽类药物的销售额（10 亿美元以上）以及部分热门新药的销售数据。可以看出，胰岛素产品占据很大比例，传统“重磅炸弹”药物 Enbrel 销售额近 100 亿美元，2014 年新上市 Plegridy（聚乙二醇干扰素 β-1a）、Eloctate（重组凝血因子Ⅷ因子 Fc 融合蛋白）、Alprolix（重组凝血因子Ⅸ Fc 融合蛋白）强势增长，销售额均超过 2 亿美元。

表 2-29　2015 年各大公司核心药品销售额

药品	公司	适应证	销售额/亿美元	增长/%
Procrit/Eprex(阿法依泊汀)	强生	贫血	10.68	−13.7
Enbrel(依那西普)	辉瑞	自身免疫疾病	33.33	−13
Enbrel(依那西普)	Amgen	自身免疫疾病	53.64	14

续表

药品	公司	适应证	销售额/亿美元	增长/%
Neulasta(pegfilgrastim)	Amgen	中性粒细胞减少症	47.15	3
Aranesp(darbepoetin)	Amgen	贫血	19.51	1
Epogen(eoetin alfa)	Amgen	贫血	18.56	−9
Neupogen(非格司亭)	Amgen	中性粒细胞减少症	10.49	−9
Humalog(重组赖脯胰岛素)	礼来	2型糖尿病	28.419	2
Humulin(重组人体胰岛素)	礼来	2型糖尿病	13.074	−7
Trulicity(dulaglutide)	礼来	2型糖尿病	2.487	N/A
NovoRapid(门冬胰岛素/地特胰岛素)	诺和诺德	糖尿病	207.20亿丹麦克朗	19
NovoMix(门冬胰岛素/精蛋白门冬胰岛素)	诺和诺德	糖尿病	111.11亿丹麦克朗	13
Levemir(地特胰岛素)	诺和诺德	糖尿病	183.00亿丹麦克朗	29
人胰岛素	诺和诺德	糖尿病	112.31亿丹麦克朗	9
NovoSeven(重组人凝血因子Ⅶa)	诺和诺德	血友病	100.64亿丹麦克朗	10
Norditropin(人生长激素)	诺和诺德	矮小症	78.20亿丹麦克朗	20
Avonex(干扰素β-1a)	Biogen	多发性硬化症	26.3	−12.7
Plegridy(聚乙二醇干扰素β-1a)	Biogen	多发性硬化症	3.39	670
Eloctate(重组凝血因子Ⅷ因子Fc融合蛋白)	Biogen	A型血友病	3.2	452
Alprolix(重组凝血因子Ⅸ Fc融合蛋白)	Biogen	A型血友病	2.35	209

注：1丹麦克朗＝0.1499美元。

四、研发动向

由于重组蛋白药物的巨大开发价值和潜力，越来越多的科研院所和公司开始在该领域投入人力和物力。然而，我国重组蛋白药物中高端市场以进口重组蛋白药物为主，国内企业正在积极开发长效化胰岛素、生长激素、干扰素、粒细胞集落刺激因子等。随着国内企业技术不断升级，预计国内重组蛋白产品将逐步替代价格高昂的进口产品。重组蛋白药物（包括抗体、疫苗）未来发展方向包括蛋白的基因工程改造和翻译后修饰，新型表达系统以及剂型优化上，在研发模式上，主要以跟踪研发为主，不过国内越来越多的企业意识到原创型研发才是企业生存之本。对于专利到期产品，可以完全模仿或新适应证的筛选为主进行跟踪研发，优化型研发可以通过重组融合、重组改构、翻译后修饰等途径使现有产品在安全性（副作用更小）、有效性、长效

性（半衰期延长，减小剂量和使用次数）等方面优于原有产品，即第二代升级产品。可以从各大公司的数据中看出，当前上市产品中30%～40%的重组蛋白药物是经过化学修饰、翻译后修饰的产品，也就是优化型研发产品，如Plegridy（聚乙二醇干扰素β-1a）、Neulasta（pegfilgrastim）。未来5～10年中国生物制药领域仍将以重组蛋白为主流，这与世界生物制药领域的发展趋势吻合。

另一个值得注意的方面是生产能力的提高。不仅在中国，世界范围内生物制药行业生产能力不足已经成为重组药物发展的瓶颈。生产能力不足导致生产成本提高，在一定程度上限制了产业化。然而越来越多的亚单位疫苗、抗体等生物制品均需要哺乳动物细胞生产，因这些生物制品大多为糖蛋白，至今只能依靠哺乳动物表达系统生产，大肠杆菌表达系统已经不能胜任，随着大肠杆菌、酵母、昆虫细胞等糖基工程研究的突破，为生物制品的快速研发和高效制备提供了全新的途径。

五、自主创新情况

2015年，我国药审中心全年接收新注册申请8211个（以受理号计），其中，化药7201个，中药358个，生物制品561个，复审91个。CFDA于2016年2月22日公布2015年度药品上市批准情况的公告（2016年第39号），其中2015年批准上市的生物制品共25个（表2-30），包括Octapharma AB的人血白蛋白、Roche的贝伐珠单抗注射液、Genzyme Ireland Limited的注射用阿糖苷酶α、国光生物科技股份有限公司的流感病毒裂解疫苗、广州铭康生物工程有限公司的注射用重组人组织型纤溶酶原激活剂TNK突变体（rhTNK-tPA）、中国医学科学院医学生物学研究所的Sabin株脊髓灰质炎灭活疫苗、上海生物制品研究所有限责任公司的狂犬病人免疫球蛋白、浙江海正药业股份有限公司的注射用重组人Ⅱ型肿瘤坏死因子受体-抗体融合蛋白、长春金赛药业有限责任公司的注射用重组人促卵泡激素、广东丹霞生物制药有限公司的乙型肝炎人免疫球蛋白、玉溪沃森生物技术有限公司的吸附无细胞百白破联合疫苗、上海新兴医药股份有限公司的人凝血因子Ⅷ、哈尔滨瀚邦医疗科技有限公司的猪源纤维蛋白黏合剂、齐鲁制药有限公司的聚乙二醇化重组人粒细胞刺激因子注射液、北京天坛生物制品股份有限公司的口服Ⅰ型、Ⅲ型脊髓灰质炎减毒活疫苗（人二倍体细胞）、中国医学科学院医学生物学研究所的肠道病毒71型灭活疫苗（人二倍体细胞）、

北京科兴生物制品有限公司的肠道病毒71型灭活疫苗（Vero细胞）和Novo Nordisk的地特胰岛素。

表2-30　2015年CFDA批准上市的生物制品（包含了重组蛋白、抗体和疫苗）

序号	药品名称	药物分类	主要适应证	生产企业	批准文号/进口药品注册证号
1	人血白蛋白	治疗用生物制品	血容量缺乏	Octapharma AB	国药准字S20150016
2	贝伐珠单抗注射液	治疗用生物制品	(1)转移性结直肠癌 (2)晚期、转移性或复发性非小细胞肺癌	Roche Diagnostics GmbH	国药准字S20120068
3	注射用阿糖苷酶α	治疗用生物制品	庞贝病(酸性α葡萄糖苷酶[GAA]缺乏症)	Genzyme Ireland Limited	国药准字S20150049
4	流感病毒裂解疫苗	预防用生物制品	流行性感冒	国光生物科技股份有限公司	国药准字SC20150001
5	注射用重组人组织型纤溶酶原激活剂TNK突变体(rhTNK-tPA)	治疗用生物制品	发病6h以内的急性心肌梗死患者的溶栓治疗	广州铭康生物工程有限公司	国药准字S20150001
6	Sabin株脊髓灰质炎灭活疫苗	预防用生物制品1类	预防由脊髓灰质炎病毒感染	中国医学科学院医学生物学研究所	国药准字S20150002
7	狂犬病人免疫球蛋白	治疗用生物制品	狂犬的被动免疫	上海生物制品研究所有限责任公司	国药准字S20150003
8	注射用重组人Ⅱ型肿瘤坏死因子受体-抗体融合蛋白	治疗用生物制品	中度至重度活动性类风湿关节炎	浙江海正药业股份有限公司	国药准字S20150005
9	注射用重组人促卵泡激素	治疗用生物制品	不孕妇女	长春金赛药业有限责任公司	国药准字S20150007
10	乙型肝炎人免疫球蛋白	治疗用生物制品	乙型肝炎预防	广东丹霞生物制药有限公司	国药准字S20150008
11	乙型肝炎人免疫球蛋白	治疗用生物制品	乙型肝炎预防	广东丹霞生物制药有限公司	国药准字S20150009
12	吸附无细胞百白破联合疫苗	预防用生物制品	预防百日咳、白喉、破伤风	玉溪沃森生物技术有限公司	国药准字S20150010

续表

序号	药品名称	药物分类	主要适应证	生产企业	批准文号/进口药品注册证号
13	人凝血因子Ⅷ	治疗用生物制品	甲型血友病	上海新兴医药股份有限公司	国药准字S20150021
14	猪源纤维蛋白黏合剂	治疗用生物制品	止血	哈尔滨瀚邦医疗科技有限公司	国药准字S20150012
15	聚乙二醇化重组人粒细胞刺激因子注射液	治疗用生物制品	非骨髓性癌症患者	齐鲁制药有限公司	国药准字S20150013
16	口服Ⅰ型、Ⅲ型脊髓灰质炎减毒活疫苗（人二倍体细胞）	预防用生物制品	预防脊髓灰质炎Ⅰ型和Ⅲ型病毒导致的脊髓灰质炎	北京天坛生物制品股份有限公司	国药准字S20150014
17	肠道病毒71型灭活疫苗（人二倍体细胞）	预防用生物制品1类	预防EV71感染所致的手足口病	中国医学科学院医学生物学研究所	国药准字S20150016
18	地特胰岛素	治疗用生物制品	糖尿病	Novo Nordisk A/S	S20150030

截至2015年12月，CFDA已批准包括重组细胞因子、酶、激素、治疗性抗体、融合蛋白、PEG-蛋白、基因治疗药物和基因工程疫苗等各类生物技术药物44种，并有超过120种候选药物处在不同阶段的临床研究。重组细胞因子14个［重组人干扰素α1b、重组人干扰素α2a、重组人干扰素α2b、重组人干扰素γ、重组人白介素-2（含125Ala）、重组人白介素-11、重组人粒细胞刺激因子、重组人粒细胞巨噬细胞刺激因子、重组牛碱性成纤维细胞生长因子、重组人碱性成纤维细胞生长因子、重组人酸性成纤维细胞生长因子、重组人表皮生长因子、重组人促红细胞生成素、重组人血小板生成素］，重组激素6个（重组人生长激素、重组人胰岛素、重组人甘精胰岛素、重组人赖脯胰岛素、重组人门冬胰岛素、重组人促卵泡激素），重组酶5个（重组葡激酶、重组链激酶、瑞替普酶/重组人组织型纤溶酶原激酶衍生物、重组人组织型纤溶酶原激活剂TNK突变体、重组人尿激酶原），其他3个（重组人血管内皮抑制素注射液、重组人脑利钠肽、重组人胸腺肽），单抗治疗药物6个（抗人T细胞CD3单抗、抗人白细胞介素-8单克隆抗体、碘［^{131}I］肿瘤细胞核人鼠嵌合单克隆抗体注射液、碘［^{131}I］美妥昔单抗注射

液/利卡汀单抗、尼妥珠单抗注射液/泰新生单抗、重组抗 CD25 人源化单克隆抗体注射液)，融合蛋白 2 个［重组人肿瘤坏死因子受体-Fc 融合蛋白、康柏西普（VEGFR-Fc 融合蛋白）眼用注射液］，PEG 修饰蛋白 2 个（PEG 修饰 G-CSF、PEG 修饰重组人生长激素)，基因治疗 2 个［重组人 p53 腺病毒注射液（今又生)、重组人 5 型腺病毒注射液（安柯瑞)］，重组疫苗 4 个（重组乙型肝炎疫苗、重组 B 亚单位/菌体霍乱疫苗、重组幽门螺旋杆菌疫苗、重组戊型肝炎疫苗)。

我国生物技术药物有着巨大的市场需求和市场潜力，近年来突飞猛进，生物技术药物存在高投入、长周期、高风险，技术难度大、进入壁垒高、缺乏源头创新等一系列困难，同时生物技术药物具有很高的利润回报率，利润回报能高达 10 倍以上，以年均 30%的速度在增长，已上市品种在临床上不断有新适应证被发现，市场不断扩大，一些海外留学人员学成回国，为中国生物制药企业提供了宝贵的人才资源。国内医药公司在开发新型的重组蛋白类药物的同时，研发方向也转向重组蛋白药物结构优化和改造，以提高药物的活性、靶向性和降低副反应；或者通过延长其在体内的半衰期以减小剂量和注射次数。

（撰稿专家：刘波　刘珠果）

中药现代化

一、中医药行业年度大事件

（一）屠呦呦终身研究员荣获 2015 年诺贝尔医学奖

2015 年 12 月 10 日，中国女药学家屠呦呦从瑞典国王卡尔十六世·古斯塔夫手中接过了诺贝尔奖的奖章和证书，成为中国首位获得诺贝尔生理学或医学奖的科学家。这是中国科学家在中国本土进行的科学研究而首次获诺贝尔科学奖，是中国医学界迄今为止获得的最高奖项，也是中医药成果获得的最高奖项（图 2-7）。

图 2-7　屠呦呦获得诺贝尔生理学或医学奖

诺贝尔生理学或医学奖评委汉斯·弗斯伯格在致颁奖词时高度评价了屠呦呦的科学贡献。他说："每年大概有50万人死于疟疾，其中大多数为儿童。在20世纪60和70年代，屠呦呦参与了中国一个开发抗疟药品的重要项目。当屠呦呦在阅读古籍时，她发现一种叫做青蒿的植物在治疗发烧的配方中多次出现。于是她开始在感染疟疾的老鼠身上试验这种青蒿的提取物。试验发现一部分的疟疾寄生虫死亡但整体的试验结果并不一致。因此屠呦呦继续回到古籍中寻找。在一本1700年前的古书中，她发现一种对青蒿低温提取的方法，这样得到的提取物疗效非常显著可以杀死所有寄生虫。这其中有效的成分随后被确认并被命名为青蒿素。在后来的研究中发现青蒿素能够通过一种独一无二的方式杀死寄生虫。屠呦呦对青蒿素的发现引起了对抗疟新药品的研制和发展，这种药品已经挽救了上百万人的性命，将过去15年疟疾的致死率降低了一半。"

（二）《中药标准化行动计划》全面实施

为贯彻落实《"十二五"国家战略性新兴产业发展规划》、"十二五"《生物产业发展规划》和《中医药创新发展规划纲要（2006—2020年）》，针对中药材种植（养殖）规范化程度不高、饮片加工等级标准缺失、中成药质量评价体系有待完善等问题，围绕优化中药生产各环节技术规范，建立优质产品标准，拟通过《中药标准化行动计划》（以下简称《行动计划》）实施，全力促进中药产业提升标准化水平，切实提高中药产品质量，更好地满足广大人民群众的健康需求。

2013年10月，成立了《行动计划》编制小组，正式启动编制工作，历经调研需求、梳理问题，起草方案、专家论证，征求意见、咨询完善三个阶段，历时近2年，完成了《中药标准化行动计划》规划方案。

2015年7月9日，国家中医药管理局办公室发布《关于申报国家中药标准化项目的通知》（国中医药办科技函［2015］125号），历经形式审查、初审、复审等环节，历时2个月，确定了入选品种。中成药类项目共有90家企业申报了99个大品种，最后确定支持60家企业的60个中成药大品种（共63个项目，3个企业的同一品种同时入选）标准化建设；中药饮片类项目，共有57家企业申报了149种中药饮片，最后确定支持46家企业开展101种中药饮片标准化建设，其中65个品种由两家企业同时牵头完成，36个品种由独家企业牵头完成。

（三）国家出台利好政策，推动中医药发展

1.《中药材保护和发展规划（2015—2020 年）》

2015 年 4 月 14 日，国务院办公厅转发了工业和信息化部、国家中医药管理局等 12 部门编制的《中药材保护和发展规划（2015—2020 年）》（国办发〔2015〕27 号）。

中药材是中药工业的生产原料，是中医药事业传承和发展的物质基础，是我国独特且具有战略意义的宝贵资源。近年来，中药材生产技术不断进步，标准体系逐步完善，市场监管不断加强，中药材生产基本满足了中医药临床用药、中药产业和健康服务业快速发展的需要。同时，中药材保护和发展仍面临严峻挑战。一方面由于土地资源减少、生态环境恶化，部分野生中药材资源流失、枯竭，另一方面中药材生产技术相对落后，重产量轻质量，滥用化肥、农药、生长调节剂现象较为普遍，导致中药材品质下降，影响中药质量和临床疗效，损害了中医药信誉。此外，由于生产经营管理较为粗放，供需信息交流不畅，价格起伏幅度过大，也阻碍了中药产业的健康发展。

为了切实保护野生中药材资源、解决中药材质量品质下降、价格大幅波动等问题，2011 年底，遵照国务院领导批示，国家发展改革委会同有关部门研究上报国务院《关于综合整治中药材价格大幅度波动政策建议的请示》，提出了包括“加大中药材生产规划和扶持力度”等 9 条政策措施。经国务院批准，国家发展改革委制定了《关于落实中药材价格综合整治政策措施部门分工方案》，明确由工信部、中医药局牵头，发展改革委、财政部、农业部、商务部、卫生计生委、食品药品监管总局、林业局、保监会等部门共同编制《规划》。随着工作的不断深入，《规划》编制部门又增加了科技部和环保部。

这是我国第一个关于中药材保护和发展的国家级专项规划，对中药材产业和中医药事业的健康可持续发展，深化医药卫生体制改革、保障人民用药安全、提高人民健康水平，促进农民增收和生态文明建设，具有十分重要的意义。

2.《中医药健康服务发展规划（2015—2020 年）》

2015 年 4 月 24 日，国务院办公厅印发了《中医药健康服务发展规划（2015—2020 年）》（国办发〔2015〕32 号）。

中医药强调整体把握健康状态，注重个体化，突出治未病，临床疗效确切，治疗方式灵活，养生保健作用突出等鲜明特点，是我国重要的卫生、经济、科技、文化和生态资源，也是我国独具特色的健康服务资源。新一轮医

药卫生体制改革实施以来，党中央、国务院高度重视中医药发展，充分发挥中医药作用，专门出台《关于扶持和促进中医药事业发展的若干意见》（国发〔2009〕22号）大力扶持和促进中医药事业发展，中医药步入快速发展轨道，形成了中医药医疗、保健、教育、科研、文化、产业全面发展的新格局，在促进实现医改目标、维护人民群众健康中发挥了重要作用。

为全面发展健康服务业，充分发挥健康服务业在稳增长、调结构、促改革、惠民生以及全面建成小康社会中的重要作用，2013年10月国务院发布实施《国务院关于促进健康服务业发展的若干意见》（国发〔2013〕40号）。《若干意见》提出“全面发展中医药医疗保健服务”的重点任务，并在重点任务分工中明确由国家中医药管理局、国家卫生计生委、商务部负责，制定中医药健康服务发展规划和措施。

《规划》对当前和今后一个时期，我国中医药健康服务发展进行了全面部署，这是贯彻落实《国务院关于促进健康服务业发展的若干意见》制定的唯一的专项规划，也是我国第一个关于中医药健康服务发展的国家级规划，对于全面发展中医药事业、构建中国特色健康服务体系、深化医药卫生体制改革、提升全民健康素质以及转变经济发展方式具有十分重要的意义。

3. 药品上市许可持有人制度试点

为了推进药品审评审批制度改革，鼓励药品创新，提升药品质量，为进一步改革完善药品管理制度提供实践经验，2015年11月4日，第十二届全国人民代表大会常务委员会第十七次会议决定，授权国务院在北京、天津、河北、上海、江苏、浙江、福建、山东、广东、四川十个省、直辖市开展药品上市许可持有人制度试点，允许药品研发机构和科研人员取得药品批准文号，对药品质量承担相应责任。本决定授权的试点期限为三年，国家食品药品监督管理总局制定具体试点方案，经国务院批准后报全国人民代表大会常务委员会备案。11月6日，国家食品药品监督管理总局起草了《药品上市许可持有人制度试点方案（征求意见稿）》，面向社会公开征求意见。

二、中药产业概况

（一）国内市场情况

2014年医药工业保持了较快的经济增长速度，在各工业大类中位居前列，2014年，全国医药产业完成产值25 798亿元，同比增长15.7%。2015年一季度增长15.2%。2014年中药工业总产值7302.09亿元，其中中成药

制造 5806.46 亿元，同比增长 13.14%，中药饮片加工 1495.63 亿元，同比增长 15.72%，高于行业平均水平。2014 年全国中成药累计总产量 367.31 万吨，同比增长 2.4%。

根据统计快报，2014 年医药工业规模以上企业实现利润总额 2460.69 亿元，同比增长 12.26%，高于全国工业整体增速 8.96 个百分点，但较 2013 年降低 5.34 个百分点，与主营业务收入同步出现了较大幅度的下降。主营收入利润率为 10.02%，较 2013 年下降 0.07 个百分点，基本稳定。纳入统计范围的企业中，约 10%的企业出现亏损。中成药制造利润 597.93 亿元，同比增长 9.29%，中药饮片加工 105.25 亿元，同比增长 8.36%。

工信部发布的数据显示，2015 年 1～6 月，中成药规模以上企业实现主营业务收入 2796.02 亿元，同比增长 5.20%，低于医药行业平均增速 3.71 个百分点；1～9 月，增长 5.89%，仍低于行业平均水平 1～6 月，中药饮片加工主营业务收入 757.00 亿元，同比增长 12.04%，尽管高于医药行业平均水平，但与 2014 年同期相比，增速也下滑近 4.7 个百分点。

（二）国际市场情况

2014 年医药工业规模以上企业实现出口交货值 1740.81 亿元，同比增长 6.63%，增速较 2013 年提升 0.83 个百分点，增长速度仍然较低，但有所回升。根据海关进出口数据，2014 年医药产品出口额为 549.6 亿美元，同比增长 7.38%，增速较 2013 年提高 0.54 个百分点。主要的两大类出口产品中，化学原料药出口额为 258.6 亿美元，同比增长 9.57%，增速较 2013 年提高 6.93 个百分点；医疗器械出口额为 200.2 亿美元，同比增长 3.56%，增速较 2013 年下降 6.36 个百分点。

据中国医药保健品进出口商会数据显示，2014 年中药类出口额 359 207.24万美元，同比增长 14.49%，其中提取物、中药材和饮片占出口总额的 49.5%和 36.0%；中药类进口额 103 803.2 万美元，同比下降 3.84%，其中提取物、中成药、中药材和饮片占进口总额的 29.5%、32.5%、21.8%（表 2-31）。

表 2-31　2014 年 1～ 12 月进出口情况

商品名称	出口额/万美元	同比/%	进口额/万美元	同比/%	进出口额/万美元	同比/%
中药类	359 207.24	14.49	103 803.2	−3.84	463 010.43	9.79
保健品	26 983.7	8.9	16 858.03	−4.57	43 841.73	3.29

续表

商品名称	出口额/万美元	同比/%	进口额/万美元	同比/%	进出口额/万美元	同比/%
提取物	177 724.02	25.88	30 581.86	−21.27	208 305.88	15.71
中成药	25 006.31	−6.25	33 718.77	14.65	58 725.08	4.71
中药材及饮片	129 493.21	6.91	22 644.53	2.78	152 137.73	6.27

2015 年 1～10 月，中药类出口额 279 676.03 万美元，同比下降 3.18%，其中保健品下降最大，同比下降 44.12%，提取物出口仍增长最快，达 12.72%；中药类进口额 70 706.2 万美元，同比下降 16.87%，同样保健品下降最大，同比下降 51.96%，提取物进口 26 529.59 万美元，是唯一的正增长类别（表 2-32）。

表 2-32　2015 年 1～10 月进出口情况

商品名称	出口额/万美元	同比/%	进口额/万美元	同比/%	进出口额/万美元	同比/%
中药类	279 676.03	−3.18	70 706.2	−16.87	350 382.23	−6.29
保健品	12 201.52	−44.12	6756.39	−51.96	18 957.91	−47.19
提取物	161 826.22	12.72	26 529.59	6.56	188 355.82	11.81
中成药	21 403.04	1.77	22 893.85	−11.52	44 296.89	−5.56
中药材及饮片	84 245.25	−17.74	14 526.36	−28.16	98 771.61	−19.46

三、研发动向和新药上市许可

国家有关部门继续通过重大新药创制、战略性新兴产业专项等方式支持医药企业创新发展，企业研发投入加大，创新积极性增强。

2014 年国内新药申报数量较 2013 年大幅增加，其中 1.1 类化药共有 64 个品种申报临床或生产，较 2013 年增加 11 个；3.1 类化药注册申请（按受理号）达到 1600 多个，较 2013 年增长约 60%；而中药新药的情况比较严峻，仅批准 11 个（表 2-33）。

表 2-33　2014 年完成审评建议批准的上市药品

<table>
<tr><th>注册分类</th><th>新药</th><th>改剂型</th><th>仿制药</th><th>进口药</th><th>合计</th></tr>
<tr><td>化学药品</td><td>128</td><td>26</td><td>256</td><td>68</td><td>478</td></tr>
<tr><td>中药</td><td>11</td><td>0</td><td>0</td><td>0</td><td>11</td></tr>
<tr><td>生物制品</td><td colspan="3">10</td><td>2</td><td>12</td></tr>
<tr><td>合计</td><td colspan="5">501</td></tr>
</table>

2015年度CFDA共批准中药、天然药物上市注册申请76个，化学药品上市注册申请241个，生物制品上市注册申请25个。2015年获批准上市的76个中药、天然药物中，有2个5类，5个6类，45个8类和24个9类。2个5类品种均是白山制药股份有限公司的蒺藜皂苷胶囊和提取物，用于轻中度脑卒中（中风病中经络）恢复期中医辨证属风痰瘀阻证者。5个6类品种中，有2个6.1类，分别是江苏苏中药业集团股份有限公司的丹鹿胶囊和鲁南厚普制药有限公司首荟通便胶囊，前者用于乳腺增生，后者用于止泻。此外，2015年获得批准上市的中药、天然药物中还有8个独家品种，其中7个以8类获批，主要是将原有剂型改成了滴丸、浓缩丸、分散片，甚至是咀嚼片，1个是以9类获批。

四、创新情况

2015年度国家科学技术奖励大会在京召开，187个项目获国家科学技术进步奖。其中，中医药成果“人工麝香研制及其产业化”获国家科技进步一等奖。

由中国医学科学院药物研究所等单位共同完成的“人工麝香研制及其产业化”，从根本上解决了麝香长期供应不足的历史性难题，保证了含麝香中成药品种正常生产，满足了国家重大需求。目前，人工麝香市场占有率99%以上，累计销售超过90t，相当于少猎杀了2600多万头野生麝，年用药病患者超1亿人次，降低费用30%～50%，惠及民生。

“以桂枝茯苓胶囊为示范的中成药功效相关质量控制体系创立及应用”、“基于活性成分中药质量控制新技术及在药材和红花注射液等中的应用”、“慢性阻塞性肺疾病中医诊疗关键技术的创新及应用”、“藏药现代化与独一味新药创制、资源保护及产业化示范”、“冠心病‘瘀毒’病因病机创新的系统研究”、“中药及天然药物活性成分分离新技术研究与应用”、“补肾益精法防治原发性骨质疏松症的疗效机制和推广应用”、“热敏灸技术的创立及推广应用”8个项目获国家科技进步二等奖。

（撰稿专家：刘保延　王智民　李鲲）

生物农业

2015年度生物农业发展态势分析

2015年，学科交叉融合加速，新兴学科不断涌现，生物技术和信息技术引领的农业科技创新出现重大突破，带动生物种业、生物药物、生物肥料等生物农业产业发展。

一、国际生物农业发展动态

1. 生物种业成为生物技术应用最活跃的领域

生物技术主导新一轮农业科技发展方向，挖掘和抢占基因资源成为新一代科技革命的核心，更多种类的基因改良农作物、动物及其产品研发成功，推动生物种业快速发展。2014年，全球转基因作物种植面积1.81亿公顷，28个国家批准24种转基因作物的商业化种植，全球转基因种子的估值达175.8亿美元。多基因叠加的转基因抗虫抗除草剂玉米、大豆、油菜和棉花，抗旱玉米、低丙烯酰胺含量的转基因马铃薯和木质素含量降低的高产转基因苜蓿、转基因三文鱼已实现产业化。转基因技术日趋完善，全基因组选择技术大幅度提高育种选择效率，基因编辑技术使育种定向精准化，合成生物育种技术逐渐走向育种实践。

2. 以信息技术为核心的“智慧农业”显现强劲发展势头

智能化专家系统使农业由定性到定量生产，网络技术使农业由分散封闭到信息灵通，3S技术（遥感、地理信息系统、全球定位）使农业生产的可控性大幅提高，农业生产向标准化、精准化、高效化、智能化与可控化迈进。

3. “农业生态化”成为现代农业发展的主流方向

农业投入品智能型精确施用、生物灾害防控、生物固氮等技术得到深度开发，生物农药、生物肥料、生物饲料等绿色投入品大量涌现，大大减少化肥农药使用量，提高了资源利用效率。

2015 年全球生物农药市场价值达 28 亿美元。美国、墨西哥和加拿大的生物农药使用量最多，占全球使用总量的 44%，欧洲国家占 20%，亚洲占 13%。以基因重组为核心，生物农药新品种不断涌现，更加趋向环保化。为增强生物疫苗产品竞争力，纷纷加大工艺改进与优化，不断突破抗原浓缩与纯化、佐剂与保护剂应用、疫苗储存、保藏稳定性等技术瓶颈，保证了高致病性禽流感、口蹄疫等强制免疫疫苗质量。生物肥料受到普遍重视，已研制出根瘤菌、联合固氮菌、溶磷菌、解钾菌、促生菌、防治土传病害等生物肥料产品，使用国家超过 100 个。例如美国每年根瘤菌接种面积达 60%左右，阿根廷大豆田接种根瘤菌，节约氮肥 200 万吨。施用生物肥料减少化肥用量，减少土壤环境污染。畜禽粪便及养殖废弃物造成的环境污染需要饲料产品环保化。2015 年全球生物饲料市场值达 35 亿多美元。饲用微生态制剂、饲用酶制剂、添加复合酶饲料不断发展，催生饲料产品功能化、差异化和绿色化，也成为动物产品消费升级的有效途径。

二、我国生物农业发展现状

1. 转基因技术研发与应用取得新进展

2014 年，培育抗虫棉新品种 22 个，推广 233 万多公顷（3500 多万亩），减少农药使用 3.5 万余吨，实现经济效益超过 35 亿元。转基因抗虫水稻华恢 1 号及 Bt 汕优 63 和转植酸酶基因玉米 BVLA430101 续获生产应用安全证书。抗虫抗除草剂水稻新品系 T1C-19 和 T2A-1、抗虫玉米新品系 Bt-799、抗除草剂玉米新品系 CC-2、转基因抗虫玉米 IE034 和双抗 12-5，人乳铁蛋白功能型转基因奶牛、转 *MSTN* 基因敲除猪、转人乳清白蛋白基因奶牛等完成或进入生产性试验。抗旱转基因小麦、抗虫转 *Cry1Ah* 基因玉米 PXH1 和 PXH 完成环境释放试验；抗草甘膦转 *AM79-EPSPS* 基因玉米、抗草甘膦转 *EPSPS* 基因大豆、抗旱转 *TaDREB3a* 基因大豆、转 *iaaM* 基因改良纤维品质棉花、转人乳铁蛋白基因奶山羊等进入环境释放阶段。小麦遗传转化效率由 1%提高到 8%以上。进一步完善了转基因生物环境、食用和饲用安全评价技术体系。

2. 生物肥料、生物农药和生物饲料发展势头向好

截至 2014 年 12 月，我国登记的生物农药有效成分达到 104 个，登记的产品总数达 3335 个，已获得生物农药登记证的生产企业 260 余家，约占全国农药生产企业的 10%，生物农药制剂年产量近 13 万吨，年产值约 30 亿

元，分别占农药总产量和总产值的9%左右。2015年，我国生物肥料企业1000家、产品11类、生物肥料产量1200万吨。生物肥料使用的菌种达到160种，新增加菌种20种。我国生物饲料研发与应用快速发展，产值以年均20%的速度递增。饲用酶制剂在部分技术领域居于国际领先地位，有机微量元素、微生态制剂、植物提取物、发酵饲料等取得较好效果。生物饲料产品主要包括饲用微生态制剂、饲用酶制剂、功能肽和氨基酸、功能寡糖、植物提取物，以及较原始的发酵豆粕、发酵棉籽粕等发酵产品。

3. 动物疫苗有效控制了重大疫情发生

2015年我国生物疫苗（动物疫苗）销售产值超过100亿元，共研发出20余种新型疫苗、诊断试剂和治疗制剂，兽用生物制品研发水平不断提高。我国自主研制出猪瘟兔化弱毒疫苗、马传染性贫血疫苗、布氏杆菌猪二号活疫苗、猪喘气病兔化弱毒活疫苗、仔猪腹泻大肠杆菌K88/K99二价基因工程疫苗，以及高致病性猪蓝耳病弱毒标记疫苗、猪传染性胸膜肺炎基因缺失活疫苗、狂犬病的重组腺病毒口服疫苗、猪囊虫病基因工程疫苗等，获得广泛使用，有效控制了禽流感、口蹄疫等重大疫情发生与危害。

4. 生物能源技术研发成效显著

培育出高纤维素含量、高油脂含量、高糖含量、高淀粉含量等能源植物新品种。构建高效木质素和纤维素降解微生物菌群。农作物秸秆成型燃料技术已建成多个万吨级示范基地，年产量达300万吨。合成生物质裂解油与生物汽油/柴油/航空燃油，已建成千吨级二甲醚示范工程。沼气技术实现了高效规模化生产，用户达4000万以上。

三、我国生物农业发展方向

我国生物农业总体发展思路为“自主创新、重点跨越、支撑发展、引领未来”，坚持以提升农业生物技术核心创新能力和产业竞争能力为目标，突破功能基因组学、分子设计、药物靶标设计、生物转化与催化等前沿技术，建立农业生物技术原始与集成创新体系，研发高产、优质、高效、抗逆等农业生物技术新产品，为生物农业战略性新兴产业发展提供支撑。

1. 加强农业生物基因组学研究

发掘和克隆控制农业生物高产、优质、抗逆、抗病虫、养分高效利用等重要性状的关键基因，解析基因功能，阐明重要性状形成的分子机制；利用表型组、基因组、表观组、转录组、蛋白组、代谢组等组学技术，阐明重要

性状的DNA-代谢产物网络、蛋白互作网络、转录调控网络和基因调控网络，建立生物技术产品创制的理论基础。

2. 加快创制新型生物农业产品，推进产业化

加强生物技术品种选育与应用。创新基因组编辑、定点整合、基因删除等转基因技术，建立规模化转基因操作技术体系，完善转基因生物的环境、食用和饲用评价技术；培育抗病虫、抗除草剂、抗逆、优质等转基因生物新品种。创新杂种优势利用、细胞工程、分子标记、全基因组选择等育种关键技术，聚合优异基因，创制高产、优质、抗病虫、抗逆、养分高效利用等突破性育种材料，培育适应我国农业生产转型发展需要的重大新品种。

加强生物农药创制与应用。发掘多类型蛋白激发子，研究激发子受体、诱导免疫反应的信号通路，阐明植物免疫诱导机制；创制和应用以植物免疫诱抗剂为代表的生物农药新品种（如蛋白激发子、寡糖、脱落酸、枯草芽孢杆菌及木霉等）。研究RNAi技术精确干扰或沉默病虫害关键基因表达机制，实现抑制病虫的生长、发育以及致病性。鉴定、合成和应用昆虫信息素和昆虫性诱剂，创新绿色植保技术。研究高效专化性和多功能天敌昆虫和微生物菌株，创建工程天敌昆虫、雄性不育卫生工程昆虫、生物反应器类工程昆虫。加强代谢产物（包括微生物和植物源等）和功能物质的生物合成。

加强生物疫苗创制与应用。更新优化常温保护剂、抗原纯化与浓缩等工艺，加强常规疫苗（多联多价疫苗）研发；加强基因组编辑技术（基因打靶）研究及在新型疫苗研究的应用；研发新型基因工程疫苗，如伪狂犬病疫苗、活载体疫苗（伪狂犬、新城疫、马立克病毒、痘病毒、腺病毒为抗原载体）、亚单位疫苗、DNA疫苗等；创新规模化抗原生产工艺、抗原纯化工艺、疫苗佐剂、疫苗保护剂等，加强疫苗质量控制、疫苗评价技术研究；创新猪支原体肺炎活疫苗的规模群接种技术，鸡传染性法氏囊活疫苗、禽痘活疫苗及火鸡疱疹病毒活疫苗的胚内接种技术，以及鸡新城疫活疫苗胚内免疫技术等；加强研发牛羊及伴侣动物疫苗等。

加强生物肥料研制与应用。改进和提高微生物肥料固氮能力，提高作物吸收微生物固定氮素比例；研究高效溶磷微生物肥料，增加土壤难溶磷素的有效性，促进作物对磷素的吸收；研究硅酸盐细菌（解钾菌）、溶钾真菌高效溶解土壤难溶钾矿物，增强其生物有效性，促进作物对钾素的吸收。筛选和利用微生物，创制专用性生物肥料，改善荒漠化土壤结构，提升和恢复土壤生产力；消除连作障碍、抑制土传病害；降解农药残留和多环芳烃广谱型，解决土壤农药残留、持久性有机物的微生物降解。筛选和创新微生物肥

料保活材料，延长生物肥料产品的货架期，保持功能菌的旺盛生命力。研发灭菌技术与装备，提升生物肥料货架期、土壤存活能力以及应用效果。

加强生物饲料研发与应用。开发生物饲料产品的新型饲料资源技术、饲用价值和安全性评价技术，以及高效配套应用技术。建立生物饲料产品相关的基因资源等高通量筛选技术和快速有效的功能评估系统，获得有自主知识产权和应用价值的新资源。构建高效生物反应器技术平台和多功能菌株改良技术平台，提高工程菌的蛋白表达量，降低生产成本。建立生物饲料发酵工程技术平台，开发高效、稳定、实用的发酵生产工艺和产品加工技术，实现规模化廉价生产，加快生物饲料产业化步伐。

（撰稿专家：李新海）

生物饲料

一、概况

我国养殖业经过30多年的快速发展，取得了一系列巨大成就，已经由满足数量需求转变为数量与质量需求并重，目前正处于由养殖业大国向养殖业强国转变的关键时期。饲料工业作为养殖业的重要物质基础，将面临饲料资源严重短缺、质量安全形势日趋复杂、饲料源性污染屡有发生等一系列新问题。

饲料产品功能化、差异化和绿色化将成为解决动物产品消费升级的有效途径。以功能和特色为特征的动物产品生产快速发展，客观上要求饲料产品实现功能化和差异化。畜禽粪便及养殖废弃物造成的环境污染越来越严重，畜禽粪资源化利用是重要任务。治理畜禽粪污染，减量排放是第一环节，农业面源污染治理的大局决定了饲料产品要把环保作为基本要求，把绿色化作为主攻方向。

“开源”和“节流”将解决我国饲料资源严重短缺的瓶颈问题。饲料及资源的需求将持续小幅上升。我国作为世界第一养殖大国，每年粮食类精饲料占粮食资源的50%以上，蛋白质饲料的进口依存度达80%，“人畜争粮”已成为影响我国粮食安全的最主要因素。另外，丰富的非粮饲料资源并没有得到合理利用，例如我国每年杂粕产量高达2000万吨以上，糟渣年产5000万吨以上。如何科学合理地利用饲料资源逐渐成为更重要的方向。蛋白饲料原料依靠进口的格局难以改变，饲料资源尤其是新型蛋白饲料资源的开发迫在眉睫。

饲料安全是食品安全的源头。我国饲料安全水平稳中有升、持续向好，但问题仍然存在。饲养过程中滥用违禁药品，非法添加物品种不断推陈出新，防不胜防；饲料原料和饲料添加剂掺假造假屡打不绝；生物毒素超标、重金属污染等问题时有报道；尤其是检测手段不完善等基础工作依然不牢固。现有饲料安全评价工作开展不全面，普遍缺乏标准化的评价体系与规范的动物实验基地，导致评价结果可靠性、权威性受到影响。

饲料生物技术将成为解决动物健康养殖、动物产品安全和养殖环境污染控制等问题的重要手段。生物饲料及其开发技术在开发新饲料资源、提高传统饲料粮品质、减轻环境污染、提高饲料转化率、减少抗生素使用等方面正在发挥越来越大的作用。以生物科技为基础，利用微生物发酵的新型生物饲料技术，尤其是基因工程技术和高密度发酵工程技术的应用，将为开拓饲料原料资源、解决动物产品安全、提高肉蛋奶风味品质以及提升生态安全开辟崭新的研究领域和巨大的产业前景。近年来，我国生物饲料产值以年均20%的速度递增，生物饲料的研发与应用发展迅猛，尤其是我国饲用酶制剂在部分技术领域居于国际领先地位，引领了产业的发展。有机微量元素、微生态制剂、植物提取物、发酵饲料等技术的研发与应用也取得了较好的效果。生物饲料的应用不仅能够促进饲料养分的消化和吸收，降解抗营养因子，改善适口性，提高消化利用率，而且通过微生物及其代谢产物的作用改善动物肠道平衡，提高机体免疫力，同时使粗饲料、杂粕等难以利用的饲料原料的高效利用成为可能，减少对玉米和豆粕的依赖，大大缓解我国饲料资源严重短缺的瓶颈问题，降低饲料成本，促进养殖业的持续稳定发展。

二、主要产品

生物饲料产品品种多样，目前主要包括饲用微生态制剂、饲用酶制剂、功能肽和氨基酸、功能寡糖、植物提取物，以及较原始的发酵豆粕、发酵棉籽粕等发酵产品。其中，微生物制剂产品 34 种；饲料用酶包括植酸酶、淀粉酶、蛋白酶及非淀粉多糖酶等共 13 类产品；饲用功能性多糖和寡糖类产品 9 种，另外增加了苜蓿提取物、杜仲叶提取物、淫羊藿提取物、紫苏籽提取物等植物提取物产品。微生物发酵产品及副产品包括发酵豆粕、发酵果渣、发酵棉籽蛋白、发胶酒糟等饼粕、糟渣发酵产品；产朊假丝酵母蛋白、啤酒酵母粉和酵母泥等单细胞蛋白产品；利用特定微生物和特定培养基培养获得的菌体蛋白类产品如谷氨酸渣、核苷酸渣、赖氨酸渣；醋糟（糯米、高粱、麦麸、米糠、甘薯、水果、谷物）、谷物酒糟、酱油糟、柠檬酸糟、葡萄酒糟（泥）等糟渣类发酵副产物。

三、市场分析

2014 年，我国饲料产量 1.97 亿吨，显示恢复性增长，改变了 2013 年

出现的下降局面，无论是饲料总产量还是产值和总营业收入均为小幅上升，与2012年及之前年份的发展完全不同。从产业发展周期来看，畜牧产业已经跨过快速增长期，进入成熟期，后期主要变化是产业生产结构调整及产品品质提升。近两年来，饲料业结构出现明显变化。第一，饲料产量、总产值及总营业收入增速放缓。第二，饲料企业总数量继续减少，2014年全国饲料企业总数9584家，同比下降31.9%。《饲料和饲料添加剂管理条例》旨在加强对饲料、饲料添加剂的管理，保障动物产品质量安全，维护公众健康，要求饲料行业必须向规模化、标准化、集约化方向发展，而提高门槛、严格准入成为必然。第三，从饲料产品结构来看，配合饲料占比持续提高，浓缩料和添加剂预混合饲料占比下降；猪饲料自2009年以来复合增长率达14%以上，反刍料和水产料增长也较快，而肉、蛋禽饲料增长缓慢。第四，产业集中度越来越高，2014年东部地区饲料总产量1.02亿吨，占全国总量的51.8%，而中西部地区下降，9个饲料产量大省包括广东、山东、河北、河南、辽宁、湖南、广西、四川和江苏总计产量1.25亿吨，占比63.4%。第五，饲料添加剂产量小幅增长，全年总量802.9万吨，增长0.5%。预计未来2～3年我国饲料产量的增长幅度仍为小幅增长。

与饲料整体形势不同，以酶制剂和微生物制剂等产品为代表，我国生物饲料及生物饲料添加剂产品继续保持增长。国内有1000余家企业专门从事生物饲料的生产，行业内竞争格局由分散向集中转变，大型养殖、饲料企业凸显出成本优势，并且生产技术和应用技术水平将大幅度提高并标准化。生物寡糖、植物提取物等抗菌性产品逐渐显示增长苗头，发酵饲料和发酵类的饲料原料逐渐引起大家的注意。

尽管存在价格降低，竞争加剧的状况，饲料酶制剂市场仍继续快速扩张。据农业部统计，酶制剂产量2009年5.32万吨，2010年8.5万吨，2011年7.56万吨，2012年8万吨，2013年8.2万吨，2014年10.8万吨，除个别年份偶有波动，一直持续增长，且2014年相比2009年的5年间产量已经翻番，增长明显。不但占领了国内饲用酶制剂大部分市场份额，而且在国际市场上也得到更快的推广，出口量逐年提高。另外，由于酶制剂生产技术门槛较高，具有优势生产企业的省份占据了较大市场，年产万吨以上的省份包括山东（1.76万吨）、北京（1.56万吨）、湖北（1.50万吨）、广东（1.36万吨）、江苏（1.03万吨），五省市产量占全国总量的66.8%。酶制剂产品主要以植酸酶和复合酶为主。

我国的饲用微生物制剂市场进一步扩增，保持高速发展。2014年饲用

微生物产量11.6万吨，其中山东4.29万吨，占比达37%，湖北、陕西、浙江和河北等省产量6.75万吨，占比58%。市场应用最多的是乳酸杆菌、双歧杆菌、芽孢杆菌、放线菌、光合细菌、酵母菌等多种有益微生物及其代谢物。我国拥有各类微生态制剂生产企业约400家，基本实现了产业化生产，但应用效果不突出、效果的稳定性和重复性差，需要继续在工艺和产品质量方面提升。

2014年，我国饲用维生素产量89.2万吨，同比增长20.7%。原料生产企业约120家，14种维生素生产基本实现国产化，维生素A、维生素E和维生素C的产量分别为1.11万吨、7.53万吨和1.02万吨，告别了饲用维生素长期依赖进口的历史，已成为国际市场重要的维生素供应商，如维生素C的产量达到全球产能的2/3。

饲用氨基酸方面，我国饲用氨基酸产量125.6万吨，同比减少16.5%。赖氨酸产量91.8万吨，同比下降15.4%，基本可以满足国内市场的需求；蛋氨酸产量10.6万吨，同比增长125.5%，还不能满足国内饲料工业需要；苏氨酸已实现了产业化生产，产量24.5万吨，增长15.6%，整体生产技术水平达到国际先进水平；而色氨酸尚未实现规模化生产，产量仅为0.5万吨，与国外存在差距。

四、研发动向

规模化的工业生产仍将是生物饲料发展面临的重要问题，其中，新产品的生产工艺、产品检测和评定技术，都将是近期及将来的主攻方向。生命科学前沿技术如生物组学、生物芯片、转基因技术、生物信息等的迅猛发展，为生物技术产品研发提供了全新的技术途径。结合这些技术，研究重点主要集中在以下几个方面：第一，建立生物饲料产品相关的基因资源等高通量筛选技术和快速有效的功能评估系统，获得一批有自主知识产权、有应用价值的新资源；第二，利用现代分子生物学和基因工程技术，构建基因工程技术平台，包括高效生物反应器技术平台和多功能菌株改良技术平台，提高工程菌的蛋白表达量，以期降低生产成本；第三，建立生物饲料发酵工程技术平台，开发高效、稳定、实用的发酵生产工艺和产品加工技术，实现规模化廉价生产，加快生物饲料产业化步伐。

在产品综合应用层次，多种研究日益受到关注：第一，新产品用于开发新型饲料资源的技术，可利用生物制剂降解秸秆等资源中纤维素、非淀粉多

糖，降解豆粕、棉粕、菜粕中的抗营养因子，从而提高资源的利用效率；第二，建立生物饲料产品的饲用价值和安全性评价技术，包括饲料的适口性，饲料对动物健康状况和畜产品品质的影响等；第三，建立生物饲料产品的高效配套应用技术，针对不同动物和饲料资源获得高效适用的产品应用方法和体系。

不同类别产品的研发重点不同。在饲用酶制剂和活性肽领域，研制高活性、耐热性、催化 pH 值范围广、耐蛋白酶的产品一直是研发热点之一。随着基因工程和蛋白质工程等现代先进生物学技术的广泛应用，目前国际饲料酶制剂及其活性肽等产品的研发主要包括以下内容。第一，高效目标基因筛选：通过构建各种特殊或极端环境的微生物基因文库，筛选性质优良的目标酶基因，或开发新的活性肽资源，充分利用动物、植物、海洋生物、微生物资源，开发昆虫活性肽等。第二，蛋白的结构功能研究与分子改良：对于酶蛋白序列、结构等信息的了解日益加深，对于其作用机制进行深入研究，并进一步通过蛋白质的遗传设计、分子定向进化和多位点定点饱和突变等技术，实现多位点同时突变，拓展酶的功能，提高酶的比活性和耐热性，以开发出具有目标性状的新型蛋白产品。第三，安全高效表达系统的构建：目前的一些表达系统在表达饲用生物产品上存在着不同的缺陷，开发高效分泌表达体系对于饲料生物技术产品的产业化至关重要。在微生态制剂技术方面，主要发展态势有：第一，筛选更多具有直接促生长作用的优良微生物，积极利用生物工程技术改造菌群遗传基因，选育优良菌种，使其具有抗酸、抗热等能力；第二，研制多菌种联合发酵技术；第三，加强对益生素/菌剂型的研究，提高活菌浓度及其对不良环境的耐受力，研究真空冻干技术和微胶囊技术保护产品，采用真空包装或充氮气包装延长产品保存期。近年来，功能性寡糖开发已成为国际生物技术领域的重要课题和研究热点。寡糖是由 2～10 个单糖分子构成的直链或支链的糖类化合物，常见的有麦芽寡糖、果寡糖、甘露寡糖、木寡糖、壳寡糖、纤维寡糖等，它们难以被胃肠消化吸收，甜度低，热量低，基本不增加血糖和血脂。日本在寡糖的开发应用方面世界前列，实施了“糖工程前沿计划”，欧洲启动了“欧洲糖研究开发网络”。生物技术手段，其中包括酶法合成、酶法降解等酶工程手段将是寡糖开发的重点，依赖于新酶种、新菌种及新的酶工艺的应用，以替代传统的化学合成。随着饲用功能性寡糖研发的巨大进展，寡糖与益生菌共同应用及其作用效果研究日益增多。

五、自主创新情况

“十二五”以来，我国在“863”、支撑计划及行业专项等项目的支持下，在饲用酶制剂、饲用微生物、抗生素替代品等生物饲料制剂的研发方面进行立项，且取得了较大成果。饲用酶制剂及益生菌相关专利申请的数量处于国际先列水平，近两年多项成果获得了国家级及省部级成果奖励。在其他抗生素和化学合成药物的替代技术和产品的研发方面，我国也取得了许多成果，如天然抗菌药物、免疫增强剂和低聚糖（寡糖）等产品的研究开发方面，整体达到国际先进水平，部分产品实现产业化生产，如β-葡聚糖、牛至油、壳寡糖和甘露寡糖等。随着基因组学、蛋白组学及代谢组学等生物组学的快速发展，养殖动物如肉鸡、鸭、猪、鱼类等的分子营养学研究取得了较大的进步，国内外相关论文发表数量增长较快。在这些研究的基础上，关于益生菌、酶制剂等产品的作用机制研究取得较大进步，也将大大促进生物饲料产品应用技术的发展。

我国在生物饲料核心技术研发方面已取得了一批具有自主知识产权的核心技术和产品，但是在一些关键共性技术方面如基因资源高通量筛选技术、基因改良技术、重组微生物反应器、高密度发酵技术和分离纯化技术等，与国外先进水平相比，仍有较大差距，特别是缺乏生物饲料研发的关键共性技术平台及配套应用技术体系，造成自主创新能力和持续创新能力后劲不足，不利于生物饲料产业的健康可持续发展。

（撰稿专家：杨培龙）

生物农药

一、概况

生物农药产业是我国农业产业的重要组成部分，在确保我国粮食安全、农产品质量安全、农业生态环境安全、农业可持续发展等方面起着重要的支撑作用。党的“十八大”五中全会提出的绿色发展方向对于生物农药产业将催生出成为具有巨大发展潜力的新兴产业。

我国政府十分重视生物农药产业发展，国内一批生物科技重大基础设施相继建成，在生物农药的资源筛选评价、遗传工程、发酵工程等方面已经自成体系，我国整体研究和开发体系获得了长足的进步。在技术水平方面，我国已经掌握了许多生物农药的关键技术与产品研制的技术，科学研究水平已经处于世界先进水平。人造赤眼蜂技术、虫生真菌的工业化生产技术和应用技术、捕食螨商品化、昆虫性诱剂和植物免疫诱导剂等生物防治技术越来越受到广大农户的认可，生物农药在粮食安全、生态安全和环境保护等方面的优势十分明显。

为贯彻落实中央农村工作会议、中央 1 号文件和全国农业工作会议精神，紧紧围绕“稳粮增收调结构，提质增效转方式”的工作主线，大力推进化肥减量提效、农药减量控害，积极探索产出高效、产品安全、资源节约、环境友好的现代农业发展之路，2015 年中华人民共和国农业部推出了《到 2020 年化肥使用量零增长行动方案》和《到 2020 年农药使用量零增长行动方案》，这些绿色发展措施及需求对于生物农药及防治应用技术的发展将起到积极的推动作用，我国生物农药有关产业和企事业单位正在积极部署和贯彻落实，制定促进企业发展的规划和产品布局谋划全行业的发展。

随着人们对食品安全的日益重视，生物农药产业在全球也受到了广泛的欢迎，在全球化学农药的销售量不断下降的同时，生物农药却以 15%的速度增长，预计在 21 世纪中叶生物农药的需求量将达到农药市场的 60%。据统计北美占据全球生物农药市场主导地位，美国联邦环保署（EPA）新批

准的生物农药数量远远超过常规农药；欧洲市场有望成为生物农药发展最快的市场，多年来一直保持着15%的高增长率，到2015年全球生物农药的市值已经达到28亿美元。拜耳、杜邦、先正达、孟山都、巴斯夫等全球领导型公司十分重视生物农药的研制与应用，纷纷投巨资发展生物农药，在全球收购有关专利、招聘生物农药研发专家及其团队、吞并具有发展前景的生物农药企业，积极布局抢占生物农药的战略制高点。目前生物农药已经成为全球农化大公司的新的生长点，生物农药行业已经成为新时期朝阳产业。

二、主要产品

据截至2014年12月我国生物源农药的登记、生产情况统计结果，包括单剂和混配药剂，我国已登记的生物农药有效成分达到104个，登记的产品总数达到3335个，已获得农药登记证的微生物农药、植物源农药和生物化学农药等生产企业有260余家，约占全国农药生产企业的10%。生物农药制剂年产量近13万吨，年产值约30亿元人民币，分别占整个农药总产量和总产值的9%左右。

由中国农业科学院植物保护研究所研制的我国首个抗病毒蛋白质农药——“阿泰灵”成为行业热点。他们推出的“阿泰灵”蛋白质抗病毒农药产品填补了我国蛋白质生物农药制剂的空白。“阿泰灵”在湖南省江华瑶族自治县和长沙县进行了双季晚稻抗病毒田间试验，抗南方水稻黑条矮缩病效果可达60%～70%，当与杀虫剂配合施用时防效高达90%；同时在江西省珠湖农场双季晚稻上进行了集成示范，“阿泰灵”取得了良好的抗病增产效果，水稻综合增产7%～12%。植物免疫诱导剂的成功开发表明：以杀灭病虫为目的的传统植保策略开始向以提高植物免疫、预防病虫、植物保健等防治病虫害的策略转变。而随着植物蛋白提取和发酵工艺的不断改善提升，植物免疫诱导产品的产业化进程也取得了快速发展。

昆虫信息素和昆虫性诱剂已经系列化和技术实用化。生物源信息化合物诱杀害虫技术是目前国际公认的绿色植保技术，在生产实践中已获得了广泛的应用与发展。主要利用昆虫的各类信息化合物可以特异性地调节靶标昆虫行为的原理，将人工合成的来源于昆虫、植物等的信息化合物用释放器缓释到田间，干扰昆虫的交配、取食、产卵等正常行为，减少靶标害虫的种群数量，达到控制靶标害虫的目的。同其他病虫害防治技术相比，应用性诱剂防治农业害虫具有安全性、选择性、高效性、持效性、兼容性五大特点，符合

“优质、高产、高效、生态、安全”的农业发展目标。据联合国粮食及农业组织（FAO）统计，中国果树总面积为993.3万公顷，占世界果树总面积的20.39%，居世界第一位。应用昆虫信息素来防控果树的虫害是目前行之有效且可筛选出有效的生物防治措施之一，能有效减少农药的使用量，降低农药残留，达到出口果品的标准。

昆虫病毒杀虫剂随着江西新龙企业进入“新三板”上市以来，取得了突飞猛进的发展，江西新龙生物科技股份有限公司联合中国科学院武汉病毒研究所共同组建了一家以昆虫杆状病毒控制鳞翅目害虫为主的绿色防控产品的研发、生产、销售及推广和服务于一体的科技创新型企业。新龙股份具有全球独特的广谱昆虫病毒毒株和世界最先进的昆虫病毒生产技术，目前是世界上最具规模的昆虫病毒生产基地，新龙股份具备千吨级的病毒产能，已获得病毒杀虫剂登记证8个。新龙股份甘蓝夜蛾核型多角体杀虫剂是具有自主知识产权的专利产品，已经在六种作物的虫害防治上取得了登记。获得欧盟标准有机认证，被农业部列为重点推广产品。

2015年生物农药的技术集成产品的研制和应用也取得了突破性发展，以性诱剂、灯光诱杀、色板、寄生蜂、生物农药和太阳能技术集成的多功能生物杀虫平台，通过光、性、蜂、毒四项技术集成，保护性利用自然天敌，实现杀成虫、杀卵、杀幼虫“全覆盖”，获得高效、节能、低碳、环保效果。我国研制的远程太阳能杀虫平台（第四代）已经在生产实践中推广应用。

三、市场分析

我国生物农药产业发展正迎来一个崭新的春天，得益于国家政策导向更加明确与强化，随着农业部颁发的化肥、农药二减计划和化肥、农药的零增长计划的实施，全国涌现出了江西新龙、德强生物、中捷四方和中保绿农等多家新型生物农药生产企业，呈现品种丰富、品质提升的新局面。目前，生物农药已逐步发展为生物产业的基础和主体之一，上升为国家战略性新兴产业的重要生长点。

从消费者观点来分析，目前病虫害的抗药性增加和农药残留等诸多问题以及大气、水域、食品的污染，使食品安全与环境安全的问题受到了广泛的关注。人们呼吁加快生物农药产业的发展与生物防治技术的应用，要求农药必须向低毒、无公害方向发展。由于生物农药正是这样一类既满足上述要求又与环境相容的绿色农药，与化学农药相比，具有选择性强、无污染、不易

产生抗药性、不破坏生态环境且生产原料广泛等特点，正逐步受到消费者的青睐和欢迎。

目前，国内外农业生产者对于绿色及有机产品也有了较强的意识，结合自身多年的种植及农药施用经验，正在寻求避免化学农药毒害及选择采用生物农药替代化学农药防治病虫害的有效措施，提高农作物产品质量及附加值，生产销售安全、无毒、无公害、高品质的农作物产品。从农业发展结构分析，统防统治及相关的政策引导，促进了生物农药市场的快速发展。

四、研发动向

生命科学前沿技术的不断更新，为生物农药发展提供了全新的技术途径；出现了一批新的研究领域和具有重大应用潜力的新技术及新产品。主要研发动向分析如下。

1. 以植物免疫诱抗剂为代表的新生物农药品种将成为行业热点

植物免疫诱导和激发子研究是近年绿色生态农药研究中新的增长点。近年来除了各种类型的蛋白激发子不断被发现外，激发子作用的分子靶标、分子机制研究亦不断深入，并主要集中在激发子受体、诱导免疫反应的信号通路，有关技术的突破将促进植物免疫诱抗剂的快速发展。作为一类新型的多功能生物农药，已有部分产品（如蛋白激发子、寡糖、脱落酸、枯草芽孢杆菌及木霉等）在国内管理部门登记注册，并得到大面积的推广应用。这些免疫诱抗药物的共同突出特点不同于传统的杀菌剂，并不直接杀死病原菌，而是通过调节植物的新陈代谢，激活植物自身的免疫系统和生长系统，诱导植物产生广谱性的抗病、抗逆能力。近年来，植物免疫诱抗剂的研发与应用在应用绿色生物防治手段防治植物病虫害的基础上又有了新的突破。提高植物自身的抗病水平，减少对化学农药的防病依赖，可从根本上减少农药的过度使用对环境和农产品带来的污染。

2. RNA 干扰精准控害技术的发展将推动产业进步

随着分子生物学技术和昆虫基因图谱及其功能的解析以及转基因技术的快速发展，RNAi 技术已被广泛用于研究各种生物基因功能、控制动物疾病和植物病毒、病虫的危害。最近几年基于 RNAi 的抗病虫策略发展迅速，这种策略是通过在植物中表达病虫基因的双链 RNA，诱导产生小分子干扰 RNA，干扰或沉默病虫害关键基因，从而抑制病虫的生长、发育以及致病性，实现作物对病虫害的抗性；也可以体外合成和喷洒病虫基因小分子

RNA，干扰或沉默病虫关键基因，达到控制病虫危害的目的。如上所述，利用 RNAi 技术控制植物病虫危害具有靶标多和高度特异性的优点，在植物病毒和病虫害防治中显示出了广阔的应用前景。应用 RNA 干扰精准控害技术平台培育新兴产业有可能对农业病虫害的控制起到巨大的推动作用。

3. 昆虫信息素和昆虫性诱剂的发展将广泛应用于绿色植保

昆虫信息素和昆虫性诱剂已经系列化和技术实用化，昆虫行为学，分子生物学，化学生态，昆虫电生理技术，材料学，生物、化学合成技术，先进的化学分析、提取、测定技术等相关学科的快速发展，都将进一步促进昆虫信息素的鉴定、合成及更加广泛的应用。昆虫信息素的未来发展方向是多学科跨界结合，生物源信息化合物诱杀害虫技术是目前国际公认的绿色植保技术，在生产实践中现已获得了广泛的应用与发展。

4. 恢复土壤结构，土壤连作障碍修复技术备受关注

作物健康栽培从健康土壤开始，化肥农药的过度使用，以及土壤有机质匮乏导致大量功能微生物难以生存，而植物病原微生物以取食植物为生，大量繁殖，土壤微生物生态失去平衡，植物很难健康生长，甚至无法生存。解决土壤的根本途径是增加土壤功能微生物的种类和数量，通过添加土壤有机质来维持庞大的功能微生物群体，抑制病原微生物的发生和发展，保障和促进植物健康生长。

5. 天敌昆虫和高效微生物菌株的改造技术

高效专化性和多功能天敌昆虫和微生物菌株（包括昆虫线虫与昆虫病毒等）的创新技术将随着基因组学、蛋白组学和代谢组学技术的进步日趋完善与发展。组织实施工程昆虫产业创新发展工程，加强新品种的研制，建设评价与应用基地，加快推进新产品的产业化。建设重要昆虫基因资源信息库，完善安全评价管理体系，强化工程昆虫工程化能力；建设和完善研究开发设施。形成以现代科学技术为支撑、以企业为主导的工程昆虫创制和应用产业基础，掌握创制关键核心技术，创建工程天敌昆虫、雄性不育卫生工程昆虫、生物反应器类工程昆虫、现代生命科学模式生物类工程昆虫等为代表的一批具有国际水平的工程昆虫技术研发与产品应用开发平台，使我国工程昆虫产业水平大幅提升，产品发展能力跻身国际先进水平。

6. 代谢产物的仿生合成技术将快速发展

代谢产物（包括微生物和植物源等）、功能物质的生物合成和绿色技术近年来已获得了快速的发展，仿生合成和绿色生产技术的发展将极大地促进代谢产物规模化生产与代谢产物的推广应用。

五、自主创新情况

近年来，我国生物农药企业的总体规模有了大幅度的提高，生物农药行业的资金渠道不断拓展，为生物农药新产品的开发与企业的发展提供了良好的发展基础，一些自主创新的产品已经表现出巨大的生命力。

中保绿农科技集团有限公司2014年6月推出的具有我国自主知识产权的蛋白质生物农药制剂——“阿泰灵”，获得了世界上首个抗病毒蛋白质生物农药登记，此蛋白质生物农药技术的成果转化已取得突破性的进展和良好的市场反馈。“阿泰灵”亮相在农交会上并获得全国各地种植合作社、农场、国外贸易商等热切关注。“阿泰灵”能够让多种作物增产20%以上，并且能够减少30%化学农药和肥料使用，自上市短短一年多的时间，推广应用面积已达33万公顷（495万亩），实现销售额7000余万元。阿泰灵从观念、技术和产品三个方面为中国植保领域注入了新的活力，作为新型植物免疫蛋白质农药，抗病增产。2015年3月20日，世界第六大农化企业——美国爱丽斯达（Arysta）全球产品许可主管等相关领导与中保集团交流探讨植物免疫蛋白的市场前景，十分看好中保集团蛋白质农药的发展趋势与市场前景。

江西新龙生物科技股份有限公司与中国科学院武汉病毒研究所共同研制的以昆虫杆状病毒杀虫剂具有我国自主知识产权，新龙股份所推广应用的昆虫杆状病毒具有全球独特的广谱昆虫病毒毒株和世界最先进的昆虫病毒生产技术，目前是世界上自主知识产权完善和品种规模齐全的昆虫病毒生产企业。其中甘蓝夜蛾核型多角体杀虫剂是具有自主知识产权的专利产品，获得欧盟标准有机认证，新龙康邦品牌连续获得“我信赖的绿色防控品牌产品”称号。

北京中捷四方生物科技股份有限公司研制的以昆虫信息素为核心的绿色防控技术集成产品具有完整的我国自主知识产权，在蔬菜高效生态健康种植技术体系中，可减少化学农药使用，节水、节肥、病虫害减少。我国湖北百米生物实业有限公司以彭辉银教授为主的团队研制的远程太阳能杀虫平台（第四代）具有我国完整的自主知识产权，其产品为国内外首创，由于其效果好、功能强、环境友好而且美观受到了广大用户的好评与欢迎。

党的“十八大”五中全会提出了创新、协调、绿色、开放、共享五位一体的发展新理念。随着我国城乡居民收入水平的提高和人民生活水平的提高，我国居民对生态环境的重视程度不断提高；“十三五”期间，党和国家

在绿色发展方面提出要形成人与自然和谐发展的现代化建设新格局；加大环境治理力度，实行最严格的环境保护制度，实行化学农药零增长，实现化肥、农药的双减目标，一定会带动生物农药等相关产业成为我国经济增长的新亮点，促进我国生物农药行业的快速发展。

（撰稿专家：邱德文）

生物疫苗

一、基本概况

我国是世界养殖大国，生猪存栏占世界总量的50%，年出栏7亿头，养禽140亿羽，禽肉产量世界第一，畜牧业占农业总产值的29%，已经成为农业的重要支柱。但是由于集约化、规模化养殖水平不断提高，地区经济发展不平衡，加上多种养殖模式并存，造成口蹄疫、高致病性禽流感等重大动物疫病在部分地区呈局部流行；布鲁氏菌病、狂犬病、包虫病等人畜共患病呈上升趋势；牛海绵状脑病、非洲猪瘟等外来动物疫病传入风险不断增加，使得动物疫病防控面临巨大挑战。

2015年，高致病性猪繁殖与呼吸综合征、猪伪狂犬病、猪病毒性腹泻等仍然是危害养猪业的主要疫病，由腺病毒造成的安卡拉病给养禽场造成新的经济损失。尤其周边国家口蹄疫、禽流感、猪流行性腹泻、非洲猪瘟等疫情出现新病原、新毒株，给家禽、生猪、肉羊产业带来巨大威胁，给居民消费习惯、养殖活动造成巨大冲击。作为疫病防控的核心关键，生物疫苗产业在产品研发、工艺改进和生产销售等环节不断创新、增强实力，为养殖业发展做出较大贡献。

1. 研发能力显著增强

我国生物疫苗的研发主要依靠研究所、大学和疫苗企业。近年来，疫苗企业不断增加投入，建立研发中心或研究院，研发新产品新工艺，创新能力显著提高，逐渐成为疫苗行业的研发主力。2015年批准注册27个新型疫苗和诊断试剂中，14个由科研单位牵头申报，13个由企业牵头申报，表明企业的研发能力大大增强，企业为主体的创新格局正在逐步形成。大菱鲆迟钝爱德华氏菌活疫苗（EIBAV1株）作为世界首个大菱鲆菌苗，将为我国水产养殖业发挥重要作用。

2. 生产工艺不断改进

除疫苗研发以外，生药企业更加注重工艺改进与优化，不断突破抗原浓

缩与纯化、佐剂与保护剂应用、疫苗储存、保藏稳定性等技术瓶颈。2015年，口蹄疫疫苗全部改为细胞悬浮培养工艺生产，显著提高了抗原滴度与抗原纯净性，保证了疫苗的质量稳定性，减少了疫苗的副反应，同时也降低了生产成本。禽流感疫苗由经典的鸡胚改为细胞培养，获得新兽药注册证书，对禽流感疫苗生产企业将带来显著推动作用。

3. 具有较大发展潜力

2008～2014年，动物疫苗销售额从43.99亿元增长到103.78亿元，增长了2.4倍。随着我国养殖业迅速发展，生猪、家禽、牛羊的养殖量不断增加，使得禽流感、口蹄疫、高致病性猪蓝耳病等重大动物疫病的防控需求不断增多，政府采购疫苗的市场规模不断扩大。同时，受仔猪腹泻、伪狂犬病、猪圆环病毒、鸡传染性支气管炎、禽白血病、小反刍兽疫等疫病威胁，常规疫苗需求不断增加，常规疫苗占全部生物药品份额也不断提高，生物疫苗产业发展潜力巨大。

4. 供给侧竞争压力凸显

2014年动物生物制品实现销售收入103.78亿元，由77家企业生产的287种产品构成，其中，销售额前十位企业占全部销售额的54.28%，其余67家企业的销售额只有45.72%。企业间的竞争非常激烈。287种产品中，高致病性禽流感、口蹄疫、猪瘟、高致病性猪繁殖与呼吸综合征和小反刍兽疫这5种强制免疫产品的销售额为55.6亿元，占全部产品的53.57%。这5种强制免疫产品主要由不超过15家企业生产供应，产业集中度越来越高。另外，高致病性猪蓝耳病、猪圆环病毒病近5年来有4～6种疫苗投入市场，使得产品的竞争从产品推广到价格战再到拼技术工艺，加上硕腾（原辉瑞）、英特威、梅里亚、勃林格殷格翰、诗华等跨国公司的加入，客观上推动了行业整合，加速了供给侧改革。

二、主要产品

由于2015年度全国兽用疫苗的销售统计情况尚未完成，本文主要引用2014年度兽药发展报告的统计数据进行分析。

2014年，我国主要应用的疫苗仍然是强制免疫疫苗和常规疫苗2个大类。其中，强制免疫疫苗包括高致病性禽流感、口蹄疫、高致病性猪蓝耳病、猪瘟和小反刍兽疫5种强制免疫疾病，全部由政府统一采购，下拨使用。常规疫苗针对新城疫、猪圆环、伪狂犬、鸡传染性支气管炎与猪呼吸与

繁殖综合征等非强制免疫疾病，由养殖企业根据自身需求，购买使用。按照使用动物种类，可以分为禽用、猪用、牛羊用、宠物和经济动物5大类疫苗，其中禽用疫苗171种，猪用疫苗80种，牛羊用36种。2014年生物制品销量与销售额见表2-34。

表2-34　2014年我国主要应用的动物疫苗

<table>
<tr><th>序号</th><th>产品名称</th><th>销量/(亿毫升/亿羽份/亿头份)</th><th>销售额/亿元</th><th>比2013年销售额增幅/%</th></tr>
<tr><td>1</td><td>高致病性禽流感系列疫苗</td><td>80.55</td><td>8.93</td><td>−37.16</td></tr>
<tr><td>2</td><td>牛羊口蹄疫灭活疫苗(各种型)</td><td rowspan="2">12.55</td><td rowspan="2">11.78</td><td rowspan="2">68.53</td></tr>
<tr><td>3</td><td>小反刍兽疫疫苗</td></tr>
<tr><td>4</td><td>猪瘟活疫苗(细胞源/兔源)</td><td rowspan="2">72.47</td><td rowspan="2">34.89</td><td rowspan="2">−2.98</td></tr>
<tr><td>5</td><td>高致病性猪蓝耳病弱毒疫苗(HuN4-F112/ NVDC-JXA1/ TJM-F92)</td></tr>
<tr><td>6</td><td>鸡新城疫、禽流感(H9亚型)二联活疫苗(La Sota株+F株)</td><td>6.83</td><td>2.08</td><td>23.81</td></tr>
<tr><td>7</td><td>鸡新城疫活疫苗(La Sota株)</td><td>272.56</td><td>1.72</td><td>28.35</td></tr>
<tr><td>8</td><td>鸡新城疫、传染性支气管炎二联活疫苗(La Sota株+H120株)</td><td>158.57</td><td>1.41</td><td>−17.5</td></tr>
<tr><td>9</td><td>鸡痘活疫苗(鹌鹑化弱毒株,细胞苗)</td><td>36.02</td><td>0.98</td><td>326</td></tr>
<tr><td>10</td><td>禽流感灭活疫苗(H9亚型)</td><td>4.34</td><td>0.80</td><td>−52.1</td></tr>
<tr><td>11</td><td>鸡新城疫灭活疫苗(La Sota株)</td><td>5.46</td><td>0.76</td><td>−16.5</td></tr>
<tr><td>12</td><td>鸡传染性法氏囊病活疫苗(B87株)</td><td>70.48</td><td>0.53</td><td>−22.1</td></tr>
<tr><td>13</td><td>鸡传染性鼻炎(A型)灭活疫苗</td><td>1.21</td><td>0.23</td><td>15</td></tr>
<tr><td>14</td><td>鸡新城疫、减蛋综合征二联灭活疫苗(La Sota株+京911株)</td><td>0.62</td><td>0.09</td><td>0</td></tr>
<tr><td>15</td><td>猪圆环病毒2型灭活疫苗(LG/SH/WH/DBN-SX07株)</td><td>2.08</td><td>5.85</td><td>16.5</td></tr>
<tr><td>16</td><td>猪伪狂犬病活疫苗(Bartha-K61株)</td><td>3.22</td><td>2.09</td><td>4.5</td></tr>
<tr><td>17</td><td>猪繁殖与呼吸综合征疫苗</td><td>0.53</td><td>1.21</td><td>−39.5</td></tr>
</table>

数据来源：2014年度兽药产业发展报告，中国兽药协会。

三、市场分析

1. 总体情况

2014年，全国共有动物疫苗生产企业82家，对77家企业进行了调查统计。77家企业拥有有效的产品批准文号1592个，实际使用1116个，主要生产287种猪、禽、牛羊用疫苗。根据调查，77家企业中，17家大型企业拥有资产114.02亿元，占生药企业资产总额的46.61%；49家中型企业拥有资产119.13亿元，占生药企业资产总额的48.7%；11家小型企业拥有资产11.48亿元，占生药企业资产总额的4.69%。从生产能力和产能利用率看，活疫苗生产能力为4524.73亿羽份/亿头份，产能利用率为28.15%；灭活疫苗生产能力为589.36亿毫升，产能利用率为43.44%。细菌活疫苗的产能利用率最低，仅为7.01%，可以预见未来5～10年，我国动物疫苗产业将面临更加激烈的竞争。

2. 销售情况

2014年生产销售各类疫苗1516.64亿毫升/亿头份/亿羽份，销售额103.78亿元，销售额同比增加9.45亿元，增幅达10.02%。其中猪用生物制品销售额48.76亿元，接近全部销售额的一半。禽用生物制品销售额36.69亿元，占总销售额的35.35%，牛羊用生物制品销售额15.14亿元，占生物制品总销售额的14.59%，见表2-35。

表2-35　2014年生物制品销量与销售额

动物种类	销量/(亿毫升/亿头份/亿羽份)	销售额/亿元	销售额比重/%
猪用	87.24	48.75	46.99
禽用	1394.56	36.69	35.35
牛羊用	28.67	15.14	14.59
兔用	0.56	0.56	0.54
宠物及其他	4.10	2.63	2.53
合计	1516.64	103.78	100

3. 不同种类疫苗市场分析

(1) 禽用疫苗　2014年，禽用生物制品共有171种产品生产销售，销量1394.56亿羽份/亿毫升，销售额36.69亿元。其中，强制免疫疫苗高致病性禽流感疫苗的销量为80.55亿羽份/亿毫升，销售额8.93亿元，占禽用生物制品销售额的24.34%，与2013年相比，该疫苗的销量减少32.29%，销售额下降37.16%。常规疫苗中，鸡新城疫、禽流感（H9亚型）二联灭活疫苗（LaSota株+F株）显著增加，销售6.83亿毫升，销售额为2.08亿元，比2013年增加23.81%，是销售额最高的禽用常规疫苗。其次分别为

鸡新城疫活疫苗（LaSota 株）（1.72 亿元）和鸡新城疫、传染性支气管炎二联活疫苗（LaSota 株＋H120 株）（1.41 亿元），分别比 2013 年增加 28.35％，减少 17.5％。

（2）猪用疫苗　2014 年，猪用生物制品共有 80 种产品生产销售，销量 87.24 亿头份/亿毫升，销售额 48.76 亿元，与 2013 年相比销量减少 4.84％，销售额增加 1.12％。强制免疫产品的销量 72.47 亿头份/亿毫升，销售额 34.89 亿元，占猪用生物制品销售额的 71.55％，与 2013 年相比，销量和销售额减少了 5.69％和 2.98％。常规苗中，猪圆环病毒 2 型灭活疫苗销量 2.08 亿毫升，销售额 5.85 亿元，比 2013 年的销售额增加 16.5％，已经成为常规疫苗中市场份额最大的产品。猪繁殖与呼吸综合征疫苗（蓝耳病，非政府采购）销量 0.53 亿头份/亿毫升，销售额 1.21 亿元，比 2013 年降低 39.5％。

（3）牛、羊用疫苗　2014 年，牛羊用生物制品共有 36 种产品生产销售，销量 28.67 亿头份/亿毫升，销售额 15.14 亿元。其中，强制免疫产品口蹄疫和小反刍兽疫疫苗销量 12.55 亿毫升，销售额 11.78 亿元，同比增加 4.79 亿元，增幅为 68.53％，占牛羊生物制品销售额的 77.81％。

（4）进口疫苗市场份额不断增加　2014 年，进口疫苗销售 7.76 亿元，占 2014 年常规疫苗销售额的 16.11％，是 2006 年销售额的 3.4 倍。2006～2014 年，进口产品的销售额逐年增加，2010～2014 年呈上下波动状态，市场份额也从不到 10％增加到 2013 年的 16.11％。按照整体销量和销售额计算，进口疫苗每单位价格是 0.32 元，而国产常规疫苗每单位价格为 0.07 元，两者相差 4.5 倍。由于质量稳定、副反应小、服务到位，尽管价格较贵，国内养殖企业逐渐选择进口替代产品，已经成为国内疫苗市场的高端产品。

（5）疫苗出口有所下降　2013 年向 5 个国家出口疫苗，共计 3971.03 万元，只是进口产品的 5％，比 2013 年减少 22.29％。

四、研发动向

1. 多联多价成为主要趋势

2015 年新注册的 24 个新型疫苗中，19 个疫苗为常规疫苗，其中 11 个为二联、三联或二价、三价疫（菌）苗。禽用疫苗主要为鸡新城疫、传染性支气管炎组合为主，或者搭配减蛋综合征禽流感（H9），表明当前我国养禽

业危害最大的除了高致病性禽流感之外，还是上述几种疾病。猪用联苗一直是研发方向，但是受诸多因素限制，成熟的产品很少。2015 年新注册高致病性猪蓝耳病和猪瘟的二联疫苗，期待对养猪业产生积极作用。此外，猪支原体肺炎有 2 个产品注册成功，表明该病仍然对养猪业具有较大危害。此外，副猪嗜血杆菌、鸭传染性浆膜炎等二价或三价菌苗的成功注册，表明细菌病的研究得到越来越多的关注。

2. 基因工程疫苗

新型基因工程疫苗是未来疫苗发展的方向和趋势。这类疫苗可以进行疫苗免疫与野毒感染的鉴别，且不具备传播能力，是疫病净化和扑灭的重要依托手段。动物用基因工程疫苗主要围绕亚单位疫苗、活载体疫苗、基因修饰疫苗展开工作。在亚单位疫苗上，猪圆环病毒亚单位疫苗 2015 年已经成功上市，具有明显的比较优势，取得了良好的经济效益和社会效益。在活载体疫苗上，主要包括利用新城疫病毒、鸭瘟病毒、腺病毒、猪伪狂犬病毒和水泡性口炎病毒作为载体，研制出一系列针对禽流感、狂犬病、高致病性猪蓝耳病、埃博拉等重大疫病和人畜共患病的新型疫苗。在基因修饰疫苗上，主要研发布鲁氏菌病、猪伪狂犬病等基因缺失疫苗，均已获得转基因安全证书，正在进行临床试验。

3. 优化生产工艺

2015 年，生产企业和研发单位为了提高产品竞争力，纷纷采用新工艺新技术替代原有工艺技术。口蹄疫疫苗在 2015 年完成了全部产品生产工艺的变更注册，由普通转瓶培养改为悬浮培养。禽流感细胞悬浮培养疫苗完成 2 个产品注册，将对传统的鸡胚生产工艺带来巨大挑战。同时，在疫苗佐剂和耐热保护剂的选用上取得较大突破，部分疫苗对其保存期和有效期进行了延长时间的变更注册。然而，应当看到，我国生物疫苗企业与国外企业在生产工艺和技术管理上还有一定差距，需要在大规模抗原生产工艺（悬浮培养、细胞工厂等）、抗原纯化工艺、疫苗佐剂（包括分子佐剂）、疫苗保护剂等关键技术上不断创新。

五、自主创新情况

1. 研发成果

2008～2015 年，我国共批准 147 个新兽药注册证书，其中一类 8 个，二类 32 个，三类 107 个（表 2-36）。从产品结构来看，主要是禽用疫苗和猪

用疫苗，尤其近5年来受重大动物疫病的影响，以禽流感和口蹄疫产品居多，宠物和鱼用疫苗新品几乎没有。2015年，我国研究机构与生产企业共研发出27种新型生物制品，其中疫苗23种，诊断试剂4种（表2-37）。大菱鲆迟钝爱德华氏菌活疫苗（EIBAV1株）获得一类新兽药证书，为世界首创。整体而言，我国兽用生物制品研发水平和速度正在不断提高。

表2-36　2008～2015年新批准的兽用生物制品（截至2015年12月31日）

类别	2008年	2009年	2010年	2011年	2012年	2013年	2014年	2015年
一类	1	1	3	1	0	1	1	1
二类	4	3	9	5	4	8	4	6
三类	11	14	15	22	16	14	15	20
合计	16	18	27	28	20	20	20	27

数据来源：农业部。

表2-37　2015年获得批准注册的新生物制品

序号	新兽药名称	研制单位	类别	新兽药注册证书号
1	牛布鲁氏菌间接ELISA抗体检测试剂盒	中国兽医药品监察所、北京明日达科技发展有限责任公司、肇庆大华农生物药品有限公司、浙江迪恩生物科技股份有限公司、北京中海生物科技有限公司	三类	(2015)新兽药证字67号
2	仔猪大肠杆菌病基因工程灭活疫苗(GE-3株)	辽宁益康生物股份有限公司	三类	(2015)新兽药证字66号
3	小反刍兽疫活疫苗(Clone 9株)	中国兽医药品监察所、北京中海生物科技有限公司、新疆天康畜牧生物技术股份有限公司、新疆畜牧科学院兽医研究所(新疆畜牧科学院动物临床医学研究中心)	二类	(2015)新兽药证字59号
4	鸡新城疫、传染性支气管炎、禽流感(H9亚型)三联灭活疫苗(La Sota株＋M41株＋Re-9株)	普莱柯生物工程股份有限公司、中国农业科学院哈尔滨兽医研究所、哈尔滨维科生物技术开发公司	三类	(2015)新兽药证字52号
5	猪传染性胃肠炎、猪流行性腹泻二联活疫苗(HB08株＋ZJ08株)	北京大北农科技集团股份有限公司、中牧实业股份有限公司、瑞普(保定)生物药业有限公司、福州大北农生物技术有限公司、武汉中博生物股份有限公司、北京科牧丰生物制药有限公司	三类	(2015)新兽药证字57号

续表

序号	新兽药名称	研制单位	类别	新兽药注册证书号
6	猪支原体肺炎灭活疫苗(DJ-166株)	北京大北农科技集团股份有限公司、中牧实业股份有限公司、福州大北农生物技术有限公司、北京科牧丰生物制药有限公司	三类	(2015)新兽药证字58号
7	副猪嗜血杆菌病二价灭活疫苗(1型LC株+5型LZ株)	山东省农业科学院畜牧兽医研究所、山东滨州沃华生物工程有限公司、青岛易邦生物工程有限公司、浙江诺倍威生物技术有限公司	三类	(2015)新兽药证字50号
8	鸡新城疫、传染性支气管炎二联耐热保护剂活疫苗(La Sota株+H120株)	南京天邦生物科技有限公司、国家兽用生物制品工程技术研究中心、江苏省农业科学院兽医研究所	三类	(2015)新兽药证字41号
9	禽流感(H9亚型)灭活疫苗(HN106株)	河南农业大学、山东滨州沃华生物工程有限公司、河南祺祥生物科技有限公司	三类	(2015)新兽药证字42号
10	狂犬病病毒巢式RT-PCR检测试剂盒	中国人民解放军军事医学科学院军事兽医研究所、北京世纪元亨动物防疫技术有限公司、武汉中博生物股份有限公司、吉林和元生物工程有限公司、武汉军科博源生物股份有限公司、北京万牧源农业科技有限公司	三类	(2015)新兽药证字43号
11	山羊传染性胸膜肺炎灭活疫苗(山羊支原体山羊肺炎亚种M1601株)	中国农业科学院兰州兽医研究所、山东泰丰生物制品有限公司、哈药集团生物疫苗有限公司、青岛易邦生物工程有限公司	二类	(2015)新兽药证字37号
12	鸡新城疫、传染性支气管炎、减蛋综合征三联灭活疫苗(Clone30株+M41株+AV127株)	青岛蔚蓝生物制品有限公司、哈药集团生物疫苗有限公司、吉林正业生物制品股份有限公司、扬州优邦生物制药有限公司、青岛蔚蓝生物股份有限公司	三类	(2015)新兽药证字39号
13	山羊传染性胸膜肺炎间接血凝试验抗原、阳性血清与阴性血清	中国农业科学院兰州兽医研究所、中农威特生物科技股份有限公司	二类	(2015)新兽药证字35号
14	禽流感(H9亚型)灭活疫苗(SZ株)	普莱柯生物工程股份有限公司、洛阳惠中生物技术有限公司	三类	(2015)新兽药证字28号

续表

序号	新兽药名称	研制单位	类别	新兽药注册证书号
15	高致病性猪繁殖与呼吸综合征、猪瘟二联活疫苗（TJM-F92株+C株）	华威特（北京）生物科技有限公司、中国兽医药品监察所、华威特（江苏）生物制药有限公司、吉林硕腾国原动物保健品有限公司、中牧实业股份有限公司	三类	（2015）新兽药证字29号
16	大菱鲆迟钝爱德华氏菌活疫苗（EIBAV1株）	华东理工大学、浙江诺倍威生物技术有限公司、广东永顺生物制药股份有限公司、上海纬胜海洋生物科技有限公司	一类	（2015）新兽药证字30号
17	口蹄疫病毒非结构蛋白2C3AB抗体检测试纸条	中国农业科学院兰州兽医研究所、中农威特生物科技股份有限公司	二类	（2015）新兽药证字23号
18	鸡新城疫、减蛋综合征、禽流感（H9亚型）三联灭活疫苗（La Sota株+HSH23株+WD株）	北京市农林科学院、云南生物制药有限公司、广西丽园生物股份有限公司、九江博美莱生物制品有限公司、北京信得威特科技有限公司	三类	（2015）新兽药证字22号
19	重组禽流感病毒H5亚型二价灭活疫苗（细胞源，Re-6株+Re-4株）	中国农业科学院哈尔滨兽医研究所、山东信得动物疫苗有限公司、哈尔滨维科生物技术开发公司	三类	（2015）新兽药证字20号
20	高致病性猪繁殖与呼吸综合征活疫苗（GDr180株）	中国兽医药品监察所、广东永顺生物制药股份有限公司、北京信得威特科技有限公司	三类	（2015）新兽药证字16号
21	水貂出血性肺炎二价灭活疫苗（G型WD005株+B型DL007株）	齐鲁动物保健品有限公司	二类	（2015）新兽药证字14号
22	猪支原体肺炎灭活疫苗	北京生泰尔生物科技有限公司、北京华夏兴洋生物科技有限公司、齐鲁动物保健品有限公司、瑞普（保定）生物药业有限公司、北京市兽医生物药品厂、武汉科前动物生物制品有限责任公司、四川省华派生物制药有限公司、山东华宏生物工程有限公司	三类	（2015）新兽药证字11号
23	鸡新城疫、传染性法氏囊病二联灭活疫苗（La Sota株+HQ株）	河南农业大学禽病研究所、辽宁益康生物股份有限公司、天津瑞普生物技术股份有限公司、浙江美保龙生物技术有限公司、乾元浩生物股份有限公司南京生物药厂	三类	（2015）新兽药证字09号
24	仔猪副伤寒耐热保护剂活疫苗（CVCC79500株）	北京中海生物科技有限公司、山东泰丰生物制品有限公司、瑞普（保定）生物药业有限公司	三类	（2015）新兽药证字07号

续表

序号	新兽药名称	研制单位	类别	新兽药注册证书号
25	兔病毒性出血症、多杀性巴氏杆菌病二联蜂胶灭活疫苗（YT株＋JN株）	山东华宏生物工程有限公司	三类	(2015)新兽药证字06号
26	鸭传染性浆膜炎三价灭活疫苗（1型YBRA01株＋2型YBRA02株＋4型YBRA04株）	青岛易邦生物工程有限公司、云南省畜牧兽医科学院	三类	(2015)新兽药证字03号
27	猪流感病毒H1N1亚型灭活疫苗（TJ株）	华中农业大学、武汉科前动物生物制品有限责任公司、武汉中博生物股份有限公司、中牧实业股份有限公司	二类	(2015)新兽药证字01号

数据来源：农业部。

2. 研发机构和人员

我国从事兽医生物制品研发的单位包括国家、省级研究所，大学和企业，大约有140多个研发机构。对77家企业调查数据显示，截至2014年，企业从事兽用生物制品的科研人员为2491人，其中28.46％的研发人员具有中级职称，11.08％的人员具有高级职称。

3. 研发投入

2008～2014年，企业研发资金投入和占年总销售额的比重逐年增加，平均年度研发资金总投入5.56亿元，其中2014年研发投入8.43亿元，是2008年的3.36倍，显示企业重视战略转型，通过创新拉动发展，五年来，平均研发投入占总销售额的比重为7.54％，基本是世界前十位跨国公司的50％，提示研发投入仍然需要增加。2014年数据显示：70家生产企业研发资金总投入约8.43亿元，占年度总销售额的8.12％，比2013年增长7％。从研发资金投入方式看，92％的企业进行自主或与研究单位联合开发，71.4％的企业选择购买外单位转让的产品或技术，可见目前产学研结合仍然是主要的研发方式。从研发资金使用方向上看，选择新产品研发的生药企业64家，占83.12％，选择生产工艺改进的占79％，二者有交叉，反映出企业对提高产品质量的迫切需求，同时也表明大学和研究所在研发活动中依然占据很重要的位置。

（撰稿专家：王笑梅）

生物肥料

一、概况

目前，无论是发达国家还是发展中国家，都非常重视生物肥料的生产与应用。目前，使用生物肥料的国家已达100个之多。尽管全世界普遍生产和使用生物肥料，然而，确切的生物肥料产量没有进行准确的统计。主要的生物肥料有6大类：①根瘤菌生物肥料。根瘤菌包括快生根瘤菌、慢生根瘤菌、耐盐促生根瘤菌、耐盐抗病根瘤菌。②联合固氮菌生物肥料。用于生产此类微生物肥料的菌种主要有圆褐固氮菌或称为褐球固氮菌、棕色固氮菌亦称维涅兰德固氮菌、巴西固氮螺菌、德氏拜叶林克氏菌、阴沟肠杆菌以及产碱菌属中的某些菌种。③溶磷菌生物肥料。溶磷生物肥料使用的菌种包括真菌、细菌、放线菌和酵母。溶磷细菌有多黏芽孢杆菌、解磷巨大芽孢杆菌、恶臭假单胞菌、荧光假单胞杆菌、蜡状芽孢杆菌、草生欧文氏菌等。常用的溶磷真菌有草酸青霉菌、拜莱青霉菌、黑曲霉、棘孢青霉菌、斜卧青霉菌、变幻青霉菌、泡盛曲霉菌和扩展青霉菌等。④解钾菌生物肥料。硅酸盐细菌包括胶冻样芽孢杆菌、胶质芽孢杆菌硅酸盐亚种、土壤芽孢杆菌、环状芽孢杆菌、氧化亚铁硫杆菌、阿氏肠杆菌、产气肠杆菌、成团泛菌、根癌农根菌、棒状杆菌、短黄杆菌、洋葱伯克霍尔德菌。解钾真菌包括土曲霉、草酸青霉菌、疣孢篮状菌和曲霉。⑤促生菌生物肥料。用于促进作物生长的生物肥料菌种十分广泛，涉及10多个属，20多个种。芽孢杆菌类普遍使用，主要有巨大芽孢杆菌、短小芽孢杆菌、枯草芽孢杆菌、解淀粉芽孢杆菌、蕈状芽孢杆菌、多黏芽孢杆菌、地衣芽孢杆菌、荧光假单胞菌。⑥防治土传病害的生物肥料。植物土传病害生物防治的菌种多为木霉菌、链霉菌、寡雄腐霉菌、芽孢菌等为佳。

我国非常重视生物肥料的生产与应用。生物肥料作为重要的肥料资源，已经成为我国粮食安全、生态环境改善、农业可持续发展的重要物质保证，具有其他资源不可替代的战略地位。发展生物肥料产业对于促进我国农业发

展、提升整体农业产业水平、带动服务于生物肥料产业的工业发展、拓展有机农业产业的国内外市场都将起到巨大的支撑作用。

生物肥料产业的发展历程与我国农业发展、资源高效利用以及农业产品安全生产紧密相连。几十年来，生物肥料作为农业生产的重要措施长期发挥着不可替代的增产作用。目前，我国人口增长和生活质量的不断提升，粮食需求压力逐年增加，同时，全国耕地资源逐年减少、肥料资源需求数量巨大、水资源严重匮乏，对我国粮食安全构成极大威胁；土壤退化、环境恶化、农产品安全性下降又进一步加剧了资源匮乏与粮食安全之间的矛盾。生物肥料以其独有的多种功能，在解决当今资源、环境和食品安全三大问题方面拥有巨大潜力。生物肥料产业必将以它无可替代和雄踞生物产业之林的战略地位，为中国农业发展、粮食安全、国土资源保护和节约化肥资源做出重要贡献。

当前，追求生物肥料更加高效及其与各国主要土壤、作物最佳适应性的生物肥料产品，是世界各国生物肥料研发和产业化的主要趋势。

二、主要产品

20 世纪 90 年代初期，为了加强生物肥料产业管理，成立了农业部生物肥料质量监督检验测试中心，负责全国生物肥料产业的登记、质检和监督工作。

经过 20 年的发展，无论是企业数量、产品数量、产业规模都进入历史最好时期。由 1995 年企业 110 个、产品类型 4 种、总产 10 万吨，增加到 2015 年生物肥料企业 1000 家、产品 11 类、生物肥料产量 1200 万吨。生物肥料使用的菌种达到 160 种，新增加菌种 20 种。

三、市场分析

1. 发展绿色和有机农业需要生物肥料

农业生产正在朝着无公害、有机农业方向发展。我国蔬菜种植面积 1600 万公顷，蔬菜总产量 4.4 亿吨，总产值 2500 亿元。我国果树、花卉已经发展到 0.13 亿公顷（2 亿亩）。大量农药和化肥的投入，已经造成土壤退化，蔬菜品质下降，硝态氮积累，土壤农药残留超标。需要通过使用环境友好型的生物肥料，调节土壤功能和降解或者消除土壤中有害物质。

生物肥料为我国有机农业发展及扩大农产品对外出口提供强有力的技术保障，生物肥料产业与其他产业一起，支撑了我国有机食品产业每年以20％～30％的增速发展。截至2013年年底，全国获得有机产品认证的企业5000多家，有机产品认证面积达到260万公顷。2015年统计，我国有机农产品的种植面积为39.2万公顷（588万亩）。预计未来10年，我国有机农业面积将达到600万～1000万公顷，位列世界第二。

2. 提高化学肥料利用率需要生物肥料

我国氮肥利用率只有30％～35％，损失率高达45％，比世界先进国家低10～15个百分点。磷肥利用率5％～20％，每年磷肥消费量持续增加。化肥增产效益不仅比国外低1倍，而且比我国20世纪50年代下降3倍，比20世纪80年代下降2倍。我国20世纪50年代化肥增产效益为15～20kg/kg养分，80年代10～15kg/kg养分，目前6～8kg/kg养分，而发达国家10～15kg/kg养分。获得同样产量需要增加一倍的化肥用量，并引起氮素淋失和水体富营养化。每年因为肥料浪费损失约合400亿元人民币。需要通过使用根瘤菌、联合固氮菌、溶磷菌、硅酸盐细菌、促生抗病菌等生物肥料，改善土壤功能，提高化肥利用效率。

我国肥料资源尤其是磷钾肥匮乏，化肥利用率低，已经成为限制我国农业继续增产的瓶颈。通过使用固氮、溶磷、解钾生物肥料，减少氮磷钾化肥用量。利用固氮生物肥料，减少1/4～1/3氮肥消费量；利用溶磷生物肥料提高磷肥利用率，减少10％～20％的磷肥消费量；利用解钾生物肥料提高钾肥和土壤钾的利用率，减少钾肥消费量。如果能够实现，将极大地节约化肥资源，保障我国农业的可持续发展，也必将极大地缓解化肥需求压力、保护农田生态环境向好的方面发展。

3. 修复土壤环境，提高耕地质量需要生物肥料

我国农田土壤受到重金属、多环芳烃、石油、抗生素、农药、塑料污染，污染面积达0.67亿公顷（10亿亩），威胁农产品安全、食品安全、国土资源利用和人民健康。每年因污染粮食减产2000万吨，直接损失200亿～250亿元。农产品因污染导致的国际贸易损失达到1000亿元。因此，从根本上治理土壤污染已经刻不容缓，利用专用型生物肥料，可降解土壤有毒物质，确保农田生态安全和农产品生产。

4. 中低产田改造需要生物肥料

由于使用无机肥料、有机农药等破坏土壤有机体，造成土壤板结、有机质减少、盐渍化等问题，导致相同面积的耕地所能提供的粮食产量减少。我

国耕地质量下降每年损失的粮食，占全国粮食总产量的3%，相当于每年进口的粮食总量。粮食产量统计资料显示，低产田播种面积占总播种面积2/5以上，但是提供不足1/5的粮食总产。

针对低产田存在干旱、瘠薄、沙化、漏肥、漏水、污染、盐碱和土质黏重等难题，通过使用功能生物肥料改善土壤结构、提高土壤肥力，确保土壤生产力稳定提高。生物肥料在增加土壤肥力，改善土壤质量，提高化肥利用率方面具有巨大潜力，为低产田改造和提高整体增产能力提供技术支撑。

5. 恢复荒漠化土壤生产力需要生物肥料

全国荒漠化的土地面积达263.62万平方公里，占国土总面积的27.4%。荒漠化伴随植被破坏、表土损失、草原退化、水分散失、有机质与氮素减少、土壤生产力下降，严重限制农业和畜牧业的发展。

利用特殊功能生物肥料，修复荒漠化土壤，是生物肥料在现代农业发展条件下，又一重大创新产品。但是，利用生物修复荒漠化土壤，从技术层还远远没有解决。荒漠化在我国是个非常严峻的问题，不仅仅27.4%的国土发生了荒漠化，而且更为严重的是每年以1.5万平方公里的速度扩展。因此，生物肥料技术修复荒漠化土壤必须突破，以在较大程度上修复荒漠化退化土壤，扩大我国农田面积，保障我国未来人口增加的粮食安全。

因此，重视荒漠化土壤表层的治理恢复技术研究，利用微生物资源及其生物肥料产品，提高土壤颗粒黏结力、土壤结构形成速度和抗风蚀能力，加速沙粒风化成土过程，恢复荒漠化土壤生产力，是我国荒漠化治理迫切需要的技术。

6. 连作障碍防治需要生物肥料

为了满足粮食需求，连作成为我国农业生产的常见措施。作物连作导致土传病害频繁加重、产量和品质下降，作物连作3年，产量降低10%～20%，连作4～5年作物减产40%～50%，给我国粮食安全造成巨大隐患。因此，连作障碍已经成为农业发展的瓶颈，是农业可持续发展急需解决的重大课题。大棚蔬菜土壤、大豆连作农田、棉花产区农田、西瓜生产农田、向日葵农田、大蒜连作土壤等是我国土传病害、连作障碍最为严重的地区，研制、开发和生产防治这些主要作物连作障碍和土传病害特异高效生物肥料，对于我国粮食增产、减少农药使用量、保障农产品安全作用巨大。

7. 提高土壤抗旱保水能力需要生物肥料

近些年来，我国旱灾情况严峻，每年旱灾造成250亿千克粮食损失。2009年北方的小麦，东北的玉米、大豆受旱灾面积0.1亿公顷（1.5亿亩），

减产10%～20%。2010年春季，西南四省（云南、贵州、四川、广西）发生严重旱灾，成灾面积达到0.09亿公顷（1.4亿亩）。2010年秋天～2011年5月，北方多个省份150多天没有降水，旱灾面积0.09亿公顷（1.2亿亩），山东省8个多月没有降雨。南方江西、湖南、湖北、安徽，遭受了历史上干旱时间最长、最为严重的旱灾。通过使用生物肥料保护土壤水分、增强土壤蓄水量，提高土壤抗旱能力，是目前我国迫切需要发展的创新技术。

8. 秸秆还田、培肥农田土壤需要生物肥料

我国秸秆资源丰富，但是，由于还田技术落后，短时间内难以解决。全国每年作物秸秆6.5亿～7.0亿吨，还田利用率仅为20%～30%，绝大部分被废弃焚烧；秸秆简便、高效、廉价的还田技术亟待建立。对秸秆原位、低温干旱、营养不平衡等田间条件下的腐解还田的微生物技术研究不够。突破北方秸秆大规模、快速腐熟还田技术瓶颈是解决我国秸秆利用的根本出路。美国和英国直接还田率分别为68%和73%，中国秸秆还田率只有20%，导致严重的资源浪费和环境污染。如果秸秆1%腐殖化，农田土壤将增加650万吨腐殖质，每亩每年增加3.61千克的腐殖质。秸秆还田是提高农田土壤肥力、解决秸秆资源严重浪费的重要措施。利用降解和腐解作物秸秆的微生物菌剂，加快秸秆腐解速度，缩短田间的腐解时间，提高秸秆资源还田率，意义重大。

9. 我国未来生物肥料需求分析

综上所述，我国生物肥料应用市场巨大，我国现有1.2亿公顷（18亿亩）耕地，以每亩使用20kg计算，每年需要溶磷生物肥料3600万吨，需要解钾生物肥料3600万吨，促生生物肥料3600万吨。我国有禾本科作物0.67多亿公顷（10多亿亩），每年需要联合固氮菌生物肥料2000万吨。我国豆科作物0.1亿公顷（1.5亿亩），年需根瘤菌生物肥料15万吨。加上污染土壤修复、低产田改造、荒漠化防治、土壤培育等需要，我国每年生物肥料需要量达到1.5亿～2亿吨。

四、研发动向

（1）生物肥料向着节约化肥资源方向发展　生物肥料的重要性，在于减少化肥的使用量，减少全国氮肥的总消费量，保护磷钾肥料资源能够长远使用，保证国家粮食安全的长期性。生物肥料产业正在朝着高效固氮、溶磷、解钾为主的方向发展。

① 全面、大幅度改进和提高微生物肥料固氮能力，提高作物吸收微生物固定氮素的比例，大幅度减少全国的氮肥消费总量。

② 利用高效溶磷微生物肥料，增加土壤难溶磷素的有效性，减少土壤对磷肥的化学固定，促进作物对磷素的吸收，提高土壤磷素和磷肥的利用率。

③ 利用硅酸盐细菌（解钾菌）、溶钾真菌高效溶解土壤难溶钾矿物，增强其生物有效性，促进作物对钾素的吸收，减少土壤黏土矿物对钾肥的固定，提高土壤钾和钾肥的利用率。

（2）加强土壤培育与土壤荒漠化修复的生物肥料研究　充分利用微生物加速荒漠化土壤结构改善、肥力提高、生产力恢复，提高土壤的增产潜力。

（3）加强消除连作障碍、抑制土传病害，提高作物产量，促进土壤微生物多样性发育的生物肥料研究　尤其是大棚蔬菜、大蒜、向日葵、大豆、甜菜和棉花等作物需要的生物肥料。

（4）加强降解农药残留和多环芳烃广谱型的生物肥料研究　主要解决土壤农药残留、持久性有机物的微生物降解，快速、高效、彻底修复农药和多环芳烃污染土壤，恢复土壤的生产力。

（5）加强微生物肥料保活材料筛选和创新研究　保活材料具有提高菌株、菌群组合的高效稳定的作用效果，延长生物肥料产品的货架期，保持功能菌的旺盛生命力。通过进一步的努力，实现固体生物肥料货架期维持1～2年，液体菌剂活性保持1～3年的目标。

（6）加强灭菌技术与装备的研究与开发　载体灭菌是否彻底关系到生物肥料货架期、土壤存活能力以及应用效果。利用钴源（^{60}Co）γ-射线辐照灭菌是各国认同的最好的技术。目前，^{60}Co-辐照载体灭菌技术的小型化设备是目前急需的研发动向。

（7）研究开发修复退化农田，提高农田质量和生产力水平的生物肥料　加速改善退化农田的土壤结构、提高土壤肥力，确保土壤生产力稳定提高。生物肥料在低产地区大有用武之地。

五、自主创新情况

1. 防治连作障碍、土传病害的生物肥料

我国科研单位、部分企业非常重视防治连作障碍、土传病害的生物肥料产品的研究与生产。目前，在水稻、大棚蔬菜、大蒜和向日葵等作物上都有一些较好的产品应用。经过不断的研究和创新，有望解决我国一些作物的连

作障碍和土传病害严重发生的问题。

2. 增产节肥的生物肥料

高效溶磷、高效联合固氮的生物肥料逐渐成为一些企业的重点开发目标，不但节约化肥，而且提高作物产量。尤其在当前减肥增效的迫切形势下，这些生物肥料产品的生产与应用将极大地帮助实现化肥零增长的目标。

3. 无机复合肥料与微生物结合的生物肥料

氮磷钾肥料经过熔融造粒，冷却后将微生物菌粉黏结在肥料颗粒表面，形成无机-生物肥料，是我国个别企业努力发展的品种。重点在于使用合适的菌种，达到提高化肥利用率、减少化肥损失的目的。

（撰稿专家：范丙全）

转基因作物育种

一、概况

根据国际农业生物技术应用服务组织（ISAAA）的报告，2014 年全球转基因作物种植面积达到 1.815 亿公顷，比 1996 年增加了 107 倍。目前，全球 28 个国家种植转基因作物，应用转基因作物产生了巨大效益，包括减少化学农药 37%，提高作物产量 22%，增加农民收入 68%。从 1996～2013 年增加作物产量的价值为 1333 亿美元，2014 年全球仅转基因种子的价值就高达 157 亿美元。全球进入商业化生产的转基因作物仍然是以大豆、玉米、棉花和油菜为主。转基因玉米面积比例由 2000 年的 25%上升至 2013 年的 93%。另外，转基因玉米的类型更加多样化，由单一的 Bt 或 HT 转变为多基因多性状的叠加，将抗玉米螟和抗根虫结合起来使玉米地上部分和地下部分都得到了有效的保护，再加之抗除草剂基因的叠加使得转基因玉米品种在生产上更具竞争力。全球转基因大豆种植面积达 9000 万公顷，占大豆总种植面积的 82%，占全球转基因作物总种植面积的 50%。美国一直是最大的转基因作物种植国，2013 年种植面积 7010 万公顷，占全球转基因总种植面积的 40%。其主要的作物是耐除草剂、抗虫的大豆、玉米和棉花，此外还有耐除草剂油菜、耐除草剂甜菜、耐除草剂苜蓿和抗病毒的木瓜和南瓜等。马铃薯是世界第四大重要的主食，仅次于大米、小麦和玉米，2014 年美国批准了低丙烯酰胺含量马铃薯 Innate™的商业化种植。

2008 年我国启动实施“转基因生物新品种培育”科技重大专项以来，我国转基因植物研发进入快速发展阶段，转基因生物新品种研发技术体系得到进一步完善，形成了一批重大标志性成果，显著提升了我国自主基因、自主技术、自主品种的研发能力，在新品种培育的不同阶段已形成金字塔形的成果储备，具备了持续培育转基因生物新品种的技术能力。截止到 2014 年，中国研究人员发表的涉及转基因研究 SCI 论文数位居全球第三，授权的转基因专利仅次于美国而位居第二，无论是基础研究或者应用与开发研究，中国

转基因作物的研发能力和竞争力已经进入国际先进行列。

二、主要产品

1. 转基因大豆

全球批准商业化种植的转基因大豆共30种，包括抗除草剂、抗虫、高油酸等性状，其中，单一性状转基因大豆24种，复合性状转基因大豆6种。抗除草剂品种仍然是转基因大豆品种的主体，而投入商业化推广的也主要是抗草甘膦的转基因大豆。孟山都等公司推出了第二代抗除草剂转基因大豆新品种，不但对草甘膦的抗性明显增强，而且产量显著提高。此外，世界各大著名农药公司投入了大量人力、物力开发抗除草剂植物新品种，已经培育出抗多种类型除草剂的植物新品种。2014年美国批准了新的转基因产品Enlist™ Duo，可以耐草甘膦除草剂和2,4-D胆碱，是第二代抗除草剂（HT）产品的典范，具有双活性/杂草管理系统，用于处理抗除草剂的杂草。同一类型的产品还包括麦草畏/草甘膦大豆产品和SYHTOH2耐草铵膦、异恶唑草酮和硝磺草酮的大豆。

2. 转基因玉米

目前商业化种植的转基因玉米产品主要有抗虫玉米、抗除草剂玉米和抗旱玉米。抗虫基因研究方面主要有杀虫晶体蛋白（ICPs）的*Cry*类和*Cyt*类基因、编码营养期杀虫蛋白（Vip）的*vip*类基因等，迄今已有40余种转Bt基因玉米事件被批准商业生产。其中，*Cry*类基因的应用最为广泛。抗除草剂转基因玉米主要包括：抗草甘膦、草铵膦/草丁膦、2,4-D、稀禾定等，目前商业化种植的抗除草剂转基因玉米主要是抗草甘膦玉米，占世界总种植面积的30%以上。2011年12月，美国批准孟山都的转基因抗旱玉米MON87460商业化种植，在人工控制的干旱环境下，MON87460较非转基因对照每亩增产50kg左右，产量增加15%以上。2012年开始在美国西部干旱地区种植，到2014年耐旱转基因玉米MON87460的种植面积已经达到20万公顷（300万亩）以上。

3. 转基因水稻

拜耳作物科学公司研发的三个转*bar*基因抗除草剂水稻LLRICE06，LLRICE62和LLRICE601已在美国被批准商业化生产。其中LLRICE06和LLRICE62水稻于1999年被批准种植，2000年被批准用于食用和饲用。LLRICE601在2006年被批准种植，2008年批准可用于食用和饲用。三个

转基因抗除草剂水稻事件中，LLRICE62 还在南非、澳大利亚、加拿大、菲律宾等美国以外的 9 个国家获批用于食用和饲用。伊朗农业生物技术研究所研发的抗虫水稻 Tarom molaii＋Cry1Ab，于 2005 年在伊朗被批准商业化种植。日本国家农业生物科学研究所研发的口服免疫治疗的转基因水稻 7Crp ＃10，于 2007 年在日本被批准在合理隔离条件下进行有限种植。该转基因水稻表达了日本杉树花粉来源的 T-细胞抗原决定基融合蛋白 Cryj 1，可以治疗对日本杉树花粉过敏的人群。由先正达公司研发出 β-胡萝卜素含量更高的第二代黄金大米，2012～2013 年期间在菲律宾进行了多点的田间试验，将来可能在菲律宾、印度尼西亚以及孟加拉等最为需要的国家获得批准上市。

4. 转基因小麦

1987～2014 年，美国共计批准转基因植物田间试验 17 214 例，其中玉米 7835 例、大豆 2246 例、棉花 1110 例、小麦 488 例、水稻 295 例。由于小麦赤霉病在北美、欧洲危害严重，因而这些国家及一些跨国公司先后投入巨资，开展小麦赤霉病抗性品种培育研究。美国批准的转基因小麦田间试验中，涉及抗赤霉病的材料占 25％。最近，美国已经将来自中国地方小麦品种苏麦 3 号的抗赤霉病基因成功克隆，将会带动抗赤霉病转基因小麦研发取得重大突破。随着全球水资源短缺日益严重，以及气候变化引起的极端气候灾害频发，抗逆特别是抗旱转基因小麦研究成为许多国家和国际研究机构研究的重点。

三、市场分析

据预测，我国要保障 2020 年 14.5 亿人口的食物安全，粮食产量必须分别比现有生产水平提高 20％。作物新品种是农业生产的重要因素之一，新中国成立以来，我国实现了数次大规模的新品种更新换代，作物单产由 1949 年的 69kg 提高到目前的 330kg，品种对提高单产的贡献率达 43％以上。优良品种的选育与应用为保障我国粮食安全做出了历史性的贡献。然而，我国粮食安全在新时期依然面临非常严峻的挑战。例如，农产品刚性需求增长与资源短缺的刚性约束，重大病虫害、干旱、高温等灾害多发频发，农药、化肥过度使用引发的生态环境的问题等，单纯依靠常规技术和扩大生产规模已难以满足未来不断增长的农产品供给需求。

与此同时，随着国际转基因作物产业化的快速发展，将对我国农产品市

场造成越来越大的冲击。近年来，由于进口大豆的影响，我国大豆种植面积逐年萎缩，从2010年的920万公顷降至2014年的700万公顷，大豆产量从2010年的1696万吨降低至2014年的1280万吨。与此相对应的是，进口大豆数量从2010年的5480万吨增加至2014年的7140万吨（80%以上为转基因大豆）。国产大豆仅能满足国内市场需求量的17%。国际转基因大豆产业化实践表明，转基因大豆的种植可以在提高单产的同时显著降低生产成本，与传统大豆相比，转基因大豆品种平均可以减少30.7%的生产成本，同时提高18.7%的单产。同样，玉米产业也不容乐观，中国海关总署的数据显示，2010年中国进口玉米157.2万吨，2011年、2012年进口量为175万吨和520万吨。由于2012年我国实现粮食九连增，加上进口数量激增，2013年的玉米进口量出现回落，降至326.5万吨，2014年仅为262.9万吨，2015年又出现了回升，海关数据显示，2015年1～10月中国累计进口玉米458万吨。可以看出，尽管进口数量有较大浮动，但是总体的进口增加趋势短期内不会改变，在未来几年里，玉米仍将保持较大的进口需求。

转基因技术是一项新技术，可打破物种界限，实现了对基因进行定向改造和重组转移，对品种的抗性、品质、产量等性状进行协调改良，在缓解资源约束、保障食物安全、保护生态环境、拓展农业功能等方面已显示出巨大潜力。因此，加快具有自主知识产权的转基因产品研发及其应用，已成为保障国家粮食安全和增强国际竞争力的必然选择。

四、研发动向

转基因技术及其在农业上的应用经历了技术成熟期和产业发展期后，目前已进入以抢占技术制高点与培育现代农业生物产业新增长点为目标的战略机遇期。无论是发达国家还是发展中国家，均把以转基因为核心的生物技术作为增强产业核心竞争力和推动产业提质增效的战略举措。目前，全球转基因技术研发呈现如下态势。

一是研究领域不断拓展。研究种类由最初非食用的烟草、林木、花卉、棉花等拓展到间接食用的大豆、玉米，再到直接食用的水稻、小麦、蔬菜、水果等。目标性状从单一的抗虫、耐除草剂向抗旱、养分高效利用、营养品质改良等方向拓展。含有复合功能基因、提高作物抗逆性状以及改善营养、增进健康的新一代转基因作物的研发明显提速，成为竞争的新热点。美国新推出的转基因玉米，聚合了8种新型基因，能够兼抗地上地下6种害虫并耐

2 种除草剂。以药用和工业利用为代表的新型转基因生物研发加快，已渗透到食品添加剂、疫苗和工业生产等领域。

二是转基因技术更加准确高效。不断完善植物转化技术，突破了基因型限制和多基因聚合的技术难题，实现了标准化、规模化、工厂化操作，大大提高了转化效率。新一代基因转化技术实现了定点整合、无选择标记和外源基因删除，转化过程更为精准可靠。特别是基因组编辑技术在水稻、小麦等作物成功应用，使转基因技术应用进入一个新的历史阶段。

三是研发投入大幅度提升。巴西、阿根廷、印度等发展中国家对转基因作物研发投入成倍增加，势头强劲。世界前三强种业公司（孟山都、杜邦-先锋、先正达）年研发投入均超过 10 亿美元，占销售收入的 10%左右。

五、自主创新情况

1. 植物基因组编辑技术取得重大突破

我国植物基因组编辑技术研究水平居国际领先。2012 年在水稻和二穗短柄草中首次建立高通量高效 TALEN 植物基因定点敲除技术平台；2013 年建立植物 CRISPR/Cas 基因组定点编辑技术体系，在水稻、小麦和玉米上成功应用，并向国内外 100 余家实验单位释放了 CRISPR 相关载体。

2. 转基因大豆

我国抗草甘膦、抗旱、高含硫氨基酸、抗食叶性害虫、大豆疫霉根腐病、钾高效利用和氮高效利用转基因大豆新种质研发取得了重要进展，已经获得了目标性状突出的转化体，其中抗草甘膦、抗旱转化体已经完成环境释放。将转基因与常规育种技术相结合，通过回交转育新培育出一批转 *CP4 EPSPS* 抗草甘膦大豆新品系，这些新品系与转基因供体材料的抗性一致，对草甘膦的抗性均达到高抗水平，同时与国外转基因大豆相比，具有品质好、产量高的特性。通过多年多点联合鉴定结果，筛选出综合性状优异，产量水平超过国家区试对照水平的抗除草剂转基因大豆新品系，具有良好的产业化前景。

3. 转基因玉米

我国转基因玉米研发始于 20 世纪 80 年代末期，在玉米遗传转化技术体系建立和目标基因鉴定方面取得了大量创新性研究成果，推动了我国转基因玉米产品研发进程。近年来，我国在转基因玉米新品种研发方面取得了重大进展，植酸酶玉米获得转基因生物安全证书，具备产业化推广潜力；抗虫和

抗除草剂玉米完成生产性试验，并提交了转基因生物安全证书的申请，可以与国际同类产品抗衡，具备产业化条件；获得一大批优异抗旱、优质、营养高效、高产等性状的转基因玉米新品系，均处于安全评价阶段。知识产权分析表明，目前所获得的优良转化体和相应的目标基因均具有自主知识产权，为我国转基因玉米的产业化奠定了坚实基础。

4. 转基因水稻

我国转基因水稻研究整体水平达到国际先进水平，部分领域（抗虫、品质等）研究处于国际领先水平。抗虫水稻华恢 1 号和 Bt 汕优 63 获得农业部颁发的生产应用安全证书，并以华恢 1 号为供体培育出一大批优良抗虫不育系、恢复系和杂交组合。抗虫、抗除草剂水稻 T1C-19 和 T2A-1 已完成生产性试验，相应的食用饲用安全性和环境安全性检测也已经完成。表达重组人血清白蛋白的转基因水稻进入生产性试验，完成了年产 1t 的规模化生产线的研制，并投入使用。

5. 转基因小麦

利用基因组编辑技术首次在六倍体小麦中对 *MLO* 基因的三个拷贝同时进行了突变，获得了对白粉病具有广谱抗性的小麦材料，为培育小麦新品种提供了一个全新的思路和技术路线。利用 EβF 合成酶基因创制的转基因小麦，对蚜虫表现出明显的驱避效果，对蚜虫天敌异色瓢虫有显著的吸引作用，为创制新型抗蚜虫转基因小麦新种质奠定了基础。

（撰稿专家：马有志）

转基因动物育种

一、概况

2015年11月19日，美国食品药品监督管理局（FDA）宣布，由美国大方水产（AquaBounty）科技公司培育的转基因三文鱼安全无害，可供人类食用，批准其进入美国市场，这是全球第一例获准供人类食用的基因改造动物。早在1985年，我国科学院院士朱作言研究员就成功制备了世界首例转基因鱼，135日龄的转人生长激素（*hGH*）基因泥鳅体重是对照鱼的3～4.6倍，208日龄的转*hGH*基因银鲫体重较对照鱼提高78%。

动物转基因技术是指运用基因工程等实验技术手段，对动物基因组进行有目的的遗传修饰，并使修饰改造的基因稳定遗传给后代动物的一种生物技术。应用动物转基因技术可以改良家畜的生产性状（胴体组成、奶品质、产毛、繁殖力和生长速度），进行家畜抗病育种（抗病毒、抗菌和抗寄生虫），培育环保型家畜新品种。同常规遗传育种相比，转基因动物育种打破了自然繁殖中的种间隔离，使基因能在种系关系很远的个体间转移，在定向改变动物性状上具有无可比拟的优势。

自1982年Palmiter等人用原核显微注射的方法制备了转基因“超级鼠”以来，经过三十多年时间，转基因技术已经更加完善和多样化，并且在动物育种方面取得了巨大的成功。

1. 提高生长速度及产肉量

提高动物的生长速度及产肉量，一直是畜禽育种专家长期的目标。被称为“美臀基因”的抑制素（Myostatin，*MSTN*）基因是一个肌肉生长抑制因子。1997年，McPherron等通过基因敲除技术得到了*MSTN*基因突变纯合体小鼠，这种敲除小鼠个体显著增大，肌肉量明显升高，单个骨骼肌的重量比野生型小鼠重2～3倍，预示着*MSTN*可调节动物的肌肉量和脂肪量。

生长激素（Growth Hormone，GH）是由脑垂体前叶分泌的一种多肽激素，对动物的生长发育具有重要的调控作用。Hammer和Pursel分别于

1985 年和 1989 年将人和牛的生长激素基因转入猪基因组中，制备的转基因猪的饲料利用率和生长速度显著提高。Zhang 等通过将虹鳟鱼的生长素基因转入鲤鱼的受精卵内，与非转基因鲤鱼相比，转基因鲤鱼的平均个体重提高达到 22%。1990 年，国内得到第 1 批转生长激素基因的转基因猪，随后建立种群并传递 5 个世代，其生长速度平均提高 15%，饲料转化率提高 10%。

IGF（Insulin-like Growth Factors），中文翻译为“胰岛素样生长因子”或“类胰岛素生长因子”，因其结构与胰岛素类似而得名；也被称为“生长激素介质”，是生长激素产生生理作用过程中必需的一种活性蛋白多肽物质。现在已知的包括 IGF1 和 IGF2 两种。IGF1 在体内持续进行合成代谢作用上具有重要意义，是一类促进细胞生长、具有胰岛素样代谢效应的因子，对机体生长发育起着重要调节作用。

2009 年，Shavlakadze 等制备了转 *IGF1* 基因小鼠，结果显示过表达 *IGF1* 基因小鼠肌肉量较野生型增加了 24%～56%。同年，Guo 等通过核移植方法制备了转 *IGF1* 基因山羊。2014 年，Li 等制备了转 *IGF1* 基因斑马鱼，*IGF1* 基因在骨骼肌中上调表达了 5 倍，进一步研究结果显示骨骼肌中持续过表达 *IGF1* 基因能够促进肌纤维增生，从而促进骨骼肌生长。2015 年，Christoffolete 等制备了过表达 *IGF1* 基因的小鼠，该转基因小鼠在 6 个月时体重较野生型小鼠显著增加。

2. *改善肉质*

利用转基因技术可以改善畜产品的肉质组成，提高畜禽肉质营养价值。2004 年，日本科学家 Saeki 等将菠菜的 Δ-12 去饱和酶基因转入猪体内，得到的转基因猪体内含有的不饱和脂肪酸要比普通猪高约 20%。2006 年，赖良学等将线虫的 *fat-1* 基因转移到猪细胞中，最终成功获得了转 *fat-1* 基因。这种转基因猪组织中有较高含量的 ω-3 以及较低含量的 ω-6 不饱和脂肪酸，而脂肪酸总量和正常猪体内的含量相同，因此其可作为一种替代肉源，大大提升了猪肉的营养价值，也可作为研究心血管疾病以及自体免疫疾病的理想模型。2008 年中国农业科学院北京畜牧兽医研究所也获得了转 *sfat1* 基因猪，并已获准开展环境释放。

3. *改善奶质*

牛奶中含有丰富的矿物质，如钙、磷、铁、锌、铜、锰、钼等，是最常见的乳产品，也是很多婴幼儿的替代和补充营养来源。但由于牛乳中的β-乳球蛋白（BLG）等成分和人乳不同，造成部分人对牛奶过敏。通过转基因或

基因敲除技术，降低牛奶中的 BLG 含量，可以改善牛奶的品质，提高牛奶的使用价值。2011 年，Yu 等采用基因组编辑技术对牛的 *BLG* 基因进行了双等位基因编辑，并培育出了转基因牛。2012 年，Jabed 等通过 RNAi 技术，干扰牛基因组中 *BLG* 基因的表达，并制备了转基因牛。通过检测发现，转基因牛的牛奶中几乎没有 BLG 表达，而酪蛋白的含量显著的增加。2003 年，Brophy 等培育了转有 β-酪蛋白和 κ-酪蛋白基因的转基因牛，转基因牛奶中两种酪蛋白的含量分别提高了 20%和 100%。

4. 环境友好

为了保证猪的营养供应，在饲料中一般会添加矿物磷，这会导致猪的粪便中没有被吸收利用的磷元素的含量偏高。猪粪便在耕地的流失是造成水体富营养化的重要因素之一，为了解决这一问题，2001 年加拿大圭尔夫大学的研究人员采用显微注射法培育出携带大肠杆菌的肌醇六磷酸酶（植酸酶）基因的“环保猪”（Enviropig），极大地降低了猪排泄物对环境的污染。2010 年，中国农业科学院北京畜牧兽医研究所也构建了植酸酶 *appA2* 基因联合人 *MxA* 基因真核表达载体，并制备了转基因猪，针对转基因猪和正常猪粪便内总磷和无机磷的量进行测定，结果表明 AMP 转基因猪体内植酸酶 *appA* 基因具有良好的生物学活性。

5. 提高毛产量和品质

毛的产量和品质是羊、兔等产毛动物的一个重要的经济性状，通过转基因技术可以对产毛动物进行品种改良，从而培育出毛的产量和品质显著提高的新品种。

1991 年，Nancarrow 等把来自于优质羊毛的一种 A2 蛋白的主要成分（半胱氨酸）基因导入绵羊原核期胚胎，得到转基因羊的产毛率明显提高。1996 年，新西兰科学家 Damak 等培育出的转有 *IGF1* 基因的转基因绵羊，其转基因子代净毛平均产量比其半同胞非转基因羊高 6.2%。1998 年，Bawden 等将毛角蛋白Ⅱ型中间细丝基因导入绵羊基因组并使其在皮质中特异表达，结果转基因羊毛光泽亮丽，羊毛中羊毛脂的含量得到明显提高。2005 年，Amdas 等将生长激素基因转入绵羊基因组中，发现转基因羊的生长速度和羊毛质量均较对照组显著提高。

6. 提高抗病力

动物疫病的发生一直是畜牧业无法彻底解决的难题，严重影响着畜牧生产和经济效益，而且降低了产业投入的积极性。

1988 年，Brem 等把小鼠抗流感基因 *MX* 通过显微注射方法转入到猪

中，增强了猪对流感病毒的抵抗力。1992年，Müller等把编码小鼠黏病毒抗性蛋白Mx1的cDNA整合到猪染色体中，得到了抗流感病毒的转基因猪。1995年，魏庆信等将抗猪瘟病毒核酶基因注入猪的受精卵，获得对猪瘟病毒表现出一定抗性的转基因猪。2005年，Donovan等获得溶葡球菌酶的转基因牛，该转基因牛被葡萄球菌的感染率由71%降低到了14%，有效抵抗乳房炎的发生。2006年，Golding等制备了RNAi技术介导的抗PrP转基因山羊，检测发现转基因动物体内*PRNP*基因的表达得到了很好的抑制。2007年，Richt等利用基因打靶技术成功制备了阮病毒蛋白*PRNP*基因双敲牛，得到的转基因牛的体内检测不到朊蛋白，且在体外试验表明其能够很好地抵抗疯牛病的传染。

二、主要产品

目前，农用转基因动物培育，主要集中在我国。随着新型基因组编辑技术如锌指核酸酶（ZFN）、类转录激活因子效应物核酸酶（TALEN）和成簇规律间隔短回文重复/Cas9（CRISPR/Cas9）三种基因组编辑技术的快速发展，国内转基因动物育种取得了长足发展。

在转基因猪方面：中国农业科学院北京畜牧兽医研究所利用ZFN技术成功制备并培育出具有“双肌”表型的*MSTN*双等位基因编辑梅山猪新种群。该猪健康状况良好，目前已繁育到第三代。经屠宰试验测定，与*MSTN*＋/＋野生梅山猪相比，*MSTN*－/－梅山猪瘦肉率提高11.62%，*MSTN*－/＋梅山猪瘦肉提高3.54%，目前该*MSTN*基因编辑猪已经完成了中间试验阶段的转基因生物安全评价。同时，该团队改造了Tet-on调控表达系统，实现外源*GH*基因表达的安全、可控，并制备了可控表达转*GH*基因猪。目标性状鉴定结果表明，转基因诱导组猪的屠宰率、屠体长、眼肌面积和瘦肉率均较对照组有了显著提高。可控表达转*GH*基因猪的制备和检测方法已申请国际发明专利1项，授权国内发明专利2项。该团队在多基因复合性状改良转基因猪的研发方面也取得了突破，制备了转植酸酶基因（*appA*）和黏病毒抗性基因A（*MxA*）双基因猪，该转基因猪已获准开展中间试验，并获得国内、国际专利各1项。此外，该团队在2008年获得了肌肉中富含ω-3不饱和脂肪酸的转*sfat1*基因猪，对改善人类的饮食健康具有重要的意义，现已完成了环境释放阶段的转基因生物安全评价。

2015 年，Nature 杂志网站报道，韩国首尔大学和中国延边大学的研究小组共同利用 TALEN 技术培育出了体格大又几乎没有脂肪的 *MSTN* 基因编辑“超级猪”。

2014 年，深圳华大基因研究院利用 TALEN 和手工克隆技术高效获得 10 头生长激素受体（*GHR*）基因敲除巴马猪，其中 7 头为双等位基因敲除。体重检测结果显示，第 20 周龄的 GHR-KO 巴马猪体重仅为对照巴马猪的 50%。GHR-KO 巴马猪的成功制备为研究猪 *GHR* 基因生理功能以及人类侏儒症分子机理提供了重要模型。

在转基因牛方面：2011 年，中国农业大学获得了 ZFN 技术介导的 *BLG* 基因敲除牛，消除了牛奶中的过敏原——BLG。

西北农林科技大学于 2013 年和 2014 年，采用 ZFN 介导的基因打靶技术，将人溶菌酶基因、溶葡萄球菌酶插入牛体细胞的 β-酪蛋白基因座，分别制备了溶葡萄球菌素转基因克隆牛和人溶菌酶转基因克隆牛。乳头管内注射细菌液后检测证明转溶葡萄球菌素转基因克隆牛可有效抵抗金黄色葡萄球菌的感染，人溶菌酶转基因克隆牛乳腺可有效抵抗葡萄球菌、链球菌和大肠杆菌的感染，这两种转基因牛均已进入中间试验阶段。此外，该团队还采用 TALEN 介导的基因打靶技术，将巨噬细胞清道夫受体 1（MSR1）启动子和 *Ipr1* 基因定点插入到牛成纤维细胞的肺表面活性蛋白 A（SFTPA1）与蛋氨酸腺苷转移酶 Iα（MAT1A）之间，将中靶细胞作为核供体进行体细胞克隆，研制出 *Ipr1*（SP110）基因打靶抗结核克隆牛。经检测，其血液单核细胞对结核分枝杆菌均有显著抗性，抗病力提高 50%以上，可作为抗结核病新品种牛培育的育种材料。

在转基因羊方面：2014 年，中国农业大学动物科技学院和生物学院合作，利用 CRISPR/Cas9 以及靶向 RNA 直接显微注射受精卵，成功获得了肌肉生长抑制素基因（*MSTN*）敲除的绵羊。2015 年，西北农林科技大学、榆林学院、南京大学与上海科技大学合作，将靶定两个功能基因（*MSTN* 和 *FGF5*）的 Cas9 mRNA 和 sgRNAs，共注射到单细胞阶段的胚胎中，成功地产生了一个或两个基因被修饰的转基因山羊，在 98 只试验动物中，*MSTN* 和 *FGF5* 的修饰效率为分别为 15%和 21%，双基因修饰的效率为 10%，成功获得 *MSTN* 基因编辑山羊。

此外，2015 年中国科学院广州生物医药与健康研究院和南京大学-南京生物医药研究院、广州医药研究总院等合作，利用 CRISPR/Cas9 技术成功培育两只 *MSTN* 基因敲除狗，在世界上首次建立了狗的基因打靶技术体

系。所获得的基因敲除狗的肌肉在4个月龄时就显得比普通狗更为发达，成年以后将具有更强的运动能力。

三、市场分析

优良畜禽品种是畜牧业增产增效和长期可持续发展的重要因素。传统的动物育种方法受到种源的限制，其过程需要耗费大量的人力、物力和财力，经历漫长的培育过程。而且不同种间的杂交很困难，育种成果很难取得突破性进展。现代动物分子育种中，分子标记技术能够定位与经济性状相关的分子标记，锁定基因与性状的对应关系，从而快捷可靠地对动物后代进行筛选。但是，利用分子标记技术辅助筛选，改良的程度依然受限于品种自身已有的基因，而利用转基因技术进行品种改良，可以突破种源的限制及种间杂交的瓶颈，创造新性状或新品种，因此转基因育种更为本质和直接。

目前，转基因动物的制备存在着效率低、费用高等问题，同时，大多数人还对转基因技术抱有抵触心理，认为转基因动物具有潜在的危险，这在一定程度上限制了转基因动物育种产业的发展，增加了已有转基因育种新材料的推广难度。但是，随着科研人员的不懈努力及新技术的不断应用，如基因组编辑技术等，转基因动物制备将越来越安全高效，成本将大大降低。同时，转基因动物安全评价管理越来越系统化和规范化。相信在不远的将来，将会有越来越多的转基因动物，如三文鱼一样，推向市场，摆上餐桌。

四、研发动向

近年来发展起来的ZFN、TALEN及CRISPR/Cas9三种基因组编辑技术，可在基因组水平上实现对基因的定点敲除、插入、置换等精确修饰，已成为目前转基因动物制备的一种主导技术。相对于传统转基因技术，基因组编辑技术更为安全、高效，可实现基因组的无痕编辑（无药物筛选标记基因残留，无载体骨架残留）。转基因动物的研发方向主要集中于以下几个方面。

（1）精细编辑（定向精确突变）：实现对基因组的靶向特异性突变。

（2）仿自然编辑：①仿同种家畜，实现有利突变快速精确地由一个品种

（系）导入另一个品种（系）；②仿异种家畜，将有利突变由一个物种导入另一个物种；③替换，对家畜基因组中的某些特定基因进行置换。

（3）定点整合：如将外源基因定点插入 *H11*、*Rosa26* 友好基因座等。

（4）多基因多位点联合编辑：制备具有复合优良性状的转基因猪育种新材料。

五、自主创新情况

1. *动物基因组定点整合技术*

西北农林科技大学利用 ΦC31 整合酶系统，制备了定点整合于假性 attP 位点的不同启动子驱动的人 β-防御素 3 基因抗乳腺炎牛、抗结核牛（Yu, et al. 2013；Yu, et al. 2014）；利用 ZFN 技术制备定点整合于 β-酪蛋白基因座的转溶葡萄球菌素基因牛（Liu, et al. 2013）和转人溶菌酶基因牛（Liu, et al. 2014）；利用 TALEN 技术制备定点整合于肺表面活性蛋白 A（SFTPA1）与蛋氨酸腺苷转移酶 Iα（MAT1A）之间位点的转 *Ipr1*（SP110）基因抗结核病克隆牛（Wu, et al. 2015）。

2015 年，中国农业科学院北京畜牧兽医研究所开发了猪“*H11*”友好基因座。利用 CRISPR/Cas9 系统能在 pH11 位点进行高效的基因插入，有药物筛选的情况下效率可达 54%，无药物筛选的情况下效率可达 6%。插入 pH11 位点的基因能够在细胞、胚胎和动物体内高水平表达（Ruan, et al. 2015）。2013 年，该团队针对猪的 Rosa26 位点设计了 ZFN 质粒对，制备了定点整合于 Rosa26 位点的转 *sfat1* 基因猪（资料未发表）。

2. *MSTN 基因座调控表达技术*

湖北省农业科学院畜牧兽医研究所构建了 *MSTN* 基因座表达载体，外源基因的表达受到猪内源 *MSTN* 基因座表达的调控。并制备了转 *IGF1* 基因猪，该猪不带筛选标记，更加安全可控。

3. *ZFN 技术介导的基因大片段敲除技术*

中国农业大学采用 ZFN 技术介导的基因大片段敲除技术对奶牛 β-乳球蛋白基因进行进一步的大片段敲除，并制备了基因敲除牛，牛奶中的乳球蛋白被完全去除。是国际上首次将这一大片段基因敲除技术应用于大动物并获得基因大片段缺失个体的成功案例。

4. Marker-free 技术

中国农业大学利用 Marker-free 技术体系，制备新一代的不含标记基因的重组人乳清白蛋白转基因奶牛和重组人乳铁蛋白转基因奶牛，标志着转基因动物向生物安全性及产业化发展方向上又迈出了坚实的一步。

（撰稿专家：李奎）

转基因棉花

一、概况

棉花是最早实现转基因商业化种植的作物之一。从1996年美国、澳大利亚、墨西哥3国率先商业化种植转基因棉花以来，目前全球种植转基因棉花的国家已经达到15个。2014年全球转基因棉花种植面积为2510万公顷，产棉2534.8万吨。至2015年全球转基因棉花的种植面积已达到棉花种植总面积的79%。转基因棉花在全球已成为普及之势。

1990年，美国批准了孟山都公司的第一例转基因抗虫棉的田间试验。1994年，美国又批准了第一例耐除草剂转基因棉花BXN的商业化种植。1997年美国孟山都公司推出抗除草剂与抗虫双重抗性的棉花品种，前期转基因棉花的种植特性以抗除草剂和抗虫性为主，这一类被称为第一代转基因作物。由于害虫抗性的产生，目前，抗虫性更好和多抗性第二代转基因抗虫棉花取代了第一代抗虫棉品种。主要有孟山都公司的Bollgard® Ⅱ棉花，同时含有*cry1Ac*和*cry2Ab2*两种Bt基因；先正达公司的VipCot™棉花，同时含有*vip3A*和*FLcry1Ab*两种Bt基因；孟山都公司又已在市场上推出兼具抗农达（Roundup Ready® Cotton）与Bt抗虫基因的棉花新品种。据报道，美国转8个基因的棉花品种也将推向市场。此外，国内外研究者还筛选到抗棉铃虫、抗蚜虫、抗盲椿象、抗黄萎病、抗除草剂的新基因，并通过转基因技术获得了相关棉花转基因材料，有望在抗棉铃虫的基础上进一步提高棉花的复合抗虫性。

2007年12月，中国农业科学院棉花研究所牵头，联合国内外优势科研单位，率先在国际上启动了棉花基因组计划。2012年8月，完成二倍体雷蒙德氏棉（D基因组）全基因组图谱绘制，相应成果发表在国际顶尖杂志《自然-遗传学（Nature Genetics）》，标志着我国棉花基因组学研究取得了国际领先地位。2014年4月，又完成二倍体亚洲棉（A基因组）全基因组测序及图谱绘制，文章发表在国际顶尖杂志《自然-遗传学（Nature Genet-

ics）》。在上述工作的基础上，中国农业科学院棉花研究所再接再厉，2015年4月，又完成了四倍体棉花——陆地棉（AD组）基因组的测序、组装及分析工作，相关研究成果在《自然-生物技术（Nature Biotechnology）》上发表。这是棉花所主导的棉花基因组测序研究团队继两个二倍体棉花基因组图谱绘制完成之后，在基因组学研究领域取得的又一项突破性成果。与此同时，由南京农业大学牵头也完成了陆地棉基因组的测序，相应的研究成果发表于《自然-生物技术（Nature Biotechnology）》。2015年9月，由溢达集团和中国科学院上海生命科学院牵头的海岛棉基因组测序也正式完成，相关成果发表在《Scientific Reports》。中国科学家在基因组学的研究成果将给中国乃至全球棉种科研带来全新的革命，将对棉花重要农艺性状分子机制的解析、基因资源挖掘与利用、异源多倍体形成及演化等多个研究领域提供支持，加快棉花新品种的选育，将极大地提高棉花育种的效率和精度，同时也将为改良其他棉种带来新的机遇。

随着棉花基因组测序的完成，棉花重要性状功能基因发掘速度将加速进行，同时随着高通量的各种组学测序技术不断完善，新型转基因技术也不断涌现，高效、安全、规模化转基因技术日臻成熟，这将进一步加速转基因技术集成创新和转基因棉花新品种培育及产业化步伐。

二、主要产品

2015年我国通过国家审定转基因棉花品种11个，各主产棉省份共审定转基因棉花新品种36个，总共审定转基因棉花品种47个。2015年全国主栽转基因品种10个，长江流域4个，黄河流域6个。

适合黄河流域棉区种植抗虫转基因常规棉有21个：分别是GK102、邯6203、冀丰914、冀中棉608、邯258、冀2658、邯218、欣试17、冀178、LM-1、冀863、德0720、汴棉584、开棉39、郑农棉18、宛268、创1010、创棉45号、锦科707、中创88、西农棉1008；抗虫转基因杂交棉有11个，分别是SGKZ73、硕杂棉2号、衡优12、YM111、农大棉10号、冀丰杂8号、山农棉13号、宛杂218、鲁8H29、华惠116、中棉所96。适合长江流域棉区种植的品种有13个，其中抗虫转基因常规棉有5个，分别是宁棉2号、晶华棉116、华惠15、冈早棉0379、GK39；转抗虫基因杂交棉有8个，分别是慈杂11号、W09-1、赣棉杂0906、鄂杂棉33、创084、鄂杂棉30、荃银棉8号、XG39K5。2015年没有审定适合西北内陆棉区的

转基因棉花。

在国家重大转基因专项支持下，中 751213 是早熟转基因抗虫棉育种的重要突破，其生育期只有 99 天，比原来 110 天的极早熟棉缩短 11 天，而且丰产性突出，区试时霜前籽棉和霜前皮棉亩产分别为 181.1kg 和 66.8kg，分别比对照中棉所 42 增产 18.3%和 16.3%，衣分 44.7%，提高了 8.7%。实现了早熟与高产的统一，有效缓解麦棉争地矛盾。

三、市场分析

2014 年全球转基因种子的估值高达 175.8 亿美元，2020 年全球转基因种子市场价值将达 352 亿美元。2014 年，美洲种植了全球 87%的转基因作物，亚洲 7%，非洲 2%。2014 年我国种植了 390 万公顷的转基因棉花和木瓜，710 万的农民种植转基因作物，每亩增收节支 150 元左右，减少化学农药用量 2000 万～3000 万千克，产值达到 16 亿美元。我国转基因棉花种植面积已占棉花种植总面积的 93%以上，已经给我们带来了丰厚的经济效益和社会效益。《2020 年全球转基因种子市场趋势及预测》显示，2014 年耐除草剂转基因种子占市场的最大份额，其后为抗杀虫剂转基因种子。而目前我国使用的转基因棉花均为转基因抗虫棉花，在我国土地流转的大背景下，农业走向轻简化、自动化、集约化、精准化是必然趋势。而我国目前种植的转基因抗虫棉花种植率已经高达 93%，2014 年每亩总成本为 2104.82 元，比 2013 年的 1782.15 元增加 322.67 元，增幅 18.11%。为了保障我国居民纺织品原棉基本需求，应保持 650 万吨的基础产能，按当前 1425kg/hm^2 的单产水平测算，需种植棉面积 456.7 万公顷（6850 万亩）。有效保障产能，应坚持“三足鼎立”或西北和内地并举，或“一体两翼”的优化均衡布局原则，重点加强“西北棉仓”和内地“区域棉库”建设，集中建设南疆棉花带、北疆棉花带、华北黑龙港漏斗区棉花带、黄河三角洲盐碱地棉花带、长江中游沿江沿湖平原棉花带、丘陵旱地棉花带和滩涂棉花带，以及培育阿拉善盟新兴棉区。

考虑到随着人民生活水平的不断提高，农村人民生活水平的全面改善，农村纺织品消费量将会出现一个质的飞跃，再加上由于经济收入的增加和富裕程度的提高，人们对天然纤维产品的偏好增加，更加趋向回归自然，返璞归真，特别是内衣、衬衣、被单、毛巾等制品，更是要求 100%的纯棉，即棉花作为一种收入弹性较高的产品，随着社会经济的发展和人民生活水平的

提高，对原棉的消费需求将进一步增加。而我国是棉花总产最多的国家，同时也是棉花纤维消费量最大的国家，但我国原棉纤维品质较差、比强度低、优质原棉不足，不能满足纺织工业对原棉品质的要求，同时国际进口棉价格较低，整体质量优良，明显优于国产棉。

在解决我国棉花目前的国产棉生产成本高、价格高、棉农收益低、棉纤维品质差等问题方面，最有效的途径就是培育高产、优质、多抗、适应不同需求的多基因叠加复合性状棉花品种。传统的育种方式选育突破性棉花新品种较难，在生物安全立法的指导下，利用现代生物技术培育适应轻简化、自动化、精准化优质棉花品种不仅具有广阔的市场前景，同时对于打破我国现有棉花产业困局，保障我国棉花安全，具有重要的战略意义。

四、研发动向

Bt抗虫基因、抗除草剂基因的成功应用已经表明“一个基因可以带动一个产业”，也充分显示出基因资源的巨大潜在效益和作为技术制高点的战略意义。随着棉花二倍体、陆地棉、海岛棉基因组测序工作的完成，棉花各类型功能基因的研究将进入井喷期，基因资源的争夺也将更加白热化。如何挖掘更多的具有育种价值的功能基因，并获得尽可能多的“基因专利”也将成为我国继续深入开展转基因棉花研究的基础，从而避免出现受制于国外企业“基因专利”的局面。以下几个方面是今后的研发重点。

1. 棉花重要复杂性状形成的分子基础和关键基因的挖掘

结合产量、品质、抗病虫、抗逆、株型等育种性状多年多点表型精准鉴定，对特异种质和育种核心种质进行全基因组水平基因型鉴定，建立表型和基因型数据库。结合表观组、蛋白组、代谢组、转录组等各类组学，开展基于棉花全基因组变异的重要农业性状全基因组关联分析，解析产量、品质等复杂性状的遗传基础，阐明复杂性状形成的分子机制和调控网络。发掘有育种利用价值的重要性状优异等位基因，加速挖掘验证功能基因，创制优异遗传育种材料。

2. 适应生产需求的新型功能基因的挖掘和应用

单一基因的转基因棉花可能使害虫和杂草产生抗性，不仅使棉花产量下降，使用农药等农化产品的数量也大幅度上升。因此，新型抗虫基因或多个抗虫基因的转基因棉花处于加速研发状态。吸式害虫（草盲蝽和盲

蜷）和抗黄萎病也逐步成为转基因棉花研究的方向。目前对非生物胁迫（如干旱的抗性）产品正处于研发阶段；对选择性非生物胁迫（盐度、高温、低温以及浸水）具有更大耐受性的改良产品和更有效的改良型营养成分处于不同的研发阶段。高油、低酚、彩色等转基因特色专用棉也是重要的研发方向之一。

3．高效、精准、安全、规模化转基因技术开发和应用

随着越来越多的具有育种价值的功能基因被挖掘，配套的更加高效、安全、定点的规模化转基因技术成为转基因研究的大趋势。因此，一方面需要以现有技术为基础，突破基因型限制，提高转化效率，并实现多基因转化，使多个性状同时得到改良；另一方面最新的基因组编辑技术，包括ZFN、TALEN、CRISPR/Cas9 等，特别是 CRISPR/Cas9 为基因工程带来了史无前例的便利和精准，这些技术已经在棉花上进行改造和实验，会很快应用到棉花转基因研究中。此外，随着安全意识的不断提高，无选择标记和外源基因删除等安全转基因技术也将是以后转基因棉花研究的重要方向。

4．多基因叠加的复合性棉花品种选育

转基因抗虫棉已取得巨大成功，但在种植单一 Bt 基因棉花的国家，一旦抗性失效，将面临巨大的风险和危险。目前，国际种子公司已经转向两个基因和多个基因产品，但也只是局限于抗虫基因和抗除草剂基因。未来战略迫切需要选育具有高产、优质、抗虫、抗除草剂和耐旱、耐盐碱等农艺输入性状基因，以及低酚、高油、彩色纤维等改善品质的输出性状基因的各种类型转基因棉花新品种。随着具有育种价值功能基因的不断挖掘、高效精准的转基因技术的不断提高和高通量、低成本、高效率的分子设计聚合育种技术的不断成熟，培育各种类型的多基因复合性状转基因棉花成为可能。

5．加强转基因生物安全保障能力

目前我国的转基因安全评价主要是针对 Bt 基因开展的，迫切需要研究与新基因、多基因复合性状等转基因生物产品相适应的生物安全评价、检测、监测和控制新技术、新方法。而且，在食用和饲用安全性评估方面，将更加重视利用基因组、蛋白组、代谢组学等手段评价转基因生物可能的非预期效应和毒性等。在环境安全性方面，应更加重视多基因多性状转基因品种大规模商业化生态风险的评估和监测，积极研究长期效应的预测模型。在转基因产品检测和标识方面，不断发展新的精准和高通量检测技术，加强对复

合性状、非法商业化转基因生物的检测和监控。必须要建立一套符合转基因棉花发展要求的高效安全评价体系，有利于提高我国转基因生物安全监测能力和水平、保护人类健康和生态环境安全，为转基因棉花的安全管理提供技术支撑，维护棉花产业安全。

五、自主创新情况

1. 株型改良转基因棉花

PAG1 基因：由于 BR 在植物中不能进行长距离运输，中国农业科学院棉花研究所研究团队通过特异启动子驱动有自主知识产权的 *PAG1* 进行组织特异性表达，能够对转基因植物的特定组织进行改良，而不影响其他部位的生长发育。通过调控 *PAG1* 基因的表达量能够得到株高不同程度改变的转基因棉花植株。利用该矮化基因从遗传上调控棉花株高，选育出株高适当、株型理想的品种，有利于充分利用光热资源和棉花开花成铃的时空优势提高棉花经济系数。该基因已申请国际专利，已进入国家阶段了。相关研究发表在 New Phytologist。

2. 抗逆转基因棉花

耐盐碱基因 *GaJA1* 和 *GaJA6*：中国农业科学院棉花研究所对 T3 代转基因棉花在安阳大田、山东东营（3.12‰）和江苏盐城（2‰）进行多点试验，结果表明不管在 2‰的盐碱地还是 3‰的盐碱地上转基因棉花的出苗率、整体长势、结铃性都要比对照中 24 好得多，这表明在盐碱胁迫条件下转基因植株能更好地生长而且也有可能不影响棉花产量，这为将来大片盐碱地的开发利用打下基础。

耐盐碱基因 *SNAC1*：*SNAC1* 属于胁迫应答相关的转录因子 NAC 家族，华中农业大学从水稻中克隆得到 *SNAC1*，通过农杆菌介导法转入棉花栽培种 YZ1 中，在含 250mmol/L NaCl 的水培条件下，转基因棉花长势，特别是根部发育要优于野生型，在干旱和盐胁迫下转基因棉花幼苗的脯氨酸含量提高，但是 MDA 含量降低。此外，在温室中转基因棉花的耐旱耐盐性，尤其是结铃数显著高于野生型，在干旱和盐胁迫条件下，转基因材料的开花期光合速率和野生型一致，但是蒸腾速率较野生型降低。这些结果表明，过表达 *SNAC1* 通过调控根的发育和蒸腾速率可以提高植株的耐旱耐盐性。相关研究发表在 Journal of Experimental Botany 期刊上。

抗旱基因 *AtHUB*：*AtHUB* 基因抗逆棉花材料与对照相比，干旱胁迫

下转化系 09YA11-4、09YA11-6 棉花材料生物量显著增加，单株成铃数及亩产显著提高；其中转化系 09YA11-6 脱落率显著降低。转 *AtHUB* 基因抗逆棉花材料，具有较高的生产应用潜力。

另外在国家重大转基因专项支持下，将具有自主知识产权的耐旱耐盐碱关键基因 *EDT1*、*GhABF2*、*TsVP* 等导入棉花，创制出耐旱耐盐碱转基因棉花新品系 15 个，其中 5 个转基因新品系已完成中间试验，正申请进入环境释放，10 个转基因新品系获准进入中间试验。转 *EDT1* 基因的棉花在控水 50%的条件下，产量仍保有正常灌溉条件下的 85%，表现出很强的抗旱性。转 *GhABF2* 基因和 *TsVP* 基因棉花新品系在土壤盐碱度 0.40%～0.45%的条件下，出苗率分别高达 65%和 59%，而对应的受体棉花品种出苗率只有 32%和 38%，且单株结铃比受体增加 2～4 个，最终两者产量分别比其受体对照增加 45%和 35%，比耐盐碱棉花品种增产 8%～10%，具有较大的盐碱地生产应用潜力。

3. 优质转基因棉花

iaaM 基因：利用种皮特异启动子 FBP7 控制 *iaaM* 基因表达而创制的高产优质转基因棉花新品系目前已进入安全性评价的环境释放阶段，该材料通过促使更多的胚珠外表皮细胞发育成纤维，显著提高衣分值，增加棉花产量。转 FBP7：*iaaM* 基因品系 IF1-1 衣分高达 49%，比受体对照提高 20%以上，皮棉产量提高 25%～34%，同时，纤维品质也得到改善，主要表现为纤维变细，马克隆值稳定在 4.5。转基因材料于 2012 年和 2013 年发放到全国 30 多个育种单位，已经被广泛用于优质高产转基因棉花新品系选育。转 *iaaM* 基因棉花种质的创制和应用，使我国利用转基因技术改善棉纤维品质的研究达到国际先进水平，并为其产业应用奠定了基础。

KCS 基因：北京大学研究表明，赤霉素诱导下的 3-酮酯酰-辅酶 A 合酶（KCS）基因的表达在超长链脂肪酸-乙烯通路的上游调控纤维伸长（Xiao, et al. JIPB 2015）。中国农业科学院棉花研究所进行了 KCS 家族基因的验证，发现 T5 代的转基因棉花 35s-kcs6 和 E6-KCS6 的纤维长度和强度显著大于对照中 24。其中 E6-KCS6 的一个转化株系已经测定了 T-DNA 的插入序列，正在申请国际和国内专利。为我国棉花优质育种提供了优异的纤维新材料。

GhMYBL1 基因：华中师范大学研究发现 R2R3-MYB 转录因子 *GhMYBL1* 在拟南芥中过量表达导致转基因拟南芥成熟茎木质部中维管束间纤维细胞、导管细胞和木质化纤维细胞的细胞壁变厚，可能参与调控棉纤维细胞次生壁发育，该基因及其纤维特异性启动子对于改良棉纤维品质可能具有重要应用价

值。“一个棉纤维特异性*MYBL1*基因（专利申请号CN201410377413.1）”申请了国内发明专利。相关文章发表在Physiologia Plantarum（2015），是我国棉花优质纤维新材料创制方面取得的重要进展之一。

*GbEXPATR*基因：华中农业大学将拥有自主知识产权的海岛棉基因*GbEXPATR*利用农杆菌介导的遗传转化方法转化陆地棉，能够有效促进转基因后代纤维的伸长，使马克隆值降低，促进断裂比强度的升高，使纤维从C2级上升到B2级。相关文章发表在Plant Biotechnology Journal（2015），为我国棉花优质育种提供了优异的纤维新材料。

另外，在国家转基因重大专项的支持下，2011～2015年，完成了*GhHOX3*、*AnxGb9*、*GbHD1*、*Gbmyb25*、*GhEXPA1*、*Cry2A*＋*Bar*、*ACO2-E6*、*GbKTN1*、*GbXET*、*TIP*等棉纤维发育关键基因的遗传转化。

4. 新型抗除草剂转基因棉花

GR79-EPSPS＋*GAT*：中国农业科学院生物所利用宏基因组的方法获得具有自主知识产权的*GR79-EPSPS*（US8207403B2，ZL200710177090.1）和*GAT*（ZL200510086626.X）草甘膦抗性基因，在密码子优化和人工合成全基因后，将此双基因转化棉花，获得可耐受5倍生产用草甘膦除草剂剂量的转基因棉花新品系GGK-2，其综合农艺性状优良，同时研制出了快速检测该转基因产品的试纸条，确保其安全应用。该转基因品系于2015年发放给了全国14家主要的棉花育种单位和企业，为加快成果的产业化应用奠定了基础。

另外，中国农业科学院棉花研究所的抗除草剂基因*ESPSP*在中间试验阶段，已经获得了T3代。

5. 新型抗虫转基因棉花

*HMGR*基因：华中农业大学研究发现，将3-羟基-3-甲基戊二酰辅酶A还原酶（HMGR）基因遗传转化棉花，发现棉铃虫幼虫中的表达量大大降低，是野生型幼虫的80.68%，卵黄生成素（一种棉铃虫胚胎发育重要的营养来源）的表达量降低至76.86%。说明转基因植株不仅抑制幼虫的净增量而且延迟其生长发育（Tian，et al. INT J BIOL，2015）。另外，中国农业科学院棉花研究所的抗盲椿象的新型杀虫基因的转化材料目前在中间试验阶段，已经获得了T3代。

我国科学家在国家各个科技项目的支持下，获得了大批具有自主知识产权的抗虫、抗病、抗除草剂、抗旱、耐盐碱、优质、株型改造的关键基因和转基因棉花新材料，同时随着高通量的各种组学测序技术不断完善，新型转基因技术也不断涌现，高效、安全、规模化转基因技术日臻成熟，这将进一步加速我国转基因技术集成创新和转基因棉花新品种培育及产业化步伐。

（撰稿专家：李付广　于霁雯）

生物能源

2015 年度生物能源发展态势

能源是支撑现代社会经济快速发展的基础，人类社会的发展离不开优质能源的出现和先进能源技术的使用。尽管近两年中国能源消费和生产增速都远低于近期历史平均水平，但中国已是世界上最大的能源消费国、生产国和净进口国。国家统计局数据显示，2014 全年中国能源消费总量 42.6 亿吨标准煤，比 2013 年增长 2.2%（修正数据），已提前超过国家能源“十二五”规划确定 2015 年中国能源消费总量应控制在 40 亿吨标准煤左右的目标。而据 2015 年《BP 能源统计年鉴》数据显示，2014 年我国一次能源消费总量 29.72 亿吨油当量（折 42.46 亿吨标准煤），比 2014 年增加 2.6%，占世界一次能源消费的 23%（美国只占 17.8%），占全球净增长的 61%。其中化石能源（煤炭 66.0%、石油 17.5%、天然气 5.6%）占比达到 89.1%，可再生能源仅为 9.89%（包括水电）。

我国正处在工业化、城镇化发展阶段，但过度依赖化石能源使我国同时遭遇了能源安全、生态环境以及气候变化问题。2014 年原油表观消费量达到 5.08 亿吨，天然气表观消费量达到 1930 亿立方米，对外依存度分别达到 58.7%和 32.6%，预计 2020 年原油表观消费量将达到 6.1 亿吨，天然气表观消费量达到 3000 亿～3300 亿立方米，对外依存度分别上升至 68%和 35%左右。2014 年中国 CO_2 排放量为 96.1 亿吨，比 2013 年增加 0.9%，占世界 CO_2 排放量的 27.1%。近年来，雾霾问题更成为举国之痛，已影响到我国 25 个省份，受影响人口达 6 亿人。大气污染治理已到了刻不容缓的地步。“推动能源生产和消费革命，合理控制能源消费总量”已成为我国长期的能源发展战略。加快调整能源结构，增加可再生替代能源消费量将成为推动能源消费革命的重要措施。

2014 年我国能源消费进一步发生了显著变化，中国能源消费增长 2.6%，增速不到过去十年平均水平 6.6%的一半，并且是 1998 年以来的最低值。中国的能源结构持续改进，能源消费增长放缓主要体现在煤炭领域，

创历史新低，占比为66%，比近年的最高值（2005年，74%）降低8%。2014年可再生能源在中国能源结构的占比达到9.89%，增速超过50%；全国单位GDP能耗下降约4.5%，是2008年以来的最大降幅；二氧化碳排放仅增长0.9%，远低于5.9%的十年平均水平，略高于0.5%的全球平均增长。

2014年政府为应对气候变化方面对能源消费提出新的要求。11月国家发改委发布《国家应对气候变化规划（2014—2020年）》，明确到2020年，实现单位国内生产总值二氧化碳排放比2005年下降40%～45%，非化石能源占一次能源消费的比重达到15%左右。同月12日中美发布《中美气候变化联合声明》就温室气体减排目标达成一致。美国承诺到2025年减排26%，中国承诺到2030年前停止增加二氧化碳排放，此项协议对减少世界碳排放具有里程碑式意义。中国还计划到2030年非化石能源占一次能源消费比重提高到20%左右。

世界各国也在为应对气候变化、减少温室气体排放方面积极努力。2015年12月12日，195个缔约方在巴黎达成了新的全球气候协议——《巴黎协定》，要求各方将加强对气候变化威胁的全球应对，把全球平均气温较工业化前水平升高控制在2℃之内，并为把升温控制在1.5℃之内而努力。全球将尽快实现温室气体排放达峰，21世纪下半叶实现温室气体净零排放。为实现以上目标，提高能源效率、节约能源是有效措施之一，但更重要的是提高非化石能源占一次能源消费比重，而可再生能源将发挥不可替代的关键作用。

生物质能是人类赖以生存的重要能源，是仅次于煤炭、石油和天然气而居于世界能源消耗总量第四位的能源。生物质能源作为一种洁净而又可再生的能源，是唯一可替代化石能源转化成气态、液态和固态燃料以及其他化工原料或者产品的碳资源。生物质能源相对于水能、风能、太阳能等可再生能源而言，在原料来源多样性和产品多样性等方面具有优势，生物液体燃料现已被普遍认为是唯一能大规模替代石油燃料的能源产品，生物质固体燃料已成为发电领域的新兴燃料。随着我国经济快速发展，对能源需求急剧增加，环境减排压力巨大，生物质能已成为我国六大重点发展的新能源产业之一，在能源替代、减少温室气体排放、减少导致雾霾天气的PM2.5排放等方面作用显著（尤其车用液体生物燃料）。该产业产品多样，经过近十几年的技术进步和政策支持，在产业规模和经济性上都得到了稳步发展。

一、生物能源发展现状

1. 燃料乙醇

据 F. O. Licht 的预测，2015 年世界燃料乙醇产量将达到创纪录的 7251 万吨。虽然原油价格暴跌带低了汽油价格，但由于政府强制推行 RFS 标准并采用生物燃料供给配额制，2015 年美国燃料乙醇产量仍基本与 2014 年持平，达到 4213 万吨，预计全年混配的燃料乙醇会占到汽油消费量的 10%。全球已有八大农业生产基地（阿根廷、澳大利亚、巴西、中国、欧盟 27 国、印度、墨西哥和美国）在积极推进车用乙醇燃料的生产和替代使用，其中大多数指令要求在汽油中加入 10%～15%的乙醇或者在柴油中加入生物柴油。表 2-38 为近 8 年来世界燃料乙醇产量分布情况。

表 2-38　2007～2014 年世界燃料乙醇产量分布情况　　单位：万吨

国家或地区＼年份	2007	2008	2009	2010	2011	2012	2013	2014
美国	1941	2688	3166	3991	4163	3963	3972	4271
巴西	1499	1933	1964	2067	1664	1662	1874	1849
欧洲	170	219	310	361	349	351	409	432
中国	145	150	162	162	166	204	208	190
加拿大	63	71	87	107	138	134	156	152
亚洲(不包括中国)	47	47	157	73	100	118	163	na
南美(不包括巴西)	26	24	25	60	59	66	na	na
澳大利亚	8	8	17	20	26	21	na	na
非洲	na	na	na	13	11	13	na	na
其他	12	38	74	na	na	na	217	258
世界	3911	5177	5962	6853	6676	6502	6999	7337

数据来源：美国可再生燃料协会（RFA）Ethanol Industry Outlook 2007—2014：http://www.ethanolrfa.org/resources/industry/statistics/。

据美国可再生燃料协会（RFA）统计，2014 年全球燃料乙醇产量达到 7337 万吨，其中美国产量为 4271 万吨，比 2013 年（3972 万吨）增加 7.4%，美国 98%的区域都使用 E10 乙醇汽油。2011 年年底美国政府停止了 30 多年来对玉米乙醇燃料行业的退税补贴以及进口关税措施［0.45 美元/gal(1gal=3.785L)］，实现完全市场化。对纤维素乙醇则实施 1.01 美元/gal 的税收减免政策，其中混配销售商为 0.55 美元/gal，乙醇生产商为 0.46 美元/gal。

2013 年国际糖价走低，巴西燃料乙醇行业迎来生机，产量达到 1874 万

吨，较2012年（1662万吨）增加12.6%。2014年产量基本与2013年持平达到1849万吨，约占全球产量（7337万吨）的25.2%。巴西是世界上唯一不使用纯汽油作为汽车燃料的国家，其国内加油站可提供纯乙醇、E85和E20乙醇汽油等燃料。2001年巴西政府取消了对燃料乙醇的补贴，完全实现了商业化。

由于国内燃料乙醇价格与汽油价格挂钩，受原油价格暴跌的影响，2015年我国燃料乙醇产量约235万吨，生产E10乙醇汽油约2160万吨，约占当年汽油总消费量的1/4。表2-39为近年我国燃料乙醇企业的产量情况。

表2-39　2009～2015年中国燃料乙醇生产企业产量　　单位：万吨

企业＼年份	2009	2010	2011	2012	2013	2014	2015②
中粮生化能源(肇东)有限公司	19	20	23	27	28	28.5	29
吉林燃料乙醇公司	48	50	55	57	59	62	62.5
中粮生物化学(安徽)股份有限公司(原丰原生化)	40	44	46	49	52	55	58
河南天冠股份有限公司	49	52	58	64	70	73	73
广西中粮生物质能源有限公司(木薯)①	16	16	12	7	8	8.5	8.5
山东龙力生物科技有限公司	—	—	—	—	3	3	3
中兴能源(内蒙古)有限公司	—	—	—	—	3	3	1
合计	172	182	194	204	223	233	235

① 受广西壮族自治区车用乙醇汽油推广过渡期过长、普通汽油与车用乙醇汽油长期混用等问题影响，该地区燃料乙醇需求量小，导致装置一直未能达产。

② 国家能源液体燃料研发（实验）中心预测数据。

目前国内燃料乙醇已在黑龙江、吉林、辽宁、河南、安徽、广西6省区及湖北、山东、河北、江苏、内蒙古5省区的30个市试点车用乙醇汽油，实现了燃料乙醇汽油封闭运行。

2. 生物柴油

国际生物柴油产量已趋于稳定，形成三大生物柴油生产基地：以油菜籽为原料的欧盟地区，以大豆为主的北美、南美地区和以棕榈油为主的东南亚地区。欧盟国家积极发展生物柴油主要以环保为目的，美国则兼顾能源安全与农业发展。2014年原油价格下跌约50%，导致生物燃料在交通运输中的需求下滑。据《油世界》预测，全球2015年生物柴油产量由2014年的2980万吨降至2910万吨。生物柴油产量降幅为2.3%，而过去十年全球生物柴油产量年均增幅为250万吨。欧盟仍是世界上生物柴油产量最大的地区。欧盟2015年产量预计为1070万吨，占到世界总产量的36.8%，表2-40是

2011～2015 年全球四大生物柴油主产区的产量。

表 2-40　2011～2015 年全球四大生物柴油主产区的产量　单位：万吨

国家/地区	2011 年	2012 年	2013 年	2014 年	2015 年①
1. 欧盟	910	950	960	1140	1070
其中:德国	220	280	250		
2. 南美					
其中:巴西	240	240	260	300	370
阿根廷	240	250	180	258	205
3. 北美及中美					
其中:美国	338	358	586	530	563
4. 亚洲					
其中:印度尼西亚	140	160	180	290	320
全球总产量	2210	2340	2440	2980	2910

① 2015 年德国行业期刊《油世界》预测数据。

近几年中国生物柴油产业发展面临原料、质量、市场和政策多重束缚的窘境。原料短缺是我国生物柴油发展的主要瓶颈。与其他生物柴油主产区不同，我国油脂资源严重短缺，根据海关总署统计数据，2014 年大豆进口总量为 7140 万吨，首次突破 7000 万吨，同比增加 12.7%，大豆进口依存度超过 85.4%；2014 年进口食用植物油 650 万吨，同比减少 19.7%，食用植物油进口依存度超过 50%。因此国内生物柴油原料中餐饮业废油和植物油脚占到 90%，受制于原料供给不足，规模都比较小。我国曾拥有生物柴油生产企业超过 50 家，总生产能力为年产 200 万吨，但由于原料供应不足，装置的实际开工率只有 20%～25%。其中多数工厂以餐饮废油、酸化油等废弃油脂为原料，采用化学催化法生产，产品收率在 70%～80%。我国每年大中城市产生的地沟油和餐饮废油约 500 万吨；但是由于地沟油收集渠道难以保证，价格高，政府监管力度不够，导致很多企业无法维持生产。

其次是产品质量不达标和销售市场难打开。目前我国生物柴油的年产量在 100 万吨左右，但是产品质量良莠不齐，除海南省外在其他地区难以进入主营销售渠道。国内石油销售体系接收生物柴油的动力不强，据不完全估计，每年销往民营加油站的生物柴油数量仅占全国生物柴油产量的 10%～15%，剩余部分作为化工产品和燃料油进入消费市场。

最后是国家支持力度有限，补贴政策迟迟难以出台。目前国内生物柴油 6500～7500 元/t 的生产成本，与柴油 0.92 元/t 的售价比例导致生物柴油生产企业无利可图，2014 年油价暴跌，持续至今，更导致生物柴油企业大多

停产或者破产倒闭。

为促进生物产油产业发展，我国政府在制定、完善生物柴油质量标准以及销售使用政策方面做了很多工作。2007年5月实施了国家生物柴油BD100质量标准，2010年10月又发布了生物柴油调和油BD5标准，部分省区（如云南省）还制定了地方强制标准《生物柴油调合燃料（B10）》和《生物柴油调合燃料（B20）》，希望能够促进生物柴油技术和销售发展。2014年11月28日能源局出台生物柴油产业发展政策，明确规定，石油销售体系必须将合格的生物柴油纳入销售体系，拒不纳入者，将追究责任，并给予生物柴油企业相关的税收补贴。但由于产量较少，且产品质量良莠不齐，缺乏相关配套、可操作的推广使用政策，生物柴油的产品补贴政策仍在制定讨论过程中，因此一直难以推广实施。生物柴油可能要借鉴燃料乙醇推广模式，即要经历封闭运作和推广阶段，产量太小则难以大规模推广使用。

3. 生物质发电

生物质直燃发电是指在特定的生物质蒸汽锅炉中通入空气使生物质原料燃烧，产生蒸汽，进而驱动蒸汽轮机，带动发电机发电的过程。单纯的生物质直燃电厂单机容量一般在25～30MW，锅炉的燃烧效率在80%～90%，发电效率一般在20%～30%。国外在生物质直燃发电产业化方面成果显著。目前，丹麦已建成130多家秸秆直燃发电厂，并将秸秆发电技术成功推广到瑞典、芬兰和西班牙等国家。研究数据表明热电联产可以节约28%的燃料，减少47%的CO_2，热效率可以达到80%～90%，因此欧美一些国家通常使用热电联产技术来解决生物质发电或供热不经济的问题。

我国自20世纪90年代末开始引进生物质直燃发电技术，通过近10年的消化吸收，关键设备如锅炉基本实现国产化。为兼顾生物秸秆的运输收集半径并实现盈利，机组合理的单机容量为25～30MW。2004年以来，我国先后核准批复了200多个秸秆发电示范项目。2010年7月国家发展和改革委员会统一执行了0.75元/(kW·h)（含税）的标杆上网电价，增加了该产业的盈利空间。2014年12月中国政府将可再生能源电价附加征收标准，由每千瓦时0.1分钱提高到1.9分钱。在销售电价中征收可再生能源电价附加，主要用来成立可再生能源发展基金，对生物质发电、风电和太阳能等清洁能源进行补贴。补贴资金缺口加大，此次征收标准的提高，将有效缓解财政资金补贴压力，对行业发展起到支撑作用。目前中国节能投资公司、国家电网公司、五大发电集团等大型国有企业，凯迪电力等民营企业均投资参与了生物质电厂的建设运营。

根据水电水利规划设计总院和国家可再生能源信息管理中心发布的《2013中国生物质发电建设统计报告》显示，截至2013年年底，除青海省、宁夏回族自治区、西藏自治区以外，全国已经有28个省（市、区）开发了生物质能发电项目，全国累计核准容量达到12 226.21MW，其中并网容量7790.01MW，占核准容量的63.72%，全国（不含港澳台地区）生物质发电上网电量356.02亿千瓦时，占全国总发电量的0.66%。据中国产业信息网发布的《2015～2020年中国垃圾发电行业深度分析及市场调查研究报告》指出，2014年全球生物质及垃圾发电累计装机容量与2013年相比增长10%，达到2510.5亿千瓦时，其中中国、巴西及美洲其他地区是增长的主要驱动力。欧洲仍是全球最大的生物质及垃圾发电市场，2014年累计装机容量达27 600MW，美国和巴西2014年生物质及垃圾发电累计装机容量分别为13 700MW及13 500MW，分列二、三位，中国以10 700MW位列第四。

二、生物能源产业发展趋势

1. 燃料乙醇

目前全球燃料乙醇仍旧以玉米和甘蔗为主要原料。鉴于粮食生产车用燃料争议较大，各国也在积极探索新的原料途径。美国提出了到2022年生产4800万吨/年纤维素乙醇和1500万吨/年先进生物燃料的目标。2011年年底美国政府取消了对玉米乙醇燃料行业的退税补贴，纤维素乙醇提供税收激励为1.01美元/gal，产业政策向纤维素乙醇等二代生物燃料倾斜。2015年12月美国环保署（EPA）发布了《关于美国2014～2016年可再生燃料使用标准（RFS）及2014～2017年生物柴油使用标准的最终决定》，使用量如表2-41所示。虽然调整后纤维素乙醇用量仍低于预期，但2016年使用量则比2014年增长约6倍。

表2-41　2014～2016年美国可再生燃料使用标准（RFS）

年份	生物燃料总量	先进生物燃料	生物柴油	纤维素生物燃料
2014	162.8亿加仑	26.7亿加仑 （折778.2万吨）	16.3亿加仑 （折530.6万吨）	0.33亿加仑 （9.86万吨）
2015	169.3亿加仑	28.8亿加仑 （折839.42万吨）	17.3亿加仑 （折563.1万吨）	1.23亿加仑 （36.7万吨）
2016	181.1亿加仑	36.1亿加仑 （折1052万吨）	19亿加仑 （折618.5万吨）	2.3亿加仑 （68.7万吨）

中国则提出薯类、甜高粱非粮燃料乙醇过渡方案和最终的农业秸秆乙醇解决方案。在2007年颁布的《可再生能源中长期发展规划》中明确2020年生物柴油利用量200万吨，生物乙醇利用量达到1000万吨。2014年5月，国家财政部下发《关于调整定点企业生物燃料乙醇财政政策的通知》，明确2016年以后不再补贴以粮食为原料的生物乙醇；而对已核准项目以木薯为原料的1.5代燃料乙醇的补贴则将从2013年的500元/t逐年降至2017年的100元/t，并在2018年取消这一补贴；对已核准项目以工业废渣（玉米芯废渣）为原料的2代燃料乙醇继续给予800元/t的补贴，到2015～2016年调整为600元/t，2016年根据技术及成本状况再研究制定下一步政策。这将有力促进燃料乙醇行业转型，特别是纤维素燃料乙醇的产业化发展。

然而对于国内粮食基燃料乙醇产业的发展，行业观点也逐步发生了变化。中国及美国以往的经验表明，发展粮食乙醇不仅不会对粮食安全产生危害，反而促进粮食生产，粮食基燃料乙醇是粮食生产的调节阀、平衡器，可以显著拉动粮食需求，防止谷贱伤农，影响农民种粮积极性，保证了粮食产量稳定，并降低粮食多余的库存，真正确保了粮食安全。此外根据行业经验，中国每年都会产生质量较差、超期储存霉变、真菌毒素超标或重金属超标的玉米、水稻、小麦等问题粮近2000万吨，而燃料乙醇是“消化”这种人畜不能食用的有毒、有害粮食的唯一途径。燃料乙醇作为车用燃料还可以显著降低PM2.5的排放，改善雾霾天气状况，因此粮食基燃料乙醇产业将在国内继续适度发展并长期存在。

在纤维素乙醇产业化之前，木薯非粮乙醇仍是产业重点发展领域之一。2006年中粮集团在国内承建了第一套非粮燃料乙醇示范装置——广西中粮20万吨/年木薯乙醇装置。该技术获得2009年广西壮族自治区科技进步一等奖，并获得2010年国家科技进步二等奖。2011年，河南天冠企业集团有限公司建成了以木薯为原料总能力30万吨/年燃料乙醇生产装置；2012年，中粮生物化学（安徽）股份有限公司改造原有玉米乙醇装置，新增15万吨/年木薯乙醇产能；2013年10月～2014年2月，国家发展改革委先后批准了广东中能酒精有限公司年产15万吨木薯燃料乙醇项目、中国石化东乡10万吨/年木薯燃料乙醇项目、浙江燃料乙醇有限公司年产30万吨木薯燃料乙醇项目、海南椰岛（集团）股份有限公司年产10万吨木薯燃料乙醇项目，新批产能共计65万吨/年。

甜高粱乙醇仍旧处于起步阶段。其主要借鉴甘蔗乙醇的液态发酵工艺。但需要系统研究解决育种、种植、收集、物流、榨汁储存过程中存在的问

题。生产1t燃料乙醇需要18～20t甜高粱茎秆，原料成本约占整个成本的70％，规模化生产甜高粱乙醇，对茎秆收集、物流、榨汁、浓缩储存体系要求很高。中兴能源（内蒙古）有限公司2010年获得国家发改委批复，4月开工建设3万吨甜高粱茎秆燃料乙醇项目，并于2013年投产。甜高粱渣纤维素和半纤维含量高，可以联产纤维素乙醇，是很好的燃料乙醇原料，发展潜力巨大。

纤维素乙醇也称第二代生物液体燃料，利用先进技术从包括玉米秸秆、麦秆、干草、木材等农林业废弃物中获取燃料乙醇。其原料丰富，但因技术难度大，国际上已研究几十年，现已进入商业化示范阶段。目前纤维素乙醇研究主要集中在生物酶解发酵路线，关键技术仍然是高效预处理、低成本纤维素酶生产和戊糖发酵菌种技术。表2-42为世界纤维素乙醇示范装置的情况，主要集中在北美地区和欧洲地区，目前已运行的7套装置，负荷大多低于50％，问题主要集中在备料和预处理设备及物料输送设备方面。预计2015～2016年将完成示范装置的技术经济性评价，进入商业化推广阶段。

表2-42　世界纤维素乙醇示范装置一览表

主要投资方及项目地点	规模及投资	原料及产品方案	技术方案	投产时间
Beta-Renewables，意大利	6.0万吨/年 2.50亿美元	芦竹及小麦秸秆，乙醇＋电力	PROESA中性预处理技术，纤维素酶解，戊糖/己糖共发酵	2013.10
Ineos bio，美国	2.4万吨/年 1.32亿美元 （DOE0.5，USDA0.75）	植物及木材废料，乙醇＋6MW电力	热化学气化和细菌发酵技术生产乙醇	2013.08
POET-DSM，美国	7.5万吨/年 2.50亿美元	玉米秸秆、玉米芯，乙醇＋沼气	稀酸汽爆预处理，纤维素酶解，戊糖/己糖共发酵	2014.09
Abengoa，美国	7.5万吨/年 3.50亿美元 （DOE1.34）	玉米秸秆、麦秸，乙醇＋18MW电力	稀酸汽爆预处理，纤维素酶解，戊糖/己糖共发酵	2014.11
Granbio，巴西	6.5万吨/年， 2.65亿美元	蔗渣、秸秆，乙醇＋135GW·h/a电力	PROESA弱酸/中性预处理技术，诺维信公司酶制剂，DSM公司共发酵菌株	2014.09
Raizen & Iogen，巴西	3.16万吨/年， 1.0亿美元	蔗渣、秸秆，乙醇	Iogen技术，稀酸汽爆、酶解、共发酵，Raizen公司甘蔗乙醇厂扩建	2014.12

续表

主要投资方及项目地点	规模及投资	原料及产品方案	技术方案	投产时间
Dupont，美国	8.3万吨/年 2.76亿美元	玉米秸秆、玉米芯，乙醇	氨爆预处理，纤维素酶解，戊糖/己糖共发酵	2015.9
Beta-Renewables，美国	6.0万吨/年 1.70亿美元 （USDA 0.99）	芒草和柳枝稷，乙醇	PROESA 弱酸/中性预处理技术，纤维素酶解，戊糖/己糖共发酵	2016

注：DOE0.5 和 USDA0.75 分别指美国能源部（DOE）和美国农业部（USDA）提供担保的免息贷款额度（亿美元），其他类推。

我国企业和研究机构在纤维素乙醇研发及产业化方面做了大量工作，许多成果达到世界先进水平。作为国内燃料乙醇最大的生产企业，中粮集团2006年开始加大纤维素乙醇研发力度，同年4月正式启动建设500t纤维素乙醇产业化试验装置。2009年与中国石化、诺维信进行战略合作。目前该工艺纤维素转化率达到90%，实现了戊糖/己糖共发酵。2010年8月，国家生物液体燃料研发中心落户中粮，重点任务是突破玉米秸秆纤维素乙醇技术，实现产业化推广。中粮集团正择机筹建以玉米秸秆为原料的5万吨/年规模纤维素乙醇示范工厂。

国内已有万吨级装置如表2-43所示，均采用国内自主研发技术，并结合副产品建设装置。但未见长期连续稳定运转的考核报道，更没有公布规范的技术经济评价材料。

表2-43　国内建成的纤维素乙醇示范装置情况

投资方	规模/（万吨/年）	原料/产品方案	技术方案/最新进展
龙力	5	玉米芯废渣/乙醇＋木糖醇	稀酸预处理分离出木糖生产木糖醇，残渣酶水解，己糖发酵生产乙醇
天冠	1;3	麦秸、玉米秸秆/乙醇＋沼气	蒸汽爆破，酶水解，己糖发酵生产乙醇，戊糖生产沼气

2. 生物柴油

欧盟、北美和南美地区主要以菜籽、大豆为原料，大量生产生物柴油，其技术成熟可靠。国内近中期餐饮业废油及酸化油是主要的原料途径，未来主要原料是油藻资源。

生物柴油产业发展主要面临原料短缺和技术升级的问题。微藻是高效的大规模种植的能源作物，其年单产为7.41千吨/亩，分别是甘蔗和玉米的

1.5倍和11倍，潜力巨大。从技术方面来看，通过常规酯交换生产的生物柴油（脂肪酸甲酯）浊点高，低温流动性差，易变质难储存，只能以5%～30%比例与石化柴油调和，影响了其使用性能。而将油脂通过深度加氢技术转化生成液态脂肪烃已逐渐成为趋势，其产品在结构和性能方面都更接近石油基燃料，并保留了更高的十六烷值和浊点，低温流动性良好，可在低温环境下与石油柴油以任意比调配，拓宽了使用范围。第二代加氢生物柴油生产和使用都比脂肪酸甲酯更方便，其生产设施更加经济、更易规模化生产。目前，生物柴油的使用在欧美等地区还局限在小型汽车的使用上，重型汽车燃料和航空燃料是第二代加氢生物柴油（生物航煤）的下一步发展方向。

3. 生物质发电

生物质发电在美国已成为可再生能源发电下一个重要的利用目标。美国能源情报署（EIA）预计生物质发电2020年将达到1880亿千瓦时，比2008年增加3倍。预计欧盟将使其生物质消费量从2009年130万吨/年增加到2020年1亿吨/年。2020年我国生物质发电装机规模将达到3000万千瓦，1年发电6000h将达到1800亿千瓦时，与美国相当。

我国目前建设、运行的大部分生物质发电项目都为农林剩余物直燃发电项目。直燃混燃发电涉及与煤掺烧，与现有补贴政策冲突，难以操作实施；沼气发电涉及高效涡轮发电机技术，需要进口设备，仍处于示范推广阶段。采用振动炉排高温高压锅炉或流化床燃烧锅炉的生物质直燃发电技术在国内上百个装置上进行了实践检验，基本实现了技术与装备的国产化。一代生物质发电厂，发电机组规模一般为2×12MW，二代电厂，发电机组规模一般为1×30MW机组，但投资基本是燃煤火电厂的2倍左右，达到0.8～0.9万元/kW，其锅炉热效率虽可提高到90%，但由于炉膛温度偏低，整体发电效率不到30%。2013年，全国生物质发电年等效满负荷运行小时数约为5844h，远低于8000h的满负荷运转时间。此外原料制约对直燃发电影响更大，这也决定了直燃发电装机容量一般不超过30MW。一个30MW的机组一年消耗约25万～30万吨秸秆，原料的收集物流难度非常大。

2010年7月国家发展和改革委员会发布《关于完善农林生物质发电价格政策的通知》，统一执行标杆上网电价每千瓦时0.75元（含税），增加了该产业的盈利空间。《可再生能源“十二五”规划》中明确表示，2015年我国生物质发电装机容量达到1300万千瓦，其中农林生物质发电800万千瓦、沼气发电200万千瓦、垃圾焚烧发电300万千瓦，2020年装机容量将再扩增3倍达到3000万千瓦，按照这个规划，2015～2020年，我国生物质发电

装机容量需实现18.2%的年均增长率，给行业带来爆发式增长。

政策的大力支持刺激了行业的发展，众多企业纷纷进入该行业。有些地方政府出于招商引资的考虑也忽略对行业发展进行客观整体的规划与引导，造成地区项目布局不合理。近几年出现生物质发电项目“扎堆”建厂，必然导致争相哄抢原料，价高质次恶性竞争，原料成本已接近或超过电厂盈亏平衡点的收购平均价格350元/t。而生物质发电历来是“小电厂、大燃料”，燃料来源供应不足的矛盾十分突出，产地实际可收集的量和理论计算的量之间有很大差距。目前电厂原料实行委托代理收购，从收集、打包、储存再集中向电厂输送，去掉运输储存成本和代收点等中间环节的扣除，农民收益较低，没有形成良性的产业利益链。激烈的竞争致使国内大多数电厂长期无料可烧，经济性差；同时国内生物质原料的多样性、复杂性和季节性的特点，加大了电厂管理运营的难度，同时采用不同锅炉的生物质电厂，其发电量、年利用小时数差异巨大，有些项目的设备年发电量甚至不到平均水平的50%，很多生物质电厂运行发电时间无法达到6500～7000h/年的盈利平衡点。目前生物质电厂主要有四项收入来源——发电收入、政府补贴、CDM（清洁发展机制）收入、卖钾肥收入，但很多电厂运营收支仍难以持平，一些生物质能发电厂在建成投运后不久就因为亏损而停产。

国家层面也已发现单纯生物质发电的弊端，发改委在2014年12月印发的《关于加强和规范生物质发电项目管理有关要求的通知》中明确，鼓励发展生物质热电联产，提高生物质资源利用效率。具备技术经济可行性条件的新建生物质发电项目，应实行热电联产；鼓励已建成运行的生物质发电项目根据热力市场和技术经济可行性条件，实行热电联产改造。热电联产的目的就是提高资源利用效率，提高经济收益。

从总体上看，我国生物质发电商业化程度较低，市场竞争力弱，基本依靠政府补贴机制维持运营。因此还需要国家加强规划合理布局，结合县域供暖或工业园区用热需要，积极支持建设生物质热电联产项目，实现能量的梯级利用，提高生物转化能量效率和经济性。

三、结论

1. 燃料乙醇

从世界范围来看，燃料乙醇产业的发展面临两个瓶颈——原料和技术。木质纤维素原料丰富，但转化技术尚处于示范阶段，经济性有待考察；淀粉

基、糖基乙醇技术成熟而资源有限。因此现阶段只能走原料多元化之路，因地制宜，资源互补，增长空间有限。远期可行之道，就是突破纤维素乙醇的技术瓶颈。

由于我国燃料乙醇行业目前仍旧采用行政法规手段实现燃料乙醇的区域封闭运行，并没有从国家层面制定强制推广燃料乙醇的法律，在推广实施过程中仍旧遇到很多地方阻力。同时，目前的低油价和燃料乙醇绑定汽油的定价机制（价格为93#汽油出厂价的0.911）已使国内燃料乙醇企业面临巨额亏损，甚至部分装置出现停产状态，这表明国内燃料乙醇的定价与推广机制已面临严峻挑战。同样面对油价暴跌，美国燃料乙醇产量和生产企业受益并没有受到影响，归根结底是美国政府制定了国家层面的法律，推行生物燃料混配配额制，石化燃料与生物燃料有严格的供应比例关系，如要求石油销售商在销售汽油产品时必须掺混10%及以上燃料乙醇，否则将受到重罚。同时美国政府根据生物燃料的原料、工艺和温室气体减排情况对其定级，并享受不同的补贴和替代权重，使美国形成了独立于汽油价格且由市场调控的燃料乙醇定价机制。美国成熟可行的经验是值得我们学习和借鉴的。

目前国内企业及研究机构在木质纤维素乙醇工艺开发方面已取得突破，需要建设示范装置考察其技术经济性。国家政策应大力扶持，进一步加大研发投入，坚持有限资源高效化，有限目标集中化，以企业牵头组织“政、产、学、研”联合攻关，统一布局，集中资源，重点突破，建设示范装置考察其技术经济性，然后进行产业化推广，结合粮食乙醇、木薯乙醇等产量，力争实现2020年1000万吨/年生物乙醇的目标。

2. 生物柴油

增长乏力，主要原因是缺乏生产原料；国内形势更为严峻，相关配套推广政策操作性差，进一步阻碍了产业的发展。国内生产企业近中期会以餐饮废油、酸化油等废弃油脂为主要原料，远期将是藻类生物柴油和藻类生物航空煤油。未来产业发展重点是藻类养殖技术的突破及第二代加氢生物柴油/生物航煤技术的推广。

3. 生物质发电

目前，生物质直燃发电在我国是农林剩余物消耗量最大、最直接、最易于规模化和工业化的一种能源利用方式，但始终存在能量转化效率低的问题。生物质发电产业应重点解决好科学布局问题，优化规模化生物原料收集和储运系统和成套设备，推广使用热电联产技术，开发新一代的高效生物质

锅炉，开发集成化的醇电联产技术，提高发电运营时间、发电效率和热效率，优化产品组合，努力实现收支平衡。尤其是热电联产可提高热效率，提高经济收益。而秸秆发电与生产燃料乙醇相比，无论是产品热值还是产品价值前者均低于后者，因此未来应重点开发醇电联产技术，实现原料的梯级利用，吃干榨尽，带动产业持续健康发展。

（撰稿专家：武国庆　郝小明）

生物制造

2015年度生物制造发展态势分析

生物制造是现代生物产业的核心，其研发范围涵盖了从生物资源到生物技术，再到生物产业的价值链，集中体现了现代生物技术在医药、农业、能源、材料、化工、环保等多个工业领域的应用，对经济社会可持续发展进程有重要推动作用。近年来，基因组学、系统生物学、合成生物学等学科飞速发展，工业微生物分子育种、工业酶分子改造等技术不断进步，生物炼制与生物质转化、生物催化与生物加工、现代发酵等现代生物制造技术接连取得重大创新和产业应用，对工业基础原材料的化石原料路线替代、传统工业的工艺路线替代以及生物产业升级显示了巨大的促进作用。当前，生物制造正在全球引发再工业化进程，工业生物制造已经进入产业生命周期中的迅速成长阶段，为生物经济发展注入强劲动力。

一、国际生物制造发展态势

1. 全球再工业化进程加快

近年来，欧美等发达国家与地区纷纷提出重振本国制造业、加快实施“再工业化”战略，强调运用新的信息技术、互联网优势整合传统劳动密集型制造业，大力发展生物工程、节能环保、新能源、新材料等战略性新兴产业；同时，为应对人类当前在食品、能源和环境方面的挑战，世界主要国家与地区积极部署生物技术产业化进程并采取措施。

美国的生物基产品市场已经十分显著，美国农业部（USDA）《生物基产业的经济影响力分析》报告指出，仅2013年生物基产业就创造了3690亿美元的经济价值，提供了400万个就业机会。安捷伦科技公司估计美国工业生物技术行业的企业间营业收入在2012年至少达到1250亿美元，其中生物基化学品占660亿美元，生物能源占300亿美元。美国农业部根据经合组织（OECD）2009年的报告分析指出，美国生物基化学品在整个化学品市场的

比重在2014年超过10%。2015年3月，美国国家研究理事会发布《生物学产业化：加速先进化工产品制造路线图》报告，指出化学品的生物制造将在未来十年内快速成长，并提出了生物学产业化的发展愿景，即生物合成与生物工程的化学品制造达到化学合成与化学工程生产的水平。2015年9月，哈佛-麻省理工学院博德（Broad）研究所与麻省理工学院联合宣布，将在美国国防部先进研究项目局（DAPRA）资助下开展工程生物学的应用开发，资助金额为3200万美元。工程生物学的发展将进一步催化技术的深度汇聚和新型工业制造，以生物学技术革新为基础，为新一代的机械、电气和光学产品研发制造带来更多的可能性。

欧盟大力推动生物基经济发展，为经济可持续增长带来新的动力源泉。目前，欧盟生物基经济规模已超过2万亿欧元，提供2000万个就业岗位，占到欧盟总就业人数的10%左右。预计到2030年，生物基经济发展有望给欧盟创造100万个新工作岗位。2015年6月，欧盟BIO-TIC项目发布《生物经济之道：欧洲工业生物技术繁荣发展路线图》，预期到2030年欧盟的工业生物技术产品市场将增长到500亿欧元，先进生物乙醇、生物航空燃料、生物化学模块、生物塑料、生物表面活性剂以及源自二氧化碳的生物技术产品具有良好前景。2014年7月，欧盟发起欧洲联合生物基产业发展计划（BBI），计划在未来十年投入37亿欧元用于发展新兴生物经济，包括建设先进的生物精炼厂，以及开发将可再生资源转化为生物基化学品、材料和燃料的创新技术；在此计划框架下，欧盟于2015年5月和8月先后投入2.06亿欧元征集公私伙伴计划（BBI PPP）项目，用于生物基产品相关技术的研发，包括高效生物精炼技术的创新行动和示范行动等。

生物制造是我国生物产业发展的重要创新路径。2015年5月，国务院发布了《中国制造2025》，明确了中国制造业“由大到强”的发展路径，是我国实施制造强国战略的第一个十年行动纲领。《中国制造2025》提出全面推行绿色制造，将新材料、生物医药等列为重点领域突破发展；要求努力构建高效、清洁、低碳、循环的绿色制造体系，大力促进新材料、新能源、高端装备、生物产业绿色低碳发展。2015年11月，中共中央提出“关于制定国民经济和社会发展第十三个五年规划”的建议，在坚持创新发展、着力提高发展质量和效益层面，提出拓展产业发展空间、支持生物技术新兴产业发展和传统产业优化升级的要求。

2. 科技前沿研究不断突破

随着大数据、云计算、移动互联网和智能制造的飞速发展，生物科技研

究范式发生重要变化。高通量测序技术的不断进步和各类组学生物数据的大量产出使得生物研究进入大数据时代；前沿生物技术与数理科学和化学、计算机、工程技术的汇聚融合促进了生物计算设计、材料与过程仿生、生物化学组合技术等交叉领域研究的发展；信息技术与科技互联网进一步拓展了生物技术平台与服务的应用；基于生物质资源智能利用和生物技术产品与过程开发的工业生物制造体系将成为未来先进制造版图的重要组成部分。

合成生物学技术打开了石化经济向碳水化合物经济过渡的大门，有望为化工、材料和能源等行业的发展带来颠覆性变化。近年来，合成生物学研究不断开发出可用于人造细胞工厂的新工具，并正在酝酿重大突破。英国剑桥大学首次用自然界中并不存在的人工合成遗传物质制造出一种 XNA 酶；美英法国际研究小组成功合成了首个酵母的功能性染色体；美国斯克里普斯研究所通过遗传工程改造出一种在遗传材料中包含一对附加了非天然 DNA 碱基对的细菌；美国加州大学、麻省理工学院等合作构建了首个人造转运蛋白；以色列魏茨曼科学研究所和英国剑桥大学的科学家联合在实验室中成功逆转了人类细胞的时钟，构建出了生成精子和卵子的原始生殖细胞(PGCs)。

革命性的基因组编辑等前沿技术的飞速发展，在技术手段上增强了生物制造过程的操控能力，带动了生物技术向着更加高效智能的方向前进。基因组编辑工具 CRISPR/Cas9 可以用来删除、添加、激活或抑制其他各类生物体的目标基因，被视为精确的万能基因武器，在功能性生物体研究与改造方面发挥重要作用；2015 年 9 月，美国 Broad 研究所张锋研究组宣布发现的由 Cpf1 蛋白介导的基因编辑系统更简单、更精准，有望实现 DNA 序列的替换，成为更有价值的新工具。日本东京大学构建出了一种光激活的新型 Cas9 核酸酶系统，使得研究人员能够在空间和时间上更好地控制 RNA 引导的核酸酶的活性。

生物资源为生物技术研发提供初级原料和技术创新源泉，基于新的基因资源认识与开发，可以突破生物制造的自然依赖模式，设计自然界中不存在的新反应和新途径，生产新分子与新材料，创建新工艺和触发新产业。2015 年 8 月，斯坦福大学研究人员将植物、细菌和啮齿动物基因混合引入酵母菌中重新改造，成功地将糖转化为阿片类药物前体氢可酮；2015 年 9 月，斯坦福另一小组通过研究鬼臼植物基因组，利用烟草作为宿主异源表达依托泊苷糖苷配基合成途径及酶的编码基因，成功合成了抗癌药物依托泊苷的前体。

越来越多的基础和大宗化学品、精细和特种化学品、药物平台化合物、生物塑料与生物材料，正在逐步向生物基生产模式过渡。美国麻省理工学院研究人员利用细菌产生的生物膜创建出新的可包含金纳米颗粒和量子点的活性生物材料；英国曼彻斯特大学开发了一条新的生物酶催化手性胺合成路线；韩国三星先进研究院利用宏基因组筛选和人工设计手段开发出一条可生产丙烯酸的生物途径。美国麻省理工学院研究人员利用细菌产生的生物膜创建出新的可包含金纳米颗粒和量子点的活性生物材料，不仅具有活细胞的优点，可对环境作出反应，产生复杂的生物分子，还具有非生物材料的优点，如增加了导电和发光的功能。

3. 产业发展趋势深刻变革

从整体来看，因其资源来源具有广泛性和可再生性，加工方式具有清洁、高效和环境友好的优势，以生物制造为支柱的生物经济有望逐步取代传统化石经济。近年来，国际传统石化产业、制药产业巨头不断调整业务布局，逐步向利用生物技术实现更高效、更先进的可持续发展新模式靠拢。据估计，全球生物化工产品年销售额在 400 亿美元左右，每年约以 8%～10%的速率增长。2015 年 8 月，德国默克集团与私有酶技术公司 Codexis 签订技术转让协议，获得非独家使用后者提供的 CodeEvolve 平台的蛋白质工程技术开发新酶用于制药的权利。2015 年 11 月，美国杜邦集团旗下杜邦生物科技达成以 7500 万美元收购 Dyadic 公司的酶技术及产品，包括 Dyadic 的 C_1 技术平台及广泛应用的液体和干酶制剂，以期进一步扩大杜邦工业生物技术在全球的领头羊地位。2015 年 12 月，韩国三星生物制剂公司（Samsung Biologics）动工建设全球最大规模的生物药品制造工厂，预计于 2017 年竣工，2018 年正式投产。2015 年年底，杜邦和陶氏化学合并成为全球化工史上最大的合并重组事件，合并后的陶氏杜邦公司总市值达到 1300 亿美元，合并后的特种产品业务将可能单独拆分成立新的公司，专注于营养健康、工业生物技术以及其他材料与设备业务发展。

从创新创业的角度来看，生物制造产品研发具有更前沿的技术创新方向、更明确的市场定位和更高的投资回报，催生了一系列研发型和新创企业，在多个专业领域提供创新型产品和技术解决方案。例如 Metabolix、Amyris、LS9、Myriant、Metabolic Explorer 等多家企业集中研发高效微生物细胞工厂的构建和重要生物基化合物的生产，如先进生物燃料、生物基材料和精细化学品等。麻省理工学院研究人员创立的 Cambrios 技术公司和 Siluria 技术公司分别生产触屏透明涂层和将天然气转换成油或塑料的生物催

化剂，加州大学研究人员创立的Bolt Threads公司利用酵母细胞工厂生产可以纺成纤维的丝蛋白质，清华大学BluePHA青年创新团队成立了全球唯一一家能够提供多品类可定制生物塑料PHA的公司，开辟了生物基产品的创新开发模式。生物创客运动（DIYbio）造就了一批“公民科学家”和非传统创新者；随着开源运动的兴起，全球知名的生物技术开放实验室BioCurious和Genspace为来自不同专业背景的创客提供设施和资金，成为强大的生物技术创新孵化器；国际遗传工程机器设计大赛（iGEM）于2014年宣布接纳生物创客报名参加，专业技术壁垒和硬件设施障碍的打破，将有望引发新一代技术的颠覆创新，继而加快产生真正的商业价值。

从新兴产业和新兴业态的发展潮流来看，互联网正由消费领域向生产领域拓展，“互联网＋”推动了创新成果与经济社会各领域的深度融合，在给全球经济社会发展带来战略性和全局性影响的同时，也为生物制造的发展带来新机遇。“互联网＋”让内容的创造者与使用者直接接触，突破了资源和技术的垄断，缩短了技术成果应用和转化的周期，为市场推广和产业成长带来“长尾”效益；大数据与云平台的发展，促进了生物大数据的管理、分析和共享，提升了生物大数据的利用水平，加速了生物技术创新能力的提升；众创、众包、众筹等商业化运作模式创新进入生物产业领域，激发了生物技术研发创新的活力，创造了更多的投资和融资机会，构筑了经济社会发展的新动能。例如，2015年12月，我国山东龙力生物科技股份有限公司公告拟出资10.5亿元收购快云科技100％股权和兆荣联合100％股权，进入数字营销领域，为大健康事业发展增添互联网引擎；美国Amyris公司于2016年初推出新途径计划（pathways program），为合作伙伴提供低成本、低风险的机会来获取领先的合成生物学技术，并获得目标产物，商业服务模式的创新将引发新一轮生物技术产业浪潮。

在短期内，石化能源的价格和供应量、消费市场需求的调整、部分生产原料的供给变化也给少数生物制造行业带来一定挑战和转型机会。近两年，国际氨基酸市场行情波动较大，引发了氨基酸产业的新一轮洗牌，亚太市场超越欧洲成为全球最大的氨基酸市场，营养保健品、化妆品工业的氨基酸用量成为新的驱动因素。据估计，到2022年，全球氨基酸消费量将超千万吨；全球行业分析公司（GIA）报告预测，到2018年，全球氨基酸市场规模将达到221亿美元。此外，由于近两年国际油价持续下跌，严重削弱了生物能源的市场竞争力，但生物燃料发展的脚步并未停止，国际可再生能源机构（IRENA）最新数据显示，生物柴油和乙醇的总产量由2004年的不足30亿

升增加到2014年的127亿升，增长4倍多。长远看来，技术先进、环境友好且有助于现代农业发展的纤维素乙醇等先进生物燃料将会迎来一定发展空间。2015年5月，美国Renmatix公司宣布收购知名燃料乙醇公司Mascoma公司位于纽约州工厂的资产，建立的新原料加工厂将成为利用专有的Plantrose®工艺将不同种类生物质材料转化为纤维素糖。2015年11月，杜邦公司建成全球规模最大的纤维素燃料生产设施并投产，年产能达到3000万加仑（约1.14亿升）清洁燃料。

二、我国生物制造发展态势

基于生物质资源和生物技术的产品与产业开发成为当前各国发展生物经济的重心，这对于我国改进目前化石资源储备不足、污染排放与环境恶化加剧、重化工安全事故频发的局面，转变经济增长方式也具有重要现实意义。经过“十二五”期间的发展，我国在生物制造领域自主创新能力显著增强，生产技术水平大幅度提高。目前，我国的大宗发酵产品产量稳居世界首位，多种传统石油化工产品和精细化学品已经可以实现生物质路线生产，主要的生物基材料品种产量和技术水平处于世界领先地位，生物能源产业则正在积极向新原料和新技术利用转型。

1. 发酵产业

我国在发酵产业方面具有量产优势，2014年，我国主要发酵产品产量达到2420万吨，居世界首位，年总产值接近2800亿元。经过“十二五”期间的稳步发展，逐渐形成味精、赖氨酸、柠檬酸、结晶葡萄糖、麦芽糖浆、果葡糖浆等大宗产品为主体、小品种氨基酸、功能糖醇、低聚糖、微生物多糖等高附加值产品为补充的多产品协调发展的产业格局，为食品、医药、化工等相关行业提供了品质优良的原料。

（1）氨基酸　我国是氨基酸生产和消费大国，无论在产能规模和产值来看都居于世界前列。目前我国氨基酸产业规模以上生产厂家已达近百家，在国际上占有举足轻重的地位。当前，全球商业化规模氨基酸产品以谷氨酸、赖氨酸、苏氨酸、蛋氨酸为主，主要用于饲料添加剂、医药、化学试剂、食品强化剂等方面，其中苏氨酸和赖氨酸近年来在饲料添加剂方面的用量增长快速。随着人口老龄化的加速，药用和保健品用氨基酸及其衍生物的市场需求量迅速增长，未来几年，健康食品、膳食补充剂、医药产品、人工甜味剂和化妆品等终端市场对氨基酸的需求将有所扩大。

近年来，我国氨基酸发酵行业普遍存在菌株专利侵权的复杂纠纷和行业激烈竞争造成的产能过剩，部分企业加快结构调整和转型升级，以提升行业竞争力。2015 年 4 月，长春大成实业集团有限公司启动资产重组，10 月 15 日完成全部重组工作，转变为国有企业，做好恢复生产和转型升级准备。2015 年 9 月，梅花生物科技集团股份有限公司（以下简称梅花生物）公告终止收购宁夏伊品生物科技股份有限公司（以下简称伊品生物）股权，并于 2016 年 1 月公告拟筹划购买韩国希杰集团在中国境内的氨基酸发酵资产及配套资产，同时向对方转让部分股份。2015 年 10 月，河南莲花味精股份有限公司发布非公开发行股票预案，拟募集 24.9 亿元资金用于生物和发酵高科技园区技改项目、年产 30 万吨植物营养和土壤修复产品工程、第四代调味品和高端健康食品工程等，拓展绿色健康产业链。

谷氨酸是目前全球销量第一的氨基酸品种，主要加工成为谷氨酸钠用于食品行业，少量用于医药行业。2014 年，全球谷氨酸市场规模为 35.3 亿美元，我国谷氨酸行业产能约 210 万吨，与 2013 年基本持平。我国现有谷氨酸行业企业近百家，主要集中在山东、江苏和浙江省，产能规模较大的企业包括梅花生物科技集团股份有限公司、河南莲花味精股份有限公司、山东菱花集团有限公司、山东雪花集团有限公司、广东肇庆星湖生物科技股份有限公司、重庆盐业集团飞亚实业有限公司和江苏菊花味精集团有限公司等。2015 年 12 月，山东菱花集团有限公司报道其在谷氨酸发酵过程中应用生物传感器分析系统对温敏型谷氨酸产生菌发酵过程进行在线检测和过程优化，实现流加糖工艺，葡萄糖谷氨酸转化率高达 69%，提高生产效率 15%以上，3 年累计新增产值逾 17 亿元。

赖氨酸是全球产量第二大的氨基酸品种，也是我国出口较多的氨基酸原料药品种。2014 年，我国赖氨酸产能 205 万吨，较 2013 年增加 9 万吨；产能快速增长的同时导致开工不足，2014 年，我国赖氨酸产量 96 万吨，较 2014 年减少 11 万吨。2014 年国内赖氨酸消费量约为 68 万吨，与 2013 年持平。国内赖氨酸市场供大于求，原材料价格偏高，厂家利润空间有限，促使行业进入整合期，表现为领先厂商减产保价、加速整合。长春大成实业有限公司作为年玉米加工能力亚洲第一、赖氨酸产能全球第一的企业，在 2015 年受到原料成本过高、经营决策失误及在与日本味之素旷日持久的侵权官司中处于不利地位等影响，在历经停产和资产重组后做好恢复生产准备，有望重新推动我国赖氨酸产业发展。中国科学院微生物研究所温廷益研究员团队与宁夏伊品生物科技股份有限公司合作，对赖氨酸和苏氨酸生产菌进行了系

统代谢工程改造，发酵技术指标达到国际水平，获得多项国内专利授权的同时申请了国际专利，使伊品生物成为目前能出口赖氨酸到欧盟国家的唯一国内企业。

苏氨酸的产能主要集中在中国，近年苏氨酸市场扩张速度明显加快，中国在全球苏氨酸市场具有一定的议价能力。2014年我国苏氨酸产能57万吨，较2013年增加18万吨，产能的快速增长引起开工率有所下降，2014年产量为28万吨，较2013年增加0.6万吨。2014年国内苏氨酸需求量约为9万吨，较2013年增长0.8万吨，出口量达到18万吨。苏氨酸行业集中度高，梅花生物和阜丰集团有限公司（以下简称阜丰集团）两家企业产能远超国内其他厂家，形成双寡头格局。2014年梅花生物苏氨酸年产能达到14万吨，超越味之素（12万吨）成为全球最大的苏氨酸生产商，2015年11月，梅花生物在内蒙古通辽的8万吨苏氨酸项目投产。阜丰集团现有苏氨酸产能8万吨，也正在积极扩产，其在内蒙古扎兰屯市的10万吨苏氨酸项目于2015年4月开工，计划工期7个月，总投资30亿元，还包括20万吨谷氨酸钠及其配套项目。

蛋氨酸是氨基酸产品中为数不多的需要全合成生产的品种之一，主要用于家禽饲料、医药和香精行业等。2014年全球蛋氨酸产能约131万吨，其中赢创德固赛（43万吨）、安迪苏（36万吨）两家合计占全球产能的60%以上，呈现寡头垄断格局，同时，亚洲区产能扩大，2015年全球产能有望达到160万吨以上。我国蛋氨酸进口依存度较大，2014年进口蛋氨酸13.1万吨，比2013年增加8.7%。蛋氨酸供应链较长，2014年，由于美国原料供应问题、重庆紫光天化因环保原因停产等因素，导致国内蛋氨酸价格跳跃式上涨，全年价格比2013年上涨71.3%，部分地区在11月价格上涨甚至超过300%。2015年5月，宁夏紫光天化蛋氨酸有限责任公司年产10万吨饲料级蛋氨酸项目开工。2015年6月，四川和邦股份有限公司年产5万吨蛋氨酸项目正式开工建设，总投资近13亿元。山东新和成氨基酸有限公司计划在2015年投产一期5万吨/年蛋氨酸项目，2017年再投产一条5万吨/年的蛋氨酸生产线。未来我国蛋氨酸供需行情有望取得实质性改变。

此外，国际小品种氨基酸和药用氨基酸的市场需求正在不断增长，市场前景诱人。一方面，饲料市场技术进步和产品细分为小品种氨基酸打开一定发展空间，例如色氨酸是动物体内不能合成又具有多项生理功能的必需氨基酸，用途广泛，目前处于快速成长期，需求及产能迅速增加，国内厂商正在积极扩产。另一方面，我国许多氨基酸研制仅停留在实验室阶段，氨基酸保

健品生产企业多但生产规模都很小，有着较广阔的拓展空间。

(2) 有机酸　有机酸种类繁多、用途广泛，除用作食品添加剂外，在医药、化妆品以及工业上有诸多方面用途，我国有机酸产业在世界上有着重要地位。我国是最大的柠檬酸生产与出口国，产能约占全球的75%，由于产能过剩严重，近两年进入资金紧张和运转困难的亏本销售期，加强柠檬酸衍生产品及应用领域的开发、在扩大内需市场的同时实施“走出去”战略成为脱困之道。2015年10月，山东日照金禾生化股份有限公司宣布计划在匈牙利建设一条年产10万吨柠檬酸及盐的生产线，预期将在当地创造165个就业岗位，成为我国有机酸发酵产业向“一带一路”国家延伸的案例。我国维生素C产业拥有自主知识产权、生产成本低廉、产业集中度高、国际市场份额高，但也存在产能过剩的情况。2014年，受欧美主流市场经济持续复苏及客户库存消耗需要及时补货等利好因素推动，维生素C出口大幅度增长，出口数量、金额及价格分别增长16.22%、29.68%及11.57%。2014年，我国冰醋酸产量有所提升，全年产量为537.11万吨，比2013年增长22.55%。

(3) 酶制剂　生物酶具有优越的催化性能，广泛应用于食品、饲料、洗涤、纺织、造纸、制革、医药、开采、化工等领域。我国已进入酶制剂生产大国行列，但产业规模与其他发酵产业相比仍存在较大差距。近年来，我国的酶制剂产业总体生产和销售形势较好，通过引进优良菌株和先进设备、开展新型酶制剂开发，已取得快速发展。2014年我国的工业酶制剂产量达到116.57万吨，年产量增长保持在10%左右。尽管全球的工业酶制剂市场长期被丹麦诺维信、美国杜邦和荷兰帝斯曼公司等垄断，我国酶制剂市场份额在全球的比重已由“十二五”初期的不足10%提升到现在的近30%，产品市场竞争力大幅度提升。2014年8月，广东溢多利生物科技股份有限公司公告称拟投资2.7亿元建设年产20 000t生物酶制剂项目，其中饲料用酶制剂10 000t，造纸用酶制剂3000t，纺织用酶制剂3000t，食品用酶制剂4000t；2015年11月，该公司公告收购珠海瑞康生物科技有限公司100%股权。2014年年底，山东尤特尔生物科技有限公司建成年产3万吨酶制剂规模的生产线一期工程，待项目全部达产后，可提供纤维素酶和半纤维素酶等多样化的系列产品。福大百特生物科技有限公司建成年产2.3万吨麦芽糖专用酶、纤维素酶、半纤维素酶、脂肪酶、植酸酶等新型酶制剂生产线，预计2015年生产酶制剂5000t，功能糖产品约3000t；该公司年产4000t新型海洋生物酶产业化项目于2015年3月完工验收，完成5种海洋生物酶的成果

转化。2015年7月，武汉新华扬生物股份有限公司在武汉高农生物园的亚洲最大新型酶制剂基地建成。随着一系列新建酶制剂项目相继建成投产，我国酶制剂的产能和竞争力有望进一步得到提升。

2. 生物化工产业

化工产品的生物制造是生物产业的重要组成部分，主要包括大宗基础性化学品与化工原料，重要的化学单体与中间体，以及精细化学品等。产业情报机构Lux Research研究报告称，受美国和巴西市场增长带动，2018年全球生物基材料和化学品产能将跃升至740万吨以上。其中，中间体、聚合物将占据主导地位，乳酸和乙二醇等中间化学品产能将达294万吨，占总产能近40%的份额；聚合物如聚乳酸和聚乙烯的产能达239万吨，将占总产能的32%；其次，生物质油及衍生物的增长较快，2018年产能有望超过100万吨；此外，以乙酸乙酯、乙酸丁酯、增塑剂、金合欢烯为首的专用化学品近年发展快速，2010年产能还几乎为零，而2014年产能已迅速扩增至58.2万吨，至2018年还将有4%的年复合增长率。

发展生物化工有助于降低对不可再生化石能源的依赖，变革污染低效的传统物资加工方式，促进绿色安全的新经济形态的形成，也成为我国化工产业发展的重要战略选择。经过“十二五”期间的发展，我国完成了乙烯、化工醇等传统石油化工产品的生物质合成路线的开发，实现了生物法DL-丙氨酸、L-氨基丁酸、琥珀酸、戊二胺/尼龙5X盐等产品的中试或小规模商业化，针对一批化学原料药与中间体生产开发了清洁高效的生物工艺，在提高产品品质的同时，取得了显著的节能、节水、减少有毒物质与废水排放效果。

对苯二甲酸（PTA）是大吨位石化产品，主要用于合成聚对苯二甲酸酯（如PET、PTT、PBT）等聚酯产品，2014年我国PTA产能达4600万吨以上。目前，工业上生产PTA主要通过对石油基对二甲苯（PX）氧化制得。中国科学院大连化学物理研究所生物能源研究部有机催化研究组研究员徐杰和路芳等在对苯二甲酸二乙酯合成新路线的研究中取得新进展，该合成新路线以生物质基黏康酸为原料，经与乙醇和乙烯发生连续的酯化反应、Diels-Alder反应以及脱氢反应，直接合成了对苯二甲酸二乙酯。该研究旨在开发和利用可再生生物质资源制备PTA及其衍生物，具有重要的科学意义和应用前景。

3-羟基丙酸是美国能源部公布的12种高附加值生物基平台化学品之一，其结构的特殊性使其成为合成多种化合物的前体物质，利用廉价的生物质原

料进行微生物合成3-羟基丙酸是代谢工程领域热门研究方向之一。中国科学院青岛生物能源与过程研究所大宗化学品团队在低成本高效生物合成3-羟基丙酸的关键技术上取得突破。该所科研人员拆分了3-羟基丙酸合成新途径中的关键酶——双功能酶-丙二酸单酰辅酶A还原酶（MCR），结合定向进化手段，大大提高了3-羟基丙酸的产量。

丁二酸也是重要的有机化工原料及中间体，在化工、材料、医药、食品领域有着广泛的用途，国际上，荷兰DSM公司、美国Myriant公司、Bio-Amber公司、德国BASF公司及日本三菱化学公司等已开发出微生物发酵法生产丁二酸的生物制造技术。中国科学院天津工业生物技术研究所张学礼课题组成功开发出微生物发酵法生产丁二酸的核心技术，构建了高效生产丁二酸的大肠杆菌细胞工厂，并在国际上首次提出了以NADPH为还原力的丁二酸合成新途径。该技术已转让给山东兰典生物科技股份有限公司，并在$10m^3$发酵罐中完成中试，丁二酸产量达106g/L，转化率达1.02g/g葡萄糖，生产速率达3g/(L·h)，预期2016年建成国际上最大的年产5万吨丁二酸的产业化生产线。

我国在精细化学品的技术创新和市场营销等方面与发达国家相比仍显落后，近年在产学研合作的推动下，逐步具备了生物法生产多种精细化学品的技术能力，在国际市场上有竞争力。中国科学院上海生命科学研究院与下属工业生物技术中心在生物催化酶工程技术体系指导下，实现120余种生物催化酶可工业规模制备，其中青霉素G酰化酶和脱乙酰基酯酶已在半合成β内酰胺抗生素工业上应用；其余生物催化酶的单独或组合新建了13条工业规模的生物催化工艺，用于非天然氨基酸等精细化学品的生产累计达4000余吨；为近百家合作伙伴定制了近200种酶，应用于21种产品或工艺，包括DL-丙氨酸等9条首创工艺、L-叔亮氨酸等4条首仿工艺，及L-瓜氨酸等8条工艺的技术升级，获2015年上海市科技进步一等奖。中国科学院天津工业生物技术研究所与山东寿光巨能金玉米开发有限公司合作开发生物法制备高光纯D-乳酸工艺，年产1万吨高光纯D-乳酸的产业化生产线在2015年投产。

3. 生物基材料产业

生物基材料是新材料制造的生力军，其应用市场近年发展十分迅速。美通社报告预测，全球生物基材料市场年均增长率有望保持在29%，全球产能将从2013年的170万吨增长到2019年的760万吨。我国的主要品种生物基材料及其单体的生产技术在近年取得了长足发展，已形成以可再生资源为

原料的生物材料单体的制备、生物基树脂合成、生物基树脂改性与复合、生物基材料应用为主的生物基材料产业链。2014 年，我国生物基材料与关键单体的年产量约为 550 万吨，已初步形成环渤海、长三角、珠三角三个产业集群。

我国生物基聚合物产品主要以淀粉基降解塑料（PSM）为主，市场以包装薄膜、农用薄膜、日用塑料和泡沫塑料等为主，主要生产企业包括武汉华丽环保科技有限公司、广东上九生物降解塑料有限公司、天津丹海股份有限公司（年产 3 万吨降解母料和 3 万吨制品）等，表 2-44 列出了部分淀粉基塑料生产企业的产能概况（数据主要来自公司网站和新闻报道，下同）。

表 2-44　部分淀粉基塑料企业产能概况

生产企业	生产能力/(t/a)
武汉华丽环保科技有限公司	100 000
广东上九生物降解塑料有限公司	50 000
天津丹海股份有限公司	30 000
浙江杭州鑫富药业股份有限公司	20 000
南京比澳格环保材料有限公司	10 000
浙江华发生态科技有限公司	10 000
成都新柯力化工科技有限公司	5000

我国聚乳酸（PLA）行业近几年发展较快，且有多个聚乳酸生产项目在建/拟建，正在迈向聚乳酸生产加工大国行列。2014 年，我国聚乳酸行业规模企业工业总产值达到了 24.13 亿元，同比增长 23.2%，表 2-45 列出了我国部分聚乳酸企业产能概况。2015 年 6 月，中粮集团在长春市投资建设聚乳酸项目正式开建，一期工程总投资 8.5 亿元，将形成年产 3 万吨聚乳酸原料及 3 万吨聚乳酸制品能力，规划 2015 年年底前投入量产；第二阶段将继续投资建设年产 10 万吨聚乳酸项目，规划 2017 年动工，将增加聚乳酸工程塑料及聚乳酸纤维等产品；第三阶段将投资建设年产 50 万吨聚乳酸项目；建成后有望实现营业收入 125 亿元，带动相关上下游产业超过 300 亿元。

表 2-45　部分聚乳酸企业产能概况

生产企业	技术合作	生产能力/(t/a)
浙江海正生物材料股份有限公司	中国科学院长春应用化学研究所	10 000;50 000 待建
江苏九鼎集团		20 000 待建
上海同杰良生物材料有限公司	同济大学	10 000 待建
常熟市长江化纤有限公司		10 000 待建

我国聚羟基脂肪酸酯（PHA）年总产能超过 2 万吨，产品类型和产量均处于国际领先地位；还具备年产 1 万吨 PBS 的能力、年产 1 万吨二氧化碳共聚物（PPC）的能力（世界第一），同时有 2 万吨的 1,3-丙二醇产能提供给 PTT 合成。表 2-46 列出了部分生物基材料企业生产现状，从表中也可以看出，产学研合作极大地推动了我国生物基材料产业的发展。

表 2-46　部分生物基材料企业产能概况

种类	生产公司	技术合作	生产能力/(t/a)
聚羟基脂肪酸酯	青岛蔚蓝生物集团有限公司	清华大学	10,PHB
	宁波天安生物材料有限公司		2000,PHBV
	广东江门生物技术开发中心有限公司	清华大学	25,PHBHHx
	天津国韵生物材料有限公司		10 000,P34HB
	山东意可曼科技有限公司		5000,P34HB
	山东鲁抗医药集团	清华大学	500,PHBHHx 等
PBS	内蒙古东源科技有限公司		200 000 待建
	山东兰典生物科技股份有限公司	中国科学院天津工业生物技术研究所、清华大学	100 000 待建
	广州金发科技股份有限公司	中山大学等	30 000,90 000 待建
	安徽安庆和兴化工有限公司	清华大学	10 000
	新疆蓝山屯河化工股份有限公司	清华大学	5000
	杭州鑫富药业有限公司	中国科学研究院理化技术研究所	3000,20 000 待建
PPC	台州邦丰塑料有限公司	中国科学院长春应用化学研究所	30 000,100 000 待建
	江苏中科金龙化工股份有限公司	中国科学院广州化学研究所	万吨级
	蒙西高新技术集团公司	中国科学院长春应用化学研究所	千吨级
	中国海洋石油总公司	中国科学院长春应用化学研究所	3000
	河南天冠企业集团有限公司	中山大学	5000

4. 生物能源产业

我国是世界上第三大生物燃料乙醇生产国和应用国，仅次于美国和巴西，2014 年产量约 216 万吨，发展潜力巨大。近年来，在国家财税政策调节的引导下，我国燃料乙醇行业逐渐向非粮经济作物和纤维素原料综合利用方向转型，积极开展技术工艺开发和示范项目建设。目前全国范围内已建成中粮肇东、吉林燃料乙醇、中粮安徽丰原、中粮广西、河南天冠、中兴能源、山东龙力 7 家生物燃料乙醇生产企业，封闭推广地区包括河南、安徽、黑龙江、吉林、辽宁、内蒙古等省份。2014 年，中粮集团、中国石化集团

等单位开发了适用于玉米秸秆等多种原料的全套纤维素制乙醇的生产技术，形成5万吨/年纤维素制乙醇生产工艺包，可为万吨级示范装置的建设提供技术支撑；山东龙力生物科技股份有限公司投资建设40万吨秸秆综合利用项目，规划年产纤维素乙醇3万吨；黑龙江建业燃料有限责任公司与丹麦生物燃料技术控股公司合作投建大型秸秆综合利用加工基地，设计年产30万吨秸秆纤维素乙醇，预期建成全球最大的生物乙醇燃料转化加工基地。中国科学院上海工业生物技术研发中心杨晟课题组与丹麦诺维信公司合作，在山东大学协助下共同开发的秸酿™酵母，与诺维信已经推出的纤维素酶配合使用，大大提高从玉米秸秆和甘蔗渣等多种生物质原料到燃料乙醇的转化率并降低生产成本，使大规模商业化利用纤维素生产燃料乙醇成为可能，目前该酵母产品已在全球范围的纤维素乙醇商业项目中成功应用。

我国生物柴油产业发展处于成长期，生物柴油总产能约300万～350万吨，但由于受到原料供应的限制，生产装置开工率不足，2014年产量约为121万吨，无法满足巨大的市场需求。为此，生物柴油企业正在积极寻求替代原料，开发和推广生物柴油新技术，加快建设工业装置。2014年，中国科学院广州能源研究所攻克了以高粱秆、玉米秆等秸秆原料转化为航空燃油的关键技术及转化设备，在辽宁营口建立了150t/a生物航空燃油的中试系统，产品达到了国际生物航空燃油标准，具备了应用于航空飞行的质量可行性；2015年3月，利用中国石化集团开发的废弃油脂生物燃料，中国首次使用混合生物航油完成了载客商业飞行并取得成功。同时，中国科学院多个研究所、华东理工大学、中国海洋大学，以及中国石化集团等多家科研机构和企业正在积极合作开展微藻培养和生物柴油转化技术研发，新奥集团股份有限公司正在内蒙古开展国家级微藻生物能源产业化示范项目，逐步推进微藻生物柴油的产业化道路。

5. 绿色生物加工

近年来，我国经济快速发展，但资源和能源消耗是世界平均水平的2～3倍。造纸、纺织和医药化工等轻化工产业普遍存在高能耗、高物耗、高水耗的问题，是环境污染的重点源头，迫切需要引入节能减排的绿色工艺来缓解产业压力，而基于酶的绿色生物工艺可以显著降低能耗、物耗和水耗，近年取得一定进展。中国科学院理化技术研究所开发的酶法明胶制备新工艺将传统碱法多步工艺简化为酶法一步工艺，缩短了工艺流程，减少了90％以上水耗，降低能源和酸碱用量30％，实现了明胶制备的绿色工艺替代，合作企业获得国家食品和药品辅料生产资质许可，已进入市场销售。

三、结语

进入21世纪以来，人类在基础研究和技术开发方面不断取得创新与突破，研究范式和产业形态正在发生深刻变革，生物产业与工业制造产业相互交叉融合，极大促进了绿色生物制造产业和生物经济的发展。在我国经济走向新常态、“中国制造”走向“中国智造”的重要历史阶段，在“创新、协调、绿色、开放、共享”的发展理念指导下，我国迎来生物制造产业发展的重要机遇和挑战。

为了更好地迎接即将蓬勃发展的生物经济，未来我国应做好生物制造与上游生物农业、下游生物服务产业的融合，充分发挥生物制造产业的核心支撑作用，推动高效、清洁、低碳、循环的绿色生物制造体系的发展。在研究与开发方面，加强合成生物学等有可能发生重大变革的科学问题研究，开发更强大的人工合成生物体系和技术平台，加强发明专利的国际知识产权保护力度。在产业发展方面，按照“创新发展”和“绿色发展”的要求，推进提质增效、加快转型升级，进一步提升发展质量与效益：针对生物发酵产业，提高供给结构对需求变化的适应性和灵活性，加强供给侧改革，积极化解产能过剩矛盾，促进行业经济健康发展；针对生物化工产业，重点开发具有高附加值的生物基平台化学品，向更高性能、精细化、智能化及多元化下游衍生品方向拓展；针对生物基材料产业，进一步协调加快完善产业集群建设，加强生物基产品的认证和推广；针对生物能源产业方面，积极引导非粮可再生原料和创新技术的产业应用；同时，重视发展绿色生物工艺过程对能耗高、污染重的传统加工工艺的重要替代作用。此外，还应主动适应和引领经济发展新常态，关注“互联网+生物技术”和生物创客等新兴业态和创新模式的发展，着力提升科技成果转移转化效果和公共服务能力，打通生物技术向产业化转变的“最后一公里”。

（撰稿专家：刘斌）

生物基材料

一、概况

近年来，生物基材料由于其绿色、环境友好、资源节约等特点，正逐步成为引领当代世界科技创新和经济发展的又一个新的主导产业。

生物基材料，是利用谷物、豆科、秸秆、竹木粉等可再生生物质为原料制造的新型材料和化学品等，包括生物合成、生物加工、生物炼制过程获得的生物醇、有机酸、烷烃、烯烃等基础生物基化学品，也包括生物基塑料、生物基纤维、糖工程产品、生物基橡胶以及生物质热塑性加工得到塑料材料等。

生物基化学品和材料产业已逐渐从实验室走向市场实现产业化。国际上，1,3-丙二醇、丁二酸等重要生物基材料单体的生物制造路线，已经实现中试生产。2014 年，全球生物基材料产能已达 3000 万吨以上，生物基塑料表现尤其突出。2006 年以来生物基塑料销售额的复合增长率为 26.7%，据产业情报机构"Lux Research"报道，受美国和巴西市场增长带动，生物基塑料 2018 年全球产能将跃升至 740 万吨以上。

我国的生物基材料产业发展迅猛，关键技术突破不断，产品种类速增，产品经济性增强，生物基材料正在成为产业投资的热点，显示了强劲的发展势头。2014 年，我国生物基材料总产量约 580 万吨，其中再生生物质纤维产品约 360 万吨，有机酸、化工醇、氨基酸等化工原料约 140 万吨，生物基塑料约 80 万吨，同比增长约 20%。

二、主要产品

（一）生物基化学品

1. 乳酸

乳酸可以化学法或者微生物发酵法生产，目前绝大多数企业采用生物法

制造，合成聚乳酸的乳酸光学纯度要求在99.5%以上，国内生产企业乳酸光学纯度一般在97%以下，尚不能直接用于合成高分子的聚乳酸材料。L-乳酸合成得到PLLA一般不耐热，需要经过改性才能耐热，而D-乳酸合成得到PDLA则可以耐热。目前，中科院天津工业生物技术研究所的微生物发酵制造D-乳酸技术已经在山东寿光巨能金玉米有限公司中试达产，产能1万吨/年。

2. 1,3-丙二醇

我国在1,3-丙二醇的好氧发酵、工业放大、代谢工程以及分离提取技术方面取得突破，湖南海纳百川生物工程有限公司、河南天冠集团以及黑龙江辰能生物等公司都已经开始建设中试工业装置。

3. 丁二酸

丁二酸是优秀的"C_4平台化合物"，作为大规模工业原料应用时，可以取代很多基于苯和石化中间产物的商品如BDO、THF、GBL等。我国现有丁二酸大部分是电化学法生产工艺，国内以微生物发酵为基础的丁二酸绿色生产工艺只是刚刚开始起步。2013年扬子石化公司1000t/a生物发酵法制丁二酸中试装置建成，该装置依托扬子石化现有装置及公用工程配套设施，采用中国石化与南京工业大学高校科研单位共同开发的生物发酵法合成丁二酸技术。山东兰典生物科技股份有限公司和中科院天津工业生物技术研究所合作，生物发酵丁二酸中试生产线（年产能300t）建设已完成，丁二酸的光学纯度等指标基本满足PBS合成的要求。

（二）生物基塑料

生物基塑料是生物基材料的一个大品种，按照其降解性能可以分为2类，即生物降解生物基塑料和非生物降解生物基塑料。生物降解生物基塑料包括聚乳酸、聚羟基烷酸酯、二氧化碳共聚物、二元酸二元醇共聚酯、聚乙烯醇等，非生物降解生物基塑料包括聚乙烯、尼龙、聚氨酯等多个品种。

1. 可降解生物基塑料

（1）二元酸二元醇共聚酯（PBS、PBSA、PBAT）　二元酸二元醇共聚酯［聚丁二酸丁二酯（PBS）、聚丁二酸己二酸丁二酯（PBSA）、聚对苯二甲酸己二酸丁二酯（PBAT）］产能已超过10万吨/年。国内研究单位主要有中科院理化所、清华大学、四川大学等。常茂生物化学工程股份有限公司，已建成年产1万吨生物发酵法丁二酸生产线。安庆和兴化工有限公司已建成年产1万吨PBS项目。杭州亿帆鑫富药业股份有限公司，年产PBS 1.3万吨。广州金发科技控股公司的PBSA完全生物降解塑料生产线产能3万

吨，重点产品农用生物降解地膜。山东悦泰生物新材料有限公司（原山东汇盈新材料有限公司）年产 2.5 万吨 PBS、PBAT。新疆蓝山屯河聚酯有限公司，拥有年产 5000t 薄膜级 PBS 及 PBAT 生产装置，目前正在建设 3 万吨/年生产线。金晖兆隆高新科技有限公司，已建成年产 2 万吨生物降解塑料（PBS、PBAT）生产线。

（2）聚乳酸（PLA） 聚乳酸（PLA）国内表观消费总量已达到 2.2 万吨以上，PLA 的产品主要销往海外。浙江海正生物材料有限公司在生产量 5000t 左右基础上进行了扩建，达到 1.5 万吨/年的生产能力，5 万吨/年生产线已于 2014 年年底动工建设。除海正外，国内 PLA 的原料生产企业还有多家，江苏宿迁允友成公司 1 万吨 PLA 生产线已开始调试，江苏仪征化纤 4 千吨 PLA 纤维树脂线、江苏南通九鼎公司万吨级 PLA 生产线、安徽马鞍山同杰良 300t 级 PLA 纤维树脂生产线、光华伟业湖北孝感千吨级 PLA 生产线都已能投入生产，正准备建设的有吉林中粮生化有限公司的 1 万吨生产线、山东金玉米公司的 1 万吨 PLA 生产线、河南南乐天仁 1 万吨生产线。

（3）二氧化碳共聚物（PPC） 我国 PPC 的主要研究单位有中科院广州化学研究所、长春应用化学研究所、浙江大学、中山大学理工学院等。浙江台州邦丰塑料有限公司从 2010 年 6 月开始利用长春应化所的专利技术，2012 年一期 1 万吨/年生产线目前是世界上第一条连续稳定生产的万吨级生产线。河南天冠集团有限公司以自主知识产权的二氧化碳捕获技术和成套装备技术，建成了千吨级 PPC 工业化生产线，拥有 10 多项专利。江苏中科金龙化工股份有限公司已建成年产 2.2 万吨 PPC 生产线和年产 160 万平方米高阻燃保温材料生产线。南通华盛高聚物科技发展有限公司从 2007 年 12 月开始与长春应化所合作开发 PPC 改性和膜加工技术，每年出口美国、日本和欧盟的塑料薄膜超过 2 万吨。

（4）天然材料基生物降解塑料 天然生物降解塑料中，热塑性淀粉和植物纤维模塑已经产业化，其他天然材料尚处于基础研究阶段。武汉大学张俐娜院士在溶液中将纤维素溶解，然后再将其处理后来制作纤维、薄膜等，目前也正在产业化中试过程中。

（5）聚羟基脂肪酸酯（PHA） 我国 PHA 研究方面介入较早，处于世界先进水平。国内规模化生产的单位有宁波天安生物材料有限公司，已经达到 2000t/a 的生产能力。天津国韵生物科技有限公司在天津已建设了年产 1 万吨/年的 PHA 生产线，目前和北京福创投资公司合作后，拟在吉林筹建 10 万吨/年新工厂。

(6) 聚己内酯（PCL） 国内从事PCL研究的单位有四川大学等，四川大学采用己二醇一步法合成己内酯单体，生产工艺绿色环保。中试生产的单位有深圳市光华伟业股份有限公司等。

(7) 热塑性生物质塑料 已产业化或已中试的单位有武汉华丽、广东益德、苏州汉丰、浙江天禾、浙江华发、南京比澳格、河北昭和、广东上九、肇庆华芳、烟台阳光澳洲、常州龙骏等公司。

武汉华丽生物材料有限公司建立了完整产业链，改性淀粉（PSM）生物塑料规模3万吨/年，新建6万吨规模以木薯淀粉、秸秆纤维为主要原料的PSM生物塑料及制品研发生产基地。

深圳虹彩新材料科技有限公司主营业务为热塑性复合生物基改性塑料树脂及制品，形成生物改性树脂1.5万吨，吸塑、注塑、吹膜等生物基塑料制品1万吨的产能。规划建设二期5万吨规模复合热塑性生物基塑料及2万吨制品的扩产。

苏州汉丰新材料有限公司年产4万吨木薯变性淀粉。产品包括变性淀粉、添加母料、专用料、片材、膜袋类、注塑与吸塑类等，规模化年产3万吨级粒料及制品。

热塑性淀粉基塑料企业还有浙江天禾生态科技有限公司拥有3.5万吨年产量生物基全系列材料与产品（包括吹膜/吸塑/注塑产品），浙江华发生态科技有限公司（8000t/a）和常州龙骏天纯环保科技有限公司（规模8000t/a）等。广东益德环保科技有限公司以“淀粉降解材料挤出片材机组”成套设备的核心技术为依托，研发全生物降解一次性消费品、婴童系列产品和地膜，产品出口多国。

四川（五粮液集团）普什集团拟以木浆粕、棉浆粕等天然纤维为主要原料，建设年产3万吨级新型热塑性纤维素合成生产线，建设年产万吨级生物基三乙酸纤维素光学材料专用料、万吨级生物基热塑性纤维素包装制品生产线。

江苏锦禾高新科技股份有限公司主营天然秸秆塑料、玉米淀粉基塑料以及生物基全降解塑料原料及产品。

合肥恒鑫环保科技有限公司、厦门协和环保科技有限公司目前产能3万吨，正拟建2万吨PLA片材包括吹膜/吸塑/注塑产品、一次性包装以及淋膜纸杯与纸餐具等。

2. 不可降解生物基塑料

(1) 生物基聚酰胺（PA） 生物基尼龙指相对于石油基PA，其单体源

于可再生物质（如蓖麻油、葡萄糖），完全生物基PA主要有PA11、PA1010，部分生物基PA主要有PA610、PA1012、PA410、PA10T等。生产的企业主要有苏州翰普高分子材料有限公司、上海凯赛公司、广州金发科技股份有限公司等，郑州大学和山东拓普生物材料有限公司合作，计划建立年产量10 000t长链二元酸、聚酰胺树脂等产品的生产示范线。

（2）聚对苯二甲酸丙二醇酯（PTT） PTT是一种以对苯二甲酸、1,3-丙二醇为主要原料缩聚而成的聚酯，其中1,3-丙二醇可由生物法经氧化途径或还原途径制得。目前PTT多用作纤维。

（3）生物基聚氨酯（PU） 生物基聚氨酯通常指传统石油基PU中的含活泼氢化合物由可再生物质替代，或由可再生物质经非异氰酸酯法合成的一类生物基高分子材料，包括油脂基聚氨酯、多糖基聚氨酯、氨基酸基聚氨酯等。其中油脂基聚氨酯由于其性能优良，技术相对成熟，已经实现了产业化，产品应用在建筑保温、座椅、涂料、胶黏剂及密封胶等不同领域。

（三）生物基纤维

1. 生物基合成纤维

生物基合成纤维包括PLA纤维（聚乳酸纤维），PHBV与PLA共混纤维、PTT纤维、PBT纤维等。

我国PLA纤维生产规模约1.5万吨/年，生产企业分布在江苏、上海、河南等地。上海同杰良目前建成了年产1万吨聚乳酸生产线。河南龙都目前一期1万吨聚乳酸长、短纤生产线已投产。此外，海宁新能、张家港安顺等也有一定产量。

PTT是由PDO和PTA缩聚制成的芳香族聚合物，以此聚合物为原料，可生产各种PTT长丝和短纤维。目前该纤维已应用于纺织领域，总产能约3万吨/年，主要产地为江苏、上海、辽宁等。

PBT纤维是近年来开发的一种新型纤维，产地集中在江苏，以切片纺为主，企业主要有仪征化纤、兴盛新材料、恒力和盛虹等。兴盛新材料建成了连续聚合熔体直纺工艺PBT弹性纤维生产线（PBT长丝），年产能约3万吨。盛虹目前PBT民用丝的产量约为1万吨/年。

2. 生物基新型纤维素纤维

生物基新型纤维素纤维，包括纤维（天丝）、竹浆纤维、麻浆纤维，我国在该领域有着重大创新。

保定天鹅化纤集团有限公司建成了国内首条万吨级天丝生产线。山东英利实业有限公司在引进奥地利先进生产技术和工艺设备基础上，进行消化吸

收和再创新，建成了年产 1.5 万吨的天丝生产线，并推出自主品牌瑛赛尔。

以竹浆粕为原料的竹浆纤维是我国生物基纤维行业的一大创新成果，总产能约 12 万吨/年，技术和产品国际领先。主要产地为河北、河南、四川、上海等。

麻浆纤维是近年来我国研发成功的又一种新产品。目前我国麻浆纤维产能约 5000t/a，集中在河北、山东、云南等地。

海洋生物基纤维则包括壳聚糖纤维和海藻酸盐纤维。我国拥有完全自主知识产权，主要生产地为山东、天津等，产能约 2000t/a。

利用海藻提纯的海藻酸盐经纺丝而成的海藻酸纤维，目前在我国已建成拥有自主知识产权和自行设计的产业化生产线，产能约 1000t/a，厦门百美特是海藻纤维湿法纺丝技术的代表企业。

三、市场分析

生物基化学品方面，2015 年丁二酸的表观消费量约 10 万吨，据透明度市场研究 2013 年发布的报告显示，预计在 2018 年将达到价值 8 亿美元的丁二酸市场需求量。

2014 年全球乳酸表观消费量约 40 万吨，国内的乳酸产能 20 万吨以上但实际表观消费量只有 6 万吨左右。虽然国内供求之间已大大失衡，但仍有企业准备上乳酸生产项目，必须引起关注。

生物基塑料方面，近几年发展迅猛，关键技术不断突破，产品种类速增，产品经济性增强，正在成为产业投资的热点，显示了强劲的发展势头，有数十条万吨以上的生产线已经或正在建设中。从短期看，生物基塑料由于成本偏高，一些具有功能性的应用品种会发展较快，如生物降解塑料由于具备了生物降解性能而符合欧美发达国家禁塑令的要求，即使成本高也有较大的市场空间。从长远看，除了具有生物降解功能的生物基塑料发展外，一些生物基尼龙、生物基聚乙烯、生物基聚对苯二甲酸乙二醇酯等非生物降解塑料可能会在国际上有较大规模的应用。但在我国，因为这些材料目前尚没有中试规模，因此在短期内不会有很大规模的发展。

聚乳酸（PLA）虽然产能有所上升，但面临竞争风险对象仍是美国 NatureWorks公司，目前 NatureWorks 公司 PLA 产品价格远远低于国产原料，而且其在泰国的 10 万吨利用木薯淀粉为原料生产 PLA 工厂预计将投入生产。

聚丁二酸丁二酯（PBS）、聚对苯二甲酸己二酸-丁二酯（PBAT）的总产能已达到10万吨，规模化生产厂家达到6家，分别是山东汇盈（2.5万吨/年）、杭州鑫富（1万吨/年）、山西金晖（2.5万吨/年）、蓝山屯河（0.5万吨/年）、广州金发（3万吨/年）、光华伟业（0.1万吨/年），但实际表观消费量约1.5万吨，另外，山东兰典公司正在准备建设10万吨/年PBS生产线，总体来看此类材料的产能已出现过剩现象。除了国内的竞争风险外，面临国际竞争的风险是德国巴斯夫公司，巴斯夫公司目前有7.4万吨的二元酸二元醇共聚酯生产装置，其原料的性能目前尚无国内公司能够超过。

二元酸二元醇共聚酯（PXT）包括了PTT等聚合物，虽然有中试规模工厂，但在生物基化工原料方面仍缺乏有竞争力的供给商，产品大规模生产成本及其应用性能尚具有不确定性。

四、研发动向

我国发酵法生产乳酸的工业化路线成熟，部分技术处于国际先进水平，使得乳酸成为成本低廉的发酵工业产品。以乳酸为原料经衍生转化生成丙烯酸、丙酮酸、1,2-丙二醇、乳酸酯，有望成为最具应用前景的生物基制备化学品的途径。

在丁二酸生产制备过程中，原料成本占有极其重要的比例，因此寻求廉价的生物质原料来替代传统的葡萄糖和酵母膏原料作为碳、氮源制备丁二酸已经成为经济型生产的重要因素。研究结果表明，生物质资源替代或部分替代传统原料生产丁二酸的策略是有效可行的，产丁二酸量相比是相差无几的，但这些廉价生物质的利用却使发酵成本大大降低了。但生物质资源的利用还需要对其进行酸、碱或酶的预处理从而获得水解液，目前在预处理阶段还存在一定的技术难点，且在处理过程中会产生一些抑制因子如呋喃甲醛、酚类化合物和弱酸等可能会对发酵过程产生抑制作用，克服这些瓶颈也将是今后研究的重点。

五、自主创新情况

我国生物基材料产业规模已具备一定基础，部分企业技术水平已与国际先进水平趋同，产品应用具备初步的市场基础，各地方对生物基材料产业发展和制品的应用已逐步加大重视。多数产品在技术水平上，各类型材料性能

指标都有了较为显著的提升，部分企业拥有关键技术工艺的自主知识产权并且产品已获得国际认证。

利用生物质微生物发酵制造丁二酸技术已获得突破，1,3-丙二醇、D-乳酸等重要生物基材料单体的生物制造路线，已经或即将取得对石油路线的竞争优势。

1,3-丙二醇生物转化技术方面打破跨国企业的技术壁垒，在好氧发酵、工业放大、代谢工程以及分离提取技术方面取得突破，形成具有自主知识产权的制造技术。

我国在聚羟基脂肪酸酯（PHA）、聚丁二酸丁二酯及其共聚物（PBS）、二氧化碳共聚物（PPC）、淀粉基塑料等产品的自主创新方面具有优势，目前我国的原料生产规模、品种及其拥有知识产权已远远领先国际水平。

聚乳酸（PLA）虽然形成了世界第二产能，拥有千余项有关专利，但是在核心合成技术、丙交酯合成技术及其下游高端用途的知识产权，仍显得落后于国际水平。

PBAT、PA等聚合物虽然已有规模生产，但在核心合成技术专利及其产品性能上，尚与国际公司的产品有一定差距。

（撰稿专家：刁晓倩　翁云宣）

精细化学品的生物制造

一、概况

现代经济的发展必须走出一条低能耗、低污染、高效益的新型经济发展道路。而具有环境友好、过程高效、可持续发展等显著特点的新一代物质加工模式，即以生物催化为核心的工业生物技术在社会可持续发展的技术体系中的地位已经被提到空前重要的战略高度。

精细化学品是指产量小（<1000t/a）、附加值高（>10 美元/千克）、纯度高和技术密集的化工产品，包括医用化学品、农用化学品和其他特种化学品。精细化工是当今世界化学工业的发展重点，是国家综合国力和技术水平的重要标志之一，精细化率（精细化工在整个化学工业中所占的比重）的高低已经成为衡量一个国家或地区化工发展水平的主要标志之一。目前发达国家的精细化率已高达 60%～70%，而我国精细化率不到 40%。由于大部分的精细化学品生产过程复杂，纯度要求高，因此生产过程会产生大量的废弃物。经统计，每生产 1kg 精细化学品就会产生 5～50kg 的废物。因此尽管精细化学品生产规模不大，但每年却消耗了大量的原料，产生了成千上万的废物。目前现代精细化学工业存在污染严重和能耗高的缺点，对人体健康、环境、生态的负面影响也越来越引起人们的重视。而要降低废物量，提高原料利用率，就迫切需要开发更为高效环保的精细化学品合成方法。

生物催化过程是依托微生物与酶进行的现代制造技术，几乎所有已知的有机反应类型都能找到相应的生物催化反应过程。生物催化所特有的催化效率高、反应条件温和、副反应少、选择性高、催化剂无毒可完全降解、生产安全性高等优势，完美地体现了绿色化学原则，正是人们所寻求的绿色化学过程。通过现代工业生物技术和新型化工技术交叉融合、技术集成，开发和高效利用可再生资源来补充和取代目前过于依赖非再生并日益减少的化石燃料资源，实现环境友好、绿色、制造功能性高附加值精细化工材料，可减少传统化学品的使用，降低原材料、水和能源消耗，改善生产条件，简化工艺

过程，避免或减少副产物的生成以及减少废物排放，保护环境，提高使用安全性，这是可持续发展的一个全球趋势，尤其是对于资源和能源相对缺乏，但是经济发展极其迅速的我国来说，具有非常重要的战略意义，社会效益和经济效益均非常显著。

基于以上特点，国际上已日益关注生物催化的研究并在该领域投入了大量的研究工作，生物催化研究已成为发达国家的重要科技与产业发展战略。近年来，高通量生物催化剂筛选技术、生物催化剂改造的合理分子设计和定向进化技术、现代过程工程技术等领域的进步，越来越多的新酶或赋予了新功能的酶被发现和表达，并不断应用于现代有机合成中，极大地推动了生物催化技术的发展，生物催化与生物转化应用于精细化学品的大规模生产已有大量成功实例。围绕上述生物催化及生物转化中存在的关键问题，现代分子生物技术及反应工程的不断突破和发展，为改善生物化工加工过程在催化剂本身和反应工程方面的局限性提供了有效的发展策略，为其进一步大规模产业应用提供了发展基础。生物催化与生物转化技术的引入将为精细化学品的蓬勃发展注入新的活力，同时也必然将成为该领域再度腾飞的决定性因素。在充分考虑我国人多地少，粮食资源紧缺的国情，制造业核心竞争力不强的现状以及我国生物催化与生物转化研究具有的优势的情况下，近年来我国优先发展了其在高端领域——手性化学品和医药化学品中的基础研究和应用，并取得了显著的进展。

二、主要产品

1. 阿托伐他汀

阿托伐他汀是近年来开发最为成功的降血脂药物，作为一种羟甲基戊二酰辅酶A（HMG-CoA）还原酶抑制剂，其能通过竞争性抑制内源性胆固醇合成限速酶——HMG-Co A还原酶的活性而阻断细胞内甲羟戊酸代谢途径，使肝脏内胆固醇合成减少，同时促使细胞表面低密度脂蛋白受体数量和活性增加、使血浆胆固醇清除加快，在降血脂的同时，也有助于防治动脉粥样硬化、冠心病等心血管疾病。阿托伐他汀在2004年的销售额就超过了100亿美元，成为世界上首个单笔药物年销售额过百亿的药物，2008年更是达到了137亿美元，成为全球销量最高的降血脂药物。

针对传统的阿托伐他汀全化学合成工艺存在使用昂贵的手性源试剂和易燃易爆的硼烷，废弃物处理困难，合成需要＜－65℃深冷条件、能耗大，

6-氰基-(3*R*,5*R*)-二羟基己酸叔丁酯（A7）差向诱导不充分、(4*R*,6*R*)-6-氰甲基-2,2-二甲基-1,3-二氧六环-4-乙酸叔丁酯（TBIN，A8）d. e. 值低，产物阿托伐他汀钙结晶收率低、生产成本高等问题，研究人员通过逆合成分析，设计出8条合成路线，综合环境、安全性、原料和成本等因素，选择4-氯乙酰乙酸乙酯为出发原料的合成路线，确定手性中间体（*S*）-4-氯-3-羟基丁酸乙酯、(*R*)-4-氰基-3-羟基丁酸乙酯、6-氰基-(3*R*,5*R*)-二羟基己酸叔丁酯、TBIN为阿托伐他汀钙化学-酶法合成新路线的关键节点；针对新合成工艺的关键手性中间体，筛选、设计、改造酶基因，构建具有自主知识产权的具有工业应用潜力的新酶；进行关键酶大规模制备、生物催化过程优化与调控研究，构筑关键手性中间体的生物催化合成技术；攻克了羰基还原酶、卤醇脱卤酶筛选、改造、大规模制备关键技术，解决化学反应与生物催化反应的相容性和工艺对接难题，实现二者的高效整合和有机互补，通过引入三步生物催化反应步骤，重构TBIN和阿托伐他汀钙合成过程。新路线选择非手性化合物为起始原料，引入三步生物催化反应，实现对合成路线的突破；开发关键手性中间体和阿托伐他汀钙的生产工艺集成技术，优化片剂处方，建立阿托伐他汀钙原料药与片剂生产线及质量控制技术。实现了阿托伐他汀钙的化学-酶法合成技术产业化，为工业用酶的发现与设计、改造与制备并用于制造多手性医药化学品的工业应用提供了成功范例，在关键酶技术及其工业应用取得重大突破。

2. 普瑞巴林

普瑞巴林（*S*-3-氨甲基-5-甲基己酸）是抑制性神经递质γ-氨基丁酸（GABA）的结构类似物。由于良好的神经病理性疼痛和癫痫治疗效果，普瑞巴林已成为“重磅炸弹药物”。由于*S*-型普瑞巴林具有更强的药理活性，不对称合成普瑞巴林成为近年来的研究热点。

辉瑞公司开发的第一代普瑞巴林化学合成工艺是经典拆分过程，存在以下问题：需要等当量的手性扁桃酸（1.6t/t）；拆分步骤靠后且无效单体难以回用，75%原材料浪费；总收率低（20%），生产成本高。辉瑞公司第二代普瑞巴林合成工艺引入商品化脂肪酶Lipolase®，选择性拆分外消旋2-羧乙基-3-氰基-5-甲基己酸乙酯（CNDE），生成(3*S*)-2-羧乙基-3-氰基-5-甲基己酸。该手性中间体经脱羧、碱性水解、氢化制得普瑞巴林。但该工艺中最关键的生物催化剂，目前只有Novozymes公司的Lipolase®（来源于*Thermomyces lanuginosus*的商品化脂肪酶，TLL）能满足工业化生产的需要。因此，获得能够高效拆分CNDE的新催化剂，成为普瑞巴林化学酶法合成

工艺的关键。

研究人员结合普瑞巴林药效基团、立体中心、有效前体等拆分策略，采用逆合成分析，确定(3*S*)-2-羧乙基-3-氰基-5-甲基己酸、(*S*)-3-氰基-5-甲基己酸、(*S*)-3-氰基-5-甲基己酸乙酯为普瑞巴林合成路线；针对高效拆分CNDE制备普瑞巴林手性中间体新生物催化剂开发，从基因挖掘与克隆、异源表达、分子改造、催化工艺及应用等方面开展研究，成功建成了30t/a普瑞巴林工业化生产线。

3. 扁桃酸

扁桃酸及其衍生物是一类重要的手性砌块，是制备许多药物如半合成青霉素、头孢菌素等的重要中间体，可用于合成血管扩张药环扁桃酯、眼科药物羟苄唑及中枢神经兴奋药匹莫林等多种扁桃酸系列药物，被广泛应用于药物合成及立体化学的研究领域。研究表明，单一构型的扁桃酸及其衍生物所合成的药物与外消旋的扁桃酸及其衍生物合成的药物相比，不仅药效更高，更关键的是副作用下降了，目前国际市场上光学活性的扁桃酸需求约以年均10%以上的速度增长，已成为重要的精细化工中间体。

利用氧化酶-还原酶组合能够高效催化外消旋扁桃酸制备（*R*）-扁桃酸。研究人员筛选到一株高效、高立体选择性的产羰基还原酶菌株ZJB-5074，鉴定为*Saccharomyces cerevisiae*。对*S. cerevisiae* ZJB-5074不对称还原苯乙酮酸生成（*R*）-扁桃酸的条件进行了优化。在最适条件下转化苯乙酮酸生成（*R*）-扁桃酸，反应48h后产率为96.67%，对映体过量值（e.e.%）大于99.9%。

4. *S*/*R*-环氧氯丙烷

环氧氯丙烷（又称表氯醇，简称ECH）是一种重要的工业原料，主要用于合成环氧树脂、氯醇橡胶、涂料、胶黏剂、增强材料和浇铸材料等产品。此外，光学活性的ECH也是一种重要的C_3手性合成子，用于手性药物中间体的制备。ECH的生产工艺主要包括丙烯高温氯化法和乙酸烯丙酯法，其主要原料均依赖于石油工业，生产成本高，且环境污染严重。近年来，以生物柴油副产物甘油为原料，经过甘油的化学加卤和二氯丙醇的生物脱卤合成ECH的工艺路线，已成为研究热点。研究人员构建脱卤酶-环氧水解酶组合催化体系，通过对卤代醇脱卤酶的理性改造和反应条件优化，实现了由卤代醇高效制备手性*S*/*R*-环氧氯丙烷。

5. L-苯甘氨酸

L-苯甘氨酸及其衍生物是一类重要的手性非天然氨基酸，它是合成众多

抗生素及抗血小板药物的重要中间体，在医药、化工及农药领域都具有十分广泛的应用。利用生物转化法合成手性非天然氨基酸具有催化效率高、选择性好、绿色环保等优势，近年来正逐渐成为研究的热点。

通过基因组数据挖掘的方法，筛选得到5个具有D-扁桃酸氧化活力的脱氢酶，其中来自短乳杆菌（*Lactobacillus brevis*）的NAD^+依赖的扁桃酸脱氢酶*Lb*DMDH具有最好的催化性能。将该酶与扁桃酸消旋酶（MRM）及亮氨酸脱氢酶（Es LeuDH）偶联组成三酶级联反应系统，应用于从外消旋扁桃酸出发高效合成L-苯甘氨酸。通过对三种酶的比例、底物/催化剂比例、辅酶添加量和搅拌速率等条件进行优化，可以在底物上载量30g/L的条件下实现完全转化，底物上载量是文献最高值的6倍。该反应系统可实现自身辅酶循环，且无中间产物的积累，避免了中间产物的分离提取，催化效率更高。

6.（*R*）-2-羟基-4-苯基丁酸乙酯

（*R*）-2-羟基-4-苯基丁酸乙酯［（*R*）-HPBE］是合成众多普利类药物（血管紧张素抑制剂ACEI）的重要中间体。目前合成（*R*）-HPBE的方法主要有化学法和生物法。化学法总的工序较少，但是存在需要使用高压设备、昂贵的金属催化剂、产物ee值不高、对底物纯度要求高等缺点。生物法由于条件温和，底物转化率比较高，特别是产物ee值较高而受到关注。在生物法中，还原法相对于拆分法更高的理论收率使它成为工业上生产（*R*）-HPBE的可选途径。

研究人员将前人发现的羰基还原酶*CgKR2*基因导入到毕赤酵母中，构建了酵母重组菌株用于还原法制备（*R*）-HPBE。通过高拷贝筛选和摇瓶发酵筛选，最终得到了两株表达量较高的重组菌，分别为胞内表达的KM71/3.5k-CgKR2和分泌表达的GS115/9k-CgKR2。纯化后的酵母表达蛋白比活高于大肠杆菌表达的CgKR2。

使用毕赤酵母表达的湿细胞和分泌上清作为催化剂，通过添加葡萄糖脱氢酶（BmGDH）和葡萄糖实现辅酶循环，合成了光学纯的（*R*）-HPBE。毕赤酵母表达的CgKR2成为具有潜在工业应用价值的廉价高效生物催化剂。

7. 手性β-羟基腈

手性β-羟基腈是医药与化工行业中非常重要的平台化合物，常被用于合成一些重要的药物，例如治疗心脑血管疾病的他汀类药物、治疗抑郁症的西汀类药物等。目前，生物催化制备手性β-羟基腈的方法主要有：①脂肪

酶催化的动力学拆分；②环氧化合物的立体选择性开环；③β-酮腈的立体选择性还原；④氧化还原酶/卤代醇脱卤酶多酶法催化的级联反应。其中，采用氧化还原酶/卤代醇脱卤酶多酶法催化的级联反应，能以价格相对便宜的潜手性的卤代酮为出发底物，不对称合成手性β-羟基腈，理论转化率可达到100%，具有明显的优势。然而，目前这方面的研究都是在体外进行的。由于不同的酶适宜的催化条件不同，致使该工艺的转化效率不高。另外，体外的多酶法催化需要人为添加昂贵的辅因子，如NAD(P)+等，增加了反应的成本；且需要对各酶分别表达和纯化，过程也较麻烦。

研究人员将氧化还原酶催化的立体选择性还原反应和卤代醇脱卤酶催化的脱卤氰化反应相偶联，在*E.coli*中构建体内的一菌多酶体系，用于以潜手性的α-卤代酮为出发底物的手性β-羟基腈的不对称合成。通过氧化还原酶和卤代醇脱卤酶在*E.coli*中的共表达，首次使用一菌多酶法，以卤代酮为出发底物，制备手性β-羟基腈。该方法操作方便，底物较便宜，转化率可达100%，部分产物ee值大于99%。并通过引入辅酶再生酶和多酶共表达策略的优化，实现了辅酶NADPH和NADH的高效原位再生，并使Eco_RBH多酶体系中各酶的活力达到平衡，有效提高了多酶体系的催化效率。

8.(S)-苯基乙二醇

手性(S)-苯基乙二醇[(S)-PED]是一种非常重要的手性化学剂和手性材料，是液晶中不可缺少的手性添加剂，也是合成类固醇、维生素E和昆虫性外激素（生物杀虫剂）等许多光学活性药物和农药的重要手性中间体。

研究人员构建了一菌四酶共表达系统，(*R*)、(*S*)-羰基还原酶和嘧啶核苷酸转氢酶（PNTA/PNTB）偶联一步法催化（*S*)-苯基乙二醇，实现(*S*)-苯基乙二醇的一步合成，产物光学纯度为96.3%，产率为91.9%。该研究实现了由一个重组细胞从底物（*R*)-苯基乙二醇转化为产物（*S*)-苯基乙二醇的手性转变的突破。

9. L-叔亮氨酸

L-叔亮氨酸（L-Tle）是医药化合物合成中重要的手性砌块，是一种非蛋白原氨基酸，在手性配体、抗癌药及抗艾滋药等的合成中具有广泛应用。L-Tle的生物催化合成则存在底物耐受性差、反应效率低等不足。研究人员利用亮氨酸脱氢酶（LeuDH）/甲酸脱氢酶（FDH）偶联催化三甲基丙酮酸（TMP）不对称还原氨化反应工艺制备L-Tle。采用底物流加策略对该不对称还原氨化反应继续优化，底物浓度可提高至1.50mol/L，时空收率可达

786g/(L·d)，反应效果优于现有报道文献。且以去离子水为反应介质，反应体系放大至1L规模，该工艺仍可稳定运行，表明所开发的不对称还原氨化合成L-Tle工艺路线具有较好的工业化应用前景。

三、市场分析

精细化工材料的发展，开始是以医药、染料、香料等为代表，以后随着石油化工的兴起和合成材料的发展，使稳定剂、增塑剂和具有各种特性的添加剂得到了较大的发展，而且它的范围随着社会科学技术的进步和生产、消费水平的提高还在不断扩大。2010年，世界精细化学品市场规模达到1.5万亿美元左右，精细化率降至44.1%。主要原因是近几年全球市场尤其是中东地区在大炼油、大石化、大化工等领域的投入大且集中，而精细化工产业的投入及发展较为稳定，未出现大起大落的情况，导致精细化工产值占比有所下降。

我国精细化工行业是受经济波动以及政策影响较大、周期性较强的行业，行业的周期性与经济增长的周期性保持较大的相关性，2008年以来，精细化工行业经历了2008年金融危机的大风大浪以及2009年国家政策的扶持，2010年开始恢复其正常的发展态势，需求逐渐恢复、行业的景气程度缓慢回升，虽然2012年我国经济开始步入结构性调整，求质量、轻速度，精细化工行业在保持周期性的同时，行业发展步伐以及表现仍然要优于整个经济的表现。精细化工化学工业大多数是传统的“高能耗、高污染”行业，和国外比，我国精细化工行业单位产品能耗水平明显偏高，而排放物处理率明显偏低，行业快速发展势必会带来资源环境问题。例如，我国农药实际使用药效只有35%，其余的65%均以污染源的形式排放到环境中。市场需求潜力要求行业加快发展。近年来，发达国家大规模向外转移重化工业，造成相关产品的供求出现局部紧张，为我国发展精细化工行业带来机遇，日益增长的内需也为精细化工行业发展提供了广阔的市场。如何使资源环境和行业发展相协调是精细化工行业面临的一大突出问题。目前我国已将精细化工列为21世纪重点发展领域，在“十三五”期间必将会有更大的发展。

此外，目前精细化学品主要来源于化石资源，生物基产品在能源方面低于1%，在原材料方面也不到5%。如今用可再生资源大规模生产化学品正在成为现实，目前生物基精细化工产品的关键问题是价格偏高，品种偏少，性能还需改进。随着石油资源的枯竭和环境压力，发挥生物质的特有骨架结

构，将生物催化技术和化工技术交叉融合、技术集成，开发和高效利用可再生资源，实现环境友好地生产各种功能性高附加值精细化工产品，这是可持续发展的一个全球趋势。

四、研发动向

生物催化技术的核心是生物催化剂。目前国内外围绕高效生物催化剂的选育，正在投入大量人力、物力构建为精细化学品生物制造过程服务的典型生物催化剂资源库（基因库和酶库），建立工业生物催化剂高效筛选、快速表征和微量平行优化等先进技术方法；研究基因序列、蛋白结构和催化性能三者之间的内在关系，探讨底物结构及环境条件对酶催化性能的影响规律；发展生物催化反应-分离相偶联的新型介质体系和过程集成技术，实现新型生物催化剂的研制和产业化应用。重点研究基于基因（组）数据库的生物催化剂资源的定向挖掘技术、基于结构与功能分析的生物催化剂分子设计技术、基于综合评价体系分析的新型生物催化剂的多功能筛选技术、基于功能单元认知的多酶生物分子机器的构建技术、多酶组合催化和化学–酶组合催化技术、生物催化反应体系的构建与过程控制技术、工业微生物分子育种技术、微生物代谢组学技术、反向代谢工程技术、能量代谢工程技术、工业合成生物学技术、生物质定向催化制备先进液体燃料及精细化学品技术、生物基精细化学品的高效分离技术等；以及如何利用生物催化技术制造重大精细化工产品，包括木质素基精细化学品、手性医药中间体、生物基化工中间体及重要平台化合物、营养食品及添加剂、酶制剂、生物基增塑剂以及农用化学品等。

五、自主创新情况

近些年，国内针对生物催化剂工程及生物催化过程工程中的科学问题与关键技术开展了大量的研究和开发工作，并成功地对部分精细化学品工业制造过程进行了绿色改造。然而，就基于生物技术的“绿色化工”整体工艺而言，高效生物催化剂的开发与强化及其工业属性表征效果仍然有限，适合工业过程并实现传统加工工艺的过程替代为数不多。作为一个相对新的领域，生物催化技术的发展仍不成熟，存在亟需探究的关键科学问题，主要体现在以下两个方面。①集中在生物催化剂工程层面，高效生物催化剂的开发及工

业属性强化设计：生物催化剂所固有的催化活性、专一性、稳定性等局限性问题，尚难以适应实际工业过程的要求，迫切需要进行面向绿色化工的新型生物催化剂的开发，如何针对绿色化工系统，实现目标导向性的生物催化剂的高效开发和功能强化，是生物催化剂工程层面上的关键问题；②集中在生物催化过程工程层面，生物催化剂工业属性的高效表征与过程调控：生物催化剂的应用过程实际就是其工业属性的表征过程，生物催化剂的工业属性需要与之相适应的反应系统以及相应的微环境与过程相互调控才能得以实现、发挥和高效应用，如何针对绿色化工过程，建立高效、经济的反应系统，实现生物催化剂的高效应用，是生物催化过程工程层面上的关键问题。同时，生物催化剂的开发与功能强化和生物催化剂性能表征与应用的两个方面又彼此互为指导和反馈，以螺旋递进的方式推动绿色高效生物加工过程的发展，促进生物催化的产业化进程。

未来5～10年将是我国大幅度提升科技实力、缩短与发达国家差距甚至在某些优势领域迎头赶超的战略机遇期。生物催化是一项既古老又新颖、既前沿又实用的高新技术，它不但在我国悠久灿烂的文明史上留下了光辉的一页，而且对将来更好地解决我国经济发展中所面临的医药、食品、能源、材料和环境等重大国计民生问题具有重要战略意义。我国在生物催化领域与发达国家处于同一起跑线上，在各种生物高新技术中具有比较优势。在后基因组时代，我国应当更好地利用好这一战略机遇期，在现有基础上更加积极地研究和发展工业生物催化技术及产业，扩大我们的既有优势，抢占技术研发与产业竞争的国际制高点。这对我国化工和医药两大支柱产业的结构调整、产业升级和整个基础物质加工制造业的可持续发展将具有重大的战略意义。

（撰稿专家：吴坚平　杨立荣）

生物环保

2015年中国生物环保产业发展态势分析

21世纪，生物环保技术已经成为环境保护技术的热点领域。它在环境保护过程中涉及的环保领域众多，其中包括污水治理、废气除臭与净化、固体废弃物的资源化利用及土壤生物修复等。而且在治理环境污染时效果明显，能够对废物进行资源化利用，治理过程中不会产生环境污染等问题，有利于促进我国的生态文明建设，走可持续发展道路。这使得生物环保技术成为了一种理想的环境保护措施，在未来的环境保护过程中将拥有广阔的发展空间和巨大的市场容量，为我国乃至世界的环境保护事业提供了新的契机。

一、生物环保产业发展概况

（一）全球生物环保产业发展概况

对世界环保产业的分布情况进行分析，目前环保产业依然是以发达国家为主，包括美国、日本、德国等。这些发达国家的环境治理技术，例如日本的垃圾处理、美国的大气脱硫，大多领先于发展中国家。而生物环保产业在世界环保产业所占的份额不大，其企业的营业额大约仅占全球生物技术产业的3%。但是目前环境污染日益严重，生物环保技术由于它在治理环境方面，有着不同于物理、化学治理方式的特殊优势，备受世界各国的重视，并积极展开技术研究和市场开发。随着世界各地环保政策的出台和对环保领域投资的加大，环境保护的要求日益严格，生物环保技术也迎来新的发展空间。

目前，已经有很多国家将生物环保技术进行产业化发展，例如美国、日本、德国、法国等发达国家。由此也孳生了众多生物环保企业，将所研发的生物环保产品用于污水和废气的治理、土壤修复等多个方面，且取得了较好的成效。例如Alen Murray Corp及Envirogen公司所开发的用于水体治理

和空气净化的微生物菌剂。

（二）我国生物环保产业发展概况

2015 年作为“十二五”的收官之年，五年期间，我国投入大量的资金以支持环保事业的发展。在 2011～2013 年，资金投入每年都以超过 2000 亿元的幅度上升。随着环保政策的不断出台和完善，许多环保公司开始扩张其业务池围，并成立新的环保企业。“十二五”期间，由环保部规划院最新测算，未来的环保事业，每年的投入资金将超过 2 万亿元，并且以 20%的速度增加。未来环保产业总投资额有可能达到 17 万亿元。这个数字相较于“十二五”的规划和投入有着明显地提高。预计到 2020 年，环保产业的产值将有望超过 5 万亿元。从而可以说明我国在“十三五”期间，将大幅度提升对环保产业的重视程度和投资力度。环保产业在政策、资金和市场需求的支持下快速发展，有望成为我国的支柱型产业，同时我国也将在全球的环保市场中占有较大的份额。

我国的生物环保技术发展相较于发达国家，起步晚，但是未来的发展空间巨大。为治理水污染、大气污染、固体废弃物和修复生态系统等日益突出的环境问题，我国大力开发和研制生物环境技术，包括生物友好材料、生物制剂，生物处理工艺和处理设备，并向产业化规模进行发展。

图 2-8 显示，2000～2015 年我国专利的研发和科技成果在近年来有所降低，但总体处于上升趋势。国内较为积极和重点研发生物环保技术的机构分别有中国科学院（16 个）、江南大学（10 个）、浙江大学（9 个）、江苏大学（7 个）、华南理工大学（7 个）等。

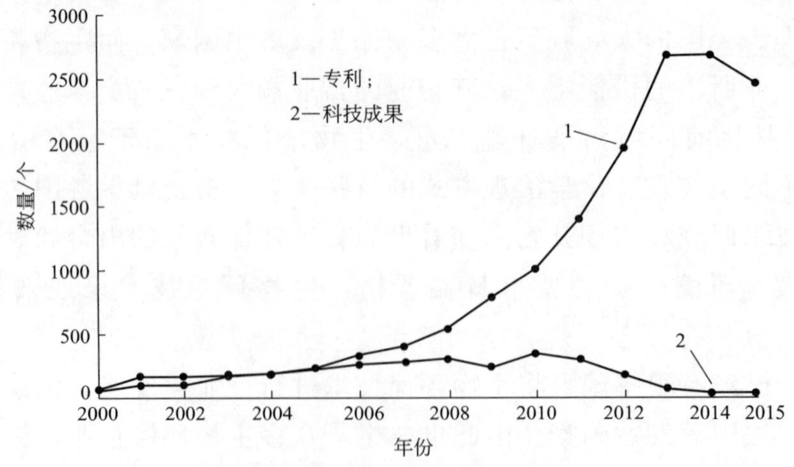

图 2-8 我国生物环保专利及科技成果年度趋势

二、生物环保产业现状

（一）生物环保技术的应用

生物环保技术的应用主要包括废水、废气、固体废弃物生物处理及土壤修复等。

1. 废水生物处理技术

（1）我国废水排放现状　目前我国的废水排放量在不断地增长，但是处理效率却不尽如人意。2014 年我国城市污水、县级污水及农村污水的处理率分别为 90%、82%和 10%。这远远不能满足国家对污水处理的要求。目前我国污水处理厂的建造，设市城市的污水处理厂有 2149 座，对污水的处理达到 $1.32\times10^8 m^3/d$；各县的污水处理厂共 1653 座，污水处理量为 $0.29\times10^8 m^3/d$。建有污水处理厂的县城占总县城的 88.4%。我国的污水处理厂众多，但是其建设分布及行业发展不平衡。

（2）废水生物处理技术　在众多污水生物处理技术中，厌氧氨氧化技术已经被广泛地应用于国内外污水治理过程中。厌氧氨氧化作为一种新型的生物脱氮技术，其显著特点在于不需曝气和有机碳源的参与，这对污水脱氮有着非常重要的发展意义。例如在奥地利 Strass 污水处理厂，它的处理方式是将污水处理的主流工艺与新型厌氧氨氧化技术相结合，以实现更好的处理效果，使剩余污泥的产量达到了最大化。

Nereda 是一种新型污水生物处理技术，它是在好氧颗粒污泥的基础上发展起来的。相较于传统的活性污泥法，Nereda 在性能方面，形成的污泥浓度更高，污泥沉降效果更好，无污泥膨胀问题，污水的处理效果明显。在能源方面，耗能更低，无需化学药剂的投加，降低了运行成本。荷兰 Epe 污水厂是首个投入使用此项生物处理技术的企业。

（3）废水生物处理行业发展分析　随着“十三五”规划的不断深入，“水十条”、“大气十条”及“土壤十条”也将要纷纷落实。据悉，将有 6 万亿元投入到这三大重要的环境治理领域当中。而其中最为期待的就是水处理发展。在投资方面，未来将有 1.75 万亿元投入到大气污染治理，4.6 万亿元则投入到水治理方面。这为我国的水处理行业带来了巨大的前景及市场份额。但是，如今的水处理技术方面，与现有的高科技水平相比较，依然落后，需要不断创新突破和发展新技术。目前生物技术由于其环境友好的特点，在水处理方面备受青睐，水处理的广阔市场也为其生物处理技术提供了得天独厚的发展优势。

表 2-47 为我国部分环保企业所负责的一些污水处理项目。其所采用的污水生物处理方式包括厌氧和好氧，生物处理技术有 CAST、UASB、A^2/O等。

表 2-47　我国部分污水处理项目

企业	参与部分污水处理项目	处理工艺	处理规模
江苏维尔利环保科技股份有限公司	长沙市城市固体废弃物处理厂垃圾渗沥液处理厂提量扩改项目	MBR＋NF/RO	$1200m^3/d$
	南京市江北静脉产业园生活垃圾焚烧发电厂渗沥液处理设备与安装工程	UBF＋MBR＋RO/NF	$800m^3/d$
	江苏省武进高新技术产业开发区再生水处理项目工程	缺氧＋厌氧前处理＋MBR＋RO	$1500m^3/d$
	安徽铜陵危险废物集中处理中心废水车间工程	生物接触氧化＋超滤＋反渗透	$180m^3/d$
	广东肇庆福田化工树脂废水处理工程	厌氧、好氧、MBR	$170m^3/d$
中电环保股份有限公司	泗阳来安污水处理厂 BT 项目	UASB＋好氧	—
	联丰污水处理厂 BOT 项目	CASS＋生态塘	—
	城南污水处理厂 BOT 项目	水解酸化、A^2/O、稳定塘工艺	—
安徽国祯环保公司	连云港市南城污水处理厂一期工程项目	A^2/O	$2\times10^4 t/d$
	合肥朱砖井污水处理厂	CAST 工艺	$5.5\times10^4 t/d$
	广东新会东郊污水处理厂工程	氧化沟	$4\times10^4 t/d$
	云南省陆良县污水处理厂	CAST 工艺	$2\times10^4 t/d$

2. 废气生物处理技术

（1）我国废气排放现状　截至 2013 年，我国所排放的废气中，主要污染物氮氧化物、二氧化硫、烟尘等的排放量分别为 2227 万吨、2043 万吨和 1278 万吨。为加快大气污染防治，我国加大废气处理设施规模，到 2014 年共有 544 230 套，相较于 2011 年的 216 457 套，增加了 150％以上。其中除尘设备占了较大份额。同时，我国主要污染物的排放量在“十二五”期间也在下降。在前四年，化学需氧量（COD）的排放量下降 10.1％、二氧化硫下降 12.9％、氨氮量下降 9.8％和氮氧化物下降 8.6％。2015 年上半年，这 4 种污染物的排放量也在不断降低，COD、氨氮和二氧化硫的排放量已达到“十二五”的规划目标。

（2）废气生物脱臭技术　生物法最早应用于废气脱臭，目前最具发展前景的恶臭净化技术是生物脱臭技术。该技术已被欧美国家广泛使用，治理低浓度恶臭气体。近年，我国已逐渐开始生物除臭技术的研究和工业化发展。

在废气处理中主要应用的生物技术有生物过滤法、生物膜法等。其中被广泛应用的是生物膜法，因其工艺简单，容易实现。

（3）低浓度废气净化生物处理技术　低浓度有机废气及无机废气因其治理和回收较困难，涉及面较广，已成为我国环保领域急需解决的问题之一。生物法废气净化技术能有效净化处理低浓度废气。如今，生物法净化处理低浓度污染废气的研究热点在于减小废气处理装置体积，节省投资成本。

采用高效复合生物酶催化技术，对废气中的有害物质，例如醛类、烯烃类、烷烃类、二甲苯、多环芳烃类、氮氧化物及二氧化硫等，进行催化降解，可降低后续活性炭的使用量，缩小反应装置的体积，有效改善目前单纯使用活性炭净化处理低浓度有机废气时，占地面积大，吸附剂易被废气中的胶黏物质和固体微粒堵塞的缺点。

（4）VOCs 治理行业发展分析　生物法将会成为治理有机废气的主要技术之一。其中 VOCs 的治理已成为大气污染治理的热点。与发达国家相比，我国工业 VOCs 的治理起步较晚。然而我国却是一个涉及 VOCs 污染排放的行业众多的制造大国。VOCs 重污染行业占了很大比重，但是企业清洁生产水平低，对 VOCs 的治理能力不足，造成我国的 VOCs 排放总量巨大。因此，我国 VOCs 的治理任务重，市场需求大。

我国的制造业主要集中于东部沿海地区，所以 VOCs 的治理企业大部分也集中于东部沿海地区，其中以上海、江苏、浙江、福建、广东、北京、天津和山东为主。但由于 VOCs 排放量巨大、范围广，污染源小而分散，VOCs 治理项目通常较小，合同金额低，因此 VOCs 治理的企业难以做大。随着市场需求的提高，进入“十二五”以来国内部分企业还是得到了快速的发展。据不完全统计，2014 年年产值在 5000 万元以上的企业有近 40 家。其中年产值大于 1 亿元的有 8～9 家，5000 万～1 亿元的有 30 家左右，与“十二五”初期相比整个行业有了很大的发展。

表 2-48 是我国部分废气生物处理设备的应用，包括用于生物除臭、有机废气生物净化的生物滤塔、生物滴滤床等技术。

3. 固废生物处理技术

（1）我国固废产量现状　根据环境保护部所发布的《2014 年全国大、中城市固体废物污染环境防治年报》显示：我国的垃圾产生量很大，尤其是我国大、中城市的生活垃圾。其垃圾总量为 16 148.8 万吨，处置率可以达到 97.41%。其中产生量最大的城市是上海市，为 736 万吨。

表 2-48　我国部分废气生物处理技术

设备	技术特点	研发机构(企业)	工程案例
废气生物滤塔 LSHB	有机废气及恶臭废气生物高效净化技术	西安绿森环保科技有限公司	上虞松厦食品有限公司、泰州安泰车业有限公司
废气处理设备 WSW	环境生物选育、驯化、培养、复配、接种和添加技术、生物吸收、吸附和过滤技术	华南理工大学，东莞合益环保设备有限公司	—
生物滴滤 HLCX-SW-10	采用生物过滤除臭工艺，微生物降解技术	宏朗崇信(北京)环保科技有限公司	—
生物除臭-生物滴滤床	采用高效复合除臭生物菌，针对恶臭气体中特定的污染成分	派力迪环保工程有限公司，复旦大学	广州雅利食品有限公司车间异味气体治理一期工程，江阴无锡协和食品有限公司异味气体治理工程
生物法废气净化器	生物法吸收、去除废气中二氧化硫和二氧化氮	东莞市合益环保设备有限公司	—
生物喷淋废气处理设备 HHFQCL	水溶渗透，生物吸收，生物氧化	上海圆欣景观工程有限公司	—

（2）固废生物处理技术　固体废物主要的生物处理技术包括厌氧消化生产沼气、蚯蚓床、堆肥等。

蚯蚓堆制处理是近年来一种新型的生物处理技术，用于处理城市生活垃圾。虽然该技术在我国起步较晚，但是由于蚯蚓床对城市垃圾处理的显著效果，该技术在我国的发展很快，如今已有上百个垃圾处理厂运用了蚯蚓床技术。

堆肥技术是目前处理固体废物的一种关键技术，其优点在于可以将废弃物进行资源化利用。这对于发展可持续生态农业，减少施用化肥对环境的污染都有着关键作用。目前我国已有较多公司应用生物堆肥技术对固体废物进行资源化处理，针对提高有机肥类型的多样化、适用范围、有机废物的利用率、生物技术的渗透率及有机肥产品的高标准等，应继续加强投入与研发。生物有机肥的生产与应用具有良好的发展前景。

表 2-49 列出了我国部分固体废物生物处理工程，包括针对于生活垃圾、污泥及餐厨垃圾等常见的固体废物进行堆肥、蚯蚓床和厌氧等生物处理技术。

表 2-49 我国部分固体废物处理工程

序号	部分固废生物处理项目	固废类型	生物处理工艺	处理规模
1	青州鲁清生物科技有限公司青州市生活垃圾综合处理厂	生活垃圾	好氧堆肥工艺	500t/d
2	浙江省富阳市水务有限公司	污泥	水蚯蚓	—
3	维尔利-常州市餐厨废弃物综合处置 BOT 项目	餐厨垃圾	高效厌氧	200t/d
4	维尔利-三亚市餐厨废弃物处理项目	餐厨垃圾	高效厌氧	100t/d
5	桑德集团-大庆市生活垃圾综合处理工程	生活垃圾	好氧发酵	1000t/d
6	北京中科博联环境工程有限公司-北京阿苏卫生活垃圾综合处理工程	生活垃圾	好氧发酵	2000t/d
7	天津百利阳光环保设备有限公司-天津静海县城市生活垃圾综合处理线	生活垃圾	堆肥	200t/d
8	瀚海环境	餐厨垃圾	厌氧发酵	300t/d

4. 土壤修复

(1) 土壤污染现状 根据 2014 年环境保护部和国土资源部联合发布的全国土壤污染状况调查公报的调查结果显示，我国总体的土壤环境不理想，部分地区土壤污染问题较为突出，尤其是工矿业废弃地土壤污染严重，耕地土壤环境质量不佳。全国土壤点位超标率为 16.1%，其中轻微污染点位超标率最高，为 11.2%，轻度为 2.3%，中度为 1.5%，重度污染点位超标率最低，为 1.1%。

① 分析污染物超标情况，镉、镍、砷、铜、汞、铅、铬、锌 8 种无机污染物点位超标率分别为 7.0%、4.8%、2.7%、2.1%、1.6%、1.5%、1.1%、0.9%；

② 分析土地利用类型，耕地、草地、林地土壤点位超标率分别为 19.4%、10.4%、10.0%；

③ 分析污染类型，主要是无机型，然后是有机型，最后是复合型污染。其中无机型污染物超标点位数占全部超标点位的 82.8%。

(2) 土壤修复及其生物技术 全国环境工作会议中指出，将土壤治理与大气及水治理并列为三项重要的环境保护工作。这说明了我国对土壤修复的重视在不断加强，治理力度在加大，土壤修复行业也将迎来可观的市场前景。但是从目前的情况分析，我国的土壤修复产业还处在初级阶段，并未有

完全的发展，需要大量资金的投入，众多土壤修复企业还在不断探索之中。未来几年时间，利润的增长依然会体现在技术、工程等一些产业的前期工作。

例如迈科珍生物修复技术有限公司利用生态型生物堆技术，来进行土壤修复工程。这种生物技术集生物强化技术、植物修复技术等多种技术于一体，可广泛应用于各种被污染的土壤，例如被石油、农药或是其他有机污染物破坏的土壤。这种生物技术经济并环保，运行和维护成本很低，无渗滤液污染问题，有利于生态可持续发展。

（二）生物环保产品

目前生物环保产品受到各个国家及相关机构的重视，得到大力地研发和推广，包括可生物降解材料、酶制剂及微生物制剂等多种生物环保产品。

1. 可生物降解材料

（1）可生物降解材料概况　生物降解材料多种多样，可以分为直接从生物技术中制取的和经过制取后再加工的材料，包括目前常见的聚羟基脂肪酸酯（PHA）、聚丁二酸丁二醇酯（PBS）、聚乳酸（PLA）、二氧化碳基塑料、淀粉基生物降解塑料等。其中，在国际中属于目前较为主流的生物降解塑料有 PHA、PBS、PLA、淀粉基及二氧化碳基塑料，其技术较为成熟，市场规模较大。

生产聚乳酸的企业大约共有 20 家，主要分布在德国、美国、日本及中国等。全球有很多国家开展了对 PHA 的研发，其中属美国、英国、日本等国家项目较多。我国 PHA 的研发和产业化发展也处于世界的前沿，主要的研发机构有清华大学、中国科学院等，同样企业方面也在积极地发展，例如天津国韵生物科技公司和深圳意可曼生物科技有限公司，它们的 PHA 年产量可分别达 10 000t 和 5000t。相较于 PHA，PBS 的发展并没有那么迅速。全球能够产业化并且已经市场化生产 PBS 的国家很少，只有美国和日本。

（2）我国可生物降解材料发展状况　我国目前正在积极地开展生物降解材料的研发，并扩大其产业化规模。目前已有很多的研究机构和部分企业正在展开这方面的发展，并取得了一定的成就。2015 年，关于生物降解材料研发专利较为积极的高校包括四川大学（14 个）、中国科学院（11 个）、江南大学（9 个）、浙江大学（8 个）、东华大学（7 个）等。许多企业也在积极发展生物降解材料，例如武汉华丽及南京比澳格主要生产淀粉基塑料，其产品规模较大，可达数万吨。

表 2-50 列举了我国部分可生物降解材料生产企业情况，虽然不能完全

概括我国可生物降解材料的总体情况，但是涵盖了我国大中小企业的生产状况。如金发科技作为全球领先的新材料企业，其材料以良好的环境友好度和卓越的性能远销全球130多个国家和地区，为全球1000多家知名企业提供服务。上海金发科技发展有限公司是金发科技在华东设立的子公司，2013年实现销售收入36.8亿元，公司具备年产25万吨高性能改性塑料的生产能力。除此大规模企业之外，表中也列举了一些小型企业，如广州市天乙合成材料有限公司，其产量只有30t/月。

表2-50　我国部分可生物降解材料产业化现状

序号	生产单位	产品	生产能力
1	广东上九生物降解塑料有限公司	生物树脂各类型产品	5万吨/年
2	宁波天安生物材料有限公司	PHB、PHBV	—
3	东莞市祥林工程塑料有限公司	PA、PC、ABS	—
4	浙江天禾生态科技有限公司	淀粉基可降解母粒(专用料)、可降解塑料制品	3万吨/年、3万吨/年
5	浙江杭州鑫富药业股份有限公司	全生物降解材料PBS	2万吨/年
6	焱兴(国际)塑料贸易有限公司	PP、ABS、PLA、PA、PBT、POM、PCTG	—
7	东莞市常平天锐塑胶原料经营部	PLA、聚乳酸等	营业额5000万元/年
8	广安佰亿科技环保新材料有限公司	淀粉	3万吨/年
9	上海金发科技发展有限公司	高性能改性塑料	25万吨/年
10	广州市天乙合成材料有限公司	PSM、PLA、PBS、纸浆等	30t/月
11	东莞市鑫海环保材料有限公司	PBAT与玉米淀粉改性树脂、PLA改性膜级高透明树脂等生物降解材料	800t/月
12	江苏天仁生物材料有限公司	膜级PLA改性树脂、膜级PBAT改性树脂	400t/月

2. 酶制剂

(1) 酶制剂概况　酶工程是生物工程的重要组成部分，包括酶的研制与生产，酶的固定化技术，酶分子的修饰与改造，以及酶反应器等方面。酶制剂可以用于改进产品工艺、降低劳动力度、提高产品质量、节约能源和保护

环境等，由此产生巨大的经济效益和社会效益。

（2）酶制剂产业发展　中国生物发酵产业协会统计数据显示，2014 年我国酶制剂产品的产量达到了 21.9 万吨，产值达 28 亿元人民币（不包括外资企业）。经过多年技术和产品的研发，特别是进入 21 世纪初，酶制剂迎来了广阔的发展空间，应用领域也扩展到诸多行业，如食品行业、饲料行业、纺织行业、造纸行业、皮革行业、洗涤行业、医药行业、化工行业、酒类行业、环保行业、试剂行业等。据统计，全球工业上应用的酶近 60 余种，诺维信作为全球工业酶制剂的领导者，至今已开发了约 22 大类，600 多种产品，涉及领域众多。据行业统计，我国生产的主要酶制剂品种仅九大系列，即糖化酶、淀粉酶、纤维素酶、蛋白酶、植酸酶、木聚糖酶、果胶酶、饲用聚合酶、啤酒复合酶等，且主要集中在淀粉酶、糖化酶、蛋白酶、植酸酶等少数品种，约占我国酶制剂产品市场销售的 90%以上。

表 2-51 列出了我国部分酶制剂企业生产情况，主要产品应用于环保、食品、纺织、化工等行业。图 2-9 分析了我国 2000～2015 年酶制剂的专利情况，在 2014 年与 2015 年，均有下降趋势。

表 2-51　国内部分酶制剂生产企业情况一览表

生产企业	主要产品	适用范围
苏柯汉（潍坊）生物工程有限公司	酸性纤维素酶、β-葡聚糖酶、高温稳定 α 淀粉酶、植酸酶、果胶酶等	纺织、造纸、饲料、环保、食品等行业
南宁东恒华道生物科技有限责任公司	木瓜蛋白酶、碱性蛋白酶、中性蛋白酶、酸性蛋白酶、胰酶等	食品、医药、试剂等行业
山东省安丘市酶制剂厂	葡萄糖淀粉酶、糖化酶、淀粉酶等	食品、纺织、饲料等行业
深圳市大地康恩生物科技有限公司	皮革酶、饲料酶、纺织酶	皮革、食品、纺织、造纸、饲料等行业
河北鼎宏生物科技有限公司	碱性蛋白酶、淀粉酶、糖化酶、液体淀粉酶	化工、医药、食品等行业
宁夏夏盛实业集团	植物精提复合酶、β-葡脂肪酶、葡糖氧化酶、复合啤酒酶、淀粉酶等	酒类、食品、造纸等行业
深圳市绿微康酶制剂有限公司	食品酶、制革酶、造纸酶、饲料酶	环保、洗涤、皮革、食品等行业
山西恩泽生物技术有限公司	糖化酶、酸性蛋白酶、乳糖酶、果胶酶	饲料、环保、农林牧渔等行业

3. 微生物菌剂

（1）微生物菌剂概况　通过将功能性好、共生性强的多种微生物，以适

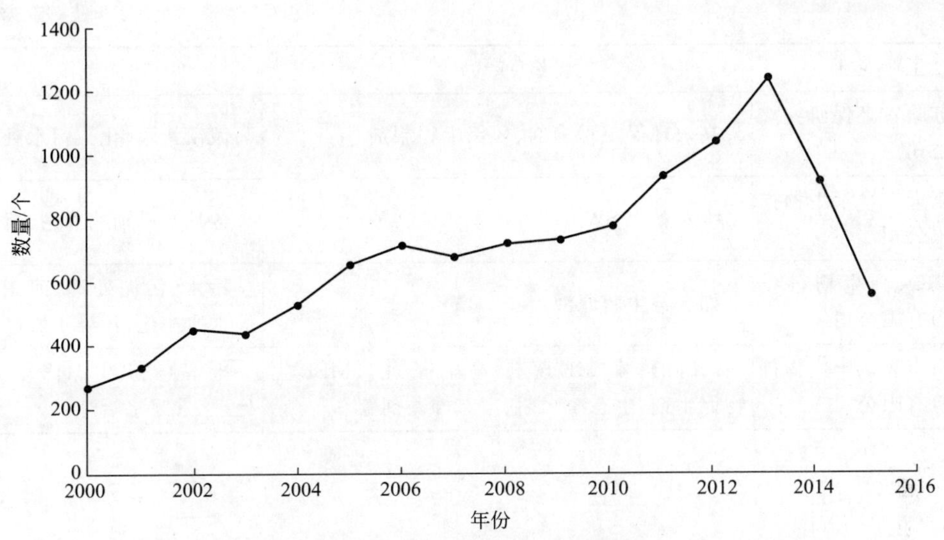

图 2-9　酶制剂专利数量发展趋势曲线

当的配比及合宜的发酵条件制成的活菌制剂即为微生物菌剂，因其经济效益高、使用方便、效果佳等特点，已被广泛应用于种植、养殖、食品、环保等领域。环保微生物菌剂中的菌株大多是从污染的环境中筛选分离出来的，筛选过程比较复杂，所以其安全性和环保性等需要得到保证。

（2）我国微生物制剂发展状况　微生物制剂目前在污水、垃圾渗滤液、餐厨垃圾发酵、脱臭、脱氮、污泥发酵等方面都有很好的应用，但是市场规模较小，国内环保用菌剂研究和应用开发主要以研究院、高校为主，正处于快速发展阶段。

表 2-52 列出了我国部分微生物制剂生产企业情况，主要产品应用于污水处理及生态修复等领域。图 2-10 分析了我国在 2000～2015 年关于微生物制剂专利情况，在 2015 年专利数有所下降。

表 2-52　国内部分微生物制剂生产企业情况一览表

生产企业	主要产品	适用范围
北京麦克安吉生物技术有限公司	抑菌除味剂、异味净、净水剂（增强型）、清淤剂	景观水体、市政污水、工业废水、垃圾污染、畜禽养殖污染、工厂除臭治理等
苏柯汉（潍坊）生物工程有限公司	清洁除臭除污生物制剂、化粪池除臭除污生物制剂、污水处理厂滤泥处理专用菌、城市有机垃圾处理专用菌、城市污水处理专用菌等	垃圾、污水处理、除臭等
青岛根源生物集团	高效 COD 降解菌剂、反硝化菌剂、硝化菌剂、生物除臭菌剂、生物控藻菌剂、底泥降解菌剂	污水、垃圾渗滤液处理；强化脱氮；生态修复等

续表

生产企业	主要产品	适用范围
江苏哈宜环保研究院有限公司	高效环保工程菌剂、环保生物制剂	城镇污水、化工污水处理
北京天丰颖泰生物技术有限公司	维尔壮 WSW-01	各种水产动物养殖水体
康源绿洲生物科技（北京）有限公司	如金益生菌原液	污水、污泥处理，河湖池塘等水质净化，污染土壤修复等
佛山市碧沃丰生物科技股份有限公司	PR 除磷菌、ME 菌剂（高盐/石化）、MBB 生物促生剂、生态净水剂、生态抑藻剂等	土壤修复、生态修复、污水处理、景观水治理

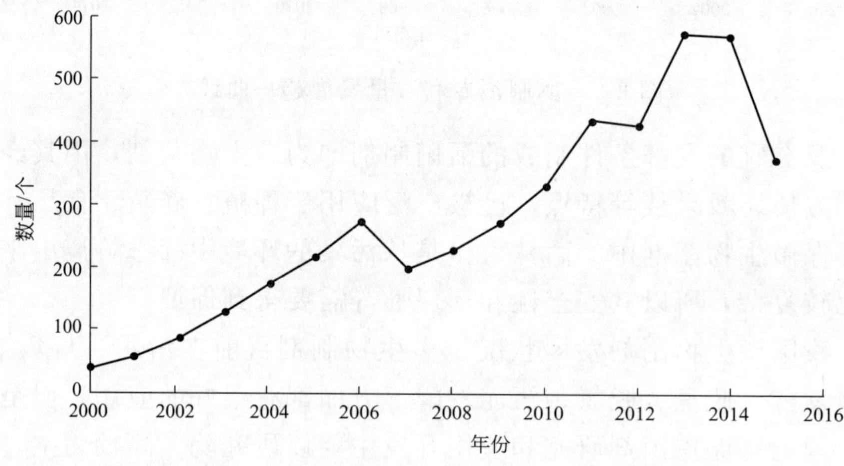

图 2-10　微生物制剂专利数量发展趋势曲线

三、总结

在全球环保市场中，美国占有 37.4%、欧洲 31.6%、日本 17.7%，共占有 86.7%的环保市场规模。其中生物环保产业的比重不大，但是未来发展前景可观，各个国家对生物环保的投入和研发都十分积极。生物环保产业涉及生物技术及环境保护两大目前炙手可热的领域。生物科技作为 21 世纪的一项高新技术产业，其未来的发展被许多国家所看好。而随着环境污染问题的日益凸显，已经严重阻碍了人类社会生存和发展，世界各国都在为环境保护投入人力、物力和大量资金。生物技术应用于环境防治当中，其优越性和巨大的市场潜力日益突出。未来的生物环保技术会随着生命科学技术及环保产业的不断发展，而拥有广阔的市场空间，加之物联网在环保产业上的应用，未来的环保事业将会更加智慧化，发展更为迅速。

随着我国“十三五”的即将展开，对环境的要求也会相对于“十二五”更加地严格。针对水、大气及土壤等环境问题，“水十条”、“大气十条”、“土壤十条”也会随之纷纷出台。我国十分重视和提倡节能减排和低碳经济的发展，在此条件下，生物环保产业将迎来新的发展机遇，得到充足地发展。所以我们必须牢牢把握住此次机遇，密切关注世界环保产业的发展动向，新的发展方向和特点，在世界环保产业的潮流中，与时俱进，创新突破，使生物环保技术带动经济增长，成为我国的支柱型产业。

（撰稿专家：刘和）

废水资源化研究

一、我国水污染现状及废水资源化必要性

我国水资源短缺，人均水资源拥有量仅为世界平均水平的1/3～1/4。在人均水资源如此稀少的情况下，我国的水污染情况却触目惊心。据《2014年中国环境状况公报》报道，在开展降水检测的城市中酸雨城市比例为29.8%，酸雨频率平均为17.4%；在检测的河流湖泊中，Ⅰ、Ⅱ、Ⅲ、Ⅳ、Ⅴ、劣Ⅴ类水质断面分别占3.4%、30.4%、29.3%、20.9%、6.8%、9.2%；地下水监测点结果显示，较差级的监测点比例达到45.4%，极差级的监测点比例为16.1%；春季、夏季和秋季，全海海域劣于第四类海水水质标准的海域面积分别为52 280平方千米、41 140平方千米和57 360平方千米。废水的大量排放是水污染的主要原因，我国的污水来源主要有生活污水、工业污水和农业污水。近年来污水总体排放量持续上升，2014年的排放总量为716.2亿吨，生活污水排放量逐年增长，占总污水比例逐年升高。

为应对和解决环境污染，国家层面的宣传和投入也日益增加。2015年是我国的环保政策年，一系列环保利好的政策密集出台。1月，被称为历史上最严格的新《环保法》正式施行；3月，在第十二届全国人大三次会议上，李克强总理强调环保和节能减排，聚焦环保议题；4月，国务院出台《水污染防治行动计划》，即“水十条”，总共35项具体措施，凝聚政府、企业和公众的力量向水污染宣战，预计到2020年将投资4万亿～5万亿元用于污水处理；10月，第十八届中央委员会第五次全体会议审议通过了《中共中央关于制定国民经济和社会发展第十三个五年规划的建议》，其中加强生态文明建设是重点内容之一，也是首次将生态文明建设写入五年规划。

微生物是地球生物化学循环的引擎，在地球的碳、氮、磷、硫循环中处于核心节点的位置。微生物处理具有环境友好、成本低廉、底物谱广、适应性强等优点，是处理环境污染物的最佳选择。在当今的水处理技术中，生物法是处理水污染的主要手段。众所周知，垃圾是放错地方的资源，废水的生

物处理能达到环境治理的目标，但是却浪费了废水中蕴藏的物质和能量。废水资源化是实现经济和环境双赢的有效手段。《国家“十二五”科学和技术发展规划》中提出实施“废物资源化科技工程”，并明确指出：废物资源化是深入实施节能减排、缓解资源短缺瓶颈、发展节能环保战略性新兴产业的要求，对推进我国生态文明建设以及可持续发展具有重要的意义。近年来，我国废物资源化产值以每年10%～20%的速度增长，2010年实现产值超过1万亿元，预计到2015年我国废物资源化产值将达到2万亿元。但与国际先进水平比较，我国废物资源化的效率还有很大的提升空间。因此将污水中的污染物作为二次资源开发再利用，具有公益性和经济性双重特性，对生态文明建设和可持续发展具有重要意义。

二、废水资源化产业探索及展望

加拿大学者Shizas和Bagley指出“废水中蕴含的能量是处理他们所消耗能量的9.3倍”。废水的资源化利用会创造极大的经济和环境价值。目前关于废水资源化研究主要是利用微生物群落转化废水中有机物产生能源和发电，主要有生物产甲烷、生物产氢、燃料电池发电等，其中有些技术已经工业化，展现了较好的应用前景。

1. 生物合成甲烷

厌氧消化技术是最早研究也是最经典的废弃物资源化方法，通过对废物中的有机物进行厌氧处理，可生成富含甲烷的生物沼气。厌氧消化技术适用性广，能用于农业高浓度有机废水处理，以及复杂工业废水如石油化工厂、造纸厂废水的处理。与好氧生物处理技术相比，有机化合物的厌氧消化技术具有三个明显的优势：①利用较少的生物量即可得到高产量的目标化合物，且最终产生的剩余污泥量很少；②生成的产物如沼气能实现原位分离，可以节省产物分离的费用；③工艺简单，生成的沼气可用于发酵底物的混合，节省了搅拌装置。

在厌氧消化生成甲烷的过程中需要避免引入电子受体物质（如O_2、硝酸盐、硫酸盐等）或外部能源（如光等），只有在没有外部提供的电子受体情况下，废水中的有机化合物才能进行厌氧发酵，因为这一过程中有机化合物既是电子供体也是电子受体。在厌氧消化过程中，甲烷是自由能最低的有机化合物，因此在一个热力学封闭的系统中，有机化合物最终将会被转化为甲烷和CO_2，微生物可以通过逐级转化有机化合物的过程获得足够的能量

用于自身的生长。甲烷的产生主要由两类甲烷菌完成，第一类是以乙酸为底物的，将乙酸转化为甲烷，第二类是以 H_2/CO_2 为底物，利用还原态辅酶 F420 将 H_2/CO_2 转化为甲烷。然而，在实际厌氧消化过程中通常还伴随着 H_2S、CO_2 和 H_2 的存在，需要去除这些成分才能更好地将沼气用于人们的日常生活或工农业生产中。

厌氧发酵受水质影响明显，特别是产甲烷菌容易受到抑制，因此需要采取必要的预处理或者组合工艺；调节和控制厌氧发酵条件是保障发酵高效运行的基础，温度、pH 值、脂肪酸含量、氨氮等指标对发酵过程有显著影响；厌氧发酵过程中细胞间的电子传递过程是研究的热点和难点，除了 H_2 和甲酸，近年研究发现很多的胞外固体导电材料如铁氧化物也能起到电子传递的作用，因此实际环境中的甲烷代谢过程和机制研究需要进一步探索。

2. 微生物电化学技术研究

根据研究表明，在生活及工业废水中蕴含着约有 1.5×10^{11} kW·h 潜在的能源，我们可以直接回收使用其中的有用物质和能源，也可以利用废水中这些废弃能量来产生其他有用的化合物，例如生物能源和工业原料等。微生物电化学技术是实现后者有效的技术手段。在微生物电化学体系中，主要有微生物燃料电池（microbial fuel cell，MFC）和微生物电解池（microbial electrolysis cell，MEC），前者用来产电，后者实现有机物转化合成 H_2 或其他化工原料，美国 Bruce E. Logan 教授在微生物电化学方面做了很多的研究和实际应用探索，国内哈尔滨工业大学、清华大学、浙江大学、华南环境科学研究所等单位在 MFC 处理废水领域进行了相关研究。

在 MFC 中，阳极微生物产生电子，然后传递到阴极，与质子和氧化剂发生反应，完成电化学过程和能量转化，而恰好废水中含有的大量有机污染物，这些污染物成为能量和电子的来源。此外 MFC 能在常温下运行，通过转化污染物产电，可以实现环境、能源和经济的共赢，具有极大的研究价值和应用前景。计算表明，如果将一个 10 万人的城市生活污水用来微生物发电，可供 1000 户家庭使用，而我国一年产生的生活污水超过 500 亿吨，蕴藏着大量的能量。澳大利亚 Bilexsys 公司、以色列 Emefcy 公司等已推广利用 MFC 进行废水处理，实现废水的资源化利用，我国关于 MFC 的相关专利截至目前已经有 700 多项。但总体上，MFC 研究大多数都停留在实验室阶段，想要工业化应用，需要解决的问题主要有革新反应器构型提高输出功率、研发新型电极材料降低成本、改变电子受体取代氧气、耦合生物工艺提高污染物降解效率等。

MEC 衍生于 MFC，具有相同的微生物工作原理，目前研究最多的是利用 MEC 产 H_2，MEC 比其他生物产氢方式具有产率高、底物谱广以及鲁棒性高等优点。需要解决的问题有提高氢气产率和纯度、减少氢气的微生物消耗以及改进和开发新型材料与工艺等。

3. 生物合成塑料

生物塑料与传统塑料如聚乙烯、聚丙烯等相比，具有类似的化学性质如热稳定性等，但是它还具有可生物降解性和可再生性，生产过程环境友好，且不需消耗化石燃料，因此受到广泛关注，具有广阔的市场前景。在近 20 年中关于生物塑料生物合成的研究取得了很多显著的成绩，其主要是利用基因改造的微生物以糖类物质作为原材料进行合成的。目前报道约有超过 300 种不同的细菌和古菌具有合成聚羟基脂肪酸酯（PHA）的能力。

与传统塑料合成相比，利用微生物纯菌发酵合成生物塑料的成本较高，在原材料选择、基因改造以及培养设备等方面均需要耗费大量的资源，利用微生物菌群发酵并降低底物价格是重点研究方向。将微生物菌群合成生物塑料和污水处理相结合是一种机智的选择，既去除了有机污染物、实现底物的廉价化，又达到污泥减量的目的，一举多得。研究表明利用微生物群落以有机废水作为 PHA 合成的原材料将节省 30%～50%的成本，目前已证实微生物群落能对乳制品废水、造纸废水、制糖废水、棕榈油厂废水以及畜禽养殖业废水等进行资源化利用合成 PHA。Dobroth 等研究预计利用生物柴油工厂排放的甘油废水每年能合成 19t 的聚羟基丁酸酯（PHB）。Jiang 等利用微生物群落以造纸废水为原材料进行 PHA 的生物合成，在 5h 内细胞干重能累积 77%的 PHA，这也是目前利用实际农业或工业废水生产 PHA 研究中报道的最高产率。

目前利用微生物群落合成生物塑料也尚处于研究阶段，工业化限制性因素主要有：底物转化率限制，废水中存在挥发性脂肪酸和有毒物质，会抑制厌氧酸化而导致微生物活性低下；产量限制，菌体浓度低导致产量不足纯菌发酵生产的 1/10；工艺及微生物限制，不同行业废水组分不同，需要开发不同工艺流程和微生物种群进行生物生产。但毋庸置疑，面向废水资源化的生物塑料生产具有诱人的发展前景。

4. 生物合成羧酸盐

利用微生物法同样能将废水中的有机污染物转化成短链的羧酸盐，随后利用生物法或化学法对其进行下游加工，能合成多种有机溶剂或液体燃料。简单来说，羧酸盐的下游加工过程可以分为三个步骤。第一步，羧酸盐在生

物催化、热化学或电化学的作用下经酯化反应生成酯类化合物，同样也能在生物还原或酮基化作用下生成羰基化合物，这些酯类和羰基化合物在化工行业中是重要的有机溶剂；第二步，生成的羰基中间体在生物催化的脱羰基作用下转化为烷烃类物质，也可以经生物还原或热化学还原生成醇类物质，这些烷烃和醇类物质可以用作燃料或有机溶剂；第三步，生成的醇类中间体也能在生物还原作用下生成烷烃类化合物，可用于燃料或有机溶剂的生产。

己酸盐是废水资源化合成羧酸盐类物质过程中重要的终产物，它是生物柴油以及烷烃燃料合成的前体化合物。利用微生物法转化乙酸可合成中链脂肪酸化合物己酸盐和辛酸盐，对乙醇进行烷烃链的延伸也能得到己酸盐。此外，废水资源化也能合成具有较高市场价值的丁酸盐。

利用羧酸盐合成的废水资源化方法同样能用于醇基燃料的生产，醇基燃料是以甲醇、乙醇和丁醇等物质为主的液体燃料，是一种新型的替代燃料，具有广阔的市场前景。例如 Steinbusch 等利用升流式厌氧污泥反应器中的微生物群落处理酿酒工业废水时，能转化羧酸盐生成醇类化合物。此外，发酵过程中产生的合成气（CO、H_2和 CO_2的混合物）也可以在自养微生物群落的作用下生成醇类化合物。利用废水资源化的策略生产醇基燃料具有占地面积小、同时实现污染物降解等优势，已得到了商业化应用，此外很多公司都推行了生物能源计划，比如美国 Terrabon 公司、瑞士 IneosBio 公司、美国 Coskata 公司等。

废水转化合成羧酸盐和醇基燃料需要攻克的主要难题是提高微生物效率和实现产物提取与分离。发酵微生物对环境因素和废水组成较敏感，不同废水又具有不同的特征，而且在发酵过程中又会产生一些中间物质，都对微生物的活性产生影响。由此可见，控制好发酵条件，驯化和选择特定的微生物群落尤为重要，在此方面可以结合宏基因组以及宏转录组等技术对微生物群落结构和功能基因进行深入分析，确定不同场合下微生物的特性，为微生物的选择提供参考。在产物分离方面，针对不同产物，可以利用离子交换、萃取等技术特异性的分离产物。

三、污染物定向转化研究及展望

有机污染物特别是芳烃类物质是工业废水中最常见的污染物，芳烃生物降解也一直是热点课题，生物降解是解决环境污染的有效且高效的手段，我国在芳烃生物降解的代谢途径和机理方面做了大量出色的工作。芳烃的生物

降解指的是利用微生物以及酶体系转化芳烃，最终生成小分子物质进入下游代谢过程。然而，研究表明芳烃在降解过程中生成的一些中间体如二醇类物质、苯甲酸类物质以及黏糠酸类物质，是现代化工、医药等行业的重要原料和前体物质。污染物定向转化是通过基因改造和条件优化控制微生物催化反应的步骤，积累有用中间物质，既能实现污染物去除，又能获得高价值产品。污染物的定向转化研究源于生物降解，旨在生物合成。然而值得注意的是，直接利用废水中的污染物进行生物合成，是一项基于纯菌的复杂的系统工作。与污水资源化相比，特定的污染物转化需要特定的微生物以及基因资源，一般还需要改造基因提高产率和特异性。目前基本都处于实验室研究阶段，想要实际应用，还有很长的路要走。

关于污染物定向生物转化研究，氮杂环芳烃的生物转化是研究趋势之一。很多氮杂环物质都具有较高的医药价值，例如喹啉通过微生物转化生成的主要产物为2-羟基喹啉（重要农药中间体）和6-羟基-2-喹啉酮（心血管和降压药物的重要中间体）；烟酸的羟化产物6-羟基烟酸是农药吡虫啉的原料之一，2-羟基烟酸是除草剂灭草烟的重要前体；咔唑的微生物代谢中间产物如羟基咔唑、羟甲基咔唑、咔唑乙醛等被证实具有良好的抗菌、抗炎和抗癌特性；吲哚的催化产物7-羟基吲哚和靛蓝类色素是白血病治疗的有效药物；尼古丁代谢的中间产物琥珀酸吡啶类物质也具有较高的生物活性和医药价值。

在煤炭冶炼、油页岩开采和钢铁制造行业会产生大量的焦化废水，吲哚也是焦化废水中主要的氮杂环污染物之一，此外动物代谢会产生吲哚，因此畜牧业废水中也含有一定量吲哚。传统的吲哚废水处理，是利用好氧或厌氧微生物技术将其降解为H_2O、CO_2和CH_4等。研究发现在吲哚好氧代谢过程中，吲哚首先会在加氧酶的作用下生成3-羟基吲哚（吲哚酚），吲哚酮和靛红等一系列中间物质，这些物质本身具有较高的价值，也会进一步发生聚合反应生成靛蓝类色素。靛蓝是一类古老的色素，广泛应用于印染、化妆品、医药和食品等行业，是微生物转化吲哚的主要目标产物。生物合成靛蓝主要始于1983年，Ensley等在Science上刊文，报道了萘双加氧酶能够转化吲哚和色氨酸合成靛蓝，之后通过基因改造和优化，将底物延伸为更加廉价的葡萄糖，并通过靛红水解酶的作用解决了副产物问题，在优化后的条件下，生物法能合成较高产量的靛蓝，一度能与化学法合成相媲美。靛玉红是靛蓝合成中的副产物，但是在医药领域有着比靛蓝更高的应用价值，利用生物法合成靛玉红一直是科学家想要实现的目标，不过到目前为止没有找到很

好的解决策略。能够氧化吲哚的加氧酶目前研究较多的有萘双加氧酶、细胞色素 P450 酶、苯酚羟化酶和苯乙烯单加氧酶等。大连理工大学曲媛媛和浙江大学梅乐和等围绕靛蓝合成开展了系列研究。曲媛媛等还探索了从废水出发利用生物强化的方式实现吲哚转化和靛蓝生成，不过由于废水中吲哚含量有限、菌株催化反应不能很好地控制步骤，该方法离实际应用还有一段距离。

随着绿色环保的概念深入人心，相信生物合成靛蓝在不久的将来会重新崛起。目前微生物合成靛蓝类色素存在的主要问题有：酶的底物特异性需要提高，在合成靛蓝过程中容易产生杂质；酶的活性需要提高，目前研究最多的酶是萘双加氧酶，而该酶不是以吲哚为天然底物，寻找更合适的吲哚加氧酶是解决之道；靛玉红合成途径建立，高价值的靛玉红具有良好的医用前景，但是微生物合成途径一直未被建立起来；还有实现产物简单高效的分离处理也是工业化应用之前需要解决的问题。

尼古丁是烟草的主要成分之一，烟草废水中含有高浓度的尼古丁。随着尼古丁代谢途径和机制的明晰，研究者发现很多代谢中间物质具有重要的利用价值。尼古丁的羟化产物 6-羟基尼古丁是烟碱类农药如吡虫啉的前体物质；6-羟基-3-琥珀酰吡啶是多种药物和杀虫剂的生物活性物质，可以作为强效镇痛药地棘蛙素的原材料；2,5-二羟基吡啶是癌症治疗药物 5-氨基酮戊酸的合成前体物质。通过基因工程手段对尼古丁的代谢途径进行改造，可以获得我们想要的目标产物，在这方面，上海交通大学许平等做了大量研究。例如对野生菌中的 6-羟基-3-琥珀酰吡啶-3-羟化酶进行缺失，获得的工程菌能高效生产 6-羟基-3-琥珀酰吡啶；对 3-琥珀酰吡啶羟化酶进行缺失，工程菌能催化尼古丁高产 3-琥珀酰吡啶，并且能将烟草废液转化为高纯度的 3-琥珀酰吡啶，具有实际应用的潜力。尼古丁代谢的研究已经比较成熟，但是尼古丁 VPP 代谢途径的功能基因和调控机制还尚待挖掘；尼古丁定向转化的过程会受废水中其他有毒物质的影响，因此实际应用时需要进行必要的前处理；此外在实际应用时，要考虑基因工程菌的生物安全性。

（撰稿专家：马桥　曲媛媛　唐鸿志　许平）

高硫酸盐废水处理技术

一、概况

硫酸是最重要的基础化工原料之一，每年我国消耗的硫酸超过1亿吨。硫酸作为化工原料广泛应用于磷肥制造、造纸、化工、有色金属冶炼、石油炼制、橡胶、农药、医药、印染、皮革等，由此产生的硫酸盐废水排放体量巨大。根据环境保护部2016年1月22日发布的《2014年环境统计年报》，造纸和纸制品业、化学原料及化学制品制造业的废水排放占据我国行业污水排放规模的前两位，其中造纸和纸制品业排放废水达到27.6亿吨，占我国工业废水排放量的14.7%，化学原料及化学制品制造业废水排放量26.4亿吨，占我国工业废水排放量的14.1%。

在废水处理过程中，高浓度SO_4^{2-}的存在，大大降低了工业废水厌氧处理工艺的效率，增加了废水处理的难度和处理成本。此外，硫酸盐超标排放会污染饮用水，国标要求生活饮用水硫酸盐的含量应小于250 mg/L，水质中硫酸盐超过750 mg/L时，饮用后可致轻度腹泻。根据《污水排入城镇下水道水质标准》（CJ 343—2010）中的要求，末端无污水处理设施时，排入城镇下水道的污水中硫酸盐含量不得超过600mg/L。目前，我国很多城市的地下水已经受到不同程度的硫酸盐污染。

水体中的硫酸盐会扩散到底部沉积层，由于沉积层的厌氧环境条件，硫酸盐在硫酸盐还原菌（SRB）的作用下产生硫化氢（H_2S）气体，硫化氢是一种恶臭、剧毒、强腐蚀性气体。硫化氢可以与水中的铁离子形成FeS等黑色物质，是水体致黑的主要因素。硫酸盐废水排放是水体发黑、发臭的主要因素之一，寻求行之有效的硫酸盐废水处理工艺已成为环境工程界普遍关注的问题。

二、主要产品及工艺技术

目前硫酸盐废水的处理方法主要有物化技术和生物技术。由于物化技术

处理硫酸盐废水存在耗费大、成本高、存在二次污染等问题，生物技术处理高浓度硫酸盐（SO_4^{2-}）的废水逐渐成为研发热点。生物技术处理硫酸盐废水主要是厌氧处理工艺，在厌氧环境下，硫酸盐还原菌（SRB）可以将SO_4^{2-}转化为S^{2-}。SRB的存在会对产甲烷菌（MPB）产生影响，主要体现为硫酸盐还原过程对产甲烷过程的竞争优势和抑制作用。

在高硫酸盐废水处理过程中，往往通过工艺设计将硫酸盐还原过程与产甲烷过程分离或者从系统中去除硫化氢从而解除SRB代谢作用对产甲烷菌的抑制作用。硫化氢可以通过化学或生物氧化技术转化为单质硫，实现硫黄资源回收。目前，常见的生物处理硫酸盐废水工艺技术主要有以下几种。

1. 单相厌氧脱硫工艺

单相厌氧脱硫工艺是指硫酸盐还原与甲烷菌的产甲烷过程在同一厌氧反应器中进行。采用的反应器主要包括升流式厌氧污泥床反应器（UASB）、膨胀颗粒污泥床厌氧反应器（EGSB）、内循环厌氧反应器（IC）、厌氧接触反应器（CP）、厌氧滤池（AF）、厌氧流化床反应器（FB）等等。

为了减轻硫化氢对厌氧工艺的影响，可以通过投加SRB抑制剂来提高单相厌氧工艺处理硫酸盐废水的效率。钼酸盐是使用较多的SRB抑制剂，对SRB具有较强的抑制作用，而对MPB反而有激活作用。

2. 生物膜脱硫工艺

硫酸盐废水处理过程中，SRB担负着还原硫酸盐的作用。但是，SRB的世代周期很长，其启动需要的时间比较长。与普通的完全混合式厌氧反应器相比，生物膜工艺可以提高SRB的细胞浓度，提高硫酸盐的代谢能力，并提高SRB对硫化氢的耐受浓度。但是，生物膜工艺并没有从根本上解决硫酸盐对产甲烷菌的负面影响。

3. 硫酸盐还原及金属沉淀工艺

硫酸盐还原及金属硫化物沉淀工艺是通过在反应器中投加锌、铜、钙、铁、锰等金属离子，与硫化氢形成金属硫化物沉淀，从而有效去除H_2S，降低溶解性硫化物浓度，减小硫化物的毒害作用。在工程应用中，用来沉淀硫离子最常见的重金属是铁，加入铁后可以使反应其中的硫离子浓度保持在很低的水平，并明显降低系统的氧化还原电位。该工艺的弊端是投加金属盐后形成的不溶性硫化物在反应器中会累积，从而降低厌氧污泥的活性，也不利于单质硫的回收。

4. 硫酸盐废水微氧水解酸化预处理工艺

在厌氧处理过程中，硫酸盐还原产生的硫化氢会对MPB产生抑制作用，

降低系统处理效率。在有氧条件下，SRB受到抑制。南京大学开发了微氧水解酸化预处理工艺。在微氧状态下进行水解酸化，通过曝气控制微氧水解酸化状态，有效避开硫酸盐还原反应的发生，消除硫化物对生物处理的影响。

5. 两相厌氧脱硫工艺

两相厌氧工艺的原理是将硫酸盐还原作用和产甲烷作用分别在两个反应器内进行，含硫酸盐废水首先进入产酸相反应器，在产酸相反应器中，硫酸根被SRB还原为硫化氢，有机物被SRB等分解为乙酸、丙酸、丁酸等，反应器pH值下降；产酸相反应器的出水，进入到产甲烷相反应器，MPB在产甲烷相反应器进行甲烷代谢。

两相厌氧工艺从一定程度上避免了SRB与MPB在基质上的竞争以及硫酸盐还原产物的毒害作用。此外，两相厌氧工艺还具有运行稳定，处理效率高等优点，因此该工艺的研究与应用得到了广泛的重视，在高浓度含硫有机废水处理过程中开始应用。

6. 同步脱硫脱氮工艺

同步脱硫脱氮工艺由产酸硫酸盐还原（ASR）单元和同步脱硫反硝化（SDD）单元组成。在处理含硫含氮废水过程中，SRB将硫酸盐还原为硫化物，反硝化微生物在将硝酸根和亚硝酸根还原为氮气的同时，将负二价硫氧化为单质硫。ASR单元和SDD单元可以在两个反应器内进行，形成ASR和SDD串联工艺，也可以将ASR单元和SDD单元集成在一个反应器内，形成单相同步脱硫脱氮工艺。

7. 两相厌氧与硫化物氧化组合工艺

针对两相厌氧工艺的产酸相反应器中pH值较低，溶液中溶解性硫化物的大部分以H_2S分子的形式存在的特点，通过安装循环气体吹脱装置，将硫化物吹脱，减轻对产甲烷过程的抑制作用。吹脱工艺包括内部吹脱和外部吹脱两种形式，吹脱气体一般使用性质稳定的N_2或沼气。惰性气体携带的硫化氢被碱液吸收，吸收后的硫化物被化学氧化剂或微生物氧化为单质硫。使用较多的化学氧化剂工艺是络合铁工艺，国内也有采用栲胶法工艺的；硫氧化微生物种类很多，包括光合微生物、脱氮硫杆菌、多能副球菌等等。

三、市场分析

1. 行业规模

2014年全国废水排放总量716.2亿吨。其中，工业废水排放量205.3

亿吨、城镇生活污水排放量 510.3 亿吨（图 2-11）。从近十年的数据观察来看，全国污水排放总量保持平稳增长，2004～2014 年平均增长 3.2%；工业废水排放量稳中有降，2004～2014 年平均降低 0.76%。国家环保部环境规划院的一项预测显示，中国“十二五”和“十三五”时期废水治理投入将分别达 1.05 万亿元和 1.39 万亿元。

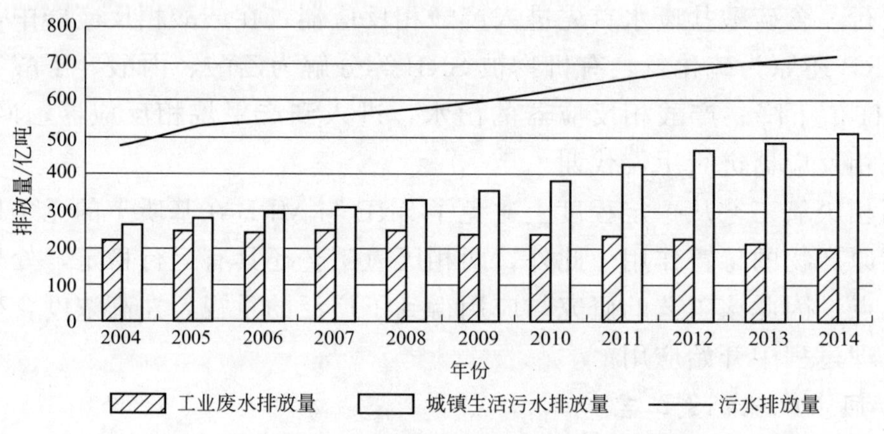

图 2-11　全国污水年排放量情况（数据来源：全国环境统计公报）

建设部公告显示，2014 年全国新增城镇（含建制镇、工业园区）污水日处理能力 900 万吨，再生水日利用能力 319 万吨，453 个造纸、印染等重点项目实施废水深度治理及回用工程。2010～2014 年污水处理厂数量由 2832 座增加至 3717 座，污水处理能力由 1.25 亿立方米/日提高至 1.57 亿立方米/日，全年污水处理量由 343.3 亿立方米上升至 480.6 亿立方米，平均运行负荷率由 78.9%上升至 84.1%。

近年国内城镇污水处理设施建设运行情况见表 2-53。

表 2-53　近年国内城镇污水处理设施建设运行情况

年度	污水处理指标				污水排放指标
	污水处理厂/座	污水处理能力/(亿立方米/日)	累计处理污水/亿立方米	平均运行负荷率/%	污水排放量/亿吨
2010 年	2832	1.25	343.33	78.95	617.3
2011 年	3135	1.36	393.13	79.45	659.2
2012 年	3340	1.42	422.80	82.50	684.8
2013 年	3513	1.49	444.60	82.60	695.4
2014 年	3717	1.57	480.6	84.1	716.2

数据来源：关于全国城镇污水处理设施建设和运行情况通报，住房和城乡建设部。

2. 市场预测

2015年4月，国务院正式发布“水污染防治行动计划”，简称“水十条”，要求全国污染严重水体有较大幅度的改善，到2020年三类水体比例总体达到70%以上，地级市建成区黑臭水体控制在10%以内。到2030年全国重点流域水质优良比例总体达到75%以上，城市建成区黑臭水体总体得到消除。

在我国城市化和工业化进程加快的过程中，由于水污染控制与治理措施滞后或能力有限，黑臭水体范围和程度不断加剧，流经繁华区域的水体绝大部分受到不同程度的污染。城市黑臭水体整治监管平台数据显示，截至2016年初，全国共排查黑臭水体1861个，从地域分布来看，南方地区有1197个，占64.3%，北方地区有664个，占35.7%，总体呈南多北少的趋势（图2-12）。

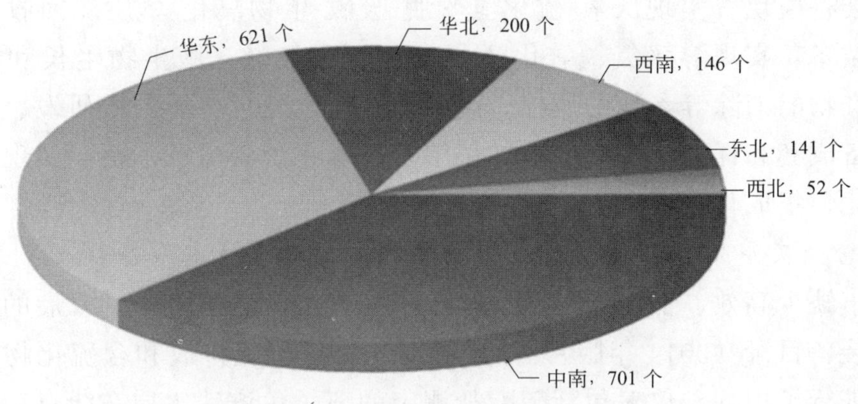

图2-12　我国城市黑臭水体分布情况

高浓度硫酸盐废水的排放间接性导致黑臭水体的形成，控制硫酸盐废水排放及处理硫酸盐废水成为近几年的研发及工程项目实施热点。根据初步测算，如果将管网新建改造，污水处理厂改、扩建和升级，雨水初期污染和其他面源污染治理，海绵城市，畜禽养殖污染治理等与黑臭水体有关的投资均考虑在内，要达到“水十条”城市黑臭水体治理目标，未来几年内全国各城市投入资金需求将不少于5000亿元。

四、研发动向

“水十条”指出“专项整治十大重点行业”，造纸行业位列其首，同时还包括了焦化、有色金属、印染、原料药制造、制革、农药等行业，“水十条”

强调“鼓励钢铁、纺织印染、造纸、石油石化、化工、制革等高耗水企业废水深度处理回用”，“加大黑臭水体治理力度”。这一文件的发布，为我们废水治理研发指明了方向，将开启废水治理研发和投资的又一轮热潮。

难降解物质和硫酸盐浓度高是造纸、焦化、有色金属、印染、原料药制造、制革、农药等行业废水难处理的关键，硫酸盐的存在是黑臭水体形成的主要因素。作为新型的处理手段，生物法处理硫酸盐废水在实际应用中需要与多种技术进行工艺集成。生物脱硫应用尚无系统化的技术规范，需要做大量运行相关工艺条件优化和匹配、过程控制、相关工艺设备的研发等工作，才能形成完整的生物脱硫技术体系，从而实现生物脱硫技术工业化。

1. 高硫酸盐废水新型生物处理集成技术

针对高硫酸盐废水处理的难点，从硫酸盐的高效还原、硫化氢的高效氧化和单质硫资源回收的角度，对不同行业废水形成适用性技术和装备，开发标准化装备模块，实现厌氧-硫化氢吹脱-吸收-生物氧化-单质硫回收的组合技术和装备，实现溶解氧、氧化还原电位、通气量、微生物生长和浓度控制、副产物的消除等参数的调控。高硫酸盐废水处理将以技术研发、工艺完善、装备成套和标准化为核心，加快治理技术系统集成和示范，实现工艺装备模块化、集成化和产业化。

2. 含硫废水处理领域国家鼓励发展的重大环保技术准备

由于缺少高效、低成本的硫酸盐废水处理技术，国家鼓励发展的重大环保技术装备目录（2014 年版），重点对废气二氧化硫排放和含硫化物废水处理装备进行了规划，仅对包括硫酸盐测定的离子色谱法水质在线自动分析仪进行了规划，缺少高硫酸盐废水处理装备规划。

表 2-54 给出了国家鼓励发展的重大环保技术装备目录（2014 年版）中涉及含硫废水处理和硫酸根检测的内容。

表 2-54　国家鼓励发展的重大环保技术装备目录（2014 年版）

名称	关键技术及主要技术指标	适用范围
高效催化氧化强化废水预处理成套装备	进水水质：COD 为 4000～5000mg/L；石油为 20～40mg/L；挥发酚为 100～400mg/L；硫化物为 10～25mg/L；总酚为 400～1500mg/L 出水水质：COD 平均去除率＞50%；挥发酚、总酚、石油类等平均去除率＞90%；硫化物去除率＞70%；处理能力 25～1000t/h；能耗指标为吨水处理成本＜7 元/t 废水，其中电耗＜5 元/t 废水	煤化工废水处理

续表

名称	关键技术及主要技术指标	适用范围
提钒废水资源化处理利用成套技术装备	无水硫酸钠回收率≥93%，干基纯度≥92%，满足《工业无水硫酸钠标准》(GB/T 6009—2014)Ⅲ合格品标准；硫酸铵回收率≥75%，质量满足回用沉钒质量要求；冷凝水满足钒浸出工艺要求	钠化提钒废水
基于离子色谱法的水质在线自动分析仪	检测指标：氟化物、氯化物、亚硝酸盐、硝酸盐、硫酸盐、氰化物、氨氮、钾、钠、总硬度、铜、锌、镉、铅、六价铬、镍、锰、二价铁；线性范围：>103；检测限：阴离子≤1×10^{-9}（以Cl^-计，抑制电导检测）；阳离子≤10×10^{-9}（以Na^+计，抑制电导检测）；重金属≤1×10^{-9}（以Cd^{2+}计，柱后衍生紫外可见检测）；示值误差：±10%；户外续航能力：≥15h；功能指标：具备自动校准、故障诊断分析、标液核查、日志记录、量程切换、数据有效性识别、RS232或485接口或模拟(4～20mA)输出（选配）等	饮用水安全监测、地表水、地下水水质监测

五、自主创新情况

由于硫酸盐废水治理难度较大，同时，在硫酸盐还原过程中会产生剧毒性的硫化氢气体，因此，开展相关研发工作的机构比较少，应用进展比较缓慢。而高硫酸盐废水治理技术的缺乏，又使得我国无法在废水排放标准中将硫酸根浓度作为限制性条件，企业不会因硫酸根浓度超标受到处罚，又进一步降低了企业投资研发硫酸盐废水治理技术的积极性。

南京大学发明了“一种耐高浓度硫酸盐的高效厌氧反应器及其处理废水的方法”，包括高效厌氧反应系统、硫化氢去除系统和回流气管路系统，采用液体内循环与气体外循环联合脱硫，经分离后的硫化氢被络合铁氧化成单质硫；吉林大学发明了“硫酸盐还原菌法处理酸性多金属硫酸盐工业废水的方法”和“硫酸盐还原菌处理酸性含重金属硫酸盐废水的方法”，利用生活污水中的COD，作为硫酸盐还原的电子供体，实现硫酸盐的生物还原，产生的负二甲硫与金属离子结合形成沉淀，同时降低废水中的硫酸根和金属浓度；复旦大学发明了“一种硫酸盐废水的处理装置及方法”，采用两级厌氧处理、硫化物吹脱、厌氧污泥沉淀等步骤，实现硫酸盐废水的处理，硫酸盐还原和甲烷发酵主要在厌氧膨胀床反应器中进行，出水流入组合式沉淀器的中心降流室，利用沼气进行吹脱，沉淀；桂林电子科技大学发明了“一种硫酸盐有机废水生物处理方法及装置”，包括数个有折流板的厌氧隔室和一个

沉淀池，各厌氧隔室顺序连通，通过将沉淀池水不断回流到位于所有厌氧隔室中间段1/3范围内的一个厌氧隔室中，提高硫酸盐有机废水厌氧处理的效率；太原理工大学发明了“一种生物处理酸性矿山废水的工艺”，在厌氧生物反应器中硫酸盐还原菌将硫酸盐生物还原为硫化氢，在好氧生物膜反应器中无色硫细菌将硫化氢生物氧化为单质硫，采用萃取设备溶解砂滤料中的单质硫，再经固液分离、蒸馏、烘干，回收单质硫。

在相关的研发机构中，哈尔滨工业大学和中国科学院过程工程研究所的发明专利最多。哈尔滨工业大学发明了“硫酸盐有机废水乙醇型发酵生物脱硫方法”，在厌氧微生物处理硫酸盐有机废水的过程中，在一个连续流完全混合搅拌槽式反应器内实现了产酸发酵和硫酸盐还原脱硫，硫酸根去除率达80％～90％；发明了“硫酸盐废水处理中微生物代谢类型调控方法”，在连续流完全混合搅拌槽式产酸脱硫反应器中，投加轻质填料增加生物量，通过定量化调控微生物的限制性生态因子，控制产酸细菌的代谢途径为乙醇型发酵，控制微生物群落的代谢类型为乙酸型代谢方式，使废水中的硫酸盐去除率超过90％；发明了“硫酸盐废水生物－物化法制备高纯度单质硫的设备”，包括连续流完全混合搅拌槽式反应器、氧化反应器和负压抽提系统等，在处理硫酸盐废水的过程中，通过负压抽提作用实现硫化氢气化，硫化氢在氧化反应器中被三氯化铁氧化，产生单质硫。在此基础上，哈尔滨工业大学构建了反硝化脱硫为核心的工艺，利用硫酸盐还原菌在厌氧条件下将硫酸盐还原为负二价硫，然后利用反硝化细菌，将负二价硫高效地转化为单质硫。硫酸盐的还原和负二价硫的氧化反应在同一个反应器内进行。以此为核心研发的有机废水碳氮硫同步脱除新技术及工程应用项目，获得了2010年度国家科技进步二等奖。

中国科学院过程工程研究所开发了两相厌氧-循环气吹脱-生物硫氧化-单质硫分离的高硫酸盐废水处理工艺，发明了“一种基于生物脱硫的酸性硫酸盐有机废水综合处理装置及方法”，在厌氧反应器中有机废水中硫酸盐还原产生硫化氢，将厌氧消化反应器中含有硫化物的回流水与酸性硫酸盐有机废水混合，得到酸性混合液，经惰性气体吹脱硫化氢、碱液吸收、硫氧化菌氧化，分离得到单质硫，从而实现硫酸盐的资源化处理。发明了“一种阴阳极同步电催化硫酸盐废水生物处理的方法”，构建了包括阴极反应区、缓冲区和阳极反应区的电催化生物反应器，在提高硫酸盐还原菌硫酸根还原速度的同时，实现对负二甲硫氧化过程的调控，从而提高废水生物代谢产生单质硫的回收率；发明了“一种生物脱硫处理反应器及生物脱硫处理系统和处理方

法”，所发明的反应器是上流式内双循环微氧反应器，在固定化微生物的作用下，含碱液中的硫化物被氧化为单质硫，硫颗粒随出水流出。具有单质硫生成率高、处理能力强、耐水力负荷和基质负荷冲击以及结构简单、放大容易等特点；发明了“一株嗜盐嗜碱性硫氧化菌及其在气体生物脱硫-硫回收中的应用”，利用嗜盐嗜碱性硫氧化菌建立了经济、高效的含硫化氢气体吸收-生物硫氧化及硫回收系统，建立了嗜盐嗜碱微生物硫酸盐还原工艺及嗜盐嗜碱微生物同步脱硫脱硝系统。

总之，我国在高硫酸盐废水处理技术相关研发领域的自主知识产权正在快速形成，技术上正在不断取得突破，有可能在最近实现工业应用和推广，将为制定更加严格的废水排放标准奠定基础。

（撰稿专家：邢建民）

生物投融资分析

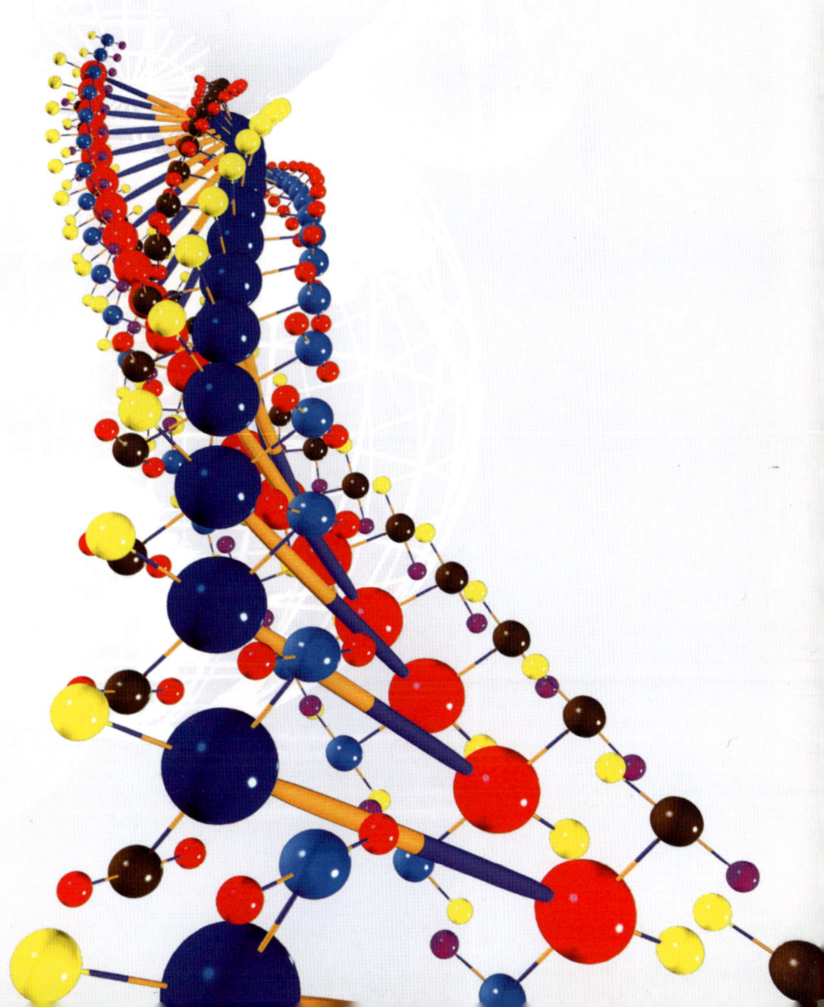

2015年生物产业投融资报告

一、国际篇

1. 美国带队书写行业新纪录

2014年对于全球生物医药产业而言，是具有里程碑意义的一年，新产品、繁荣的资本市场和扩张的货币政策，给这个行业以新的发展记录，营业收入、盈利能力、股票市值等均创出新高。2014年美国食品和药物管理局（FDA）支持使用加急审批渠道，使新产品的认证获得了突破。备受市场瞩目的产品持续旺销，持续提振投资者情绪。如生物遗传的Tecfidera和吉利德科学（Gilead Sciences）的丙型肝炎药物，Sovaldi和Harvoni，迅速成为两个在行业的历史上推出最成功的产品。产品的成功使得吉利德科学公司的收入和净利润快速增长，并带动公司市值首次超越安进公司成为市场新的龙头。这应该是2014年全球生物技术资本领域最激动的事件。大量公司IPO（首次公开募股）上市，也带来收入和研发支出的快速增长，但对净利润影响是拉低的。

通过美国、欧洲、澳大利亚和加拿大四个主要生物技术产业集群的数据统计，显示收入在2014年增长了24%，超过2013年的10%。即使排除Gilead Sciences的爆发性增长，也有12%的收入增长。研发开支增加了20%，大大高于调整后的收入增长量。其中研发增长率表现强劲的是美国（22%）和欧洲（14%）。在这两个市场，非行业领袖的研发支出比行业领导者更快。

2014年这四个地区的净利润暴涨231%至149亿美元，创出另一个历史新高。当然大部分的利润增加（82%）来自Gilead Sciences。在全球金融危机之后，生物技术行业盈利增加不再依靠大幅削减研发支出，而来自于新近推出产品的销售强劲所导致的利润增长（表3-1）。

全球生物产业发达地区生物上市公司营业收入数据见图3-1。

美国生物技术行业永远有它的佼佼者。2014年收入同比增长29%，有

表 3-1　美欧澳加四大地区生物技术产业公众公司数据

项目	2013 年	2014 年	增长/%
收入/百万美元	98 800	123 100	24
研发费用/百万美元	29 100	35 400	20
净收益/百万美元	4300	14 900	231
雇员数/人	178 850	183 610	34
公众公司数/家	616	714	9

数据来源：安永国际，西南证券整理。

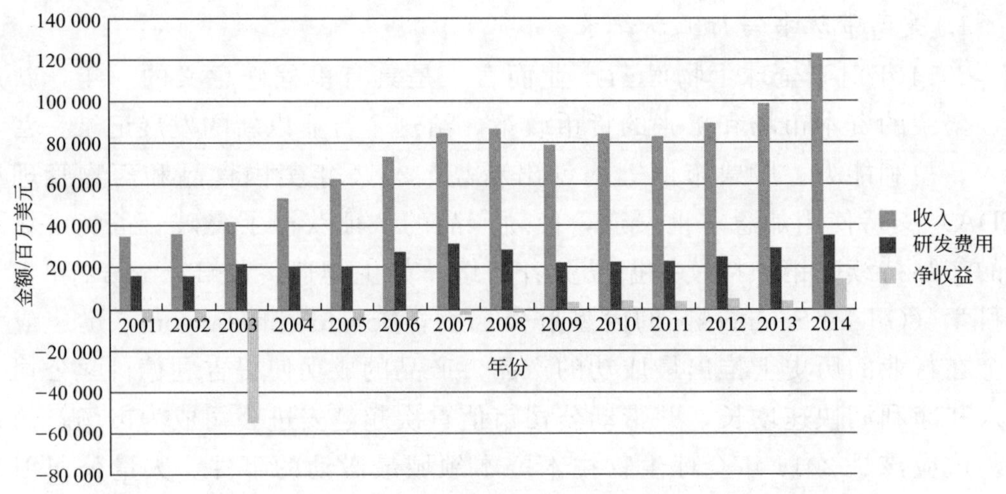

图 3-1　全球生物产业发达地区生物上市公司营业收入数据（2014）

数据来源：安永报告、西南证券整理

12%要归为 Gilead Sciences 公司的业绩贡献。如果调整 Gilead Sciences 公司的收入影响，以及大量公司的 IPO 和 Thermo Fisher Scientific 对 Life Technologies 公司的收购，美国的收入增长仍然有 18%的增长。研发开支 22%的增长，有近 70%的生物技术公司增加他们的支出，略高于历史平均水平。约 2/3 的公司，净利润几乎增加了两倍，达到了 106 亿美元的新高。大部分的增长来自于美国生物技术行业的领袖 Gilead Sciences 公司的贡献。其他公司在收入增长和研发投资方面也没有下滑。收入和利润的改善，显著提升了美国生物技术公司在资本市场的价值，一批处于商业生产前的公司市值超过 10 亿美元。截至 2014 年年底，有 26 家美国企业达到这个阈值，而在 2007 年，仅有三家公司。

欧洲的生物技术产业虽然没有美国那样增长强劲，但表现也非常不错，

2014 年收入增长了 15%，而 2013 年仅 3%，调整大量新股上市的影响后，增长依然达到 14%。研发支出增长了 14%，而 2013 年是下降 3%。净利润达到 33 亿美元，增长幅度达 199%。

研发费用强势回归到了自全球经济危机以后的历史水平。虽然研发经费在这个研究驱动型产业里一直保持较高增速，这个趋势在全球经济危机后发生逆转。2008 年，研发费首次历史性地下降，因为公司在资源紧缺的环境下削减开支。接下来几年里，尽管研发发展缓慢正增长，但还是低于营业收入增长。2013 年，这种趋势终于打破了，随着产业研发支出增长 14%，比高速发展时期还高出 4 个百分点。2014 年更是比历史最高值 2007 年的研发支出多了 11.26%，达到创纪录的 353.87 亿美元。研发支出收入占比却没有明显的提高，相反比 2013 年略有下降，从历史数据看，自 2009 年整个行业进入盈利期开始，研发支出收入占比就没有超过 30%（图 3-2～图 3-5）。

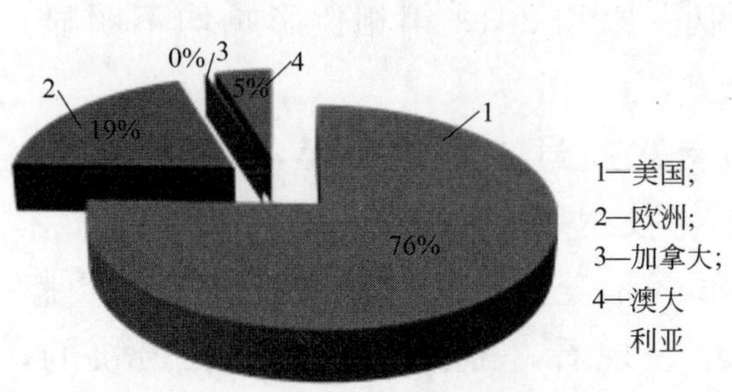

图 3-2　全球生物产业发达地区收入占比分析

数据来源：wind、西南证券整理

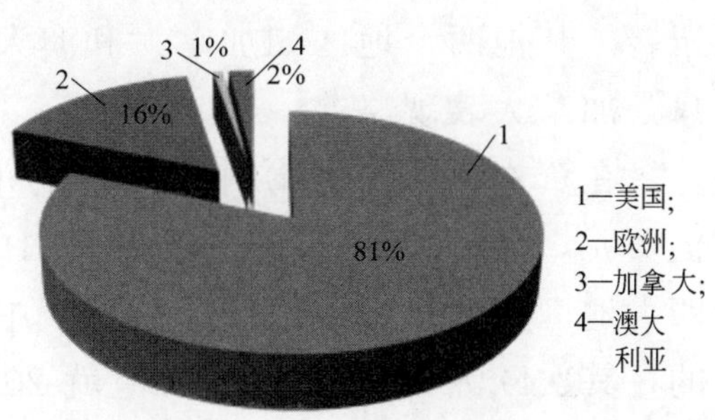

图 3-3　生物产业发达地区研发支出占比分析

数据来源：wind、西南证券整理

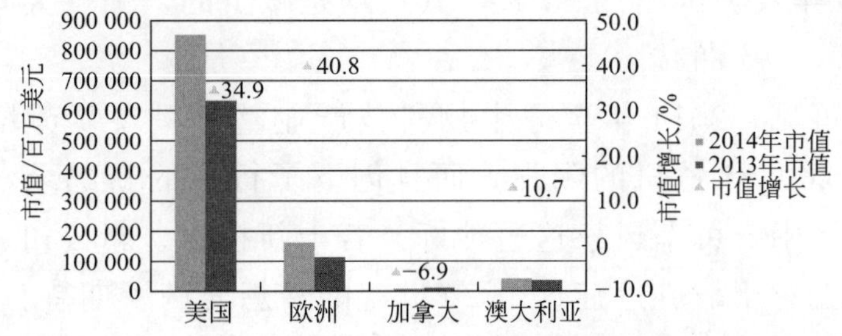

图 3-4　全球生物产业发达地区收入及占比变化分析

数据来源：wind、西南证券整理

从区域占比看，美国的收入占比提高了 3 个百分点，占四大地区总额的 76%，欧洲下降了 2 个百分点，但研发支出差异没有这么大，美国占比虽然

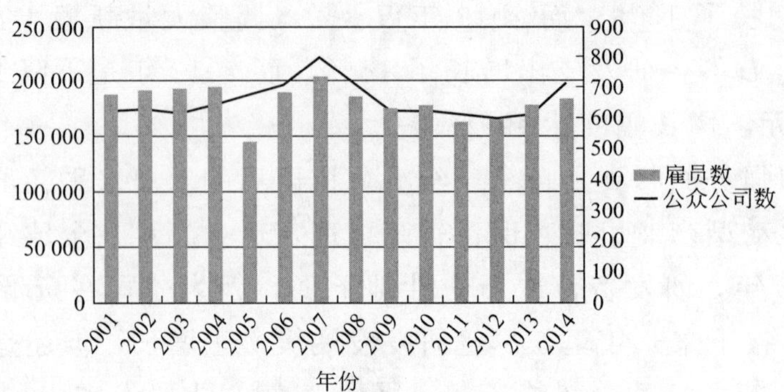

图 3-5　生物产业发达地区研发支出及占比分析

数据来源：wind、西南证券整理

仍然有所提高，但仅提高了 1 个百分点，而欧洲也仅下降了 1 个百分点。而且欧洲 2013 年研发支出相比 2012 年时下降了 4%，但 2014 年这一趋势得到扭转。其他两个地区如加拿大和澳大利亚占比和 2013 年相比影响均不明显，只是加拿大表现略差一些。

在资本市场，生物科技公司的市值首次超过 1 万亿美元，达到 10 634 亿美元，同比增长 34%，其中美国的生物技术行业依然是最有影响的，在四大地区生物科技上市公司总市值中，80%是美国的生物科技上市公司贡献的，其次欧洲贡献了 15%，但就 2014 年表现看，欧洲无疑是增长最快的，相比 2013 年，欧洲上市生物科技公司总市值增长了 40.8%，高出美国 34.9%的增幅。

2014 年，四大地区上市公司增加了 98 家，其中美国增加了 64 家，欧洲增加了 28 家，加拿大增加了 4 家，澳大利亚增加了 2 家。总体呈现增长态势，而 2013 年仅美国增加 23 家，其余均是减少的，加拿大减少 6 家，澳大利亚减少 2 家，欧洲减少 1 家。

以上分析可见，2014 年全球生物科技产业整体呈现复苏增长态势，不仅完全走出了 2008 年危机的阴霾，而且创下了行业的新纪录，在全球经济整体低迷的环境中，可谓风景这边独好。若干新技术、新公司、新产品的横空出世，让人类对于战胜癌症这个 20 世纪的梦想充满了期待。

生物技术正在给人类带来惊喜！

2. 传奇公司书写行业奇迹

生物科技行业已经形成了少数龙头公司领跑的格局，在万亿美元市值中，美国排名前十的就占了半壁江山，以 Gilead Sciences、Biogen、Amgen 和 Celgene 为代表的十家美国公司 2014 年市值合计达到 5915 亿美元，占据

了四大地区生物上市公司总市值的55.6%，其中Gilead Sciences公司2014年市值以1422.07亿美元雄冠全球，而2009年公司市值仅389.4亿美元，低于Amgen公司的572.57亿美元，但5年过后，Gilead Sciences公司成功超越Amgen公司，年均增长幅度达30%，而Amgen公司仅递增了16%。当然，这5年增长最快的还不是这几家龙头公司，Regeneron Pharmaceuticals、Alexion Pharmaceuticals和Incyte Corporation公司年均增长幅度均超过50%，作为一家基因测序行业的领先企业，Illumina公司也有47%的递增速度。作为近5年的领跑冠军，Regeneron Pharmaceuticals公司2014年营业收入仅8亿美元，净利润也仅有1.1亿美元，但2014年年底的股价超过400美元，2015年更是以前三季度2.1亿美元的净利润报收于435.64美元。作为一家拥有独特的单克隆抗体开发技术的公司，2009年公司股价仅20美元，但5年后超过400美元，公司依靠和拜耳、赛诺菲等知名巨头的合作，成功开发了一系列单克隆抗体药物，书写了生物技术领域的传奇故事。

2008年，经历20年的努力奋斗后，Regeneron的第一款产品ARCALYST终于获得了美国FDA的上市批准，用于Cryopyrin蛋白相关周期性综合征（CAPS）的治疗。虽然ARCALYST总体市场规模有限，2008年的销售总额仅为1100万美元，不过作为第一个Trap技术平台开发的药物，它的上市验证了公司的研发理念，同时也意味着Regeneron将开始通过构建自身的产品线而迎来更快的增长。

2011年2月，Regeneron向美国FDA递交了EYLEA用于治疗湿性黄斑变性的上市申请，9个月后，FDA批准了这个产品。2012年，仅仅在EYLEA上市后的第一年，这个全新机理的眼科产品就获得了美国湿性黄斑变性治疗药22%的市场占有率，销售额也一举达到了8.38亿美元。2012年，Regeneron与赛诺菲合作开发的药物Zaltrap获得FDA的上市批准，用于治疗转移性结直肠癌的治疗，这也是Regeneron上市的第三个治疗用药。与其同行企业明显不同的是，Regeneron拥有两个与众不同的卓越新医药产品研发平台，这使得Regeneron几乎能“大批量且低成本”地开发单克隆抗体药物应用于各类临床疑难杂症的治疗，而不像其他传统生物制药企业往往只能开发数量有限的生药物。当然，与赛诺菲的战略合作，也是其成功的关键。

支持公司股价的还在于Regeneron与赛诺菲紧密合作的降胆固醇药物alirocumab，作为一种被称为PCSK9抑制剂的新型生物药，它通过压制

PCSK9 蛋白来达到降低低密度脂蛋白密度的效果，从而降低胆固醇水平。从 2013～2014 年所公布的一系列 alirocumab 上市前临床研究结果来看，alirocumab 很可能成为继他汀类药物之后最重要的降脂产品，而且 Regeneron 也已经在整个 PCSK9 抑制剂的研发竞技中取得了领先地位。在降脂药物市场中，立普妥曾以过百亿美元的销售创造了制药界的奇迹，我们期待下一个奇迹在生物技术领域绽放（表 3-2）。

表 3-2　市值增长最快的美国公司（2009～2014 年）

单位：百万美元

公司名称	2014 年市值	2009 年市值	市值变化	年均增长/%
Gilead Sciences	142 207	38 940	103 267	30
Biogen	80 163	15 472	64 691	39
Amgen	121 167	57 257	63 910	16
Celgene	89 343	25 591	63 752	28
Regeneron Pharmaceuticals	41 471	1 946	39 525	84
Alexion Pharmaceuticals	36 689	4 324	32 365	53
Illumina	26 210	3 838	22 373	47
Vertex Pharmaceuticals	28 574	8 244	20 330	28
BioMarin Pharmaceutical	13 331	1 895	11 436	48
Incyte Corporation	12 351	1 080	11 271	63

数据来源：安永国际、西南证券整理。

英国的 Shire 公司是欧洲最大的生物技术公司，这家 1986 年成立的位于爱尔兰都柏林的生物技术公司，生产用于多种疾病（包括多动症和干眼病）的药物，专注于研发用于治疗罕见疾病的药物。2015 年 7 月，Shire 曾向 Baxalta 提出每股 45.23 美元，总价 300 亿美元的收购要约，然而 Baxalta 认为 Shire 的报价并未反映出其作为一家新上市公司的潜力，因此予以拒绝。但 2016 年元旦刚过不到两周，Shire 就宣布已与美国罕见疾病制药商 Baxalta 达成协议，将以 320 亿美元的价格对 Baxalta 进行收购。这将成为 2016 年制药行业的第一单大型并购交易。公司宣布，扩大后的产品组合，销售遍及 100 多个国家，将推动 Shire 公司在 2020 年实现预期 200 亿美元的年收入。这可能是生物技术领域的另一个奇迹。

欧洲市值增长最快的是 Jazz Pharmaceuticals 药业，这家 2011 年通过收购位于爱尔兰的 Azur Pharma 公司将公司从美国帕洛阿尔托迁到了爱尔兰。

公司总收入从2012年的16亿美元飙升到了2014年的70多亿美元。市值从2009年的2.44亿美元飙涨到2014年的99亿美元，年均增长幅度达到110％（表3-3）。

表3-3　市值最大的十家欧洲公司（2009～2014年市值变化）

单位：百万美元

公司名称	2014年市值	2009年市值	市值变化	年均增长/％
Shire	41 681	10 581	31 099	32
Jazz Pharmaceuticals	9904	244	9660	110
Alkermes	8563	892	7672	57
Novozymes	13 014	6448	6565	15
Actelion	12 915	6367	6549	15
BTG	4720	721	3999	46
Eurofins Scientific	3876	777	3099	38
Genmab	3336	709	2627	36
Meda	5255	2726	2529	14
Swedish Orphan Biovitrum	2704	196	2508	69

数据来源：安永国际、西南证券整理。

作为美欧两个市场近5年的成功者，他们成功的秘诀在于“技术领先”，两家公司都属于中型生物技术公司，一个是拥有独特的单克隆抗体生产新技术，在中型生物技术公司中，研发支出稳居第一，以几乎两年一个的节奏在推出新产品，按这个趋势，超越行业新霸主Gilead公司似乎并不遥远。Jazz公司作为爱尔兰发展生物技术产业的杰出代表，2014年研发支出增长518％，增速也居中型公司首位。研发支出增长的主要原因是1.97亿美元的知识产权费摊销，公司与Aerial BioPharma和Sigma Tau制药的资产并购，带给Jazz两个有前途药物的专利权，即jzp-110和defibrotide，其中jzp-110治疗嗜睡症和睡眠呼吸暂停，defibrotide预防骨髓移植患者中的重症肝静脉闭塞性疾病（图3-6和图3-7）。

作为一个进入了高速增长的新兴行业，技术创新已经成为这个行业发展的特点，而收购兼并似乎一直是技术快速产业化的一条捷径。以前是这样，未来依然还是这样。

3．市场融资——欧美携手书写新里程

2014年以后的生物技术资本市场，见证了一个新的行业里程碑。纳斯

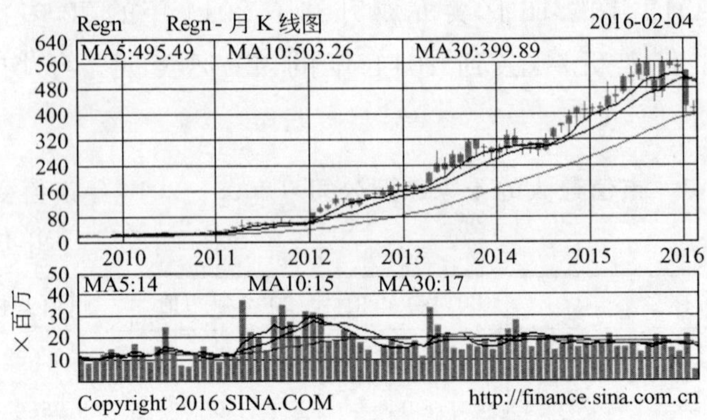

图 3-6　美国 Regeneron 公司近 5 年股价运行月线图

数据来源：wind、西南证券整理

图 3-7　欧洲领军企业 Jazz 公司近 5 年股价运行月线图

数据来源：wind、西南证券整理

达克生物技术指数延续 2013 年的上行态势，一路震荡向上，于 2015 年 7 月 20 日创下了此轮 5 年牛市的新高 4194.87，然后开始随着市场调整，2015 年开盘于 3177.52，收盘于 3540.44，年度涨幅为 11.4%，低于 2014 年 34.1%的涨幅。

与纳斯达克综合指数相比较，生物技术指数明显强于市场综合表现。尤其是自 2013 年年初开始，生物技术指数（NBI）明显领先于纳斯达克综合指数，而推动指数上行的主要是大型生物技术企业，大市值、成熟型企业对指数贡献显著：在指数构成的 145 只个股中，前 5 大权重股对股指的贡献达到 37.5%；前 10 大权重股贡献达到了 56.6%。

从对比数据看，商业领导者在收入增长、盈利能力、市值等几方面均存

在优势，仅研发支出和雇员数量增长不及其他公司。显示商业领导者依靠优势的产品线在不断扩张市场，而中小生物技术公司依托活跃的资本正在积极拓展公司的研究业务。在欧洲，这一现象却不明显，从融资结构中的债券融资偏少也可以看出（表 3-4）。

表 3-4 美国商业领导者数据 单位：10 亿美元

美国商业领导者数据	2014 年	2013 年	增减	增长率/%
收入	81.3	61.8	19.5	31
研发支出	17.2	14.6	2.6	18
净利润	23.4	12.9	10.5	82
市值	644.5	473.3	171.2	36
雇员数/人	71 540	65 785	5755	9
其他公司数据				
收入	11.8	10.3	1.5	14
研发支出	11.6	9	2.6	29
净利润	－12.8	－10.1	－2.7	26
市值	209.4	163.3	46.1	28
雇员数/人	38 568	34 094	4474	13

数据来源：安永国际、西南证券整理。

在 2015 年三季度末，NBI 指数估值（PE）达到 87 倍，主要是因为小微型未盈利企业数量占比高，但按整体法估值并不算高，追踪 NBI 的 ETF，PE 仅为 30 倍。因此长期看，纳斯达克生物技术板块仍然充满魅力（图 3-8）。

良好的市场行情，也加快了企业的市场融资，2014 年，美国有 63 家公司 IPO 融资 49.46 亿美元，比 2013 年多出 22 家，融资额同比增长 40%，无论是 IPO 公司数量还是融资数量，均刷新了 2000 年的纪录（2000 年有 52 家公司实现 IPO 融资 45 亿美元）；有 206 家公司完成了 107.22 亿美元的再融资，另外，有 141 例债券融资，融资额达 238.01 亿美元，而一直活跃的风险投资依然活跃，383 例风投案例给中小生物技术公司带来了 56 亿美元的资本金。

尽管美国融资市场表现非常突出，但从增幅看，却逊色于欧洲市场。相比 2013 年 8 个案例 2.54 亿美元的 IPO 融资，2014 年欧洲生物技术公司完成了 31 例 IPO 融资，融资额突破 18.56 亿美元，案例和融资额同比增长

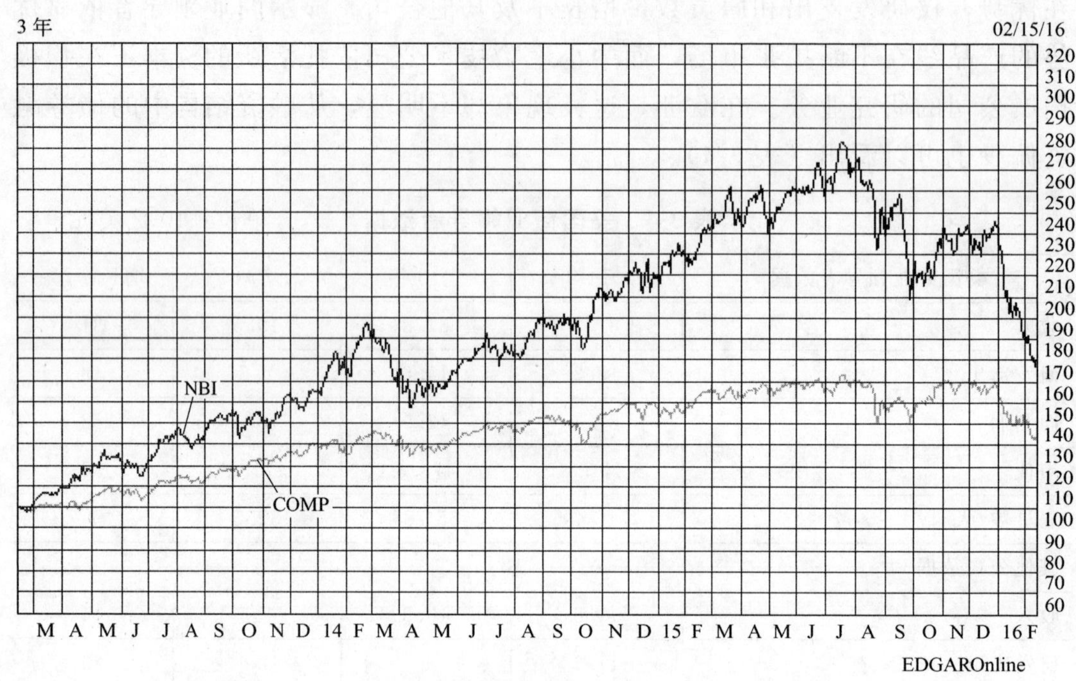

图 3-8　美国生物指数表现

数据来源：西南证券整理

287.5%和630.7%，高出美国同类53.65%和51.5%的增幅。再融资和风险投资分别增长了102%和37.7%，也高于美国市场，仅有债券融资不及2013年下降了8%，使得融资总额增幅仍然稍逊美国，分别是61.8%和78.5%（图3-9）。

两个市场的优异表现，使得欧美两个地区的融资总额创出了行业的历史高点，不仅远高出2011年的峰值，而且达到了创纪录的500亿美元。当然，这其中83%由美国市场贡献。而两地差异最大的是债券融资，差距最小的是风投，主要原因是美国生物技术行业相对发达，成熟的企业相对多很多，这些企业良好的规模资产具备发行债券进行融资的基础，在融资结构中，美国债券融资占到了52.8%，而欧洲仅为24.3%。

通过统计近12年的融资数据发现，欧美两个地区的融资结构差异明显，欧洲主要还是以风险投资为主，12年合计数据占到了融资总额的32.3%，其次是增发再融资，占比为31.5%，债券融资和IPO融资占比分别是25.9%和10.3%。而美国市场近几年债券融资快速增长，使其占比跃升到45.9%，个别年份甚至超过50%，其次才是股票再融资和风险投资，分别占到27.9%和19.8%，而IPO融资占比仅为6.4%（图3-10）。

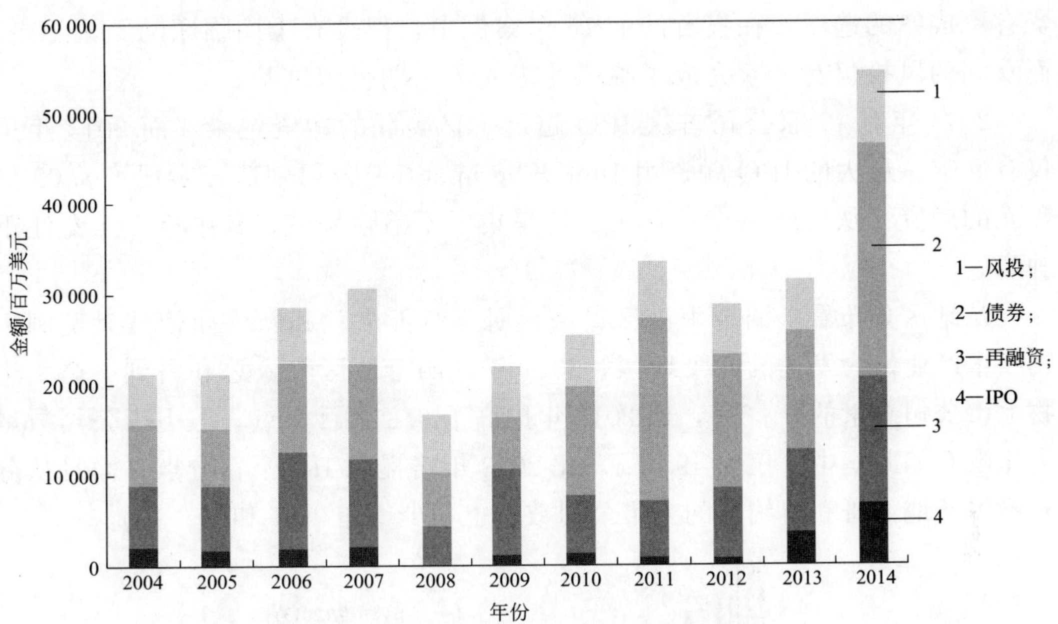

图 3-9 北美和欧洲市场的募集情况

数据来源：安永国际、西南证券整理

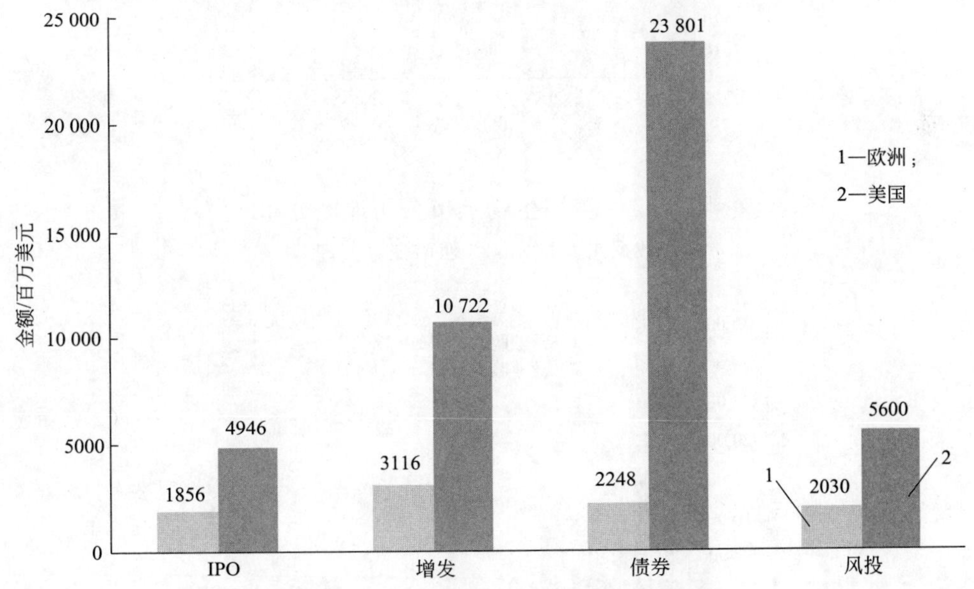

图 3-10 北美和欧洲市场的募集情况

数据来源：安永国际、西南证券整理

可见，对于一个新兴产业，在行业没有形成参天森林之前，风险投资仍然是非常关键的一个资本来源，风险投资的繁荣与否，可以决定一个地区新兴产业的发展未来。对比欧美风险投资的案例，也可以发现，美国的风险投

资有更成熟的选项，在投资的前 15 个案例中，都具有Ⅰ期临床的经营纪录，而欧洲的风投仅有 8 家完成了临床前进入了Ⅰ期临床试验。

2014 年有 17 家公司首次 IPO 超过 1 亿美元的融资纪录。而 2013 年里仅有 9 家。最大的 IPO 融资由 Juno Therapeutics 公司创造，实现了 3.05 亿美元的融资。从行业焦点看，主要还是集中于治疗领域，其中有 1/4 专注于肿瘤。

从地区分布看，旧金山湾区、洛杉矶、新英格兰和新泽西依然是美国生物技术产业最为发达的四个地区，2014 年这四个地区收入总和占到了全美生物上市公司总量的 84.3%，比 2013 年提高了 6.8 个百分点。但上市公司数量占比没有如此集中，仅为 49.4%，比 2013 年略提高 1.9 个百分点。而且从分布看，圣地亚哥和纽约州的上市公司数量也不少（图 3-11 和图 3-12）。

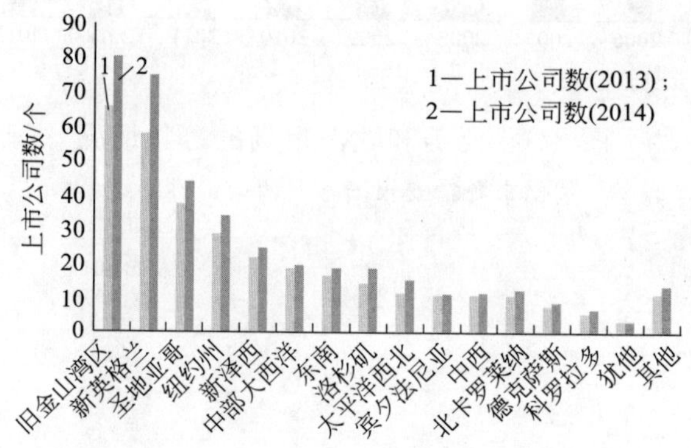

图 3-11　美国生物上市公司地区分布

数据来源：wind、西南证券整理

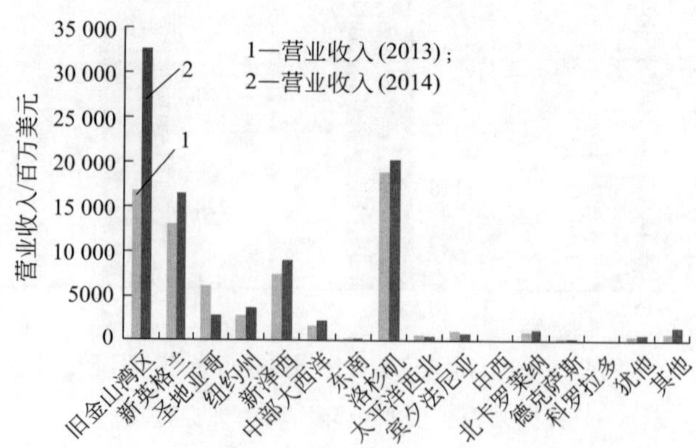

图 3-12　美国生物上市公司收入地区分布

数据来源：wind、西南证券整理

可见，2014 年的欧美生物技术融资市场，是生物技术产业发展的一个

新里程碑，美国依靠强大的资本市场支持，在每一项融资项目中均达到了一个新的高度，而且一批充当行业领导者的成熟企业强大的债券融资能力，使这些企业告别了“钱荒”，因而有更大的实力去进行技术创新（不管是自研还是联盟），也更便捷地获取资本金进行收购兼并，因此巨头之间的竞争已不是中小型企业能够企及的，因此，行业领导者的阵容基本没有什么变化，2014 年仅一家 Life Technologies 公司被 Thermo Fisher Scientific 公司以 136 亿美元收购，这也是后者的第 11 次收购，收购完成后该公司成为全球最大的生物技术产业服务公司。而中小企业依靠活跃的资本市场，在 IPO 融资、再融资以及吸引风险投资方面依然可以获得宝贵的发展资金。毫无疑义，充裕的资本和资金支持，足以使生物技术在接下来的几年内取得巨大的突破。

欧洲虽然不及美国，但相对完善的资本市场体系依然吸引众多风险投资公司专注于该领域，而复苏的资本市场，也为 2014 年的生物技术产业融资带来了惊喜，和美国市场一起携手书写了生物技术产业的新里程碑。

对比美国和欧洲的占比数据可以发现，二者的市值几乎不相上下，而且近两年均变化不大，雇员数美国不及欧洲增长快，但其他指标美国有明显的提高，特别是收入和利润等重要的行业经营数据。而欧洲的收入、研发支出和利润占比均有所下降，仅市值、雇员数和公众公司数占比有所提升。总体来说欧美处于你追我赶的状况，生物技术产业发展都不错（图 3-13）。

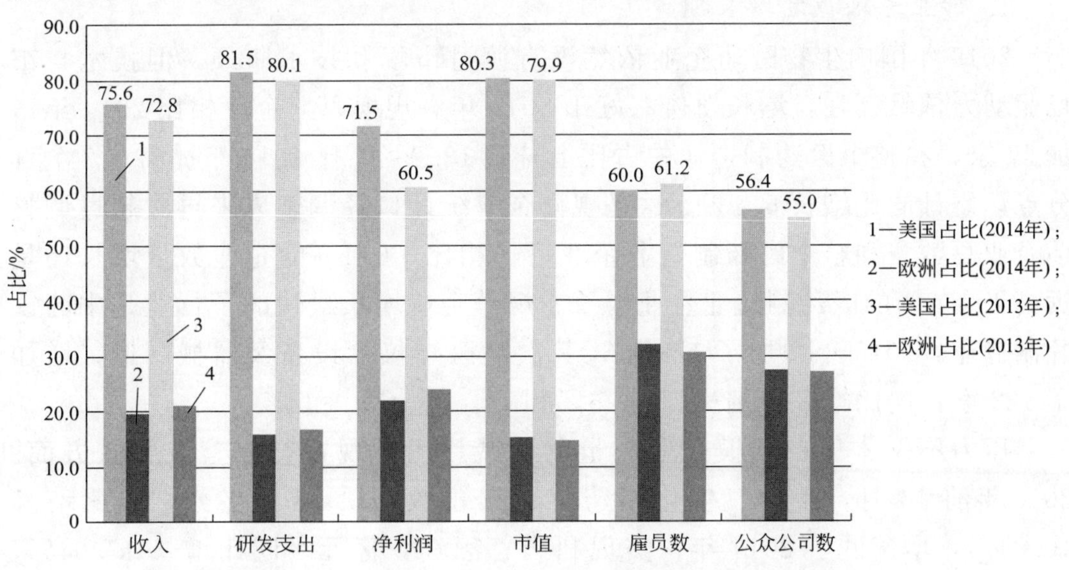

图 3-13 北美和欧洲市场的生物科技对比分析

数据来源：安永国际、西南证券整理

而另外两个地区，澳大利亚和加拿大的数据却差别显著（表 3-5），澳大利亚呈现小幅增长的态势，2014 年澳大利亚生物科技产业的净利润和市值增长了 11%，收入、研发支出和雇员数分别增长了 5%～9%，上市公司数量增加了 1 家，总的数据没有惊喜。但加拿大近几年却一直萎靡不振，2008 年以后几乎没有什么好的数据呈现出来，2014 年除行业减亏外，其余数据全是负增长。

表 3-5　加拿大和澳大利亚生物科技产业数据　单位：百万美元

澳大利亚公众公司数据	2014 年	2013 年	增长/%	加拿大公众公司数据	2014 年	2013 年	增长/%
收入	5794	5318	9	收入	260	623	−58
研发支出	681	650	5	研发支出	299	310	−4
净利润	1066	957	11	净利润	−87	−227	62
市值	42 177	38 068	11	市值	5227	5601	−7
雇员数/人	13 370	12 380	8	雇员数/人	1380	1340	3
公众公司数/个	52	51	2	公众公司数/个	63	59	7

数据来源：安永国际、西南证券整理。

二、国内篇

1. 行业进入稳定增长期

2015 年国内生物医药企业依然没有渡过市场和技术瓶颈，但技术与市场驱动力依然存在，增长轨迹略好于 2014 年。规模以上企业相比 2014 年增加 57 家，在整个医药制造业中占比上升到 13.2%，比 2014 年提高 0.2 个百分点，累计同比增长 6.4%。这是规模企业统计口径调整以来再次超过调整前企业总数。和整个医药制造业企业增长相比，6.4%的企业数量增长还是远高于 4.7%的医药制造业企业增长。规模企业增长最快的子行业是中药饮片制造业，2015 年增加了 128 家，其次是医疗仪器设备及器械制造，增加了 122 家，同比增幅分别达到 14.6%和 11.3%（图 3-14）。

压力不仅体现在规模企业数量的增减，还体现在行业营业收入方面。2015 年前 10 月，生物、生化制药行业实现收入 2496.9 亿元，同比增长 10.04%，增速低于 2014 年，实现利润总额 310 亿元，同比增长 17.04%，比 2014 年高 6 个百分点。从收入和利润增长看，收入增长曲线基本和整个医药制造业同步，呈现继续减缓的态势（图 3-15 和图 3-16）。

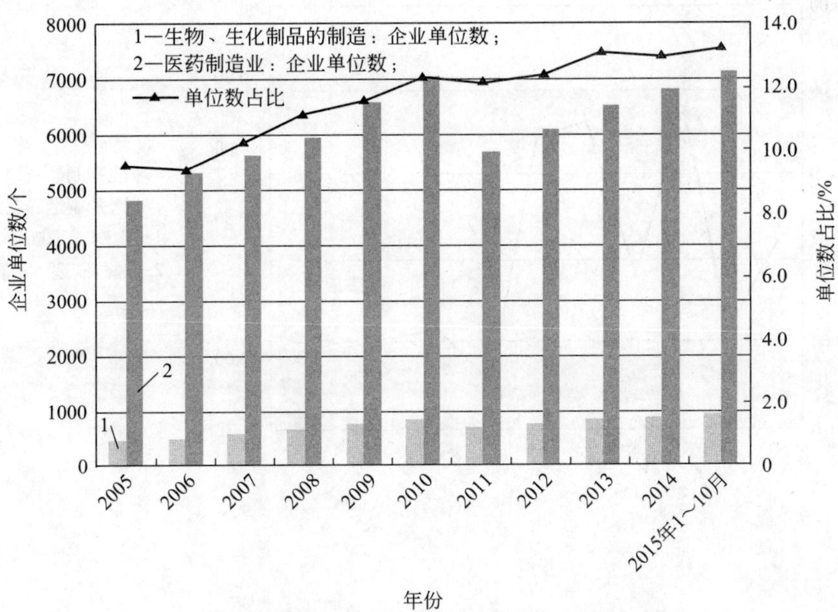

图 3-14　国内生物规模以上公司数量

数据来源：西南证券整理

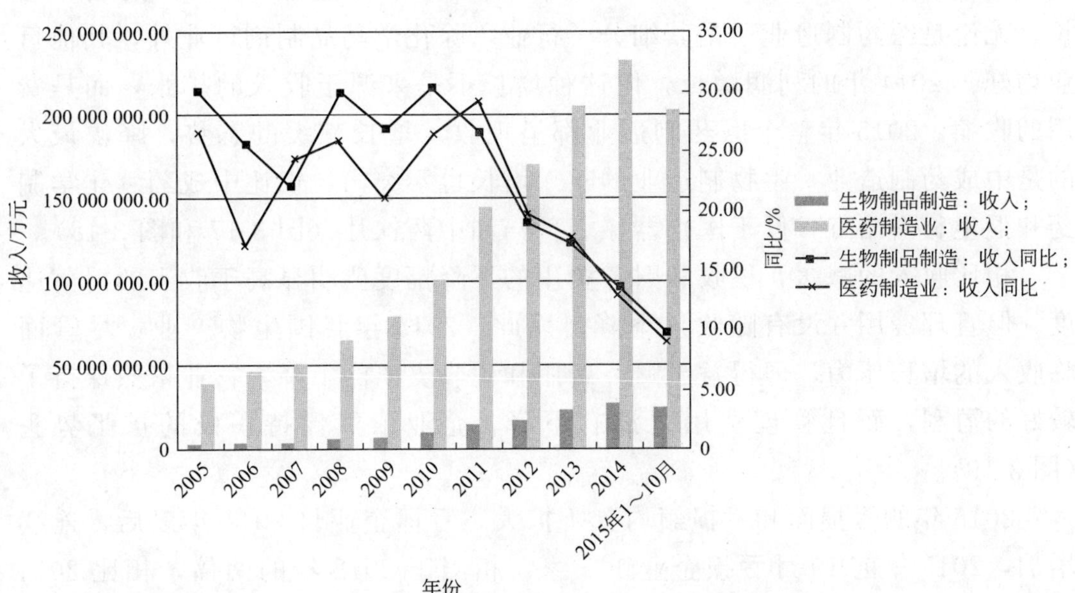

图 3-15　我国生物产业收入及增长分析

数据来源：wind、西南证券整理

利润增长曲线似乎要好一些，10%以上的增长是最近几年的特征。2015 年相比 2014 年应该更好些，1～10 月 17.04%的增长，在医药制造细分行业

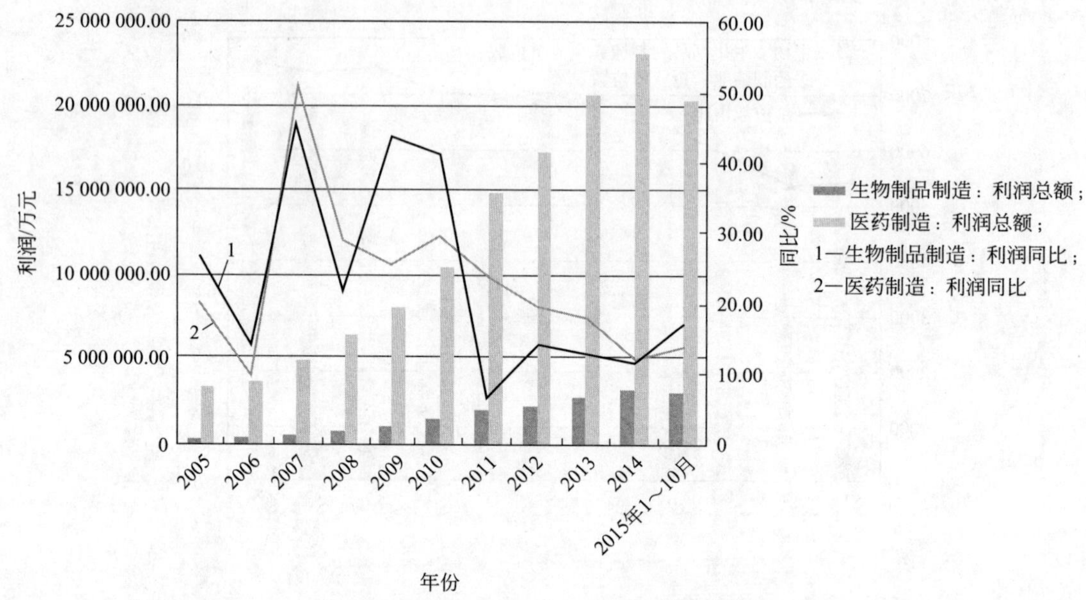

图 3-16　我国生物产业利润及增长分析

数据来源：wind、西南证券整理

中，仅次于中药饮片加工业的 21.2%。高于医药制造业 13.75%的全年增长。无论是医药制造业还是其细分子行业，除化学药品制剂行业外，其他行业均好于 2014 年的利润增长，但这种增长不是来源于收入的扩张，而是费用的收缩。2015 年整个医药制造业都呈现收入增长减缓的态势，降幅最大的是中成药制造业，生物制造业的收入增长也不突出，仅比中成药、化学制药和卫生材料略好，低于医疗器械、兽药和中药饮片（图 3-17 和图 3-18）。

相比收入的减缓，税收和财务费用的下降幅度要明显高于收入的滑落速度，但管理费用并没有随收入下降，因此，2015 年我国生物产业，尽管面临收入的增长压力，但得益于财务费用和税收支出的下降，行业依然保持了较好的盈利，而且管理费用也没有下降，企业依然保持积极的扩张势头（图 3-19）。

2015 年的亏损面和亏损额均有所扩大，亏损企业自 2011 年以后，连续增加，2015 年前 10 月亏损企业 115 家，相当于 2012 年的两倍，相比 2014 年增长 25%。而亏损金额这两年也持续攀升，2015 年前 10 月亏损额达 11.9 亿元，连续两年突破 10 亿元大关。

产品出口景气有所提升，2015 年前 10 月取得 11.24%的增长，相比经济总的出口下滑形势，生物制品应该还是非常好的细分产品。2015 年前 10 月累计出口 222 亿元，已经超过 2014 年全年（图 3-20 和图 3-21）。

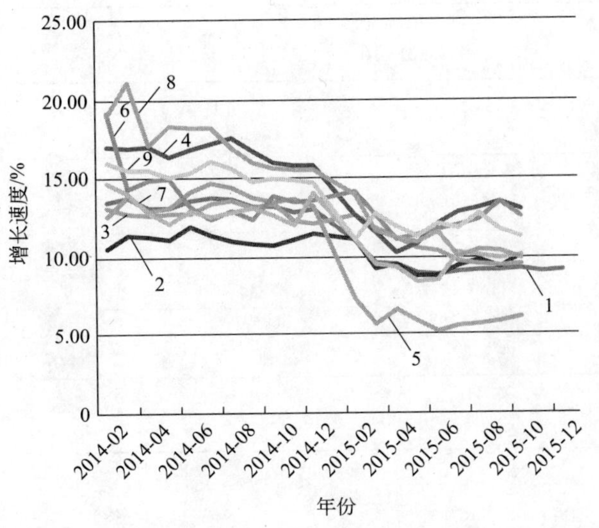

图 3-17 我国医药制造业收入增长分析

数据来源：wind、西南证券整理

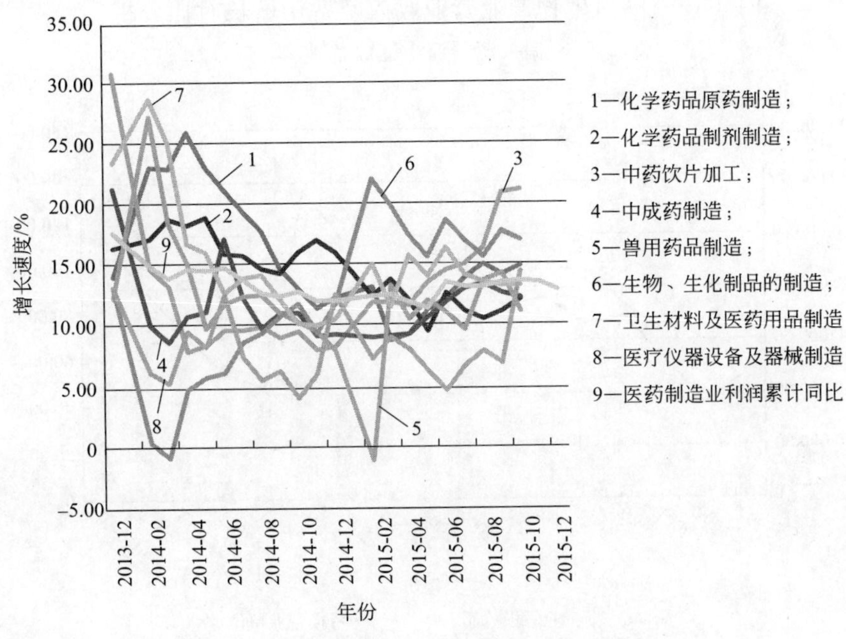

图 3-18 我国医药制造业利润增长分析

数据来源：wind、西南证券整理

营业收入和利润的下降，也导致行业亏损面增加，行业资产总量增长速度减缓。2014 年国内生物制药行业规模以上企业亏损面达到 10.4%，比 2013 年提高 1.9 个百分点，连续三年呈现上升态势。从亏损面数据看，自

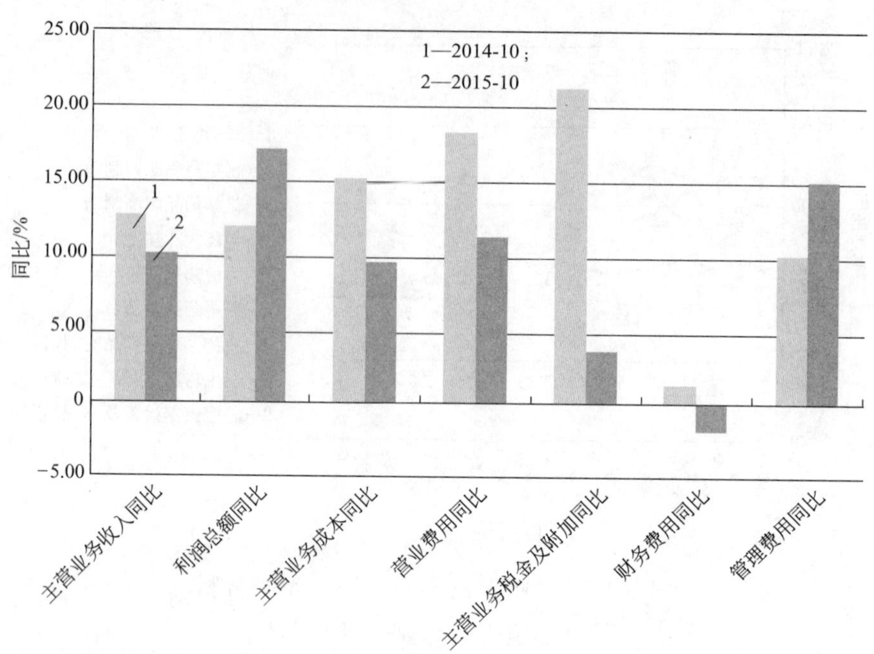

图 3-19　国内生物产业营业收入及费用增长对比分析

数据来源：西南证券整理

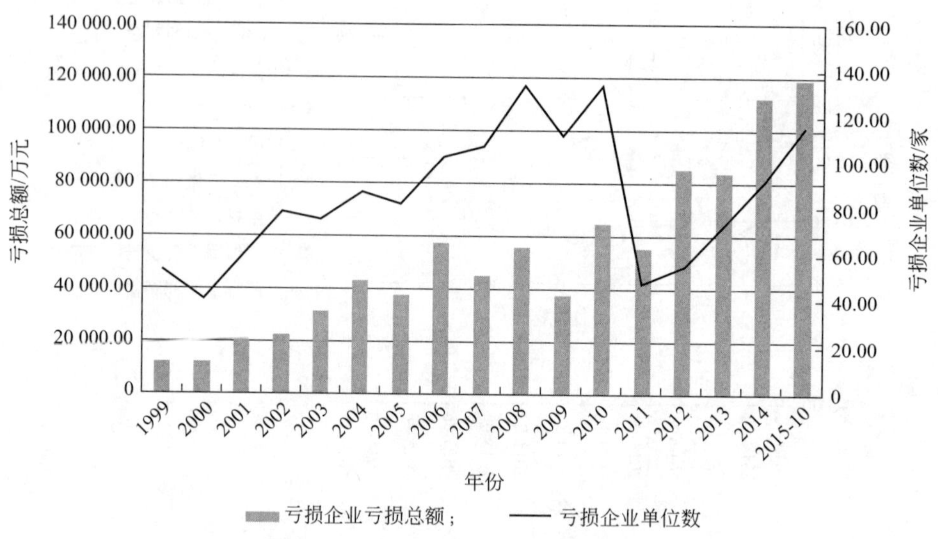

图 3-20　国内生物制药收入增长与其他子行业比较分析

数据来源：wind、西南证券整理

从 2011 年统计数据规模以上企业收入门槛从 500 万元提高到 2000 万元以后，亏损面也从以前的 15%～25%下降到个位数，可见 2000 万元收入规模以下的企业亏损比例还是比较大。相比统计数据变更前，行业负债率普遍下

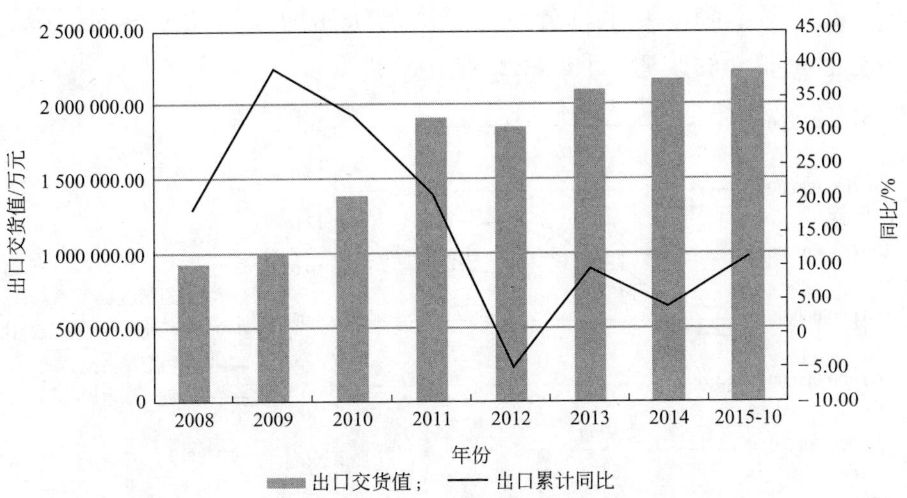

图 3-21　生物制药与其他子行业利润增长比较分析

数据来源：wind、西南证券整理

降了5～7个百分点，负债比率在35%～37%之间，可以推断2000万元营业收入的企业资产负债比要明显比规模更小的企业低。从年度数据变化看，2014年还比2013年的负债率有所降低。这是否得益于资本市场的重新恢复，还需要更多的数据来证明。

2015年前10月生物生化制药行业总资产总额为3442亿元，同比增长23.8%，也是2010年以来首次回升到20%以上。2015年前10月行业债务总额为1175.16亿元，同比增长18.2%，负债率由2014年的34.7%下降到

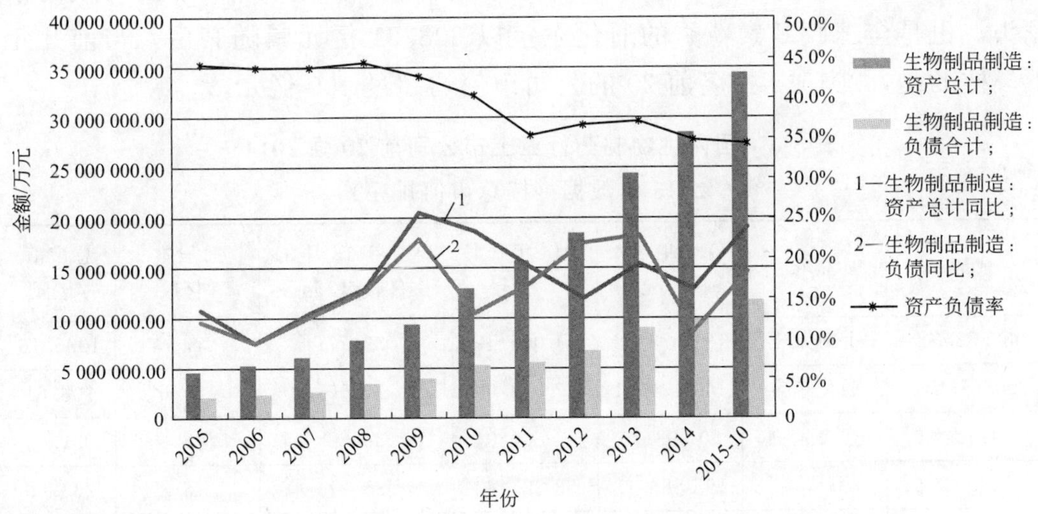

图 3-22　国内生物制药行业资产债务及占比分析

数据来源：wind、西南证券整理

34.1%，负债率下降0.6个百分点。资产的快速增长和债务率的下降，主要得益于企业资本金的改善（图3-22和图3-23）。

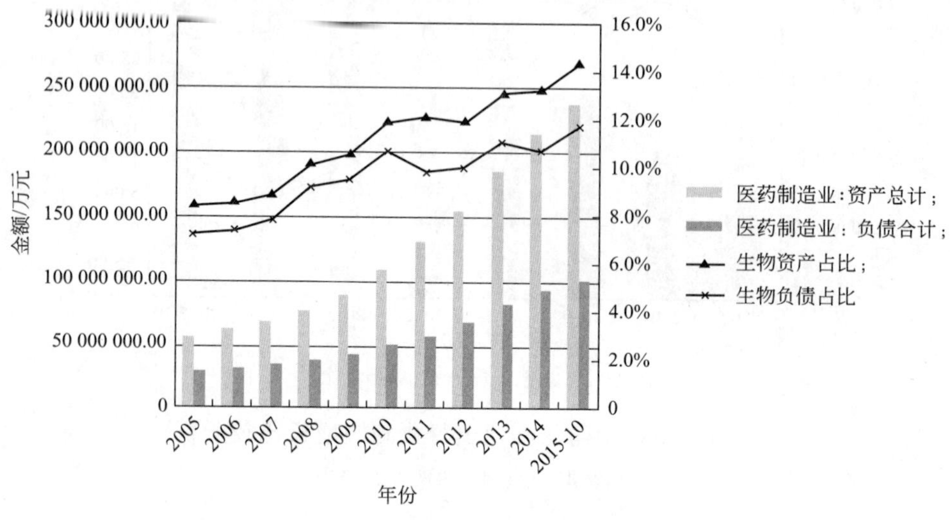

图3-23 生物制药资产债务增长分析

数据来源：wind、西南证券整理

2014年启动的国内资本市场盛宴，极大地推动了社会资本对生物技术的投资。这些投资的涌入，极大地改善了行业的资产状况，使生物产业在整个医药制造中的占比得到明显提升。

表3-6是按照2015年市值进行排名的国内生物制药上市公司前20强，主营血液制品的上海莱士以1096亿元的市值跃居市场第一，而国内胰岛素龙头，也是全球胰岛素新秀的通化东宝以308.61亿元紧随其后，与前几年不一样的是，2015年排名前20的公司市值均超过100亿元。

表3-6 国内生物制药行业上市公司前20强2014～2015年数据（按总市值排序）

代码	简称	2014年收入/万元	2014年利润/万元	2015年12月31日收盘/元	总股本/亿股	总市值/亿元
002252.SZ	上海莱士	131 973.52	51 085.49	39.77	27.56	1096.16
600867.SH	通化东宝	145 134.01	27 978.09	27.17	11.36	308.61
300122.SZ	智飞生物	80 093.75	14 800.04	36.38	8	291.04
002399.SZ	海普瑞	195 886.13	33 827.83	35.37	8	283.03
002030.SZ	达安基因	108 615.34	15 305.55	41.18	6.59	271.38
002007.SZ	华兰生物	124 348.8	53 841.74	44	5.81	255.77

续表

代码	简称	2014 年收入/万元	2014 年利润/万元	2015 年 12 月 31 日收盘/元	总股本/亿股	总市值/亿元
600645. SH	中源协和	47 686. 46	3546. 5	65. 01	3. 86	251. 1
002038. SZ	双鹭药业	124 295. 15	69 508. 31	33. 5	6. 85	229. 44
002581. SZ	未名医药	31 913. 99	8147. 87	34. 77	6. 6	229. 39
300199. SZ	翰宇药业	41 942. 82	17 156. 17	24. 63	8. 9	219. 21
300 463. SZ	迈克生物	93 484. 61	22 621. 09	117. 39	1. 86	218. 35
300142. SZ	沃森生物	71 902. 13	14 342. 47	13. 18	14. 04	185. 05
600161. SH	天坛生物	182 655. 11	12 839. 17	34. 93	5. 15	180. 05
300109. SZ	新开源	25 334. 35	3011. 79	104. 05	1. 7	177. 39
300009. SZ	安科生物	54 240. 59	10 985. 15	43. 28	4. 08	176. 52
300485. SZ	赛升药业	58 984. 64	20 257. 15	146. 9	1. 2	176. 28
000661. SZ	长春高新	226 230. 44	31 817. 13	120. 45	1. 31	158. 18
002022. SZ	科华生物	121 788. 57	29 197. 39	29. 1	5. 13	149. 16
002550. SZ	千红制药	81 460. 83	24 503. 67	22. 1	6. 4	141. 44
300238. SZ	冠昊生物	19 035. 67	5010. 31	56. 67	2. 47	139. 97

数据来源：wind 资讯，西南证券整理。

2. 资本市场活跃推升融资新高

2015 年国内资本市场经历了一轮大的波动，但活跃的市场还是给融资提供了机会。2015 年整个大健康领域直接融资在 2014 年的新高之上再创高峰，1786. 41 亿元人民币的融资额相比 2014 年增长了 121. 0%。融资的爆发性增长，得益于资本市场的活跃，2015 年沪深 A 股市场经历了一轮短暂的疯牛后出现连续性的暴跌并形成股灾，但半年的牛市还是激活了市场的融资增长。

IPO 融资 96. 78 亿元，同比增长 75. 4%，债券融资 640. 04 亿元，同比增长 91. 3%，再融资 852. 13 亿元，同比增长 181. 0%，PE/VC 融资 183. 46 亿元，同比增长 70. 2%。各种融资渠道都呈现快速增长的态势（图 3-24）。

2015 年有 18 家大健康领域的公司完成了 IPO 融资，其中生命科学和生物科技企业有 6 家，分别是润达医疗、博济医药、迈克生物、康美生物以及从事动物疫苗的普莱柯和海利生物。3 家公司分别是国内医疗检测、CRO 和诊断试剂领域的优秀企业，以及国内动物疫苗的主要生产者。此外，主营

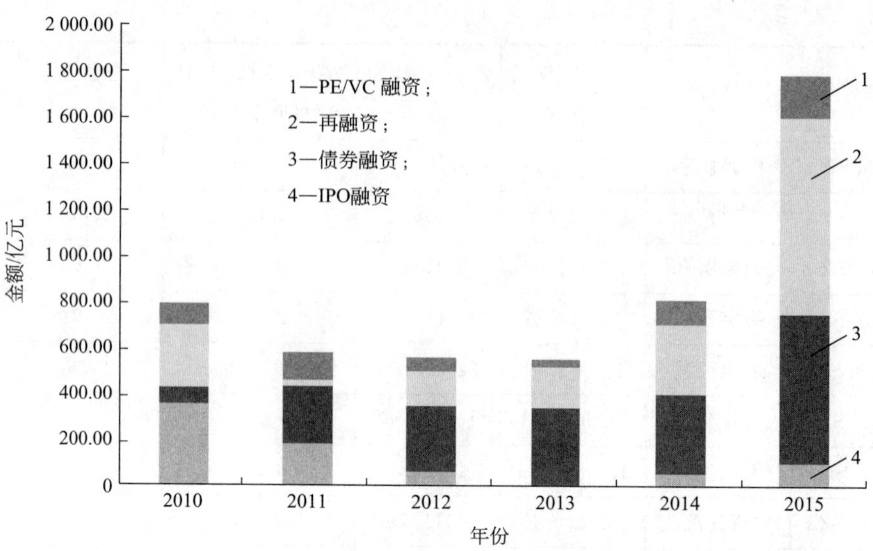

图 3-24　国内大健康产业直接融资及结构数据

数据来源：西南证券整理

中药的康弘药业在生物技术领域也是颇有影响的新秀，公司开发的国内第一个治疗湿性黄斑变性的一类新药也进入了市场。这 7 家公司 2015 年完成 IPO 融资 33.83 亿元。而 2014 年仅有 4 家公司融资 9.19 亿元（表 3-7）。

表 3-7　2015 年大健康领域 IPO 融资

代码	名称	上市板	发行价格/(元/股)	发行市盈率	募资总额(上市公司)/亿元	上市日期	省份	wind 行业	交易所
300482.SZ	万孚生物	创业板	16.00	18.56	3.52	2015-6-30	广东省	医疗保健设备	深圳
300453.SZ	三鑫医疗	创业板	12.87	22.98	2.56	2015-5-15	江西省	医疗保健设备	深圳
603309.SH	维力医疗	主板	15.40	22.87	3.85	2015-3-2	广东省	医疗保健设备	上海
603222.SH	济民制药	主板	7.36	22.96	2.94	2015-2-17	浙江省	医疗保健设备	上海
603108.SH	润达医疗	主板	17.00	22.97	4.01	2015-5-27	上海	生命科学工具和服务	上海
300404.SZ	博济医药	创业板	12.87	22.98	2.15	2015-4-24	广东省	生命科学工具和服务	深圳
300463.SZ	迈克生物	创业板	27.96	22.99	10.49	2015-5-28	四川省	生物科技	深圳
300497.SZ	富祥股份	创业板	15.33	21.79	2.76	2015-12-22	江西省	西药	深圳
300485.SZ	赛升药业	创业板	38.46	22.99	11.54	2015-6-26	北京	西药	深圳
603669.SH	灵康药业	主板	11.70	22.98	7.61	2015-5-28	西藏自治区	西药	上海

续表

代码	名称	上市板	发行价格/(元/股)	发行市盈率	募资总额(上市公司)/亿元	上市日期	省份	wind 行业	交易所
300452.SZ	山河药辅	创业板	14.96	22.99	1.74	2015-5-15	安徽省	西药	深圳
603566.SH	普莱柯	主板	15.52	18.89	6.21	2015-5-18	河南省	生物疫苗	上海
603718.SH	海利生物	主板	6.81	21.28	4.77	2015-5-15	上海	生物疫苗	上海
300436.SZ	广生堂	创业板	21.47	18.67	3.01	2015-4-22	福建省	西药	深圳
300439.SZ	美康生物	创业板	27.51	22.98	7.80	2015-4-22	浙江省	生物科技	深圳
002773.SZ	康弘药业	中小企业板	13.62	22.98	6.21	2015-6-26	四川省	中药	深圳
603567.SH	珍宝岛	主板	23.60	22.91	15.24	2015-4-24	黑龙江省	中药	上海
002750.SZ	龙津药业	中小企业板	21.21	22.99	3.55	2015-3-24	云南省	中药	深圳

2015 年的 PE/VC 融资也呈现高速增长态势，大健康领域共完成 177 个投资案例，其中生物科技领域 31 个，投资总额 26.825 亿元，占大健康领域的 14.62%。和 2014 年相比，2015 年的 PE/VC 投资的特点很显著，就是资本开始前移，2014 年 135 个案例中，天使投资和风险投资案例分别占投资案例的 14%和 39%，合计为 53%，PE 投资占 44%。而 2015 年天使投资和风险投资分别占比 15%和 55%，合计占到了 70%，比 2014 年提高了 17 个百分点（图 3-25 和图 3-26）。显示随着投资机构的增加和资金的涌入，被投资标的越来越往早期扩展。这一趋势对于技术创新型行业的发展非常有益。

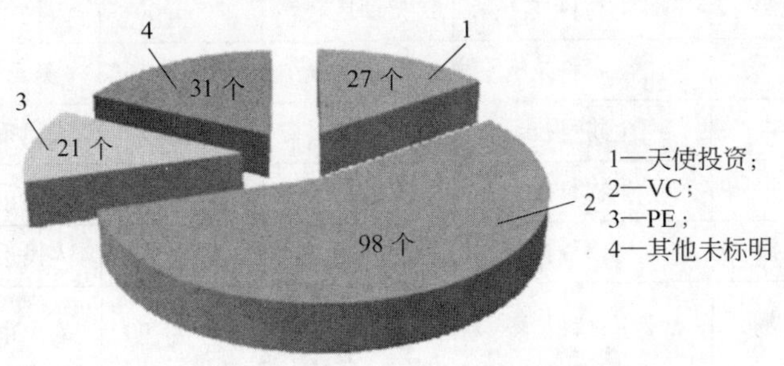

图 3-25　大健康领域投资案例结构分析

数据来源：wind、西南证券整理

这 177 个投资案例中，有 66%的被投资企业属于 A 轮融资，比例较 2014 年提高 6 个百分点。B 轮的有 24 个，C 轮的有 12 个。在 31 个生物科

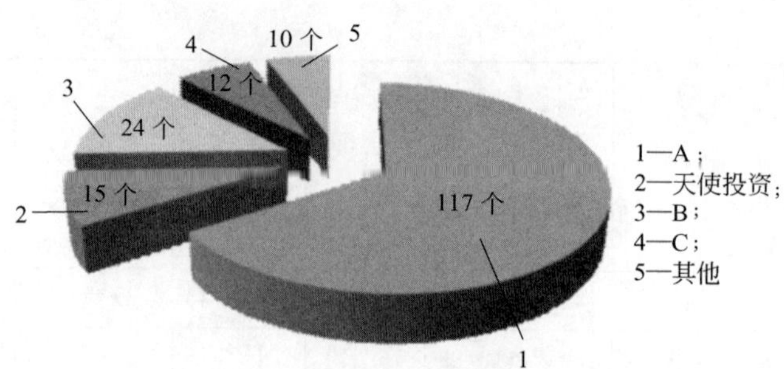

图 3-26　大健康投资案例轮次分析

数据来源：wind、西南证券整理

技投资案例中，吸金最大的是Jawbone公司，3亿美元的投资额创了近几年的新高，而燃石生物和仁会生物也以15 000万元的投资排名居前三（表3-8）。

表 3-8　2015 年生物科技领域 PE/VC 投资案例

披露日期	融资企业	行业	PE/VC 投资机构	投资金额/万元	币种	融资方式	融资轮次
2015-11-23	汇融生物	生命科学工具和服务	百年人寿	750.00	人民币	VC	A
2015-11-23	汇融生物	生命科学工具和服务	百奥特投资	750.00	人民币	VC	A
2015-04-16	Jawbone	生命科学工具和服务	黑石集团	30 000.00	美元	VC	A
2015-09-16	晶云药物科技	生物科技	人人网	1000.00	美元	—	A
2015-04-02	东药生物	生物科技	盈富泰克	3000.00	人民币	天使投资	A
2015-01-24	吉林冠界	生物科技	上海永宣投资	2500.00	人民币	PE	A
2015-01-24	吉林冠界	生物科技	上海永宣投资	500.00	人民币	PE	A
2015-01-24	吉林冠界	生物科技	招商昆仑	7000.00	人民币	PE	A
2015-11-02	迈博斯生物	生物科技	礼来风投	1500.00	美元	VC	A
2015-08-19	鑫华坤	生物科技	合肥创新投资	500.00	人民币	VC	A
2015-08-19	鑫华坤	生物科技	安徽创投	1000.00	人民币	VC	A
2015-08-19	鑫华坤	生物科技	合肥高新创投	500.00	人民币	VC	A
2015-06-04	仁会生物	生物科技	航天产业投资基金	15 000.00	人民币	VC	A
2015-06	百生康	生物科技	—	6000.00	人民币	VC	A
2015-03	星博生物	生物科技	中国风险投资	—	—	VC	A
2015-02	杨森生物	生物科技	深创投	—	—	VC	A
2015-08-14	燃石生物	生物科技	红杉中国	5000.00	人民币	VC	A+

续表

披露日期	融资企业	行业	PE/VC投资机构	投资金额/万元	币种	融资方式	融资轮次
2015-08-14	燃石生物	生物科技	济峰资本	5000.00	人民币	VC	A+
2015-08-14	燃石生物	生物科技	联想之星	5000.00	人民币	VC	A+
2015-03-16	华肽生物	生物科技	—	1000.00	人民币	天使投资	天使投资
2015-04-03	贝瑞和康	生物科技	启明创投	10 000.00	人民币	VC	C

数据来源：wind资讯，西南证券整理。

再融资是大健康领域增长最快的融资方式，852.13亿元的融资额比前三年的合计数还要多，主要是证券监管部门修改了部分再融资审核方式，大幅下放再融资审核门槛，而且允许重大重组的配套融资，因此极大地激发了上市公司的融资激情。当然，70家公司852亿元的再融资有许多是定向购买大股东资产，但配套融资还是给行业带来了335.2亿元的现金。其中借壳上市的长春长生生物制药股份有限公司16.6亿元的配套融资是2015年生物板块定增融资的最大赢家。

新的并购政策的实施，推升了市场的收购兼并，2015年大健康领域有23家公司完成了资产的收购，而且是以股权定向增发完成的，其中不乏许多生物板块的企业。如长春长生生物制药股份有限公司借壳黄海机械，注入了51.05亿元的资产，未名医药、瀚宇药业、博雅生物、利德曼、安科生物等都完成了收购资产的注入（表3-9）。

表3-9　2015年大健康领域并购融资情况

代码	名称	发行价格/(元/股)	增发数量/万股	实际募资总额/亿元	发行对象	认购方式
600299.SH	安迪苏	4.08	210 734.18	85.98	大股东	资产
002411.SZ	九九久	7.75	90 580.64	70.20	机构投资者	资产
000989.SZ	九芝堂	14.22	45 835.49	65.18	大股东,机构投资者	资产
002680.SZ	黄海机械	16.91	30 187.54	51.05	大股东及关联方,机构投资者	资产
002044.SZ	美年健康	5.52	91 934.24	50.75	机构投资者,境内自然人	资产
600666.SH	奥瑞德	7.41	45 052.23	33.38	机构投资者,境内自然人	资产
600062.SH	华润双鹤	19.69	15 277.46	30.08	大股东	资产

续表

代码	名称	发行价格/（元/股）	增发数量/万股	实际募资总额/亿元	发行对象	认购方式
002581.SZ	未名医药	7.76	37 820.75	29.33	机构投资者，境内自然人	资产
002390.SZ	信邦制药	7.75	23 220.26	18.00	大股东，机构投资者，境外机构投资者	资产
300026.SZ	红日药业	16.82	9328.18	15.69	大股东关联方，机构投资者，境内自然人	资产
000766.SZ	通化金马	6.57	15 220.7	10.00	大股东，机构投资者	资产
002675.SZ	东诚药业	17.14	4377.64	7.50	大股东关联方，机构投资者	资产
300318.SZ	博晖创新	16.27	4071.3	6.62	大股东，境内自然人	资产
300199.SZ	翰宇药业	24.44	2700.49	6.60	机构投资者，境内自然人	资产
300294.SZ	博雅生物	23.50	2212.76	5.20	大股东关联方	资产
002349.SZ	精华制药	26.28	1754.44	4.61	境内自然人	资产
600222.SH	太龙药业	6.85	6364.96	4.36	机构投资者，境内自然人	资产
002020.SZ	京新药业	21.31	1951.2	4.16	机构投资者，境内自然人	资产
300194.SZ	福安药业	18.28	2186.95	4.00	大股东，机构投资者，境内自然人	资产
300289.SZ	利德曼	27.35	1245.3	3.41	机构投资者	资产
300009.SZ	安科生物	11.50	2199.81	2.53	机构投资者，境内自然人	资产
300363.SZ	博腾股份	23.48	681.38	1.60	境内自然人	资产
300030.SZ	阳普医疗	12.33	924.57	1.14	境内自然人	资产

数据来源：wind资讯，西南证券整理。

随着收购兼并的活跃，越来越多的生物技术制药企业相继进入资本市场，生物技术板块在中国资本市场已日益成熟，2015年前三季度32只成分股收入合计达到208.4亿元，全年有望冲刺300亿元，而盈利合计前三季度已经几乎与2014年持平，达到58.64亿元，仅比2014年全年少2.02亿元，全年有望实现80亿元。而总资产、净资产相比2011年均已翻番，年均增长幅度达到18%。截至2015年三季度末，万得生物指数32家公司总资产达到889.42亿元，负债合计204.71亿元，负债率为23.0%，比2014年降低0.6个百分点（图3-27和图3-28）。

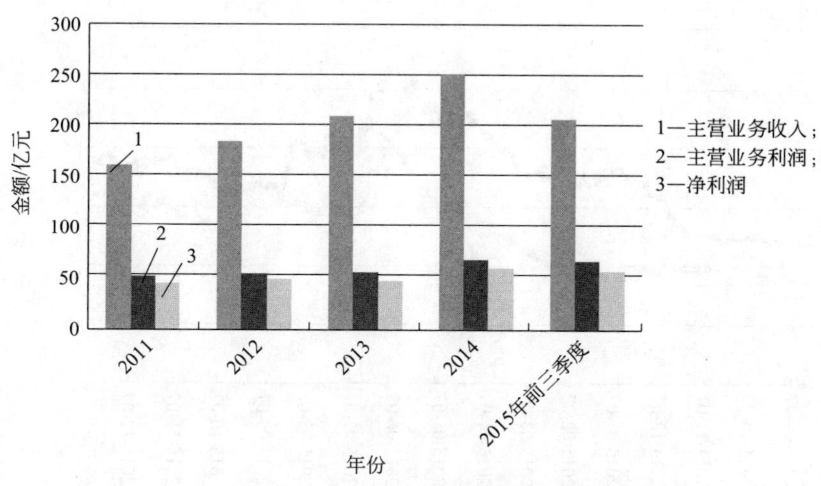

图 3-27　生物科技指数业务分析

数据来源：wind、西南证券整理

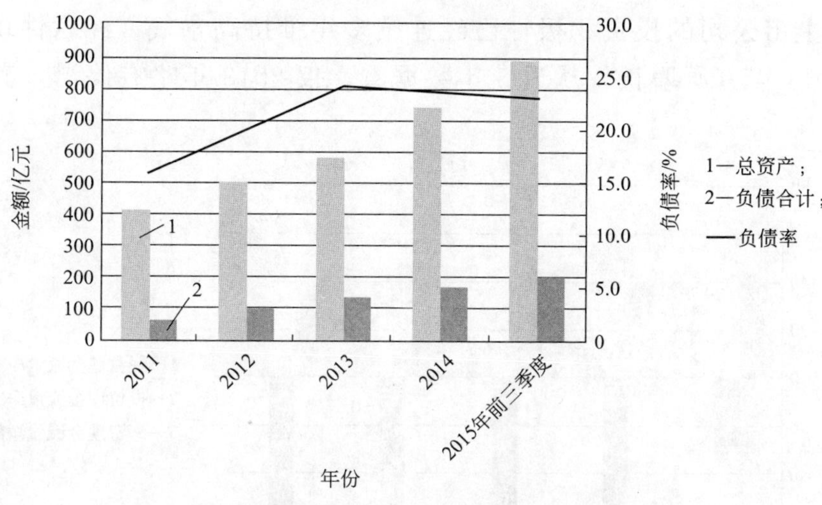

图 3-28　生物科技指数资产结构分析

数据来源：wind、西南证券整理

万得生物技术指数 2015 年以 79.4%的涨幅远超沪深 300 指数，后者 2015 年仅实现 5.58%的涨幅，显示生物技术因其成长性，具备良好的抗跌性。但从运行趋势看，2015 年的生物技术指数和沪深 300 指数波动基本一致（图 3-29）。

市场良好的表现，也提振了行业上市公司的筹资现金流。生物技术板块上市公司披露的三季度报告显示，2015 年生物技术上市公司整体取得 62.49 亿元的筹资现金流，投资现金流按年计估计也是连续四年呈现对外投资增

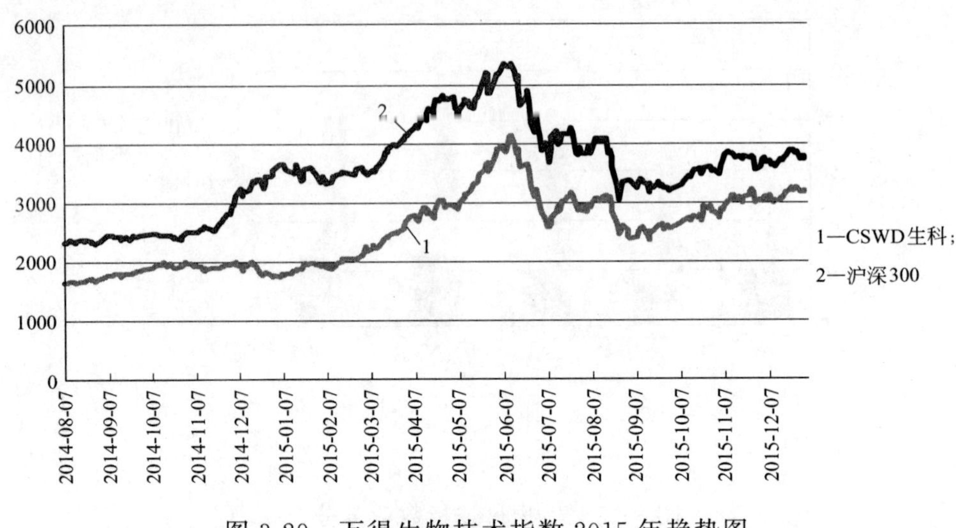

图 3-29　万得生物技术指数 2015 年趋势图

数据来源：西南证券整理

长，表明上市公司的投资积极性已经连续多年维持高景气。经营性现金流预期也比 2014 年有所增长，从近 5 年数据看，仅 2013 年略有停滞，其余年景均表现良好（图 3-30）。

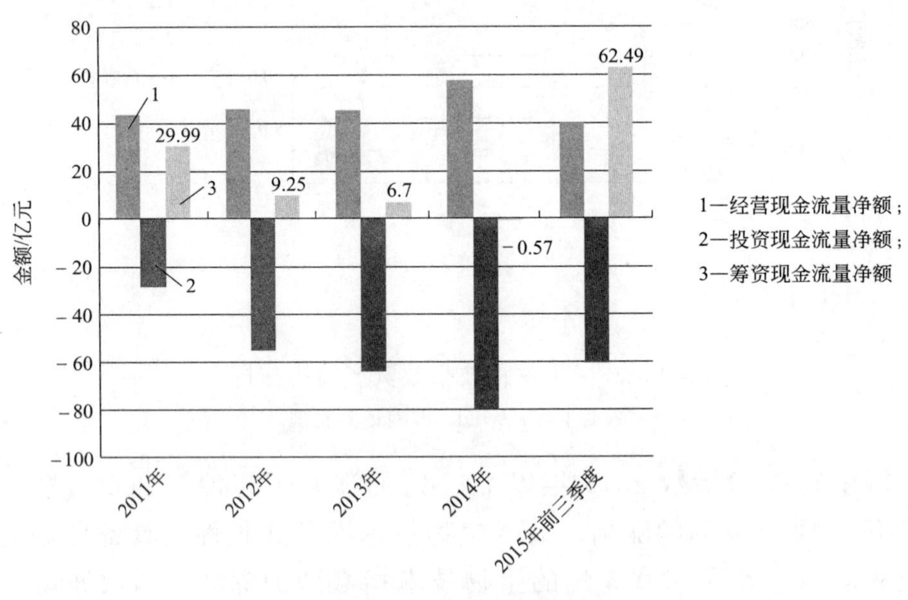

图 3-30　国内生物制药指数权重股现金流分析

数据来源：wind、西南证券整理

3. 新三板成新战场

新三板的快速发展，成为中国资本市场近几年的一件大事，良好的制度

创新使企业挂牌数量迅速增长，截至2016年2月底，新三板挂牌企业成功突破5826家，超过孟买交易所跻身世界第一。以医疗保健为核心的大健康类公司挂牌数量突破363家，行业排名第五，仅次于信息技术、工业、材料和可选消费，挂牌数量占比为6.2%，资产占比为3.5%，收入占比为4.3%，净利润占比为6.4%。占比数据显示，医疗保健类公司属于资产小、收入不高但盈利很好的行业（图3-31）。

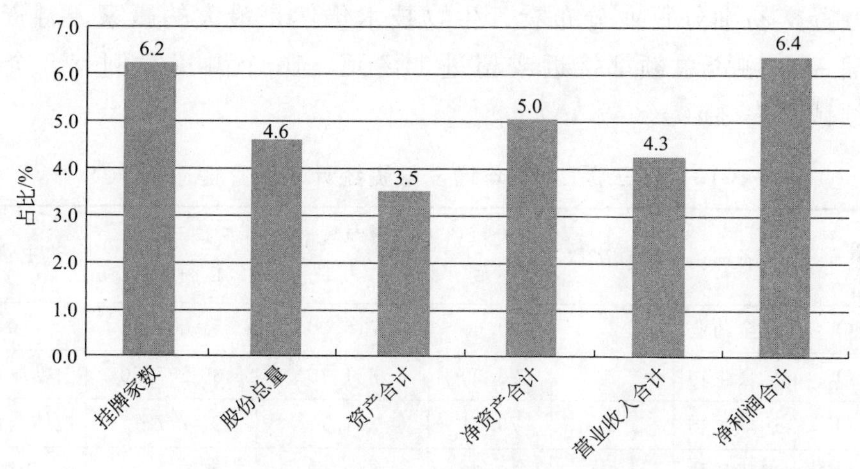

图3-31　2015年大健康挂牌新三板占比分析

数据来源：西南证券整理

良好的行业前景和盈利基础，也为企业的融资发展提供了便利，2015年有129家公司完成了182例融资行为，合计融资60.17亿元，接近主板

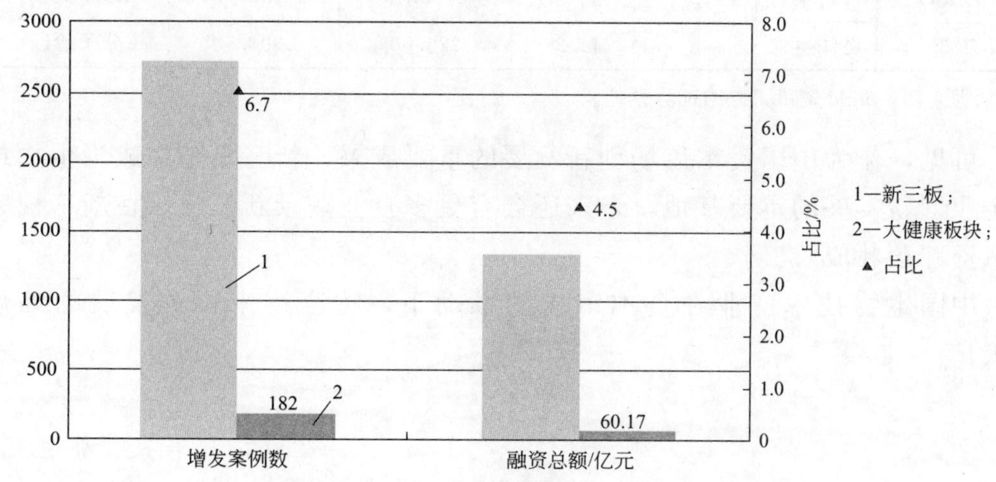

图3-32　2015年大健康产业新三板增发统计

数据来源：西南证券整理

IPO 融资的 2/3，增发案例数占到了市场融资案例的 6.7%，融资金额占到了 4.5%（图 3-32），有几家公司一年内完成了多次筹资行为，可见市场对这些公司的认可。融资最高的是药明康德的控股子公司合全药业，两次融资合计 5.1 亿元居第一，成功开发 2 型糖尿病药物——重组人胰高血糖素类多肽药物的仁会生物以 36 667.50 万元的融资额居次席，而主营抗体和肿瘤检测产品的达瑞生物以 27 777.77 万元屈居第三。

从融资交易细分行业分布看，生物技术仍然是最大的赢家，融资排名前 10 的企业基本融资总额都接近或超过 1 亿元，10 个融资案例有 8 个属于生物技术领域（表 3-10）。

表 3-10　新三板 2015 年增发融资统计（医疗健康前 10）

代码	名称	融资次数	增发价格/元	增发数量/万股	实际募资总额/万元	主营产品
832159.OC	合全药业	2	69.65	716.00	51 004.63	CRO
830931.OC	仁会生物	2	25.00	391.70	36 667.50	糖尿病药物
832705.OC	达瑞生物	1	79.11	351.11	27 777.77	抗体与诊断试剂
430222.OC	璟泓科技	2	10.00	823.33	25 053.33	诊断试剂
430017.OC	星昊医药	2	24.00	950.00	22 800.00	CRO
831173.OC	泰恩康	2	25.00	600.00	20 838.00	药品销售
833330.OC	君实生物	1	25.90	735.00	19 039.03	抗体药物
831397	康泽药业	2	10.30	1800.00	18 600.00	药品销售
430175.OC	科新生物	2	6.00	2403.46	15 220.78	诊断试剂
834839	之江生物	1	44.24	226.00	9998.50	分子诊断

数据来源：wind 资讯，西南证券整理。

可见，作为中国资本市场创新发展的重要成果，新三板正在成为生物技术企业创新发展的重要基地，未来还会有更多企业登录新三板、在新三板完成融资并茁壮成长。

中国生物技术产业在资本市场的推动下，将会迎来行业发展的灿烂明天！

（撰稿专家：张仕元）

生物专利分析

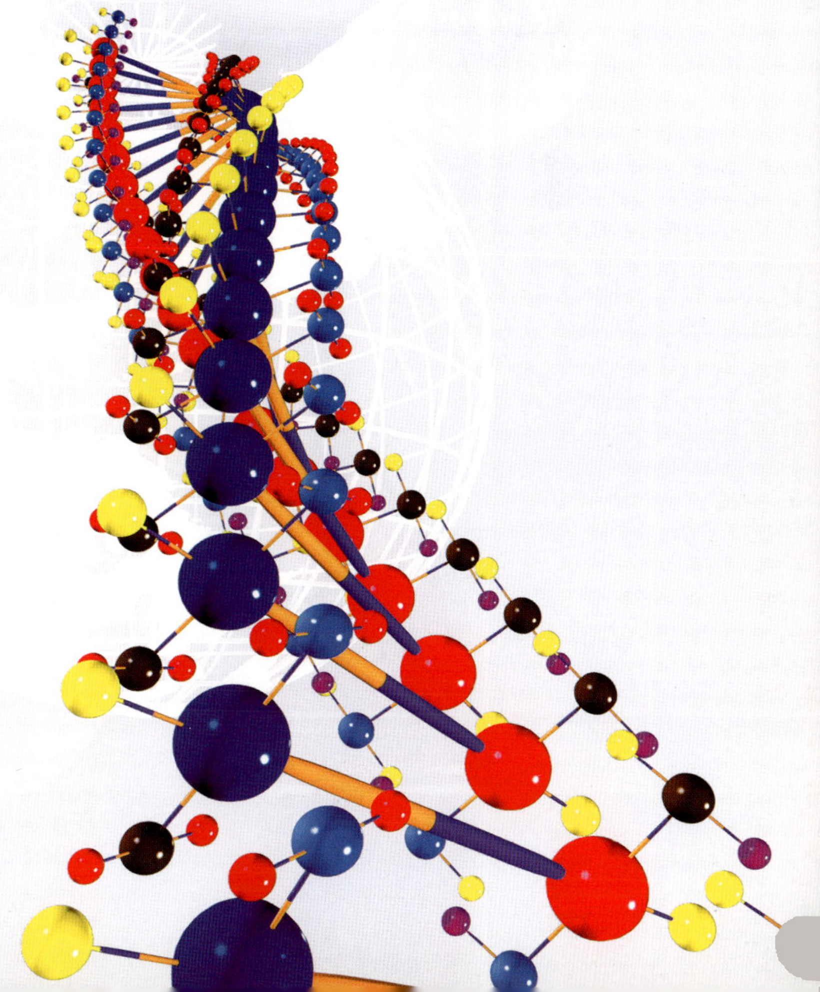

2015年度生物专利分析报告（生物环保部分）

一、生物环保技术概论

随着经济的进步，环境污染成为了阻碍人类社会生存和发展所面临的主要问题之一，利用高新技术，加大对环境的保护与治理力度，是环保工作所要解决的重要课题，而生物技术在环境治理领域中显示出了其独特的优势和巨大的潜力，已经引起世界各国的普遍重视。

生物技术以其特有的实用性和环保性逐渐广泛应用于环境保护领域，并且获得了迅速的发展，其应用领域主要包括废水的净化和处理、污泥处理、土壤修复以及塑料降解等等。从市场方面来看，全球环保市场以美国（37.4%）、欧洲（31.6%）及日本（17.7%）市场最具规模，其中生物技术在环保产业中的应用相当广泛，并对环境优化、可持续发展具有深远的意义。全球范围内来看，生物环保产业的市场规模不大，环保生物技术企业的营业额仅占整体生物技术产业的3%左右。但是目前生物环保领域的研发投入十分积极，发展预期乐观。

为了配合国家发展战略性新兴产业的重大举措，为生物环保产业的创新驱动发展模式提供支撑，我们对生物环保领域的专利态势进行了分析，从专利技术角度分析了生物环保领域的发展状况、全球及中国专利的布局情况、技术主题的分布、份额及专利申请的活跃度、专利技术的重点输出国家、主要申请人、重点研究领域以及核心/关键技术。

另外，我们对生物环保领域的两个重要技术分支，即土壤污染治理和污水生物治理的全球及中国专利状况也进行了分析，包括重要申请人、技术主题分布、重要的国外申请人在中国的专利布局以及中国申请人在海外的布局，并分析了两个重要技术分支的重要专利的基本情况和主要技术内容。

二、生物环保技术整体专利状况分析

1. 全球专利分析

（1）专利技术发展趋势　生物环保领域自1980～2014年（检索日期截至2014年8月31日，WPI数据库）35年间，全球专利申请共30 984件。根据图4-1所示，生物环保领域的全球专利申请量自20世纪90年代初开始持续增长，至21世纪初维持在较高水平稳定发展，并且自2009年开始，申请量有井喷式增加。

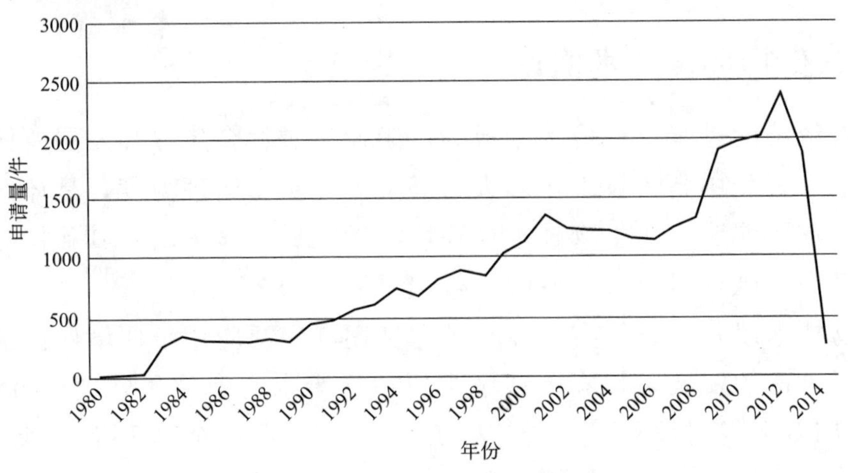

图4-1　生物环保领域全球专利申请量的变化发展趋势

（2）技术主题分布和变化趋势　表4-1中列出了全球专利申请量排名前15的分类号对应的技术主题。根据该表显示的内容，我们发现，生物环保的重点技术领域包括污水的治理、污泥的治理、土壤的治理和固体废弃物的治理几个方面。

表4-1　全球申请量排名前15的分类号对应的技术主题

排名	IPC	技术主题
1	C02F3/34	以利用微生物为特征的水、废水或污水的生物处理
2	C02F11/04	厌氧处理污泥，利用该工艺生产甲烷
3	B09B3/00	固体废物的破坏或将固体废物转变为有用或无害的东西
4	C02F3/00	水、废水或污水的生物处理
5	C02F3/28	利用厌氧消化工艺进行水、废水或污水的生物处理
6	C02F11/02	生物处理污泥
7	C02F3/32	以利用动物或植物为特征，例如藻类的水、废水或污水的生物处理

续表

排名	IPC	技术主题
8	C02F3/30	好氧或厌氧工艺进行水、废水或污水的生物处理
9	C02F3/12	活性污泥法进行水、废水或污水的生物处理
10	B09C1/10	用微生物方法或利用酶再生污染的土壤
11	C12N1/20	细菌及其培养基
12	C02F3/10	好氧工艺进行水、废水或污水的生物处理的填充物，填料
13	C02F9/00	水、废水或污水的多级处理
14	A62D3/00	通过在物质中产生化学变化使有害的化学物质无害或降低危害的方法
15	C02F3/06	使用地下滤池，好氧工艺进行水、废水或污水的生物处理

图 4-2 显示了全球申请量排名前十的分类号对应的申请量份额变化趋势，其中 C02F 11/04，即厌氧处理污泥，用此工艺生产甲烷的专利申请份额近年来有明显增加，提示该技术可能是近年来生物环保领域的一个新的研究热点。其他技术分支上的专利申请份额随时间有所震荡，但总体变化并不明显，表明这些重点技术分支上的研发力量对比未发生明显变化。

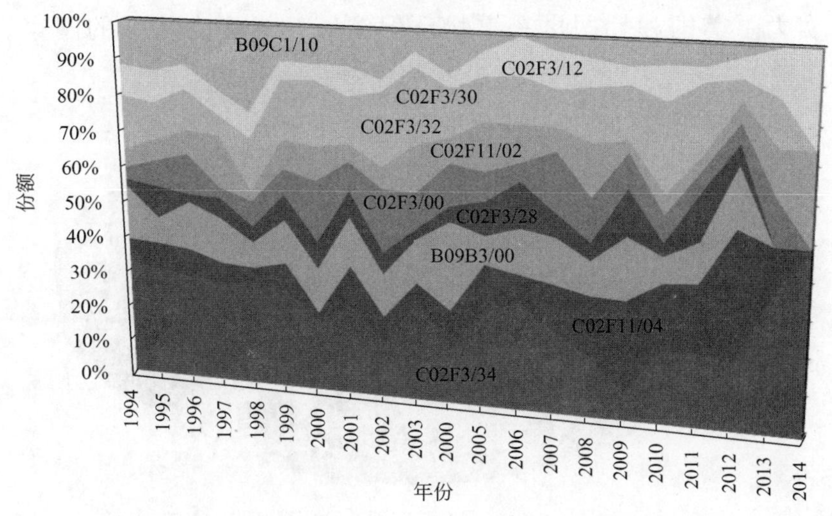

图 4-2　全球申请量排名前十的分类号对应的申请量份额趋势

我们还分析了重要技术分支的专利申请活跃度指数，结果见图 4-3。污水生物治理的专利申请量达到了 15 000 余件，并且申请的活跃度指数也最高，达到了 2.04；污泥生物治理的专利申请量维持在近万件的较高水平，并且申请的活跃度指数为 1.72；土壤生物治理和固体废物治理二者的专利申请数量相当，约 3000 余件；土壤治理的申请活跃度为 1.31，表明其申请

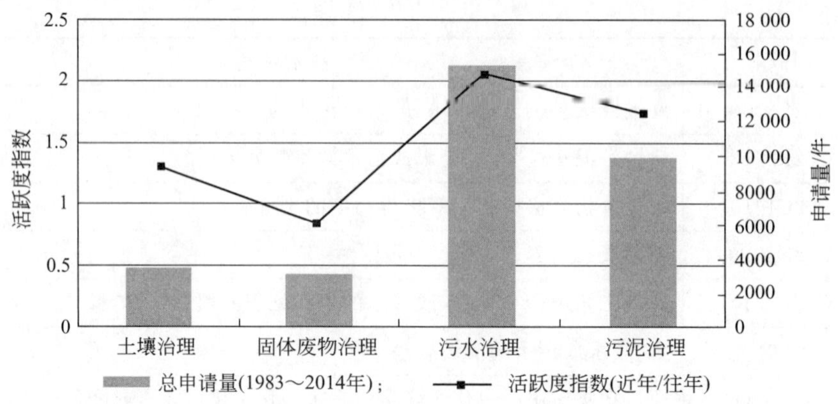

图 4-3　全球生物环保主要技术领域近五年申请活跃度

仍然是活跃的，而固体废物的治理，其申请活跃度仅为 0.84，可能与该技术领域的研发难度很大有关。

（3）国家/地区专利申请产出状况和布局情况　图 4-4 显示了生物环保领域主要的技术原创国及其排名。技术原创于日本的专利申请占全球总申请量的 42%，表明日本在生物环保领域处于技术领先地位。其次，中国在该领域的专利申请量份额也达到了 28%，说明中国在生物环保领域具备了一定的技术实力。美国和韩国也是生物环保领域技术实力较强的国家。

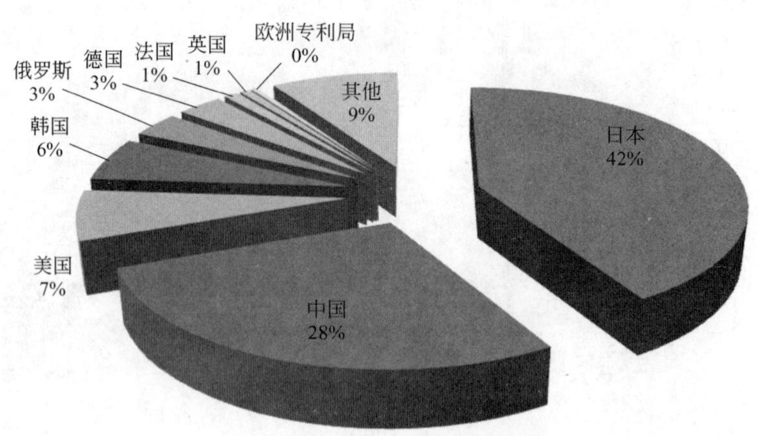

图 4-4　生物环保领域全球专利申请产出国/组织分布

图 4-5 则显示了近 20 年重要国家或地区的专利申请产出趋势。原创自日本的专利申请量在 1994～2006 年都处于世界领先水平，专利申请产出量在 2000 年前后达到最高峰。近几年来原创自日本的专利申请量有下降趋势。而技术原创自中国的专利申请量，却在 2000 年之后开始递增，特别在 2006 年以后，中国产出的专利申请量急速增加，2009 年开始，每年的专利申请

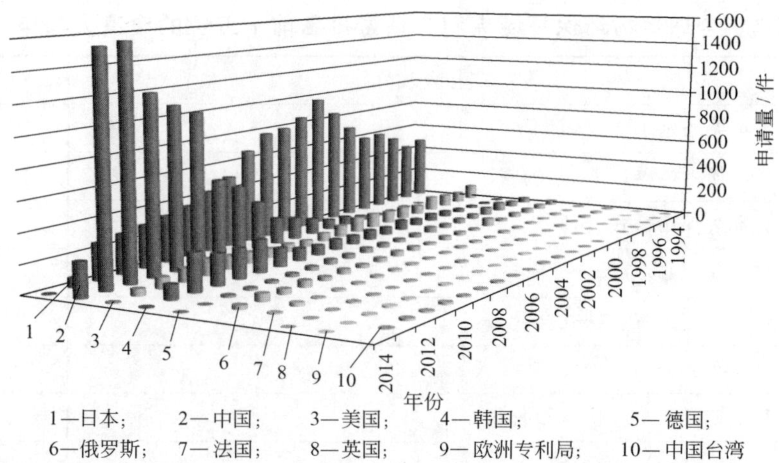

图 4-5　全球专利申请产出量排名前十的国家、地区专利申请量趋势

量已经突破 1000 件。

图 4-6 显示了生物环保领域专利申请的主要目标市场。全球在日本的专利布局达到 39%，在中国为 28%。日本、中国、韩国、美国、俄罗斯、德国、欧洲专利局和法国这 8 个国家或区域布局的专利申请总量占全球申请总量的 86%。

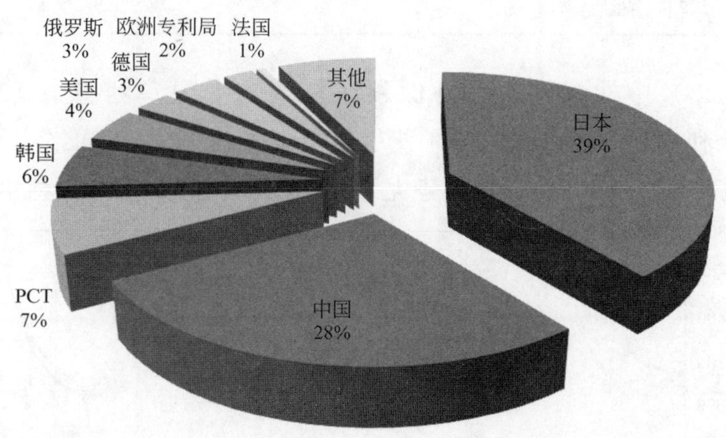

图 4-6　全球生物环保技术专利主要目标市场分布

（4）主要申请人分析　表 4-2 显示了生物环保领域排名前十五位的申请人的全球申请量。其中，有 13 位是日本企业，日本栗田水工业公司、日本松下电器产业株式会社、日本久保田株式会社分别排在前三位。中国申请人中有浙江大学和同济大学进入了主要申请人排名。

2. 中国专利分析

（1）专利技术发展趋势　截至 2014 年 8 月 31 日，共在中国专利文献检

表 4-2　全球生物环保领域专利申请量排名前十五位的申请人与申请量

排名	申请人	申请量/件
1	日本栗田水工业公司	482
2	日本松下电器产业株式会社	312
3	日本久保田株式会社	302
4	日本荏原制作所	250
5	日本三菱重工业株式会社	204
6	日本东芝公司	202
7	日本三洋电机股份有限公司	186
8	日本明电舍株式会社	161
9	日本佳能株式会社	153
10	同济大学	125
11	浙江大学	122
12	日本住友重机械株式会社	119
13	日立工程建设株式会社	114
14	日本神钢泛技术株式会社	105
15	日本新日铁株式会社	104

索系统（CPRS）中检索到生物环保领域相关的中国专利申请 10 251 件。图 4-7 为中国专利申请量趋势图。中国专利申请量在进入 2002 年后，保持了快速增长的趋势，2006～2012 年增势尤为明显。国外来华的专利申请量相对于

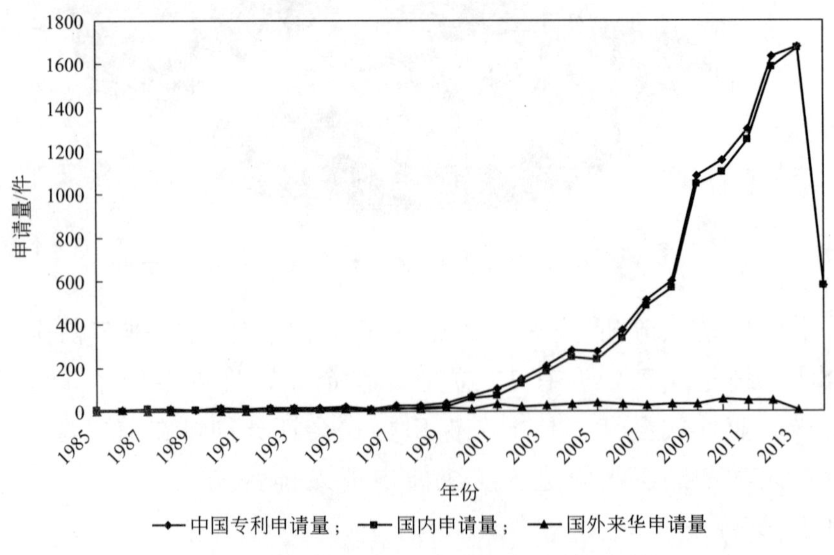

图 4-7　生物环保领域中国专利申请量趋势

国内有数量级的差距，自1999年开始呈较慢的稳步上升态势，每年50件左右。

（2）技术主题分布和变化趋势　表4-3显示了生物环保领域中国专利申请排名前十的分类号，主要包括水或废水的生物处理和多级处理、污泥的处理、污染土壤的再生以及有关微生物本身的专利申请。

表4-3　生物环保领域申请量排名前十分类号申请量分布

排名	IPC	技术主题
1	C02F3	水、废水或污水的生物处理
2	C02F11	污泥的处理及其装置
3	C12N1	微生物本身及其组合物
4	C02F9	水、废水或污水的多级处理
5	C12M1	酶或微生物学装置
6	B09C1	污染土壤的再生
7	B09B3	固体废物的破坏或将固体废物转变为有用或无害的东西
8	C02F1	水、废水或污水的处理
9	C12N11	与载体结合的或固相化的酶和微生物细胞及其制备
10	C12P5	烃的制备

生物环保领域重要技术分支的中国专利技术发展趋势情况显示在图4-8中。各重要技术分支的专利申请量在2000年之后保持了一个稳定增长的态

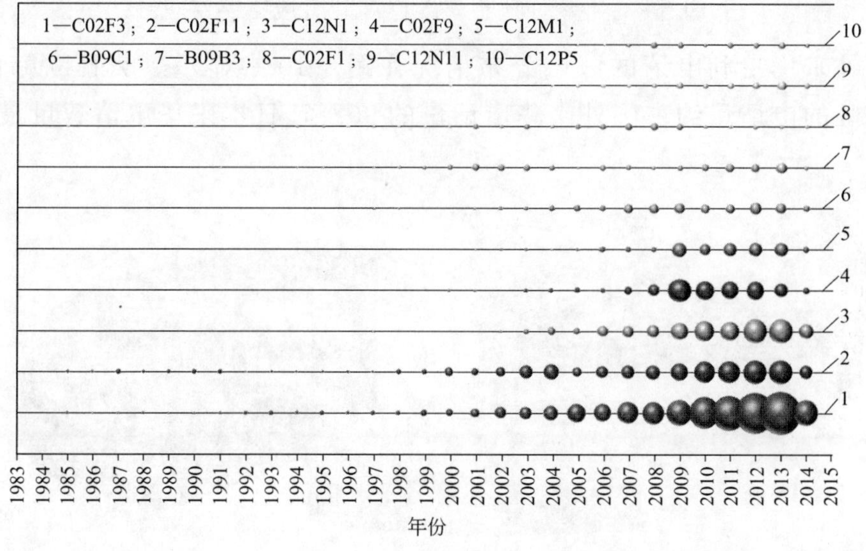

图4-8　生物环保领域申请量排名前十的分类号申请量趋势

势，以污水处理方向上的专利申请量增势最为明显。

（3）专利技术区域分布　根据表4-4的结果，生物环保领域的中国专利申请中，国内申请在数量上占据绝对优势，为9699件；而国外来华的专利申请仅为552件。

表4-4　生物环保领域中国专利申请的申请人区域分布　单位：件

国内申请	国外来华申请
9699	552

图4-9则显示了国内专利申请的区域分布情况。申请量的区域排名与经济发展相适应，江苏是申请量最大的区域，北京和上海分列第二和第三，辽宁和四川等省市也不容忽视。

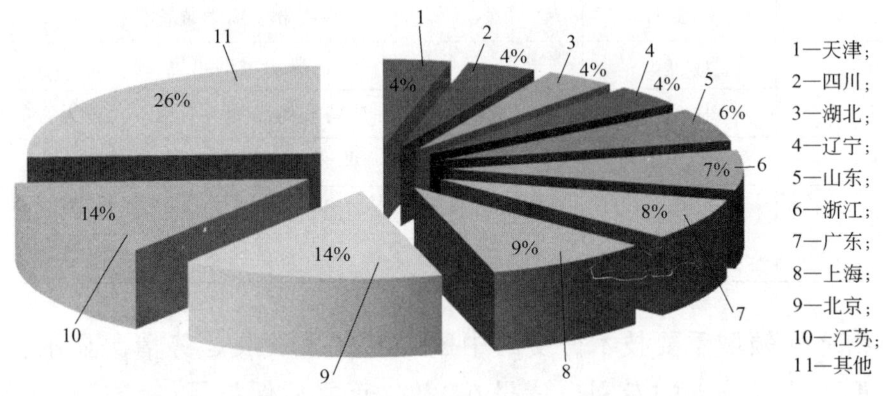

图4-9　生物环保领域国内专利申请区域分布

国外来华专利申请的区域分布情况在图4-10中显示。美日欧韩四个国家或地区的申请量约占国外来华申请量的90%，日本来华申请数量最多。

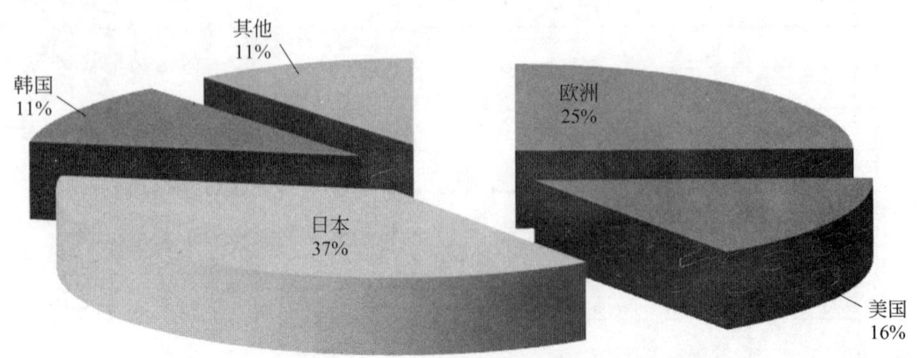

图4-10　生物环保领域国外来华专利申请区域分布

（4）主要申请人分析　表4-5显示了生物环保领域中国专利的主要申请人的排名情况。前十位的申请人均为国内申请人，且这10名申请人中有9名为大学，以同济大学和浙江大学的专利申请量为最多。

表4-5　生物环保领域中国排名前十位的主要申请人申请量

排名	申请人	申请量/件
1	同济大学	144
2	浙江大学	137
3	北京工业大学	113
4	山东大学	107
5	南京大学	103
6	哈尔滨工业大学	98
7	中国科学院生态环境研究中心	84
8	河海大学	81
9	清华大学	80
10	上海交通大学	79

我们进一步分析了国外来华申请人的排名情况，结果见表4-6。生物环保领域排名前十位的国外来华申请人有6名来自日本，日本在该领域具有领先地位。此外，排名前十的国外来华申请人均为公司。

表4-6　生物环保领域国外来华排名前十位的主要申请人及申请量

排名	申请人	申请量/件
1	栗田工业株式会社	21
2	三洋电机株式会社	13
3	日立工业设备技术株式会社	13
4	方太海德有限公司	10
5	通用电气公司	8
6	荏原制作所株式会社	7
7	久保田株式会社	6
8	诺维信生物股份有限公司	6
9	诺维信公司	5
10	欧亚生物科技有限公司	5

我们还对国内和国外来华申请量排名前五位的申请人活跃指数进行了统计分析，得到了表4-7。排名前五位的国内申请人中，除了浙江大学的活跃指数略低，其他都不小于5，表明国内申请人近期的研发活动都比较活跃；排名前五位的国外来华申请人中，方太海德有限公司和通用电气公司活跃度较高，超过了8，显示其近年来对中国市场的重视。

表4-7　生物环保领域国内和国外来华排名前五位申请人研发活跃度分析

区域	排名	申请人	往年平均申请量（1985～2010年）	基本可准确统计的三年平均申请量（2008～2010年）	活跃指数（近期/往期）
国内	1	同济大学	5	27.7	5.5
	2	浙江大学	3.0	11	3.7
	3	北京工业大学	0.96	5.7	5.9
	4	山东大学	1.8	9	5.0
	5	南京大学	1.8	13.3	7.4
国外来华	1	栗田工业株式会社	0.46	1	2.2
	2	三洋电机株式会社	0.5	0	0
	3	日立工业设备技术株式会社	0.38	0.67	1.7
	4	方太海德有限公司	0.38	3.3	8.7
	5	通用电气公司	0.15	1.3	8.7

我们对生物环保领域申请量排名前五位的国内和国外来华申请人在二级技术领域的申请量进行了统计分析，结果见图4-11和图4-12。排名前五位

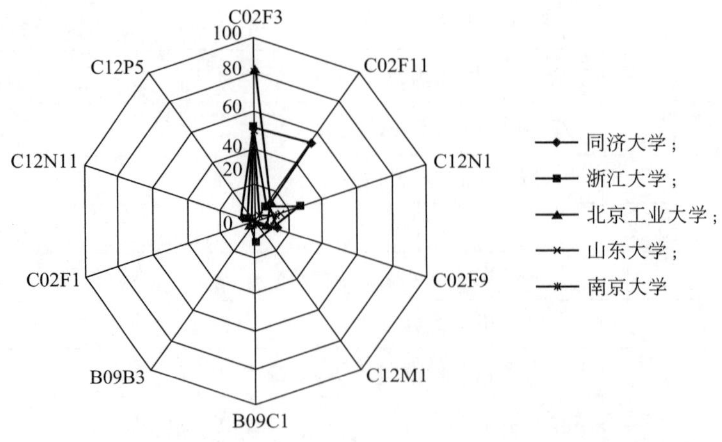

图4-11　生物环保领域国内排名前五位申请人技术特征分析

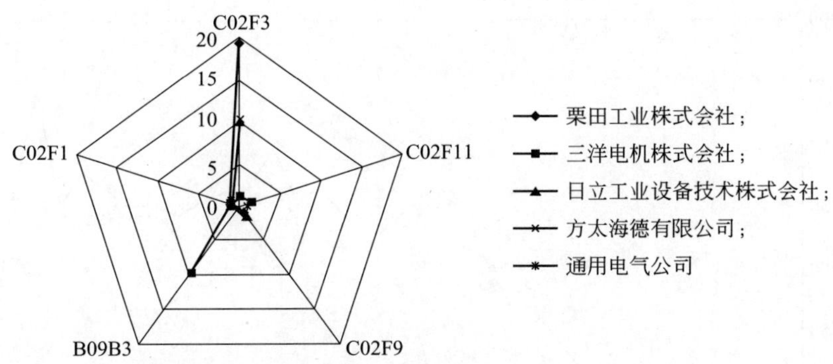

图 4-12　生物环保领域国外来华排名前五位申请人技术特征分析

的国内申请人的专利申请主要集中在废水废渣处理领域，北京工业大学的大部分专利申请都涉及水、废水或污水的生物处理，同济大学则在废水处理和污泥处理方面均有侧重。浙江大学的专利申请还涉及用微生物及其组合物，并且在污染土壤的再生方面也有较高的申请量。废水的生物处理是国外来华申请量最为集中的技术领域，日立工业设备技术株式会社和方太海德有限公司在这一领域申请量占了其各自总申请量的绝大部分。栗田工业株式会社在污泥处理领域也有较多的申请，三洋电机株式会社除废水处理外，主要分布于固体废物的处理领域。

三、土壤污染治理领域专利状况分析

1. 全球专利状况分析

（1）专利申请发展趋势　截至 2014 年 8 月，在 DWPI 全球专利数据库中共检索到土壤污染的微生物治理领域相关的全球专利申请 3571 项。根据图 4-13 的结果，土壤污染的生物治理领域的全球专利申请量自 20 世纪 90 年代开始快速增长，至 21 世纪初维持在较高水平稳定发展，并且在 2012 年出现井喷式增加。

（2）专利技术区域分布　我们分析了土壤生物治理领域主要的技术原创国及其排名份额，结果见图 4-14。技术原创于日本的专利申请占全球总申请量的 34%，表明日本在该领域处于技术领先地位。中国和美国在该领域的专利输出量份额分别达到了 20%和 18%，表明中美在该领域具备了一定的技术实力。

我们还将排名前十位的技术产出国的专利申请量与时间结合进行分析，结果见图 4-15。土壤生物治理领域原创自美国的专利申请量在 1994～1996

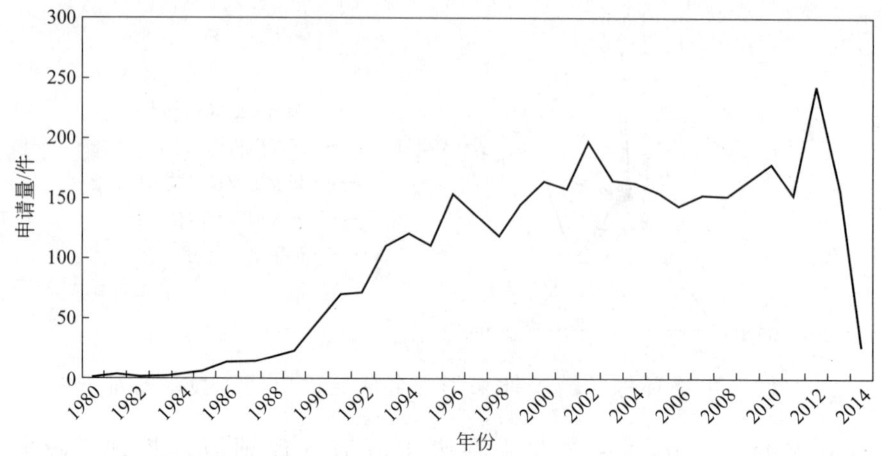

图 4-13　土壤污染的生物治理领域全球专利申请量的变化发展趋势

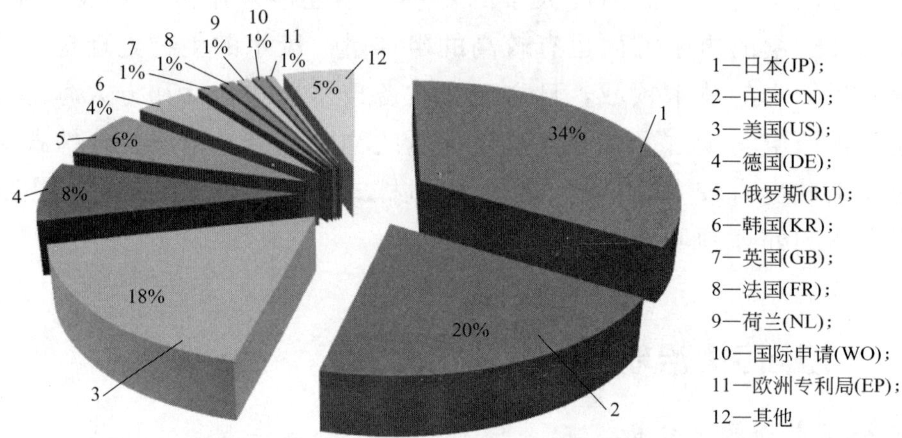

图 4-14　土壤生物治理领域全球专利申请产出国/组织分布

年处于世界领先水平，在 1996 年以后被日本超越，直到 2007 年，源自日本的专利申请量始终保持在高位水平，中国则在 2005 年之后出现了快速增长，在 2008 年后超过日本跃居世界第一。

我们也进行了土壤生物治理领域重要目标市场的研究，结果见图 4-16。全球在日本的专利布局达到 31%，在中国为 20%，这两个国家可能是生物环保领域的重要目标市场。

（3）重点专利技术分布　表 4-8 中列出了土壤生物治理领域全球专利申请量排名前十的分类号对应的技术主题。这些分类号大致归属于废水或污水的生物处理、污染土壤的再生、C12N 微生物、酶组合物和通过化学变化降低危害的方法。在排名前十的技术主题中我们发现了利用物理和化学手段治

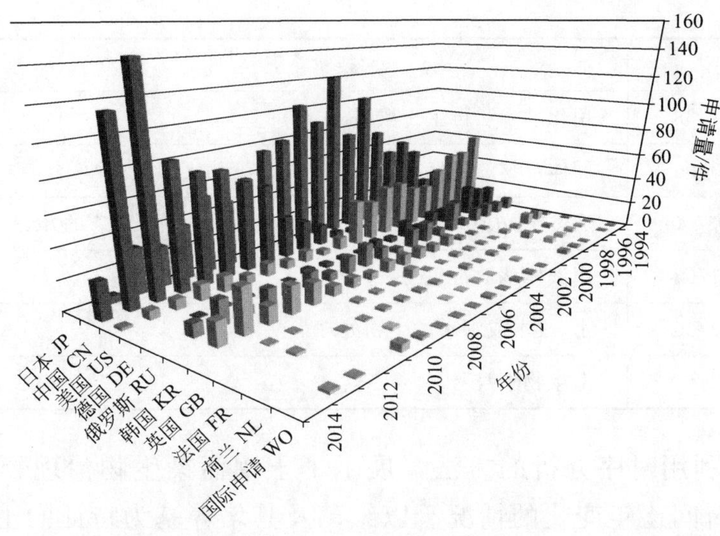

图 4-15　全球专利申请产出量排名前十的国家、地区专利申请量趋势

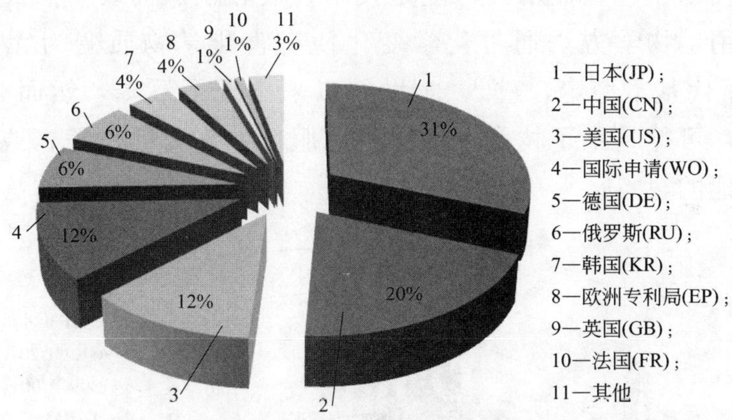

图 4-16　全球土壤生物治理技术专利主要目标市场分布

理土壤污染，显示在土壤生物治理领域可能存在与其他治理方法相互交叉补充的情况。

表 4-8　全球申请量排名前十的分类号对应的技术主题

排名	IPC	技术主题	申请量/项
1	C02F3/34	以利用微生物为特征的水、废水或污水的生物处理	905
2	B09C1/00	污染土壤的再生	737
3	C12N1/20	细菌及其培养基	730
4	A62D3/02	使用生物学方法在物质中产生化学变化使有害的化学物质无害的方法	626

续表

排名	IPC	技术主题	申请量/项
5	B09C1/08	用化学方法再生土壤	464
6	B09B3/00	固体废物的破坏或将固体废物转变为无害的东西	372
7	A62D3/00	通过在物质中产生化学变化使有害的化学物质无害的方法	349
8	B09C1/02	用液体萃取再生土壤	343
9	C02F3/00	水、废水或污水的生物处理	326
10	C12N1/00	微生物本身	298

图4-17利用时序分析的方法，展示了土壤污染生物治理领域重点专利技术分支随时间逐年变化的情况。以细菌及其培养基为特征的土壤生物治理方法在2007年之前基本上稳定，自2008年开始申请量快速增长，且成为申请量最高的技术主题，显示其可能是技术发展较快、需要重点关注的技术领域；此外，用生物学方法通过化学变化使有害化学物质变为无害的技术在20世纪90年代基本稳定，进入21世纪以来出现了下降，然而2005年之后又快速上升，可能暗示了技术瓶颈得到克服后的恢复性增长，或该技术分支上发现了其他的热点。

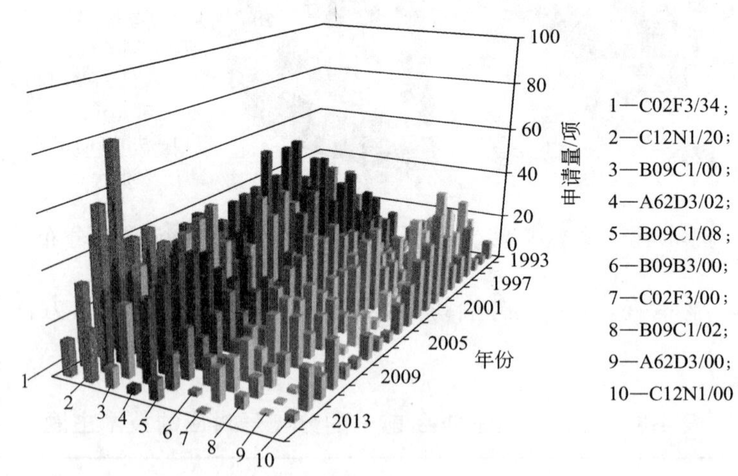

图4-17　全球申请量排名前十的分类号申请量趋势

（4）主要申请人分析　图4-18显示了土壤污染生物治理领域排名前10的申请人，有6位是日本申请人，其他为中国申请人。日本佳能株式会社、日本株式会社大林组和栗田水工业公司排在前三位。此外，日本申请人以企业为主，而中国的主要申请人是大学和科研机构。

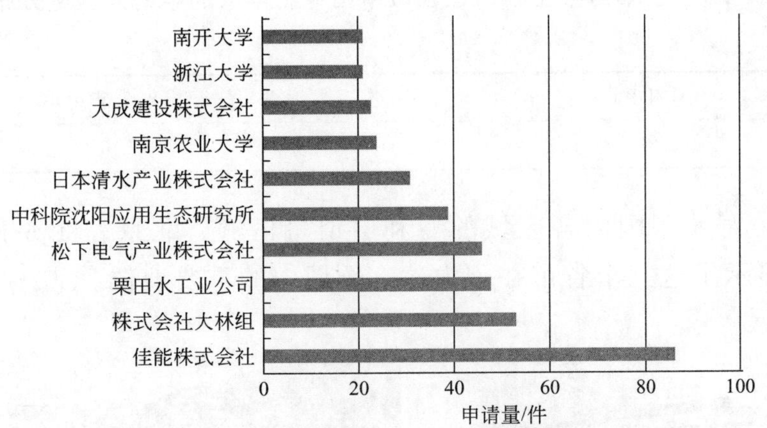

图 4-18　全球土壤生物治理领域专利申请产出量排名前十的申请人申请量

2. 中国专利状况分析

(1) 专利申请发展趋势　截至 2014 年 8 月 31 日，共在中国专利文献检索系统（CPRS）中检索到土壤污染治理领域相关的中国专利申请 810 件。根据图 4-19 显示的结果，土壤生物治理领域在中国的专利申请在进入 2005 年后，才出现了快速增长的趋势，2006～2009 年、2011～2012 年两个时间段尤其增势明显。国内申请人在这一领域起步较晚，但在 2001 年之后出现了快速增长，其趋势主导了整个中国专利申请量的趋势。

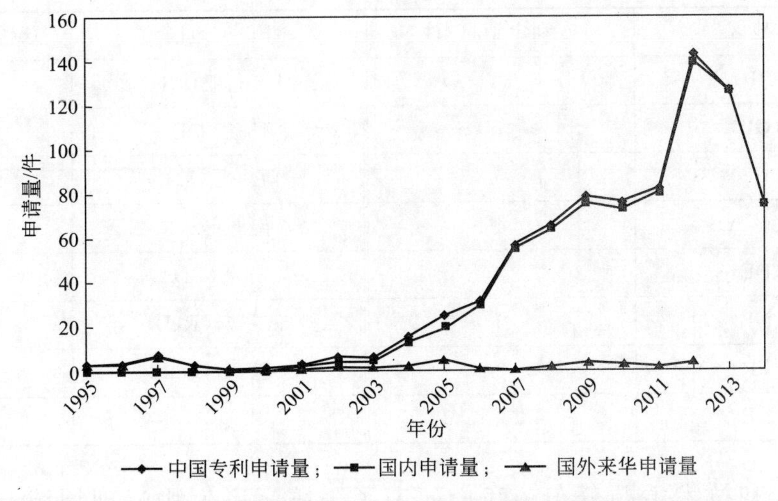

图 4-19　土壤污染生物治理领域中国专利申请量趋势

(2) 专利技术区域分布　表 4-9 显示了土壤生物治理领域国内和国外来华专利申请量，可见国内申请在数量上占有绝对优势。

表 4-9　土壤污染生物治理领域中国专利申请的申请人区域分布

单位：件

国内申请	国外来华申请
764	46

图 4-20 显示了国内各区域的专利申请量份额。北京、江苏和辽宁分列前三位，显示了这三个省市在国内这一领域中的重要地位。

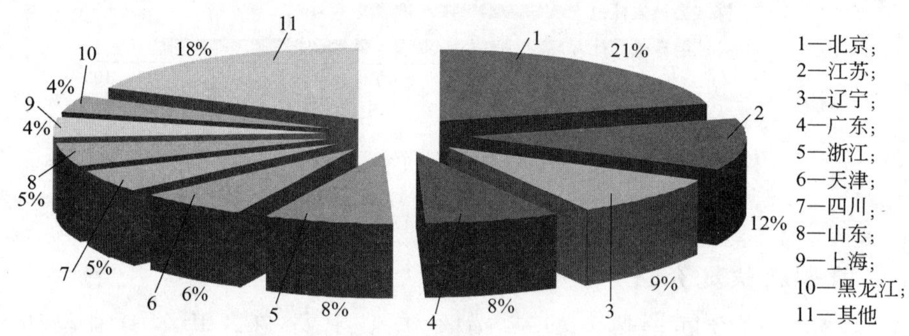

图 4-20　土壤污染生物治理领域国内专利申请区域分布

表 4-10 则列出了土壤生物治理领域国外来华专利申请的区域分布情况。来自日本的申请量最多，占了国外来华专利申请量的 1/4，而英国和美国分列第二、三位。

表 4-10　生物环保领域国外来华专利申请区域分布

国家/地区	专利申请量/件	国家/地区	专利申请量/件
日本(JP)	11	澳大利亚(AU)	2
英国(GB)	7	印度(IN)	1
美国(US)	5	西班牙(ES)	1
加拿大(CA)	4	南非(ZA)	1
德国(DE)	3	芬兰(FI)	1
荷兰(NL)	3	俄罗斯(RU)	1
法国(FR)	3	巴西(BR)	1
韩国(KR)	2		

（3）专利技术主题分布　我们研究了土壤污染生物治理领域专利申请的技术分布情况，结果见表 4-11。该领域重点技术领域集中在利用化学、生物学的方法将土壤中的有害物质变成无害物的方面。另外，主要技术还包括有害的有机化合物的去除等（例如土壤中农药的残留）。

表 4-11 土壤污染的生物治理领域申请量排名前十分类号申请量分布

排名	IPC	技术主题	申请量/件
1	B09C1/10	用微生物的方法或酶法再生土壤	810
2	C12N1/20	细菌及其培养基	271
3	B09C1/00	污染土壤的再生	217
4	C02F3/34	以利用微生物为特征的水、废水或污水的生物处理	149
5	A62D3/02	使用生物学方法在物质中产生化学变化使有害的化学物质无害的方法	135
6	C12R1/01	细菌或放线菌	121
7	A62D101/04	有害的化学物质	60
8	C12N1/14	真菌及其培养基	59
9	A62D101/28	含有氧、硫、硒的有机物	49
10	B09C1/08	用化学方法再生土壤	46

(4) 主要专利申请人分析 表 4-12 列出了土壤污染治理领域的主要中国专利申请人。该领域排名前十位的申请人全部为国内申请人，且排名前四的申请人也进入了全球排名前十的行列。这 10 名申请人中有 9 名均为大学或科研机构。

表 4-12 土壤污染治理领域中国排名前十位的主要申请人申请量

排名	申请人	申请量/件
1	中国科学院沈阳应用生态研究所	52
2	浙江大学	22
3	南京农业大学	22
4	南开大学	21
5	北京师范大学	20
6	四川大学	18
7	中国科学院南京土壤研究所	17
8	中山大学	15
9	中国石油化工股份有限公司	14
10	中国农业科学院农业环境与可持续发展研究所	14

表 4-13 列出了土壤污染治理领域的排名前十位的国外来华申请人，其

中有4名来自日本的企业，排名第九的大林组株式会社也进入了全球排名前十的行列。

表 4-13　土壤污染治理领域国外来华排名前十位的申请人申请量

排名	申请人	申请量/件
1	曾尼卡有限公司	3
2	英国核子燃料公司	3
3	丰田自动车株式会社	3
4	特雷科控股有限公司	2
5	挪威海德鲁公司	2
6	纽卡斯尔大学	2
7	自由州大学	1
8	荏原制作所株式会社	1
9	大林组株式会社	1
10	中部电力株式会社	1

3. 核心/重点专利申请分析

我们分析了土壤污染生物治理领域的核心/重点专利共10件，包括重金属污染治理5件，有机物污染治理5件。我们分别对其著录项目、法律状态、布局的国家地区、解决的技术问题、技术方案和创新点进行了详细梳理。我们发现：①国外申请人的重点专利常在多个国家和地区布局。关于有机物污染治理，主要涉及卤化物和多环芳烃等有机污染物的新的微生物，此外，还涉及多种途径相结合的方式，例如根据化学物质和微生物对于脱卤反应的不同性质，进行有机地整合；关于重金属治理，主要采用了富集植物和生物螯合剂相结合的方法，通过进一步螯合富集的重金属，同时采用生物可降解型的螯合剂，避免重金属的再污染。②国内申请人的申请相对比较分散，往往仅在国内布局。关于有机物污染治理，重点技术主要涉及降解多环芳烃、农药新的微生物菌株，此类菌株以所述有机物为唯一碳源；关于重金属治理，主要包括用于去除重金属的植物、促进植物吸收的强化修复剂以及能够减少土壤中重金属污染的新的菌株。

四、污水生物处理领域专利状况分析

1. 全球专利状况分析

（1）专利申请发展趋势　污水生物处理领域自 1980～2014 年（检索日期截至 2014 年 8 月 31 日，WPI 数据库）35 年间，全球专利申请共 15 622 件。图 4-21 显示了该领域全球专利申请量随时间的发展变化趋势。该领域专利申请量一直处于稳步增长状态，自 2008 年开始，该领域的专利申请量开始迅猛增长，2009～2013 年每年的专利申请量保持在 1000 件以上，推测可能出现了一些新的研究热点和突破点。

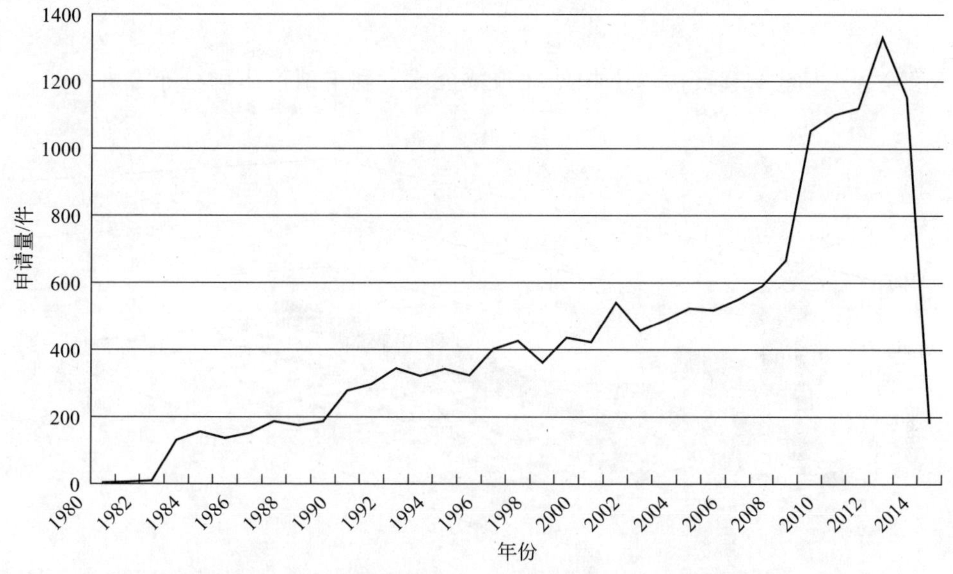

图 4-21　污水生物处理领域全球专利申请量的变化发展趋势

（2）专利技术区域分布　根据图 4-22 的结果，污水生物处理领域，原创于中国和日本的专利申请量占全球专利申请量的百分比分别为 37％和 36％，是最主要的技术产出国家。其次，美国和韩国在该技术领域也显示了较强优势。

我们分析了污水生物处理领域，全球专利申请主要的产出国家，其专利申请产出量随时间的变化关系，结果显示在图 4-23 中。2003 年前，日本是污水生物处理领域技术实力最强的国家，但近六七年来，日本在该领域的专利产出有减少的趋势。自 2006 年开始，中国在污水生物处理领域的专利申请量开始超过日本，成为全球年专利申请量最多的国家。

我们分析了各个国家和地区的专利布局情况，结果见图 4-24。全球在中

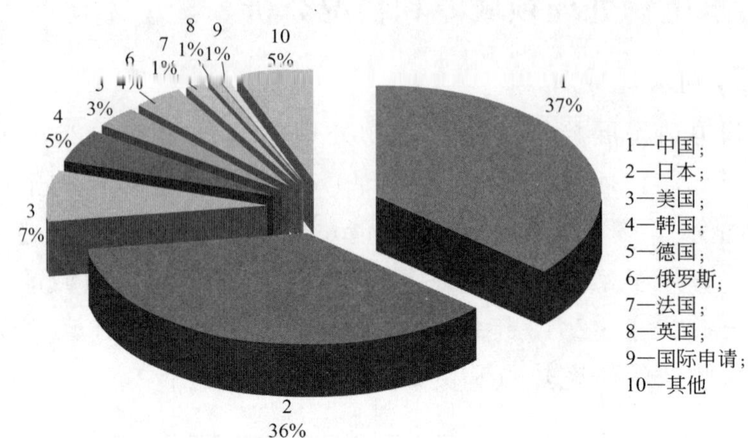

图 4-22　污水生物处理领域全球专利申请产出国分布

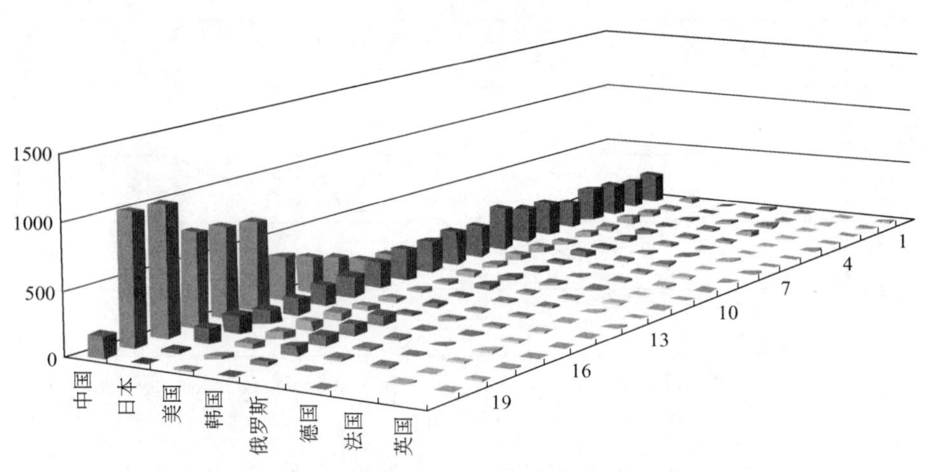

图 4-23　全球污水生物处理专利技术产出国家或地区的专利申请量变化趋势

国和日本的专利布局分别达到 36％和 34％。总体来看，污水生物处理领域在日本、中国、美国和韩国 4 个国家的专利布局量已经占全球专利量的近 80％，表明这 4 个国家是该领域的全球重要目标市场。

（3）主要专利申请人分析　我们将排名前十的申请人在污水生物处理领域的全球申请量总结在表 4-14 中。日本栗田水工业公司在该领域有 304 件专利申请，明显高于其他申请人。日本荏原制作所、日本久保田株式会社在该领域也具有很强的实力。中国申请人中，南京大学、浙江大学和山东大学进入了前十位的排名。

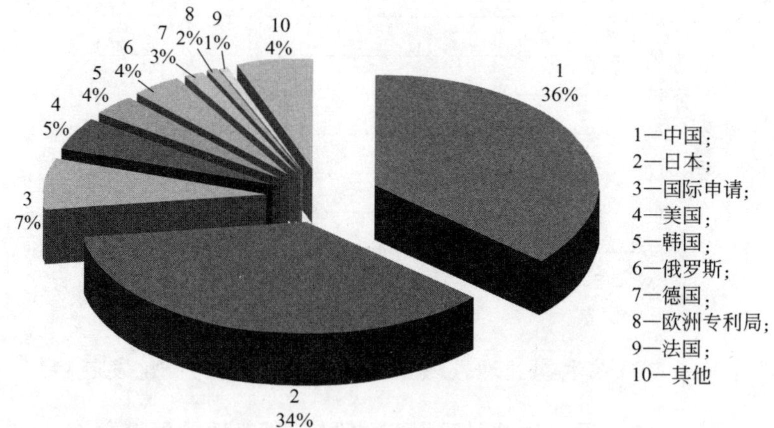

图 4-24 全球污水生物处理技术专利主要目标市场分布

表 4-14 全球污水生物处理领域专利申请量排名前十的申请人与申请量

排名	申请人	申请量/件
1	日本栗田水工业公司	304
2	日本荏原制作所	191
3	日本久保田株式会社	173
4	日立工程建设株式会社	149
5	日本三菱重工业株式会社	115
6	南京大学	90
7	日本明电舍株式会社	90
8	日本新日铁株式会社	87
9	浙江大学	77
10	山东大学	75

2. 中国专利状况分析

(1) 专利申请发展趋势　污水生物处理技术领域自 1980～2014 年（检索日期截至 2014 年 8 月 31 日，CPRS 数据库）35 年间，中国专利申请共 6370 件。如图 4-25 所示，污水生物处理领域的中国专利申请自 2000 年开始逐年增加，2008 年之后进入迅猛增长期，2012 年和 2013 年的专利申请量都超过了每年 1000 件。

(2) 专利技术区域分布　表 4-15 显示了污水生物处理领域国内申请和国外来华申请的数量，来自国内的专利申请有 6076 件，国外来华的专利申请量仅有 294 件。

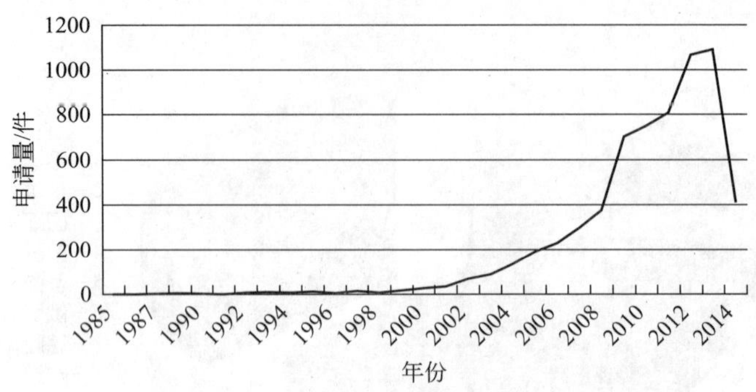

图 4-25　污水生物处理领域中国专利申请量的变化发展趋势

表 4-15　污水生物处理领域中国专利申请的区域分布　单位：件

国内申请	国外来华申请
6076	294

图 4-26 显示了国内专利申请的省市分布情况。江苏的专利申请量最高，比例达到全部国内专利申请的 16%，紧随其后的是北京，其专利申请量占全部国内专利申请量的 15%。排名前十位的省市的专利申请量总和约占全部国内专利申请的 80%，表明在污水生物处理领域，专利申请的区域分布是比较集中的。

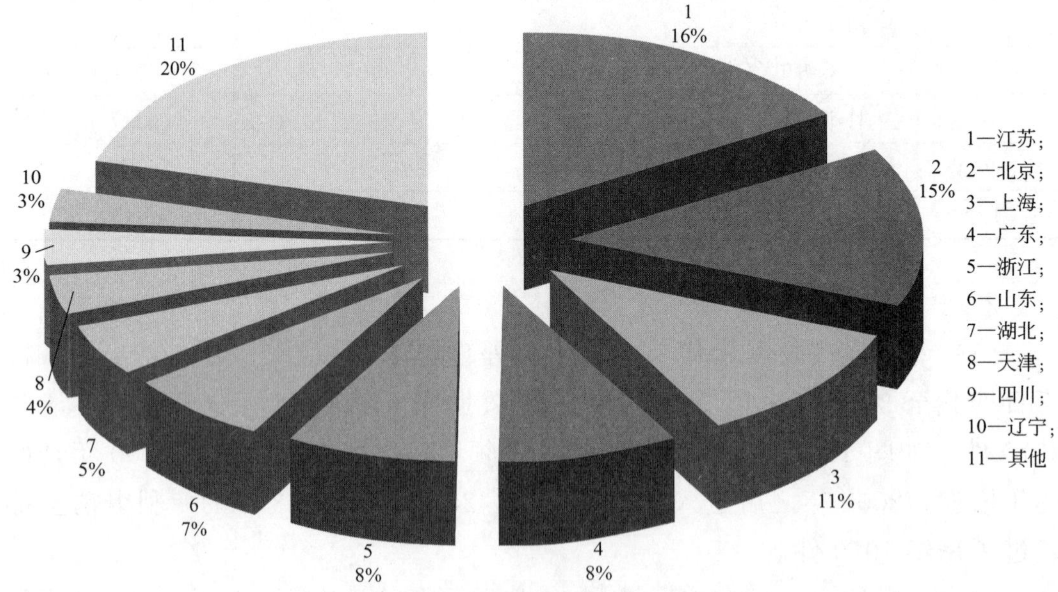

图 4-26　污水生物处理领域国内专利申请的省市分布

表 4-16 则列出了污水生物处理领域国外来华前十的国家和申请量。日

本、美国和韩国是该领域主要的国外来华申请国家，专利申请量分别为102件、59件和32件。

表 4-16　国外来华主要国家的中国专利申请量

排名	国家/地区	申请量/件	排名	国家/地区	申请量/件
1	日本	102	6	法国	11
2	美国	59	7	印度	9
3	韩国	32	8	英国	7
4	德国	17	9	瑞士	6
5	荷兰	11	10	丹麦	5

（3）专利技术主题分布　图4-27分析了中国专利申请量排名前十的分类号对应的申请量份额变化趋势。以微生物为特征的污水处理方法所占的比例最大，但其比例自2000年左右有所下降，至2010年左右又上升。而以动物或植物，比如藻类为特征的污水处理方法所占的比例自2000年前后有明显的增加，表明藻类处理污水的方法可能在21世纪得到了一定的发展。目前，以微生物、动物或植物为特征处理污水的方法所占有的比例之和达到60％以上，其他技术分支上的专利申请所占比例较小。

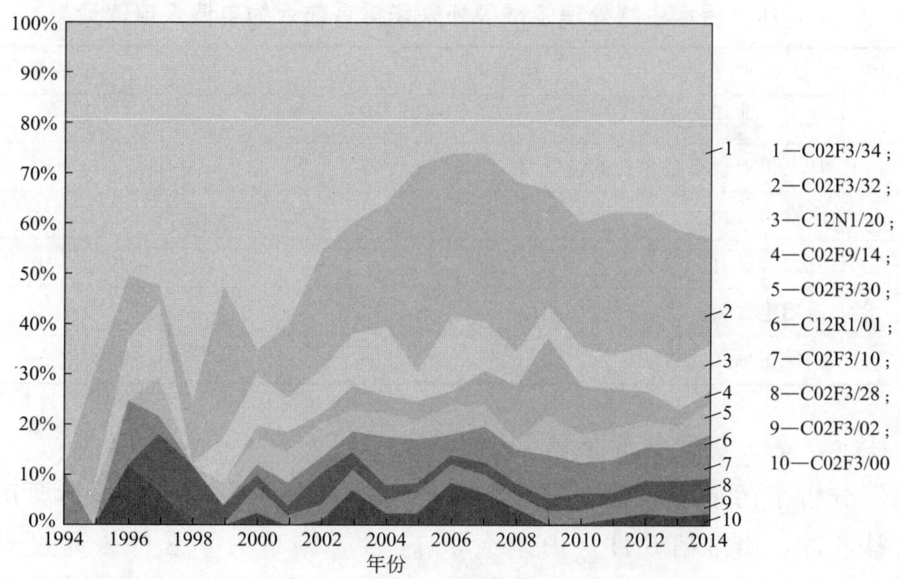

图 4-27　中国专利申请量排名前十的分类号对应的申请量份额趋势

（4）主要申请人分析　表4-17列出了污水生物处理领域排名前十位的申请人及申请量，全部为国内申请人，并且均为大学或科研院所。山东大

学、南京大学和浙江大学的申请量排在前三位。表 4-18 列出了该领域排名前六的国外来华申请人及申请量，虽然这些国外来华申请人的专利申请量不多，但这些公司在该领域占领先地位，并且这些专利可能是上述公司的核心专利。

表 4-17　污水生物处理领域中国排名前十位的申请人申请量

排名	申请人	申请量/件
1	山东大学	107
2	南京大学	91
3	浙江大学	91
4	北京工业大学	88
5	哈尔滨工业大学	77
6	河海大学	76
7	同济大学	67
8	中国科学院生态环境研究中心	66
9	北京师范大学	60
10	上海交通大学	56

表 4-18　污水生物处理领域国外来华排名前六的申请人申请量

排名	申请人	申请量/件
1	栗田工业株式会社	17
2	日立工业设备技术株式会社	12
3	诺维信公司	11
4	方太海德有限公司	10
5	通用电气公司	8
6	久保田株式会社	5

3. 核心/重点专利申请分析

我们分析了污水生物处理领域的核心/重点专利共 30 件，包括栗田工业株式会社 6 件，诺维信 5 件，山东大学 11 件，南京大学 8 件。通过对著录项目、法律状态、布局的国家地区、解决的技术问题、技术方案和创新点的分析，我们发现：①栗田工业株式会社研发重点在于活性污泥法处理污水，特别是在污泥减量、维持微生物的增殖方面，并在中国有一定专利布局，而中国在污泥减量方面的专利申请几乎空白。②诺维信研究重点在于对新的微

生物或其组合物的研究，也包括执行特定功能的酶的研究，符合诺维信作为酶和微生物制剂领头企业的定位。就诺维信的专利布局来看，不足以构成对其他竞争对手的专利壁垒。③山东大学和南京大学研究重点都在于新菌株的发现，南京大学也关注了一些水生植物、动物在处理废水中的作用。但两个重要国内申请人均没有向海外进行专利布局。

五、结论和建议

1. 生物环保领域专利的总体概况

（1）生物环保领域全球专利申请总体情况　从全球专利申请量年度变化趋势来看，生物环保领域的研发目前进入迅猛发展时期。日本和中国是生物环保领域最主要的专利技术产出国和目标市场国，其次是美国和韩国。厌氧处理污泥，用此工艺生产甲烷技术分支的专利申请份额近年来有明显增加，提示该技术可能是生物环保领域的一个新的研究热点。日本栗田工业株式会社的全球专利申请量最多，且全球排名前五的申请人均为日本企业，中国的浙江大学和同济大学排名第 10 位和第 11 位。

（2）生物环保领域中国专利申请总体情况　生物环保领域中国专利申请数量目前处于迅猛增长期，国内申请人申请数量优势非常明显。江苏是国内申请量最大的区域，日本是国外来华申请数量最多的国家。申请量排名前十的申请人全部为国内申请人，并且均为大学和科研院所，同济大学申请量最多。排名前五位的国内申请人的专利申请主要集中在废水废渣处理的领域。废水的生物处理技术也是国外来华申请量最为集中的技术领域，株式会社日立工业设备技术和方太海德有限公司的大部分申请涉及这一领域。日本栗田工业株式会社在污泥生物治理领域也有较多申请。

2. 生物环保领域重要技术分支专利情况分析

（1）土壤污染生物治理领域的专利状况分析　土壤污染生物治理领域全球专利申请量目前处于高位发展时期。日本是该领域最大的专利申请产出国和目标市场国，其次是中国和美国。全球排名前十的申请人中，有 6 位是日本申请人，4 位是中国申请人。日本佳能株式会社、日本大林组株式会社和栗田水工业公司排在前三位，佳能株式会社的申请量遥遥领先。以细菌及其培养基为特征的土壤生物治理方法自 2008 年开始申请量快速增长，成为申请量最高的技术主题，显示其可能是技术发展较快、需要重点关注的技术领域。

土壤污染治理领域中国专利申请量在2005年后，出现了快速增长的趋势，目前保持在迅猛发展期。在中国专利申请中，国内申请人的申请量占总申请量的约94.3%，占有绝对优势。土壤污染生物处理的重点技术领域集中在利用化学、生物学的方法将土壤中的有害物质变成无害物的方面。国内申请人的主要技术还包括有害的有机化合物的去除等（例如土壤中农药的残漏）；国外来华申请人的重点技术包括利用生物方法从矿石中提取金属化合物。北京、江苏和辽宁是国内申请量最多的区域，日本是国外来华申请量最多的国家，其次是英国和美国。

国外申请人核心/重点专利：关于有机物污染治理，主要涉及卤化物和多环芳烃等有机污染物的新的微生物，还涉及多种途径相结合的方式；关于重金属治理，主要采用了富集植物和生物螯合剂相结合的方法。

国内申请人核心/重点专利：关于有机物污染治理，主要涉及降解多环芳烃、农药的新的微生物菌株；关于重金属治理，主要包括用于去除重金属的植物、促进植物吸收的强化修复剂以及能够减少土壤中重金属污染的新的菌株。

（2）废水生物处理领域的专利状况分析　污水生物处理领域全球专利申请量从2008年开始迅猛增长，目前处于高位发展时期。中国和日本是该领域主要的技术产出国和目标市场国，其次是美国和韩国。日本栗田水工业株式会社在该领域拥有最多的专利申请，其次是日本荏原制作所和日本久保田株式会社。南京大学、浙江大学和山东大学进入了前十位的排名。

污水生物处理领域中国专利申请量自2000年开始逐年增加，2008年之后进入迅猛增长期。来自国内的专利申请有6076件，国外来华的专利申请量仅有294件。江苏的专利申请量最高，紧随其后的是北京。日本、美国和韩国是该领域主要的国外来华申请国家。以微生物为特征的污水处理方法相关的专利所占比例最大，但以动物或植物，比如藻类为特征的污水处理方法所占的比例自2000年有明显增加，表明藻类处理污水的方法在21世纪得到了一定的发展。

国外申请人的核心/重点专利：栗田工业株式会社研发重点在于污泥减量、维持微生物的增殖方面，并在中国有一定的专利布局，而中国在污泥减量方面的专利申请几乎空白。诺维信研究重点在于对新的微生物或其组合物的研究，也包括执行特定功能的酶的研究，但其在中国的专利布局不足以构成专利壁垒。

国内重要申请人的研究重点在于新菌株的发现，另外南京大学涉及水生

植物、动物在处理废水中的作用。

3. 建议

(1) 日本和中国是生物环保领域最主要的专利申请产出国，但国外企业对中国生物环保市场兴趣不大，从而本国企业和研究机构有较大的发展空间，而且本国企业可以对国外企业的专利申请进行研究，寻找机会。

(2) 我国生物环保领域的主要研发力量集中在大学和科研机构，应当进一步加强产学研的合作，并加强国内申请人的海外专利布局意识。

(3) 我国研发机构在土壤污染生物处理领域的研发兴趣点基本上与全球一致，因此竞争将会相对激烈，尤其要关注日本企业的专利申请情况。

(4) 污水生物处理领域日本具有强大的研究实力，但是其在中国市场的专利布局不多，建议对日本的专利技术进行研究以寻求机会。其中栗田工业株式会社的研发重点在于污泥减量方面，并且在我国已有一定的专利布局，而我国在污泥减量方面的专利申请基本处于空白，污泥减量技术的研发具有紧迫性。

（撰稿专家：陈伟　田园　吴立　潘爱群）

国家生物产业基地

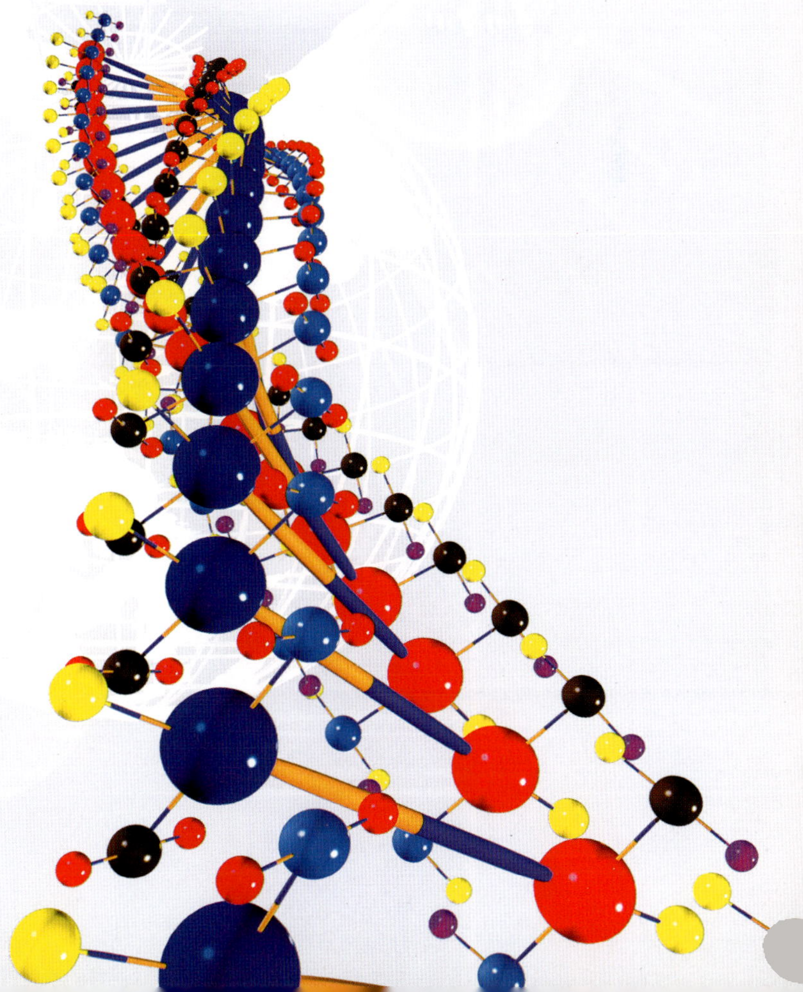

广州国家生物产业基地发展报告

2015年，在国家加快生物产业发展的宏观政策引导下，广东省、广州市通过出台相关政策措施、组织实施专项项目，优化了产业发展环境，支持了一批重点发展项目和创新平台建设，培育了一批龙头企业，促进了产业集聚发展，广州国家生物产业基地发展取得较好成效。2015年前三季度，广州生物产业增加值达307亿元。

一、2015年发展情况

（一）出台政策组织专项扶持

编制出台《广州市战略性新兴产业发展资金参股孵化基金管理暂行办法》，通过市战略性新兴产业发展资金与行业领先企业或专业孵化器出资共同设立创业投资基金，投向广州战略性新兴产业（包括生物产业）专业孵化器内的初创期、早中期企业。组织实施了第一批参股孵化基金，扶持设立2只生物产业领域孵化基金，继续组织实施示范工程专项和基地公共服务平台建设专项，采用股权直投方式支持2项生物产业领域产业化项目，积极组织企业申报国家战略性新兴产业重大工程包和区域集聚发展试点项目，共有2个项目获国家专项建设基金支持，5个项目纳入省区域集聚发展试点项目。

（二）优化产业发展载体

广州以发展产业集群和提高创新能力为重点，以广州国家生物产业基地规划为依托，结合各区（县级市）的产业基础，统筹规划，优化布局，重点建设广州科学城、生物岛等生物产业基地核心区以及广州国际健康产业城等各区（县级市）生物产业特色园区、孵化和服务基地，形成优势互补、协调发展的产业布局。目前，广州国家生物产业基地科学城核心区生物产业园和广州国际生物岛核心区已完成基础设施投资超过90亿元，已有400多家生物企业入驻，形成中药、化学药以及基因工程药物为主体、医疗器械为特色、检测服务和流通为市场价值链终端的产业体系。广州国际健康产业城特

色园区规划总面积136平方公里，重点建设高端化医疗服务基地、国家中医药产业基地、南药创新与研发基地、珠三角生态养生基地四大平台，打造以医药制造为基础，以健康产业为核心的“国际化、集群化、生态化”的健康产业新城。

（三）培育龙头骨干企业

目前，广州涌现出一批具有自主知识产权、国内行业领域领先的龙头骨干企业。其中，全市最大的医药龙头广药集团，完成工商销售收入约750亿元，位居2015年中国企业500强第201位，并连续四年荣登“全国制药工业百强榜”首位，成为全国最大的制药企业集团；广州金域医学检验中心有限公司是全国规模最大、服务网络最广、营业额最高、增长速度最快、通过国际认可最多、检测项目最齐全的医学实验室连锁集团，2015年，营业收入超过23.7亿元，预计到2018年集团收入将超百亿元；中山大学达安基因股份有限公司、广州迈普再生医学科技有限公司、广东冠昊生物科技股份有限公司、广东天普生化医药股份有限公司、阳普医疗科技股份有限公司、广东永顺生物制药有限公司、广州市香雪制药股份有限公司、广州万孚生物技术有限公司等企业发展较好，在行业领域占据领先地位，领军示范作用明显。

（四）加强国际交流合作

广州与古巴、以色列等国家开展了生物医药领域的交流合作并取得突出成果。一是依托广州国家生物产业基地，在国家中古合作备忘录的框架下，广州组织有关生物医药龙头企业与古巴生物医药集团签署了合作备忘录，并签署了一批合作项目；二是加快推动与以色列开展生物产业领域合作。目前，广州已设立规模为6.06亿元的广州中以生物产业投资基金，并加快建设广州中以生物产业孵化基地。同时，依托广州国际生物岛，举行“中以生物科技之桥”、“中英生物科技之桥”系列生物项目对接活动，对接、引进更多的高端生物产业项目并与英方合作建立“妇女健康创新园”。

（五）创新孵化不断加强

广州国家生物产业基地核心区目前已建成357万平方米的孵化集群，累计孵化企业2568家，其中生物医药领域企业350家。拥有冠昊生命健康科技园、达安生物医药健康产业园、华南新材料创制中心、呼吸疾病国家重点实验室产学研基地等生物医药领域专业孵化器，孵化器规模快速增长。生物产业发展态势强劲，已初步形成涵盖药品、器械、试剂等领域的研究、开发、生产、销售各环节，以中药、化学药以及基因工程药物为主体、医疗器

械为特色、检测服务和流通为市场价值链终端的生物医药产业体系，优势领域有生物制药、中成药、化学合成原药及制剂、保健与化妆品、基因诊断试剂、医疗器械等。

二、2016年发展形势

广州将按照“市场导向，仿创结合，创新突破，打通链条”的思路，牢牢把握市场需求变化和技术发展方向，加强关键领域技术攻关，积极营造有利于科技成果转化的市场环境，重点打造中药、生物制药、化学药、医疗器械4大产业链，大力发展医疗服务与外包、健康服务等细分领域，促进生物与健康产业实现高端高效发展。

（一）加强规划设计

紧紧抓住我国大力发展生物医药产业和国外生物医药产业加速转移的战略机遇，科学规划基地各园区集聚协调发展，以广州国际生物岛、广州科学城和中新广州知识城为核心，以华南新药创制中心、广州国际健康产业城、南沙国际高端医疗城、南沙海洋与生物技术产业基地、珠江生命健康城、广州国家生物产业基地番禺园区和广州大学城健康产业产学研孵化基地、广州健康医疗中心等特色集聚区为发展重点，促进产业集聚、产品延伸和技术升级，迅速提升产业竞争力、做大产业规模。

（二）建设重点平台

以提高自主创新能力、完善自主创新体系为目标，建设一批生物产业技术平台。加速发展成熟的生物产业集中孵化器和加速器平台，为生物产业技术成果转化提供孵化和加速平台；加速建设生命科学和产品演示中心、生命功能试验和体验中心、技术交易中心以及评估中心等平台，推动生物产业产品的推广应用，完善医疗健康服务体系，提供医疗健康知识的培训教育、医疗健康产品的展览和交易等服务；依托现有国家、省各级科技创新平台的优势资源，加强国际合作与交流，瞄准国际生物领域先进技术与市场，积极参与国际竞争，进一步发挥产业化制造与平台服务的示范效应。

（三）扶持重大项目

围绕国家战略性新兴产业发展集聚试点重点发展部署，结合广州生物产业发展特色优势领域，加大力度引进和建设一批拥有核心技术、产业链带动力强，对未来发展具有主导意义的生物产业重大项目、明星项目与高产出项目。生物技术项目方面，重点包括基因工程、细胞工程、生物芯片技术、基

因测序技术、生物信息技术等；生物制药项目方面，重点包括生物医药、中西药制剂、基因工程药物、疫苗、生物诊断试剂、特色南药等；生物医学工程项目方面，重点包括植（介）入器械、生物医学材料制品、人工器官、医学影像和诊断设备、医学电子仪器和监护装置、医学信息技术、组织工程等。

（四）引进高端人才

大力实施人才工程，支持高层次人才、企业科技骨干人才创新创业，加大力度引进一批生物产业的高端技术人才和熟悉生物产业园区开发的管理人才，重点解决紧缺人才和特殊人才入户、医疗、子女入学、创业扶持等问题。一方面为生物产业技术研发提供人才保障，造就一支高水平、结构合理的科学技术队伍，积极推动建设院士创新创业基地，依托园区内的企业建立院士工作站，争取引进一批院士团队，提升广州生物产业技术总体水平。另一方面为入驻企业的高端运营管理与服务提供人才保障，建设完善的生物产业公共服务平台和宜居城市配套设施，为生物产业集聚区的企业提供现代物流、国际贸易、信息服务、金融保险、现代会展、中介服务等生产性服务，为园区的创业人员提供宜居宜业环境。

三、存在问题及有关建议

目前，广州生物产业发展面临的主要问题集中体现在创新服务平台建设与生物科技金融方面还需进一步加强和完善。

（一）创新服务平台有待完善

一方面公共技术服务平台数量较少，产学研资源利用有待提升，且这些平台提供的服务未能满足企业的多样化需求，企业所需要的一些科研服务仍需要到区外、省外甚至国外去做。受制于平台运营体制和机制，企业在大型科研仪器共享、研究资源共享等方面仍无法得到基地内公共创新平台的有效支持；另一方面，公共技术服务平台利用率不高，渠道有待进一步畅通。基地内公共创新服务平台的开放度、利用率不高，企业使用平台的渠道不畅通，企业对于平台提供的服务项目、收费标准、使用流程等不太了解，或在使用过程中面临一定的阻力和体制机制型障碍。因此，广州生物产业创新服务平台建设有待完善。

（二）产业投融资有待加强

一方面，广州设立的生物产业创业投资基金不多，由国家新兴产业创投

计划参股设立的生物产业创业投资基金只有越秀生物产业创业投资基金1家，其项目投资进度也不够理想。由生物医药龙头企业发起设立基金方面，虽有中山大学达安基因有限公司、冠昊生物科技股份有限公司等龙头企业设立了生物产业基金，但这些基金更多的是对其自身专业园区企业的投资。另一方面，广州多数生物产业企业引入创业投资的理念尚未形成，态度较为谨慎。因此，广州生物产业投融资发展有待加强。

（三）有关建议

为进一步推动国家生物产业基地发展，建议在“十三五”期间进一步统筹优化全国生物产业布局，引导各国家生物产业基地突出产业特色，形成差异化发展格局，实现优势互补，并将国家中心城市作为生物产业发展的重要节点，纳入国家重点区域集聚创新发展体系，承担国家重大载体和骨干项目建设；进一步强化对生物产业的政策激励，尤其是协调制定更为合理的税收和金融等政策，为生物产业产品的推广使用创造良好的政策环境，减轻税收压力，激励企业将更多的资金投入研发创新。

（撰稿：广州市发展改革委）

青岛国家生物产业基地发展报告

一、2015年产业发展情况

2015年，随着山东半岛蓝色经济区战略深入实施和战略性新兴产业加快培育，青岛国家生物医药产业基地建设加快推进，示范引领全国海洋医药和生物制品产业加快发展，青岛产业发展迈上新台阶。

（一）产业实现快速增长

近年来，青岛抢抓山东半岛蓝色经济区重大建设机遇，在国家海洋经济区域示范和国家海洋高技术产业基地等政策推动下，在海洋育种与健康养殖、海洋医药与生物制品领域开展试点示范，初步构建了以海洋为特色的生物产业体系，尤其是在海水育种、特征寡糖、动物用生物制品、酶制剂、生物医用材料等领域呈现良好的发展态势。2015年，全市拥有生物技术企业近150家，生物产业产值增长23.8%，全市生物产业产值达到225亿元，其中拥有自主知识产权近150余项，自主开发研制产品占生物技术产品产值比重超过70%。

（二）形成一批重点企业

截至目前，青岛培育形成了一批生物重点企业，如山东六和、青啤集团、黄海制药、国风药业、琅琊台集团、康原药业、正大海尔、明月海藻、聚大洋海藻、即发集团、东海药业、蔚蓝生物、康地恩药业、海利尔药业、易邦生物、海壬水产等，分别在畜牧饲料、生物发酵、海洋药物、医用材料、肝素钠产品、微生态制剂、酶制剂、水产药品、畜禽疫苗、海藻加工、海水育种领域占据行业龙头地位。

（三）产出一批重大成果

青岛在海洋药用生物资源、海洋药物及其功能制品研发方面占据国内重要地位，产生了一批重大创新成果，明确海洋药用物种1479种、发现海洋活性天然产物3000余个，克级制备海洋寡糖标准品60余种；成功开发海洋新药5个，功能产品200余个，建成国家“863”计划海洋成果产业化基地、

全国最大的微生态药物产业化基地和海藻综合加工基地，在酶制剂、微生态制剂、甲壳素纤维、组织工程角膜等领域产生一批全球领先的创新成果。

（四）产业布局更显集聚

目前，青岛国家生物产业基地已成为全国唯一一个海洋特色国家生物产业基地，集聚效应更加明显，新规划蓝谷海洋医药科技园和胶州生物医药产业园，与崂山海洋生物产业园、高新区蓝色生物医药产业园、黄岛海洋生物产业园初步构成了五个特色海洋生物园区，总面积约 17 平方公里，面积扩大近一倍，其中崂山海洋生物产业园和黄岛海洋生物产业园获批成为省级海洋特色园区，纳入全省海洋生物产业规划布局。2015 年全市园区产业集聚度达到 70%。

（五）企业创新体系完善

截至目前，青岛市以生物技术企业为主体、以市场为导向、产学研紧密结合的生物技术创新体系逐步完善，企业牵头组织的技术创新平台数量大幅增加，全市生物产业领域的工程实验室、重点实验室、工程（技术）研究中心、企业技术中心等已达到上百家，生物技术企业研发投入占销售收入的比重超过 3%，生物技术企业创新能力大幅提升，推动创新成果不断产出。

（六）公共服务体系健全

布局青岛的国家重大科技基础设施全部建成，国家海洋考察船、国家深海基地、青岛海洋国家实验室均投入使用；初步构建了药源海洋生物种质资源库、海洋天然化合物库和全球首个海洋糖库三个基础资源平台；规划并启动建设医药研发、药物药效学及安全性评价、中试孵化、临床试验、动物实验、技术转移、创业投资等公共服务平台，国家生物产业基地医药中试生产中心建成使用，青岛海洋生物医药研究院开工，国内规模最大的医药孵化器（青岛蓝色生物医药产业园孵化中心）开园运营。

二、2016 年一季度发展情况

2016 年，在生物基地产业化政策促进下，在海洋医药、保健品、微生态制剂、畜禽疫苗等领域，培育涌现了一批高成长性行业企业。一季度，根据对蔚蓝生物、东海制药、明月海藻、海尔药业、根源生物、奥克生物、海利尔、易邦生物、琅琊台等重点生物企业调研情况，青岛生物产业总体发展情况较为平稳，产值预计增长 20%左右，利润预计增长 15%左右。其中，微生态制剂产值预计增长 40%左右，海藻加工预计增长 20%左右，海洋药

物、生物农药、生物发酵均预计增长15%左右，畜禽疫苗行业预计增长10%左右。

三、存在问题

（一）海洋生物医药产业规模还较低

据统计，青岛规模以上海洋生物医药产业增加值占国内生产总值的比重不足1%，海洋生物医药产业发展规模还比较小，尚需培育。

（二）海洋生物医药成果转化率较低

据统计，青岛高等院校、科研院所研发的海洋生物医药领域科技成果转化率仅为8.6%，科技成果转化率偏低，大批创新成果亟待转化。

（三）海洋生物医药企业的规模较小

目前，青岛缺乏大型海洋生物龙头企业带动，最大国内海洋生物企业明月海藻销售收入为25亿元左右，与全国大型生物企业比较规模太小。

（四）生物产业的土地指标储备不足

新规划园区面积达到17平方公里，基本满足未来产业发展需求，但目前可利用的建设用地面积严重不足，成为项目落地的重要制约因素。

四、下一步工作措施

（一）加大对生物医药产业资金投入，培育龙头企业

建立完善多元化投资体系，形成既有政府拨款，又有非政府自筹资金；既有国内金融贷款，又有国外资本投入；既有无偿使用经费，又有有偿使用资金的多渠道、多形式融资局面。推动企业并购、联合重组，加快培育龙头企业进程，继续扶持黄海制药、华仁药业等骨干企业通过技术升级等措施发展壮大；促进蔚蓝生物、九龙生物等企业通过产能整合等措施再上台阶；培育部分生物企业通过加强营销、研发等措施形成新的增长。

（二）加大载体建设力度，促进生物产业转型升级

组织定向招商，争取生物医药孵化器年内入驻率达80%以上。全力推进各类生物医药项目，推动颐中生物、九龙生物、华迈士制药、银色世纪等项目加快投产运营，争取尽快形成产能；推动博益特生物、博智汇力、康伦生物等项目加快建设，争取竣工投产；推动黄海制药三期、褐藻胶等项目加

快开工手续办理。依托老工业企业搬迁改造，推进部分区域的产业置换、布局优化和土地集约利用，为发展生物医药产业提供空间支撑。

（三）以关键技术平台搭建为源头，加快科技研发与成果转化

盘活和加强已有生物医药科技资源，形成覆盖生物医药基础研究、应用开发科研群体，并建立一批具有较好科技成果示范、技术服务、技术咨询、研发孵化功能的服务平台，达到整合资源、共享设备、降低成本，推进生物医药产业可持续发展。同时，推进相关专业化服务机构建设，承担起连接生物医药技术上下游的纽带作用，通过汇集大学和科研机构的上游成果，进行过程优化放大和工程化开发，不断将二次开发的技术和产品向产业转化。

（四）强化金融科技牵引，助力生物产业快速发展

继续推动九龙生物等一批中小型生物企业在主板、新三板和蓝海股权交易中心挂牌，助推企业发展壮大；着力引进和培育创新创业人才团队，加强科技金融、技术交易、知识产权等公共服务平台建设，扶持一批高成长、创新型的生物企业；研究以阶段参股方式成立天使投资基金或成果转化基金，引导社会资本投向初创期生物科技企业和成果转化项目，拓宽中小型生物企业融资渠道。

（撰稿：青岛市发展改革委）

杭州国家生物产业基地发展报告

自2008年被国家发展改革委授予“生物产业国家高技术产业基地”以来，在省、市政府的高度重视下，在省发展改革委的关心指导下，杭州生物产业规模不断扩大、集聚效应不断显现、创新能力不断提高，逐步形成以生物技术药物为核心，现代中药为基础，现代化学药物与新型医疗器械协同发展的产业格局，总体呈现平稳、较快的发展态势，部分领域居国内领先水平。

一、2015年发展情况

1. 产业规模不断壮大

截至2015年年底，全市生物医药实现工业销售产值453.0亿元，增长8.3%，产值规模居全省第一；增加值240.1亿元，增长16.9%，占GDP比重2.4%。2015年，杭州生物医药行业实现利润总额29.9亿元，增速达18.5%，比销售产值增速高10.2个百分点；生物医药产业增加值增速分别高于全市规模以上工业增加值增速、高新技术产业增加值增速和战略性新兴产业增加值增速11.5个百分点、7.1个百分点、9.4个百分点。生物医药产业规模进一步扩大，运行效益进一步提高，转型升级成效初步显现。

2. 重大平台集聚带动

以“杭州经济技术开发区”为核心区，以余杭经济技术开发区、萧山经济技术开发区、富阳经济技术开发区、桐庐经济开发区、临安经济开发区为拓展区的“1+5”产业集聚格局初步形成，实现了核心区与拓展区联动发展。杭州经济技术开发区作为国家生物高技术产业基地核心区，通过外引内培，已集聚生物制剂、多肽药品、诊断试剂、基因芯片、动物疫苗等领域的各类生物企业100余家，2015年全区生物产业共实现销售产值140亿元，实现利税总额28.3亿元。同时，余杭经济技术开发区、富阳经济技术开发区等区块也形成特色鲜明的生物产业集聚区。其中，余杭经济技术开发区

（余杭生物医药高新技术产业园区）以创新药物和医疗器械产业为着力点，加快建设适合生物医药产业发展的功能平台，近年来集聚了贝达药业、民生药业等龙头企业，逐步形成生物医药特色产业链，2015 年，全区共实现生物医药产值 41.0 亿元，增速达 20.8%。

3. 重大项目引领发展

进一步加大招商引资力度，推进生物重大项目建设，扩大生物产业有效投资，增强产业发展后劲。美国默沙东、辉瑞、礼来、安进、法国赛诺菲、瑞士诺华、罗氏等国际知名企业先后落户杭州，成为杭州生物产业发展的重要支撑。总投资达 10 亿元的东湖高新生物医药产业园项目落户余杭经济技术开发区，该园区以生物医药产业为重点集聚领域，建成后预计年产值超 15 亿元，年税收超 7200 万元。赛诺菲、默沙东、民生药业、海正药业等项目已竣工达产；胡庆余堂、普利药业、贝达三期、迪安诊断、博奥生物等重大项目加快推进。截至 2015 年年底，杭州经济技术开发区共完成生物医药产业投资 11.1 亿元，同比增长 16.0%；余杭生物医药高新技术产业园区累计完成生物产业投资 10.3 亿元，增速高达 18.5%。

4. 创新能力持续提升

新药创制取得突破性进展，贝达药业丁列明博士团队十年磨一剑，成功研发小分子靶向抗癌药“盐酸埃克替尼”，成为我国首个拥有自主知识产权的靶向抗癌药，打破了小分子靶向药物领域国外大型制药企业的垄断，标志着我国药物创新有了质的突破，被时任卫生部部长陈竺誉为民生领域的“两弹一星”。2016 年 1 月 8 日举行的国家科学技术奖励大会上，贝达药业被授予“2015 年度国家科技进步奖一等奖”，是浙江省企业界荣获的第一个国家科技进步一等奖，也是中国化学制药行业首家获此殊荣的企业。康莱特抗癌中药注射液顺利通过美国治疗胰腺癌的二期临床试验，进入临床三期试验阶段，是我国第一个在美国本土进入该临床阶段的中药注射剂。创新平台加快建设，辉瑞全球生物技术中心项目顺利落户杭州经济技术开发区；余杭生物医药高新技术产业园区先后引进省医疗器械审评服务中心、省医疗器械检验院余杭分院、省药监局行政审批受理分中心、创新药物早期成药性评价公共服务平台，为不同规模、不同类型的生物医药企业提供完备的技术服务。

二、形势判断

生物产业是国家重点鼓励支持的七大战略性新兴产业之一，也是杭州

“十三五”时期全力打造的健康产业集群的重要支撑产业，更是实施供给侧结构性改革的关键引领产业，国家和省、市高度重视，并从政策、资金和项目上予以大力支持，为发展生物产业提供了难得的机遇。同时，随着国民经济平稳快速发展，人民生活水平提高和生活方式改变，健康意识进一步增强，对生物产业的需求进一步旺盛；同时，新医改的深入实施、人口老龄化、全面二孩政策实施等将为生物产业拓展新的市场空间。另一方面，我们也应看到，国际经济复苏趋弱成为新常态，生物领域知名跨国企业逐步收缩投资，招商引资难度加大；各大经济体增长的外部风险和不确定性增大，生物产业外需相对不足，贸易壁垒增多。从国内看，实体经济“去产能、去库存、去杠杆、降成本、补短板”的压力依然较大，生物等新兴产业发展的区域竞争日益加剧，将制约“十三五”杭州生物产业提升发展。

从杭州自身情况看，生物产业发展还存在一些亟待补齐的短板。一是生物企业数量不少，但中小企业居多，大型企业集团偏少。2014 年度中国企业 500 强排行榜中，医药、生物制品、医疗保健等行业共有近 20 家企业入围，其中杭州仅 2 家（华东医药、浙江英特分别排名 288 位和 361 位）。大型企业集团龙头带动作用有待进一步增强。二是从结构上看，杭州生物产业主要以生物医药领域企业为主，生物农业、生物能源、生物环保等产业发展相对滞后。三是发展空间有待拓展，产业用地资源短缺使生物医药企业新增建设用地难以解决，特别是受日趋严格的环保制约，产业链上游的原料药等配套产业和项目难以在本地布局实施，不利于生物大企业、大集团进一步降低成本、集聚资源，构建生物医药产业生态。

总体来看，2016 年杭州生物产业发展机遇与挑战并存，机遇大于挑战，总体有望继续保持平稳增长。

三、2016 年工作举措

1. 强化体制机制保障

进一步建立完善杭州市生物医药产业发展领导协调机制，统筹各部门、各区（县、市、开发区）生物医药产业重大规划、重大政策、重大平台、重大项目，协调各领域要素资源投入，形成产业推进合力。充分发挥杭州医药行业协会作用，推进标准认证，保护知识产权，为科研部门、企业、创业者、投资者提供政策咨询、信息、法律、培训、评估等服务，逐步完善“政

府-协会-企业”的行业管理框架。

2. 推进重大项目建设

强化协调服务，加快推进中肽生化、辉瑞全球生物技术研发和生产中心、东湖高新、贝达药业三期、迪安诊断等重大项目建设。及时掌握企业创新动态、项目信息，加强生物领域重大项目储备，鼓励生物企业申报国家新兴产业重大工程包、中央专项建设基金、各级国家高技术产业发展项目，全力扶持生物领域高技术产业重大项目，进一步扩大生物产业有效投资，为“十三五”时期杭州生物产业国家高技术产业基地发展注入强大动力。

3. 加快培育优势企业

一是加快培育大型企业集团。围绕“去产能、降成本”，鼓励生物骨干企业进行行业资源整合，推动生物制造企业、商业流通企业、科研机构之间的重组，扩大企业规模，增强企业实力，形成若干资本雄厚、创新能力强、带动作用大、科工贸一体的大型生物医药集团。二是加快培育创新企业。围绕“大众创业、万众创新”，以“浙大系、阿里系、海归系、浙商系”为重点，大力支持拥有生物先进技术成果的创业团队，通过创投引导、产业孵化等方式培育一批创新型企业。培育扶持一批研发能力强、成长性高的中小企业通过成果产业化、创业投资、上市融资和发行债券等方式做大做强，加快形成特色优势。

4. 提升产业国际化水平

一是提高招商项目质量。着力引进一批国际著名跨国公司、中央企业和行业龙头企业的大项目、好项目。以专业园区项目为重点，强化特色产业专业化集聚，依托基地型大项目引导相关配套企业集中布局，加快形成较为完善的产业链和良好的产业生态。鼓励国际著名跨国公司、央企、行业龙头企业在杭州设立研发机构，积极引进生物医药领域一流的公共创新服务平台、国内外高层次人才、创新团队以及国际组织。二是支持生物产业“走出去”。积极支持生物企业参与国际重大前沿技术的研究与开发。积极对接“一路一带”等国家战略，支持有条件的企业通过国际合作、收购兼并等多种方式，在海外设立研发机构、生产基地，充分利用当地的资本、技术、管理和人才等先进资源，建立国际营销渠道，提高国际竞争力。

5. 加强专业人才支撑

充分利用“杭州人才 27 条”等政策红利，进一步完善吸引、培养和使用三个环节相关政策待遇，积极引进国内外生物医药创新团队和领军人

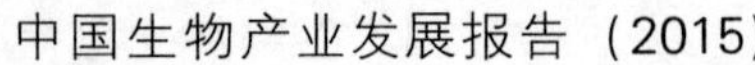

才。依托高校和科研机构，加强企业、院校所联动，与海内外知名大学、研究机构合作，重点培养生物产业急需的高层次复合型人才。推动建立高校、科研机构创新人才向生物医药企业流动的机制，提高科研人员创新动力和活力。

（撰稿：杭州市发展改革委）

昆明国家生物产业基地发展报告

2015年是全面完成“十二五”规划的收官之年，昆明国家生物产业基地圆满完成了2015年各项工作任务。

一、2015年生物产业发展情况

（一）园区生物产业聚集情况

截至目前，昆明国家生物产业基地（核心区）聚集了全省80%规模以上生物企业，即以德国拜耳药业、以色列贝克诺顿药业、香港积大药业、国药集团、云南白药集团、昆药集团、沃森生物、龙津药业、中科院医学生物所、华大基因、博奥生物、达安医学检验、舜喜生物、新基因格、龙润药业等为龙头的生物产业企业247家（含销售流通企业），其中生物制造类企业75家、生物资源研发类企业110家、流通类企业62家。被认定为高新技术企业43家，规模以上企业28家，营业总收入上亿元的企业有23家。

（二）公共服务平台建设情况

昆明国家生物产业基地（核心区）生物产业现建有国家级企业技术中心5个；国家地方联合工程研究中心3个；创新型企业1家；创新型试点企业2家；省级企业技术中心14个；省级工程技术研究中心4个；创新型企业3家；创新型试点企业10家；市级企业技术中心11个；市级创新型试点企业7家。

（三）生物产业园区建设情况

1. 医药产业园

全区以德国拜耳药业、以色列贝克诺顿药业、香港积大药业、国药集团、云南白药集团、昆明制药集团、沃森生物、龙津药业、中科院医学生物所、华大基因、博奥生物、达安医学检验、舜喜生物、新基因格、龙润药业等为龙头的生物企业，集聚效应凸显，为昆明国家生物产业基地（核心区）生物医药产业发展起到了引领作用。

2. 生物科技创新园

目前，昆明国家生物产业基地（核心区）生物科技创新园建设已初具规

模。至今，昆明国家生物产业基地（核心区）已与上海张江药谷、湖北武汉光谷生物城、江苏泰州中国医药城、辽宁本溪中国药都四家国家级园区签署了“生物五园”战略合作框架协议；与中科院昆明分院签署战略合作协议和与昆明理工大学签署全面合作框架协议，协议从科研合作、提升人才培养层次、共建技术平台、高层次人才及学术交流、建设教学实习基地等方面提出加强合作意愿及步骤。为形成生物产业资源共享、招商引资项目互利共赢、全力探索合作模式起到积极推动作用。

3. 基因科技园

随着昆明国家生物产业基地（核心区）基因科技园的建设进程，目前，昆明国家生物产业基地（核心区）成功引入深圳华大基因科技有限公司、成都新生命干细胞有限公司、成都新基因格医学检验所有限公司、云南快速生物科技有限公司、北京博奥生物、云南舜喜医学再生有限公司、云南长森生物科技有限公司（云南现代民族药工程技术研究中心）、云南省运用技术研究院、沃霖生物技术有限公司 9 家有影响力的高科技企业入驻基因科技园，实施基因科技、基因检测及科研试验平台等项目。

4. 争取国家、省市项目资金扶持情况

2015 年 6 月，国家发展改革委批复《同意云南省 2015 年战略性新兴产业区域集聚发展试点方案复函》，争取到 2015 年启动资金 6250 万元；2015 年 12 月，获得市发展改革委批复，为区内企业争取国家、省项目资金支持 6150 万元；全年申报市级生物产业项目 3 个（“昆中药”国家级非物质文化遗产市场推广、微藻合成高品质二十二碳六烯酸 DHA 的研发及产业化、独立第三方医学分子诊断平台建设项目），获得市级生物产业项目扶持资金共计 92.5 万元。2015 年共计获得国家、省、市各级项目扶持资金 12 492.5 万元。

截至目前，昆明国家生物产业基地（核心区）共获得国家、省、市各级生物产业项目扶持资金 6 亿元。

二、存在的问题和困难

近年来，昆明国家生物产业基地（核心区）的生物产业虽然取得了一定成绩，但与周边地区高新区生物产业相比，在技术、人才、资金扶持等方面的竞争优势较弱，在提升发展的过程中仍面临许多的问题和困难。

（一）产业技术含量有待提高，产业结构发展不均衡

生物医药占全区生物产业经济总量80%，中药、民族药、天然药占园区医药工业总产值和销售收入的70%以上，多以传统生物提取技术为主，正面临向现代药物提取、萃取方式、工艺改造、产能提升等方面的推进问题；生物工程、基因工程等产业领域项目还较少，竞争力还不强；医疗器械产业发展滞后，目前在全区经营医疗器械的仅有销售公司，没有自己的产品。

（二）创新能力不足

虽然昆明国家生物产业基地（核心区）聚集了全省80%的规模以上的生物制药企业，企业研发能力不强，自主创新能力和知识产权保护的意识不足，企业相互间协作较少，没有形成资源共享、协同创新的发展氛围，导致一些低水平重复研究和重复投资，产品结构单一。

（三）经济下行局面制约经济发展

2015年是昆明国家生物产业基地（核心区）生物产业经济形势最为严峻和复杂的一年，受资金、市场和宏观经济形势的影响，加之部分重点企业增长乏力，园区经济面临重重困难，一些经济指标未达到预期目标。

（四）一些政策无法继续兑现

招商引资任务艰巨，过去的优惠政策因《国务院关于清理规范税收优惠政策的通知》（国发［2014］62号）的规定，造成过去承诺的优惠政策难以兑现，因此应尽快出台新的政策，保障招商引资政策方面的可操作性。

（五）招商引资竞争日趋激烈

各地区经济发展水平不同，资源禀赋条件、地缘因素和政策、服务存在差异，都成为客商对投资范围内进行投资区位选择的重要依据。各地区在考核指标高压下，一定程度上造成地区之间为争夺项目不惜“拼地价、给补贴、降门槛”，导致整个区域产业发展不平衡，为下一步经济发展埋下了隐患。

三、2016年工作计划及保障措施

（一）2016年工作计划

1. 全力推进，完成2016年各项任务指标

严格按照昆明高新区管委会2016年度经济工作会议确定的各项工作任

务以及《昆明高新区生物产业“十三五”实施方案》，围绕生物产业的发展思路，紧盯目标任务不放松，抓重点、强队伍，抓作风、讲拼搏，严于律己，主动出击，以目标任务、产业招商为主线，以创新驱动、跨越发展为突破，大力推进生物产业集群式发展，确保全年各项任务指标超额完成。

2. 重点推进医疗器械科技园的建设

根据昆明国家生物产业基地核心区生物产业发展规划和需求进程，2016年，以江西医疗器械公司实施“医疗设备研发及制造”项目进驻为契机，力争引进5～8家有一定影响力的医疗器械项目，进入医疗器械科技园。通过2～3年的时间，使医疗器械科技园成为昆明国家生物产业基地（核心区）生物产业的另一张名片，从而填补云南省医疗器械研发生产的空白。

3. 对外发展，合作共赢

加强与上级部门、行业部门及省、市招商部门驻当地办事处的对接、联系、合作，结合产业集聚效应优势，推进区域发展和政策支持力度，建立季度信息通报制度，最大限度获得上级部门的支持，实时把握生物产业新政策、新举措，探索建立南亚、东南亚周边国家的有效产业合作。

4. 加强项目推进落地工作

2016年，重点抓好昆明迈多生物科技开发有限公司“天然保健品生产基地建设”项目、云南合拓医药有限公司“建设GSP标准药品销售库”项目、云南楚昭环保科技有限公司“生产高科技环保硅藻泥系列产品”项目、云南麻农生物科技有限公司“乌天麻的精深加工”项目、云南芯韵科技开发有限公司“卷烟新材料研发、中试”、昆明医科大学“基因检测试剂盒”等项目的推进及落地工作，对上述项目实行专人服务，做好项目前期服务工作，全力协助企业，争取项目全面进场开工建设。

（二）保障措施

1. 进一步建好《昆明高新区生物产业项目库》和《昆明高新区生物产业信息资源库》

（1）完善项目引进、项目储备、项目建设、项目服务、项目进度、项目申报等资料，建立“昆明高新区生物产业项目库”，实现项目透明、服务透明、责任透明的项目查询督办机制；

（2）建立技术成果、技术设备、研发平台、企业信息等“生物产业信息资源库”，实现科研院所、入区企业与昆明高新区“信息互通、互动，资源共享”的有效运行机制。

2. 营造良好的舆论氛围

要在全区、全市范围内大力宣传加快昆明国家生物产业基地核心区建设，大力培育“云药”特色生物产业集群的意义、目标和任务，进一步统一思想，充分认识基地建设对园区创新驱动、战略提升、转型发展的重要性和紧迫性。通过各种媒体和渠道，广泛宣传相关的政策和举措，扩大昆明国家生物产业基地核心区建设的影响面，广泛吸引企业家的投资开发，赢得社会各界的关注和支持，营造良好的舆论氛围。

（撰稿：昆明市发展改革委）

天津国家生物产业基地发展报告

天津是国家较早批复的国家生物产业基地、国家医药产品出口基地和中药现代化科技产业基地。天津牢牢把握京津冀协同发展、自由贸易试验区建设、国家自主创新示范区建设、滨海新区开发开放、“一带一路”建设五大战略叠加这一千载难逢的发展机遇，大力发展科技型中小企业，广聚国内外高端资源，整合各类创新力量，通过搭建平台、培育主体、聚集人才、实施项目、开放合作等一系列措施，显著提升基地生物产业自主创新能力，产业规模不断扩大，产业实力明显增强，逐渐培育生物产业发展壮大成为具有支撑引领作用的重要的战略性新兴产业。

一、基地产业发展现状

1. 产业规模快速增长

天津生物产业特色较为鲜明、配套能力较强、对外开放程度较高，在生物医药、生物制造、生物农业、中药现代化等领域拥有较强的产业基础。2015 年，全市生物技术与医药产业完成产值 1334.4 亿元，占全市高新技术产业产值比重达到 16.4%，产值比重较 2010 年提高近 8 个百分点，“十二五”期间，产值年均增速达到 24.6%。全市拥有百余家年收入过亿元的生物医药企业，4 家企业进入全国医药工业百强，年销售收入过亿元大品种达到 40 余种。

2. 重点领域自主创新取得突破

通过对不同领域、不同阶段的企业、产品予以各种形式的支持和引导，基地生物产业突破了多项关键技术，开发具有自主知识产权的最新创新成果，培育了一批“人无我有、人有我优、人优我特”的杀手锏产品。化学药领域，化学原料药占比大幅下降，附加值较高的化学制剂占比明显上升，吲达帕胺、新康泰克、芬必得、百多邦、达克普隆等产品畅销海内外。现代中药领域，复方丹参滴丸销售额连续多年在全国中成药中保持第一，血必净注射液、速效救心丸、通脉养心丸等品种畅销海内外。医疗器械领域，血压计

生产规模全球领先，冠脉支架、输液器、血液回路器等产品销量位居全国前列。生物制品领域，建立了世界上第一座脐带间充质干细胞库，成功开发出世界上第一个进入临床试验的干细胞治疗药物间充质干细胞注射液，正在建设亚洲唯一的埃博拉疫苗生产线。

3. 产业集聚化发展态势明显

按照“核心区＋扩展区”的建设发展模式，天津生物产业基地形成了明显的集聚效应。以滨海新区为主的核心区建设进展良好，全市50%以上的生物技术和医药企业在此落户，聚集了产业内近百家国家级和市级研发中心、1000余家科技型中小企业和百余家科技小巨人企业，产业规模以年均40%的增速快速增长。武清健康保健产业、北辰现代中药、西青现代医药、静海医药研发、津南生物科技总部等扩展区形成了各具特色的产业集群。

4. 聚集了一批生物领域高端创新资源

以“国家生物医药国际创新园”、“京津冀生物医药产业化示范区”建设为契机，天津聚集了中国医学科学院、军事医学科学院、中科院工业生物技术研究所等“国字号”研发机构以及天津国际生物医药联合研究院、天津药物研究院等一批高水平科研机构。建成生物产业领域国家级重点实验室6个，国家工程（技术）研究中心8个，国家级企业技术中心6个及产业化基地若干。先后引进生物医药领域高端人才团队近200个，33人入选国家“千人计划”，13人入选“京津冀生物医药产业化示范区领军人才”，109人入选天津市“千人计划”。

5. 生物产业发展环境不断优化

近年来，天津市出台了《京津冀生物医药产业化示范区优惠政策》等一系列政策措施，为生物企业创造了良好的政策环境。相继推出了抗癌重大专项攻关计划、新药创制科技专项等市级科技专项，有效推动了生物医药产业的转型发展。加快推动科技和金融结合工作，搭建了科技金融服务平台，设立了天士力基金、天以红日基金、银宏基金、瑞普基金4支生物领域专业风险投资基金，有效引导金融机构、创业风险投资、担保机构等社会资本对生物企业的融资支持。

6. 产业发展潜力巨大

随着专利悬崖的逼近，全球生物医药市场对仿制药的关注正持续升温。这将大力提升天津仿制药的产业发展环境，力生制药、华津制药、天药股份等仿制药企业将迎来发展机遇。随着生物技术的快速发展，生物技术药物正成为研发投入的热点。

二、近两年发展目标及重点

紧紧抓住京津冀协同发展、滨海新区开发开放、国家自主创新示范区和自贸区建设的重大机遇，充分利用北京市的资源优势和河北省的产业基础，着力做强研发转化环节，以京津冀生物医药产业化示范区为载体，以增强自主创新能力为核心，推动产业规模化、集群化、高端化发展。到2017年，生物医药产业规模达到1800亿元。

1. 生物医药制造业

加快体制机制创新，推进企业并购重组，优先发展生物制品和高端医疗器械，提升化学药和保健食品发展质量，促进现代中药国际化发展，推动海洋医药和工业生物创新发展，实现生物医药制造业转型升级发展。

2. 医药服务外包业

重点发展化学药和生物制品领域的合同外包服务，打造涵盖化合物筛选、药理、药效、药代动力、药物毒性、动物实验、剂型研究、临床研究、中试生产的医药服务外包全产业链条，支持发展以市场导向、以企业为主体的产业联盟，使天津医药服务外包与国际生物医药产业深度融合，打造具有国际影响力的医药服务外包中心。

3. 健康服务业

加快发展以医疗服务为主的健康服务业，形成以非营利性医疗机构为主体、营利性医疗机构为补充，公立医疗机构为主导、非公立医疗机构共同发展的多元办医格局，康复、护理、体检、健康管理、健康保险、移动医疗等其他健康服务业快速增长，各类医疗卫生机构服务质量进一步提升。积极推进医疗机构体制机制改革，重点建设具有国际水平的专科医院和中医诊疗与养生机构，建设现代化、专业化的医学检验中心、消毒供应中心、医疗洗涤中心，支持包括民营资本在内的各类社会资本举办医疗机构，推动外资独资医院引进工作，促进天津医疗服务业水平有效提升。

4. 医药流通业

重点推动医药批发业的整合重组，建立立足环渤海，面向全国的大型医药分销体系；发展大型医药零售连锁业，推动城镇社区和农村地区的医药供应网络建设；发展医药新型流通业态，加快医药物流配送体系和电子商务发展，使天津成为我国重要的医药商业集散地。支持现有医药商业龙头企业做大做强，以自贸区建设为契机，建设国际化的医药物流园区，加强与信息、金融、交通运输、设备制造等行业的跨界融合，建设电子商务平台，打造北

方医药流通中心。

三、保障措施

1. 建立产业协同发展机制

建立生物医药产业发展协调推进机制，研究推进产业发展重大事项，协调解决政策推动、项目执行、资金和市场运作等重点问题。成立由科研院所专家、国内外龙头企业负责人和国际知名学者组成的天津市生物医药产业专家顾问委员会，对制定产业发展政策以及核心技术发展方向提出意见和建议。

2. 加大公共财政投入

对《京津冀生物医药产业化示范区优惠政策》进行修订和完善，加大财政扶持力度，统筹用好各类专项资金，重点支持生物医药领域的园区和平台建设、中药材种植基地建设、重大项目研发及产业化、优秀人才和项目引进、国际交流与合作等。

3. 加强招商引资力度

积极推动和支持各区县、功能区的海内外招商，着力引进世界制药百强企业和国内制药龙头企业，完善人才等配套优惠政策，加强知识产权保护与执法力度，为企业营造良好的营商环境。

4. 优化产业发展环境

改善海关通关服务，推进京津冀海关区域通关一体化，实行有利于外向型经济的便利通关措施。加强与国家食品药品监督管理总局沟通，加快药品审批效率。鼓励公立医疗机构优先采购国产医疗设备，对采购本地企业自主研发制造的国产大型医用设备的医疗机构，研究制定给予首台（套）示范应用风险补贴政策。在药品招投标中推广实行优质优价的药品定价政策，优先对创新药、特效药、罕用药、儿童用药给予政策扶持。

5. 探索多种投融资渠道

探索发行科技债券和科技型中小企业债券，发展知识产权抵押、科技担保等新兴科技金融服务，探索非上市公司股权转让以及设立科技金融控股公司等多种资本运作方式，充分利用国内外资本市场，通过政府财政的杠杆撬动作用，吸引各类资本进入生物医药行业。

6. 加强人才引进和培养

加强对海内外高层次创新人才的引进力度，为来津创新创业的高层次人

才提供启动资金和完善的生活保障。加强高水平管理人才和科技人才的引进和培养力度，积极与国内外医药院校开展人才培养合作，拓宽人才引进渠道，完善人才培养环境。加强本地技术人才的培养力度，加强对天津生物工程职业技术学院等本地医药类高职院校的政府财政投入力度，将天津打造成为我国医药高技能人才培养基地。

（撰稿：天津市发展改革委）

武汉国家生物产业基地发展报告

2015年，在高新区党工委、管委会的领导下，在各部门、各平台公司的大力支持下，生物办全面贯彻落实“三严三实”精神，在经济新常态下，密切关注国家生物健康领域一系列的政策变化，积极应对经济下滑，投资乏力的经济走势，以加速创新要素聚集，促进市场主体做大做强，实现经济增长为目标，通过实施精准企业培育、强化金融服务、实行大区制招商、打造自由创新氛围、加快产业承载主体建设，取得了一些成绩。2015年东湖高新区生物健康产业总收入突破800亿元，聚集企业900余家，两家企业总收入突破100亿元，百家企业登陆各级资本市场。

一、2015年发展情况

全年东湖高新区完成生物健康产业总收入802.15亿元，同比增长23.15%，完成规模以上工业总产值364.56亿元，同比增长18.54%，完成规模以上工业增加值121.52亿元，同比增长15.16%。

（一）全面提升企业服务质量效率，企业培育效果初显

制定了《光谷生物城“干部进企业，服务促发展”活动方案》，建立了“办领导联系，干部挂牌，点对点服务企业”的精准服务机制。“光谷生物城公共信息服务平台”网站和平台微信公众号上线运行，光谷生物城企业服务正式进入“互联网+”时代。光谷生物城各部门和园区公司累计开展企业服务1600余项。

已集聚各类生物企业900余家，收入过亿元企业49家，人福集团和国药集团实现了双“百亿”企业的突破。新增“小进规”企业12家，规上企业总数达119家；新增高新技术企业43家，高新技术企业总数达142家；税收1000万以上生物企业30户，较2014年增加8户；税收100万以上企业111户，较2014年增加12户，税收100万以上的企业中，实现增长的达77家，其中增幅超过100%的25家。光谷生物城员工人数突破4

万人。

（二）创新招商模式，引资引智成果显著

在“全员招商、产业链招商、以商招商”的基础上，2015 年又推行了“大区制招商”，效果显著：新增签约项目 63 个，协议投资总额 31.96 亿元，协议投资过亿元项目 9 个；实际利用内外资总额 91.9 亿元，新设立或增加注册资本金超过 1000 万元的企业有 82 家，其中过 5000 万元的企业 22 家，过亿元的企业 11 家。在谈项目 185 个，其中 10 亿～50 亿元项目 1 个，1 亿～10 亿元项目 5 个。大北农集团、华因康、泰康人寿、维诺康、腾飞高科、天士力武汉研究院、中科器、厦门宝益、湖北省农垦集团等一批项目落户。

配合人才办完成了第八批“3551 人才计划”的申报组织工作，新引进生物领域“3551”人才团队 70 个，新增国家“千人计划”1 名、湖北省“百人计划”12 名，光谷生物城累计引进“3551”人才团队 385 个、院士项目 12 个、国家“千人计划”人才 22 名。

（三）强化政策与金融服务，百家企业登陆资本市场

多渠道帮扶企业策划、申报各类政府资金支持，组织申报国家、省、市各类项目 200 项，立项 90 余项，争取各级财政资金合计约 1.4 亿元，获批了国家基因检测应用示范中心和全国唯一生物健康产业集群区域品牌建设试点。

成立了金融服务中心，负责企业金融服务工作，以科技金融服务为主线，搭建了企业与金融机构对接平台，建立了“创业投资为主导，天使投资为补充，多层次资本市场和科技信贷为支撑”的科技金融体系。打造“生物创赢汇”投融资服务品牌例会，全年共举办各类金融对接活动 22 场，促成 105 家海内外投资机构对生物城企业进行了共计 113 笔投资，投资总额 9.4 亿元；帮扶 56 家企业获银行贷款 5.85 亿元。新增 12 家“新三板”企业，5 家“四版”挂牌企业，54 家“科技版”挂牌企业，光谷生物城累计登陆资本市场企业 102 家。

（四）完善创新创业体系，产生了一批创新成果

武汉生物技术研究院公共技术平台获得国家 CNAS 认证，全年累计对外服务 15 000 余次，实现收入 800 余万元。成立了湖北省生物经济研究中心，为全省生物健康产业提供经济咨询服务。

新建合成生物学、第三方诊断检测、生物医药中试、文献信息检索等公共服务平台。诊断试剂公共加速、武汉生物样本库、新一代基因测序、质谱

技术临床检测等公共技术服务平台投入使用。

新增中种生命科学技术中心“作物育种技术创新与集成国家重点实验室”、人福集团“基因工程创新药物开发国地联合工程实验室”、省种子集团“优质水稻育种国地联合工程研究中心”三个国家级重点实验室（工程中心）以及4家省级企业技术中心，10家市级企业技术（工程研究）中心。

新增“光谷创赢咖啡”和光谷生物医药科技企业孵化器2个国家级孵化器，光谷生物城国家级孵化器数目达到4个。生物创新园“创客空间”即将投入使用；中国超声质量与标准委员会落户省医疗器械检测检验中心，成为国内超声设备标准把控的权威机构；获批湖北省智慧医疗健康产业基地，成立了中国·光谷智慧医疗及健康产业联盟，智慧医疗及健康管理产业抱团发展。

全年共获得1个药品批准文号，26个三类医疗器械注册证，2个国家作物品种审定证书，4个新兽药注册证，9个生物农药登记证，12个项目获湖北省科学技术奖，11个项目获武汉市科学技术奖。

（五）加快园区和重点项目建设，夯实产业发展基础

一是不断完善园区配套。生物创新园生物制品检定所、新药审评中心土建完成，梅园工程、二妃山绿道工程即将完工；生物医药园新增加速器面积10万平方米；生物农业园总部服务二区正在进行规划验收；医学健康园药监路、药监一路、药监二路全部通车，全国医药技术交易大厦启动建设；中新科技园已基本实现“三横三纵”的路网格局。

二是推动一批项目建成。同济医院光谷院区正式营业；费森尤斯卡比公司的抗肿瘤药物生产基地获GMP认证，正式投产；食品药品化妆品检测中心、国家粮食质量安全检验检测重点实验室、中国种都科技研发创新中心投入使用；国药器械湖北物流中心完成验收；喜康（武汉）生物全球首个模块化厂房完成主要设备装机；康圣达总部项目完成土建工程；瑞世普禾、中博生物、鑫太阳3个项目一期建成；中古生物医药转化中心项目、中牧股份项目原料成品仓库结构封顶。

（六）充分对接国家、省、市发展战略，谋划“十三五”

积极和省、市相关部门沟通，深度参与《湖北省生物健康产业“十三五”发展规划》和《武汉市“十三五”生物与健康产业科技发展规划》的起草工作。按照市政府要求，起草了《“中国种都”建设发展规划》，打造分子育种创新高地和产业辐射中心。抢抓武汉市建设创新改革试验区机遇，积极

与市委政研室、市科技局、市药监局、市发改委、市改革办等部门配合，完成了武汉市“加快推进全面创新改革建设国家创新型城市”中生物健康领域相关政策瓶颈和改革事项的上报工作，为下一步生物健康产业发展谋求先机。

紧跟目前国内外产业发展趋势和高新区生物健康产业发展现状，完成了《东湖高新区“十三五”生物健康产业规划》的编制工作。“十三五”东湖高新区将坚持“有所为，有所不为”、“自主培育”和“外部引进”相结合，通过增强生物医药产业的核心竞争力，加速生物医学工程产品跨界融合，利用现代生物技术促进传统农业转型升级和辐射带动，积极培育精准诊疗，超前布局基于大数据、云计算和物联网的智慧医疗产业，在重点特色领域实现突破，形成优势。到2020年，东湖高新区生物健康产业实现总收入3000亿元，成为国内最活跃的新药创制中心、创新医疗器械医学转化中心、区域智慧医疗互联枢纽、“中国种都”及精准诊疗应用示范中心。

（七）积极参加和举办国内外高端论坛和展会，扩大光谷生物城产业活跃度和影响力

参加了美国2015年生物技术大会、韩国2015国际生物产业研发及国际交流合作大会、印度2015亚太种子年会以及2015国际（天津）生物经济大会、第17届中国国际高新技术成果交易会、第73届国际医疗器械博览会、长江流域园区与产业合作对接会等国内外知名展会并进行了特装展示，扩大了光谷生物城的国内外知名度和影响力。

举办了第2届国际生物类似药高峰论坛、第4届国际生物医药创新高峰论坛、中法癌症研讨会、中国生物防治产业年会、鄂商会湖北生物产业行、国际再生医学材料会议、华侨华人创业发展洽谈会生物医药专场、光谷生物城CHBD高峰会议、医疗功效学及人因工程学论坛、百华协会年会等全国性专业会议30余场，吸引了5000余位业内专家、企业家参会。累计组织包括高新技术企业认定申报、专利申请、法律风险管理培训、创新科研成果交流等会议和活动200余次，光谷生物城的产业活跃度得到了进一步提升。

（八）践行“三严三实”，打造干事创业生态环境

加强党组织建设。光谷生物城“智慧党建”人才服务平台上线，生物办综合党委发展30名预备党员、17名党员转正、培养30名入党积极分子，新建4家企业党支部，夯实党的基层堡垒。表彰“先进党务工作者”10名、

“优秀共产党员”12名、“先进基层党支部”7家。

加强党风廉政建设。以“三严三实”教育活动为契机，定期集中传达学习中央、省、市关于作风建设和廉政建设的有关精神，与各处室、各园区负责人签订党风廉政责任状，推行一岗双责，将党风廉政建设纳入日常工作中。生物办未发生违反党风廉政建设和作风建设的情况。

强化安全生产工作。成立生物办安全生产监督领导小组和安监办，明确专人负责安全生产工作。全年共开展各类安全生产检查113次，排查各类安全生产隐患630余处；开展各类安全生产培训11次，培训人员1000余人次；完成安全生产标准化创建企业14家，共有178家企业在湖北省隐患排查“两化”系统注册运行，确保光谷生物城安全生产“零”事故，获得武汉市“安全生产先进单位”称号。

二、“十三五”面临的机遇与挑战

（一）机遇

1.“生物经济”初现端倪，生物健康产业将成为中国经济发展的新引擎

在生物科技革命推动下，“低碳经济”与“绿色增长”成为世界经济发展主题，生物健康产业有望成为全球支柱性产业之一。随着中国医疗卫生体制改革、新版GMP改造、基本药物招标、医保全覆盖、生物发酵产能调整、农业科技示范、仿制药一致性评价、药品及医疗器械审评制度创新改革等各类政策的陆续出台，生物健康产业行业宽进严出、加强监管的趋势日益明显，正在推动国内生物健康产业的新一轮洗牌。

2.光谷生物城正面临大好的经济发展的宏观环境

湖北省委省政府、武汉市委市政府一直高度重视生物健康产业的发展。2015年8月，省委张昌尔副书记在湖北省生物健康产业领导小组会上明确指出：“十三五”湖北省要将生物健康产业打造成全省战略性新兴产业的“三驾马车”之一。

武汉市委阮成发书记在全市建设国家创新型城市的动员大会上明确将生物健康产业列为下一步武汉市重点发展的三大产业之一（信息技术、生命健康、智能制造）。

东湖高新区是国家第二个自主创新示范区，同时也是“两型社会”综合配套改革试验区和国家改革创新试验区的核心区域。东湖高新区也明确了

“十三五”经济发展的“双引擎”为光电子信息和生物健康产业，并要全面参与国际竞争。“一带一路”、长江经济带、长江中游城市群建设、全面创新改革试验区、国家自主创新示范区条例和“大光谷”战略等一系列重大战略让东湖高新区生物健康产业面临巨大的历史机遇。

（二）挑战

1. 国内产业竞争明显加剧

目前各省市纷纷把生物健康产业作为重点战略产业加快发展，2015 年湖北省落选上市许可人试点让我省在生物制药领域处于政策劣势。而东湖高新区生物健康产业整体实力还缺乏较强竞争力，产业规模不大，产业布局不够优化，政策措施支持力度不够，审批机制创新不足，市场流通秩序有待规范，在生物健康产业招商引资、引智方面的吸引力还需进一步增强。

2. 缺乏引领带动性强的龙头企业

目前除人福医药和国药集团整体规模突破百亿之外，东湖高新区在生物农业、医疗器械、生物服务等重点发展领域，还没有收入过 20 亿元的企业，导致产业凝聚力和带动性偏低，无法有效整合资源，整体竞争力不足。龙头企业的自主创新实力还有待提升，中小型生物企业研发投入占销售收入比重普遍偏低，一批有优势和潜力的研发成果转化依然迟缓。同时，受近年全球整体经济形势变化，生物健康产业投资压力较大。

3. 产业发展环境有待改善

生物新产品和新技术大多需要通过医院政府采购进入市场，目前政府集中采购缺乏支持本地企业产品推广的法规文件，同时医院采购需求的确定一般要经过多个环节，加之创新产品成本普遍较高，与市场上成熟的同类产品的竞争力不足，企业自身推广存在一定困难，本地产品面临着“墙里开花墙外香”的困境。

三、2016 年工作计划

“十二五”期间，光谷生物城克难奋进，打造了从研发、孵化、中试到加速，从人才、平台到资本，从行政审批到市场应用的生物健康产业“生态圈”。在生物医药、医学影像、基因检测、细胞治疗、分子育种等领域形成了特色聚集，为我们“十三五”的发展明确了方向，打下了基础。

2016年是“十三五”的启动之年，生物办要坚定信心，实现“两个一千的突破”，即“聚集企业数目突破1000家，产业总收入突破1000亿元。”为实现以上目标，我们要在政策环境提升、招商引资、创新环境营造、市场主体培育、金融服务、重点项目建设、对外合作交流等几个方面做好以下工作。

（一）依托省生物健康产业领导小组的“三维”推进作用，提升产业发展的政策环境优势

依托省生物健康产业领导小组“决策、推广、协调”的三维推动作用，抢抓武汉市建设创新改革试验区的重大机遇，紧密与相关部门沟通配合，积极争取药品及医疗器械区域审评中心、药品上市许可人制度、生物药委托加工试点、诊断试剂委托加工等试点；策划包括国家（华中）超算中心、国家灵长类动物实验中心、国家基因库（备份库）等一批重大基础性研发平台；争取省市对东湖高新区创新产品和技术在市场准入、定价、政府采购等方面的倾斜性政策，全面提升东湖高新区生物健康产业发展的政策性优势。

（二）继续推行“全员招商、大区制招商”的策略，在重点领域加大高附加值产业化和总部型项目的引进力度

在基因工程药、血液制品、高端化学药制剂、基因检测、细胞治疗、体外诊断、医学影像、植入性医材、生物服务、分子育种、兽用生物制品、智慧医疗等重点领域，瞄准科技含量和附加值高、投资规模大、资源环境友好、经济效益预期好的产业化、服务型和总部型项目，择商选资，精准招商。重点推动与国药集团系列合作进入实质性建设阶段，确保国药中生动物疫苗板块、国药器械消毒物流中心、上海斯丹赛CAR T细胞治疗、广州康亦健项目落户；积极争取与阿斯利康、孟山都、利马格兰、陶氏益农等国际龙头企业以及华润医药、通用集团、中信国建、博奥生物、迪安诊断、达安基因、中垦种业、农发种业、国家油菜工程中心、叶威集团等国内行业领军企业和机构达成合作。

（三）深入践行《高新区建设有全球影响力创新创业中心总体行动计划》，打造自由活跃的创新创业氛围

按照《高新区建设有全球影响力创新创业中心总体行动计划》和“自由创新区”、“互联网+”、“智慧光谷”等行动方案的分工部署，推进光谷生物城文献检索公共服务平台、光谷生物城公共信息服务平台、生物信息中心、医疗器械医学转化中心、医疗工效学和人因工程研究中心、医疗器械工业设计研究院、现代种业物流中心、中国种都交易中心等一批平台的建设。推进生物农业孵化工场、诊断试剂“双创空间”、智慧医疗创客空间的建设，充分发挥生物创新园创客空间、生物医药园光谷生物魔方大学生创业专区、光谷创赢咖啡的作用，打造活跃的创业氛围。

（四）优化产业结构，形成龙头企业、中型企业和初创企业的“三级”精准培育体系

按照“聚集一批活跃创新型初创企业、精准培育一批有潜力的中型企业，重点扶持一批行业引领的龙头企业”的“三级”产业结构，重点支持国药集团、人福集团通过兼并重组、国内外市场拓展等方式做大做强，充分发挥龙头企业对创新成果承接转化和产业带动的作用；重点扶持华大基因、华因康、药明康德、喜康生物、明德生物、璟泓生物、中旗生物、新华扬、科前生物等中型企业的快速发展，加速形成重点领域的“潜力股”集群。通过3551人才计划引进70个以上的高层次创业团队，加大生物健康产业第三方服务团队和机构的引进力度，打造服务专业、人才自由流动、技术自由转化的创新生态环境，加速人才和中小企业集聚。

（五）营造资本自由融通的投融资环境，提升政府资金使用的杠杆效率

继续加强金融服务工作，打造“生物创赢汇”的品牌，营造活跃投融资氛围。推动剑桥资本中国健康基金、凯鹏华盈、深圳莫里斯基金、长江经济带产业发展资金、博润资本、华岭资本等资本在光谷生物城成立生物健康产业专项子基金。继续大力帮扶企业登陆多层次资本市场，力争明德生物登陆上海战略新兴板，新增20家企业登陆新三板，新增30家新三板储备企业。

继续推行“后补助、拨改投”等“东湖高新区生物健康产业发展专项资金”的资助模式。加强与科技部中国生物技术发展中心、卫计委医药卫生科技发展研究中心两大国家重大科技专项实施单位的对接，争取在医疗器械、细胞治疗、重大新药创制、传染病防治等领域获得国家支持。积极争取省、市、区扩大生物健康产业专项资金的扶持力度。

（六）加快推进重点项目和重点园区的建设，继续提升产业承载力和可持续发展能力

推进中新生物园用地规划落实到“武汉市一张图”，完成中新生物园133hm^2（2000亩）土地的报批工作。重点推进光谷生物城中新生物园、医学健康园的水、电、路、气等基础设施建设，进一步提升生物创新园、生物

医药园、生物农业园、医疗器械园的行、体、食、住等生活配套的体量品质，打造生态、健康、智慧、互联的高科技园区。

推动人福医疗总部、全国医药技术交易大厦、省妇幼保健院光谷分院、中南医院光谷国际医院、泰康国际医疗城、维诺康疫苗产业化基地、国药中联中药物流仓储、中古生物医药转化中心、华因康华中研发生产基地、天勤生物灵长类GLP实验中心、光谷智慧医疗中心、光谷宝益生产基地、国际医疗器械先进制造示范园、高端医疗器械总部基地、大北农集团南方总部、国英种业总部、生物农业健康研究院、湖北省农垦联丰种业基地等一批重点项目的建设。

（七）营造开放合作的对外交流氛围，提升光谷生物城国内外知名度和影响力

全力做好第九届中国生物健康产业大会（首届中国·光谷国际生物健康产业博览会）的展览及10个高端论坛的筹备工作，将中国·光谷国际生物健康产业博览会打造成具有国际影响力的生物健康产业博览会。

实施“走出去，请进来”战略，做好美国BIO大会、中国南非高技术展示交流会、2016天津生物经济大会、2016国际生物材料大会、上海国际医疗器械展、中国国际医疗器械博览会、第14届国际水稻功能基因组大会的参会布展工作。针对重点领域策划组织中法癌症专题研讨会、华创会生物医药专场、医疗器械工业设计高峰论坛、湖北省健康管理行业大会、第2届医疗工效学及人因工程论坛、2016国际生物农业技术研讨会、2016中国精准医疗创业大赛等系列活动，打造“活跃、开放、合作、共享”的交流氛围。

（八）全面贯彻落实“三严三实”精神，狠抓党风廉政建设和安全生产工作

继续深入开展“三严三实”专题教育实践活动，加强领导干部和全体员工的思想政治水平和作风建设，突出问题导向，坚定理想信念，提高党性修养，进一步提升工作队伍的整体素质和工作作风。

落实“一岗双责”，“党政同责”的工作制度，明确领导责任，坚持用制度管权管事管人，加强对重点部门和关键岗位的监督，把党风廉政建设工作与日常工作同部署、同落实、同检查、同考核，经济工作延伸到哪里，党风廉政建设就跟进到哪里，形成不想腐、不能腐、不敢腐的良好环境。

始终绷紧安全生产这根弦，牢固树立安全发展理念，高标准、严要求抓

安全生产，在招商引资、项目建设、企业生产、生活配套等方面严把安全生产关，落实好安全生产和重大安全生产事故风险“一票否决”制，确保实现安全生产“零”事故。

（撰稿：武汉市发展改革委）

兰州国家生物产业基地发展报告

一、基地建设进展

（一）产业规模持续扩大

兰州国家生物产业基地依托资源优势、科技优势和区位优势，以高校、科研院所为创新源泉，以生物医药、高性能医疗设备和生物农业为重点领域，以骨干企业为主体的产业基础，在生物技术药物、现代中（藏）药、先进医疗设备、兽用生物制品、生物育种等重点领域，发挥了特色优势，形成了具有市场竞争力的产品群和产业链。2015 年基地在生物产业，尤其是生物医药产业领域，产业规模持续扩大，特色产品不断涌现，形成了生物技术药物、现代中（藏）药、先进治疗设备、兽用生物制品等优势特色产业。目前，基地拥有药品生产企业 40 余户，国家药品批准文号 1300 多个，从业人员 1 万余人。其中，规模以上医药企业 17 户，2015 年 1～10 月实现工业总产值 35.9 亿元，同比增长 7.1%；完成工业增加值 13.5 亿元，同比增长 2.5%。

（二）重点项目顺利推进

认真做好项目凝练、项目储备工作，加强生物产业项目库建设，积极组织企业申报国家、省级专项资金支持，推进一批具有较强带动作用的重点项目建设，为基地发展奠定坚实基础。2015 年，和盛堂（新区）高技术产业升级示范工程、泛植甘草提取物及相关衍生产品产业化项目建成投产；陇神戎发年产 200 亿粒现代中药生产基地建设项目（一期）基本建设完成，预计年底试生产；兰药新区整体迁建项目、兰州大得利出城入园（兰州新区）项目医药物流中心主体已完工；兰州新区佛慈制药科技工业园项目、锦东医疗器械及医用材料产品科研、设计及生产基地项目、旭康年产 2350 吨标准中药饮片提取物生产线项目、亚兰中药保护品种热炎宁颗粒的研发与产业化生产项目、安泰堂新区出城入园项目、国药控股甘肃现代物流中心正在建设；兰州太宝制药有限公司出城入园整体建设项目正

在顺利推进。

（三）创新能力不断提升

优先支持基地内国家和省级工程（技术）研究中心、重点实验室、工程实验室、孵化器和产品质检中心等创新基础条件建设，积极组织开展重大技术攻关。2015年，积极组织兰州佛慈制药股份有限公司、甘肃爽口源生态科技股份有限公司等单位组建省级工程研究中心（工程实验室），甘肃省药用植物栽培育种工程研究中心、甘肃省大分子蛋白生物药工程研究中心等11个生物类工程研究中心（工程实验室）获批。目前，基地已有生物工程研究中心11个，其中1个国家地方联合工程研究中心、10个省级工程研究中心；生物工程实验室30个，其中1个国家地方联合工程实验室、29个省级工程实验室。

（四）积极培育骨干企业

按照扶优助强的思路，以技术改造为抓手，加快产业结构化升级，注重对生物产业龙头企业的扶持和培养，提升企业核心竞争力。基地内龙头企业不断做大产业规模，骨干企业在生物产业发展中的引领带动和示范作用效果显著。2015年，兰州积极组织企业申报省战略性新兴产业骨干企业，兰州生物制品研究所有限责任公司、中农威特生物科技股份有限公司等4家生物产业企业入列“省战略性新兴产业总体攻坚战”第二批骨干企业。目前基地已有7家生物企业入列省战略性新兴产业骨干企业，产值超亿元的生物产业企业已达26家，其中兰州生物制品所、兰州西城药业有限责任公司2家企业年产值达10亿元以上，甘肃亚盛实业（集团）股份有限公司年产值达20亿元以上。

（五）承接产业转移工作顺利推进

通过示范引领、关联带动、承接产业转移项目等加快转型升级，逐步实现了基地空间上的合理布局和优化组合，促进产业集群发展。四川禾邦实业集团有限公司计划投资20亿元，在兰州新区建设甘肃中药现代产业基地，目前已完成投资3.4亿元，场平、围墙全部完成，西药制剂一、二车间的钢结构梁、柱、檩条安装完成；申联生物（上海）有限公司计划投资8亿元，建设兰州分厂项目，已完成投资1.2亿元，一期工程的动物房及动力中心建设完成；国药控股甘肃有限公司计划投资1.5亿元，建设甘肃现代物流中心项目，目前已完成投资1500万元，围墙、场平完成，计划11月底开挖地基。

二、发展中存在的问题和制约

（一）科技创新能力较弱，产品营销滞后

企业产品研发投入资金占销售收入比重偏小，中药生产企业多为传统的生产方式，自主研发的新产品少。市场营销网络建设滞后，促销手段单一，忽视品牌建设和市场终端开发与管理，企业发展后劲和市场竞争力弱。

（二）产业规模小，产业结构仍不合理

生物产业经济总量仍然偏小，规模效应不明显。主要表现为企业数量少、总体规模偏小、资源分散等。生物农业、生物制造、生物能源、生物环保、生物服务等子行业发展不平衡，产业结构需进一步优化调整。

（三）产业链关联度不高

研发、孵化、生产、物流、专业服务等一体化的产业链条还没有完全形成，产、学、研、用整体优势发挥不够充分，商业模式还需要进一步创新完善。

（四）发展资金不足

风险投资发展缓慢，投融资渠道单一，产业发展资金不足，是制约兰州市生物产业发展的首要因素。

三、下一步工作重点

（一）做好“十三五”规划生物产业部分编制工作

根据生物产业“十二五”期间发展情况，进一步修改完善“十三五”兰州国家生物产业基地发展目标、发展重点，梳理“十三五”建设项目。

（二）鼓励企业自主创新，增强核心竞争力

鼓励兰州国家生物基地企业建立企业技术中心，加大研发投入，注重产品二次开发及新产品研发，着力提高产品技术含量和附加值，提高产品质量标准和产能。同时，根据《甘肃省中医药产业发展先行先试实施方案》，鼓励中医药企业积极开展中药配方颗粒研制、生产和使用，加强保健食品及药食同源中药材开发利用，增强企业核心竞争力。

（三）强化项目建设，加大对重点项目的跟踪服务力度

一是促进陇神戎发年产200亿粒现代中药生产基地项目一期建成投产；二是促进佛慈、兰药、锦东、大得利、安泰堂、禾邦、申联、国药等在建项

目加快建设进度；三是促进太宝等前期项目加快前期手续办理，早日开工建设；四是继续加大招商引资和承接产业转移工作力度，力争引进大项目、好项目，同时为四川禾邦现代中药产业基地、上海申联兰州分厂等招商引资项目做好协调服务工作，促进项目按计划实施。

（撰稿：兰州市发展改革委）

南昌国家生物产业基地发展报告

一、“十二五”发展基本情况

生物产业是江西省优势特色产业之一，南昌生物产业基地作为“十二五”重点发展的战略性新兴产业基地，得到快速发展。

产业集聚显著显现。依托南昌高新区、南昌小蓝经济开发区、樟树药都、袁州医药工业园、进贤县工业园等建设的南昌国家生物产业基地，已呈现空间聚集并向集群发展的态势。目前研发生产企业已超过200家，核心区生物产业销售收入占全省的比重由2007年国家基地批准建设时的50%上升到目前超过65%，实现主营业务收入超过800亿元。基地内企业实力快速壮大，济民可信集团、正邦集团年销售收入超过100亿元，汇仁、仁和、江中等企业销售收入超过20亿元，年销售收入过亿元的企业已达50家，比2011年增加20家。

产业特色更加鲜明。基地核心园区按规划实行差别化发展，樟树园区充分发挥传统中药文化优势，重点发展中药饮片、药品及医药材料交易，基地拥有企业108家，中成药及中药片实现产值超过100亿元、中药材专业市场实现销售收入30亿元，成为国内越来越有影响的药都。南昌进贤医疗器械产业园已聚集一次性使用医疗器械制造厂110家，销售企业超过300家，主营业务收入95亿元，利税达9.8亿元，形成了全国最具影响力的一次性使用医疗器械产业园区。

产业升级步伐加快。南昌国家医药国际创新园建设进展顺利，已吸引了高纯度弹性蛋白酶、生物羊膜、手术医疗器械、电子加速器辐照加工、病毒源生物农药等一批高水平生物产业项目入驻。进贤医疗器械产业园的二尖瓣扩张器、血管支架、耳鼻喉检测仪、精密自动排气止液输液器等高端医疗器械产品已陆续取得生产许可，开始建设生产能力。袁州园区引导中国科学院武汉病毒研究所合作研发的甘蓝夜蛾核型多角体病毒已成为我国第一个获得

欧盟有机认证的病毒杀虫剂产品，并已形成生产能力。

创新能力稳步加强。中药固体制剂制造技术国家工程研究中心、水稻国家工程实验室、食品科学与技术重点实验室、现代中药制剂教育部重点实验室、国家地方联合种猪繁育工程研究中心等创新平台的创新能力得到进一步加强，江中、汇仁、特康等企业博士后（流动、工作）站运转正常，相继承担了一批国家科技支撑项目和省重点研发课题，在药材及制剂质量评价、中药新药和保健产品开发、药物新剂型研究、化学原料药及其中间体制备技术研究、拥有自主知识产权的化学创新药物研究等方面取得了较好的成绩。传统中药企业仁和集团、济民可信、天齐堂中药饮片、德上药业等都建立了企业自己的研发机构，形成了一批自主知识产权的科技成果，并及时在生产中推广应用。

二、支持产业发展的主要措施

“十二五”期间生物产业持续快速发展，主要是政府引导扶持作用与企业自主发展较好结合，形成了合力。

加强规划指导。江西省2009年就编制《江西省战略性新兴产业（生物）发展规划（2009—2015）》，并在2013年根据国家《生物产业发展规划》对该规划进行了修编。进一步明确了生物产业的发展目标、任务，提出了推进生物产业发展的保障措施。

支持重大项目。充分利用江西省重大项目建设调度机制和战略性新兴产业引导资金扶持机制，将济民可信、仁和、江中等龙头企业的新建、扩建项目列入省级调度，解决企业发展中遇到的土地、规划、电力、资金等方面的问题，通过竞争，择优支持天然植物有效成分提取、抗菌化学新药、蛋白质药物、新药创新平台等重大项目建设。

扶持技术引进。鼓励对外开放、合作引进，支持济民可信等企业收购江苏等地新药创制平台及新药品种，并实施新药产业化。协调新龙生物引进中科院武汉病毒所病毒源生物农药制造技术，并成立合资公司实施产业化。鼓励浩然生物强化与下游厂家合作，引进制剂生产许可，延伸产业链。

推进园区建设。在土地利用指标比较紧张的情况下优先安排生物产业项目建设用地，在园区的道路、管线、污水处理、电力、标准厂房等基础设施建设上优先规划，并安排财政资金给予一定支持，推进生物园区服务能力提升。

三、存在的主要问题

虽然南昌生物产业基地发展较快，但从总体看仍处于初起发展阶段，与先进省市及发达国家相比还存在较大差距，产业发展中的矛盾与问题依然较多。

整体竞争力仍不强。企业规模普遍偏小、盈利模式单一、同质化现象比较严重，围绕产业链的专业分工不够明确、上下游合作不够紧密，设备研制、检验检测、应用试验等产业链关键环节支撑配套能力不足，生物园区基础设施建设相对滞后，公共服务平台不健全，园区的整体竞争潜力没有得到充分发挥。

自主创新能力还仍较弱。目前基地生物产业发展仍未摆脱资源依赖，高技术产品比例、企业研发投入比例偏低，研发投入总量不足，创新驱动不强，技术创新公共服务比较薄弱，以企业为主体的产业协同创新体系尚未形成，国家级工程研究中心和重点实验室的数量和水平有待进一步提高，与国家级科研院所的合作需进一步加强。

产业高端人才比较缺乏。具有国际视野的高级经营管理人才和掌握最新前沿技术的产品开发人才不足，部分企业对高端人才在产业发展中的重要作用认识不足，吸引和留住人才的优惠条件偏低，长期激励机制不健全，省内高校相关专业的学科建设与人才培养尚不能完全满足全省生物和新医药产业快速发展的需求。

扶持政策配套不足。一些园区和政府部门对生物产业发展重要性认识有待加强，扶持政策落实不到位。生物产业的投融资体系仍不完善，风险投资机制不健全，新药证书、专利技术等知识产权资本化未得到充分认可，众多小微企业融资仍比较困难。

四、"十三五"发展思路

到 2020 年，生物产业形成特色鲜明的产业发展格局，产业规模进入中部地区前列、全国先进行列，现代中药保持国内领先的竞争优势。

规模质量显著提升。未来 5 年南昌生物产业基地保持年均 15%的发展速度，到 2020 年，主营业务收入达到 1600 亿元，其中生物医药产业规模达到 1000 亿元以上，发展速度与竞争力处于国内领先地位；以生物育种、绿色农用生物制品为主的生物农业产值达到 200 亿元以上；以绿色、低碳为主要特征的生物制造、生物环保、生物服务等产值达到 200 亿元，成为江西省生物产业发展新的增长点。培育5家国内领先、国际有一定影响力、年收入达到100亿元以上的企业集团，20家左右特色鲜明、国内有较大影响、年收入超过10亿元的龙头企业和一大批富有创新活力的中小企业。

产业园区错位发展。生物产业园区集聚能力进一步加强、产业结构明显优化，形成产业特色更加鲜明的集中发展区和优势产业带。建成国内一流的以现代中药、医疗器械为特色的“昌抚一体化”生物医药产业集聚区，实现上下游产业的协调发展；打造具有较大影响力的依托优势中药资源和农业资源特色的“宜新萍”生物农业、生物制造（生物发酵、生物纺织和生物质能源等）、大健康服务产业集聚带。

产业链条比较完整。从生物资源繁育种植、贮运加工、有效成分分离提取、生物转化、医药中间体及原料药开发生产，到药品制剂、功能食品、应用材料等终端产品的创新推广及市场服务，培育完整的产业体系，形成生物医药、生物农业、生物制造及生物服务同步快速发展的良好局面。继续扩大以中成药和一次性医疗器械为特色的生物医药产业规模，进一步推动生物制造、生物农业、生物环保等子行业的发展。结合绿色食品产业发展需求，围绕特色种植业和养殖业的生物育种、绿色农用生物制品等重点领域，发展生物农业；依托江西特色农业资源优势，发展生物纺织和生物能源。

创新能力明显增强。以企业为主体、市场为导向、产学研相结合的协同创新体系更加完善，新增5个国家级创新平台和50个省级创新平台和公共服务平台。生物产业研发投入和知识产权申请保护激励政策更加完善，企业的研发投入占销售额比重明显提高，获得突破的关键核心技术大幅增加，发明专利申请量年均增长20%，境外授权专利数量实现突破，一批具有自主知识产权的创新产品得到规模化应用。形成鼓励高等院校、科研院所和企业之间人才流动、国内外人才引进的机制体制，每年培养或引进生物产业高层次创新创业人才及其团队100个以上。

发展环境更加完善。生物和新医药产业创业、投资鼓励措施进一步加强，形成较完善的生物新产品、新技术市场准入、价格形成、市场监管等政策管理体系和鼓励创新的供给侧和需求侧双向激励政策体系，完善行业公共服务、生物安全保障和产业统计等服务体系。形成“政府引导、多元化投入、市场化运行、企业化管理”的生物和新医药产业多元创新和融资体系，建成10个以上的种子基金、天使投资和创业投资基金。

（撰稿：江西省发展改革委）

成都国家生物产业基地发展报告

2007年6月，国家发改委批复成都建设国家生物产业基地（简称“成都基地”），成都同时也是国家生物医用材料及医疗器械高新技术产业化基地、国家科技兴贸出口创新基地（生物医药）、国家首批医药出口基地。成都基地重点发展生物医药和生物技术服务，加快发展资源技术主导型的生物农业、生物能源和生物材料，是国内生物产业发展最密集的地区之一。经过多年来的发展，成都基地已形成以成都高新区为中心，北连武侯科技园，南接西南航空港开发区生物医药产业园，西毗金牛科技园，东邻锦江生物制药园，连接成片的基地核心区和以邛崃市临邛、羊安工业园区及温江区生物医药产业园为基地扩展区的生物产业发展布局。

一、产业运行基本情况

2015年，在经济形势放缓的宏观环境下，成都生物产业依然实现了快速发展，对整个区域经济形成了有力支撑。2015年全年实现主营业务收入近400亿元，同比增长6%以上，占成都工业比重为3.8%，比2014年提高0.2个百分点；实现利润52.6亿元，同比增长6.3%，增速居七大新兴产业第二位。从子行业看，成都生物医药产业中化学药增速最快，达16.1%。重点区（市）县中，高新区生物医药产业规模最大，聚集度最高，2015年高新区聚集一定规模的生物企业773家，实现营业收入204.5亿元，同比增长20%；其中工业企业138家，实现营业收入133亿元，规模以上工业企业47家，实现营业收入（产值）124.3亿元，同比增长15%；研发服务类企业384家，实现营业收入7.5亿元，规模以上研发服务类企业27家，实现营业收入6.2亿元，同比增长9%；流通环节企业251家，实现营业收入64亿元，规模以上流通企业18家，实现营业收入53亿元，翻了3番。美敦力、华昊中天、微芯生物等重大项目相继开工，盛迪、欧林生物等企业也相继拿到品种批件开始规模生产。亿元品种新增4个，达到14个，其中蓉生人血白蛋白、蜀阳人血白蛋白分别突破5亿元。主营业务10亿元以上企业

达 8 户，比 2014 年新增 3 户，行业集中度进一步提高。

二、开展的主要工作

1. 精心编制行业规划和政策

起草了《关于推进成都生物医药产业发展的思考》、《成都市生物医药产业推进计划（2015—2025）》和《关于加快成都市生物医药产业发展的专项政策》（送审稿）并上报市政府。

2. 高水平建设成都医学城

温江区聘请麦肯锡公司完成了成都医学城发展战略规划，启动了成都医学城总体规划和控制性详规。初步形成了《成都医学城优惠政策十二条》，正在组建多支生物医药产业投资基金。葛兰素史克、华大基因、药明康德、泰康人寿、健桥等企业相继落户成都医学城。

3. 引导行业走国际化发展道路

支持高新区与 2009 年诺贝尔生理学医学奖得主杰克·邵斯达克签订战略框架合作协议，并成功举办 2015 年“BioTianfu 大核酸研讨会”，整合哈佛大学、四川大学以及其他高校和研究机构在核酸领域的人才、技术、资本等资源，在成都高新区共建大核酸产业技术研究院及产业化基地，打造具有全球影响力的大核酸产业。支持高新区和双流县加快推动中一古生物产业园建设。支持温江区推动美国霍普金斯医院在蓉建设高端国际医院。

4. 帮助企业对接资本市场

根据生物产业不同阶段的不同特点，积极引入社会资本，设立符合生物产业特点的专业基金，与睿智化学合资设立首期规模 1 亿元的生物医药投资子基金，重点投资医药研发早期项目；与中植资本合资设立首期规模 20 亿元的生物产业投资子基金，重点投资生物医药中后期项目；引导设立首期规模 30 亿元的医疗健康基金，重点投资生物医药中后期项目。全年新增生物医药上市企业 2 户，累计融资 16.7 亿元，新增新三板挂牌生物医药企业 6 户。总规模为 100 亿元的成都产业投资基金和 10 亿元的新金融产业引导基金已将生物医药产业作为重点投资领域。

5. 增强企业自主创新能力

支持成都企业与市内外高校建立 5 个市级产学研联合实验室。全年共立项支持 143 个生物医药科技项目，其中国家级 10 项、省级 82 项、市级 51

项；帮助企业申报重大创新产品、重点技术创新项目等共计 22 个。全年共申报药品 315 个，四川科伦药业、四川百利国瑞药业及成都倍特药业注册申报数量位居前三位。截至目前共有 191 个品种获批进入临床试验阶段，其中化药 1.1 类 9 个，3.1 类 142 个。

6. 提升服务的质量和水平

2015 年 7 月，由成都高新区和中国医药工业信息中心合作，首次在西部召开的 2015 年（第 32 届）全国医药工业信息年会成功举办，让业界充分了解了成都高新区在生物产业发展的优势和潜力，努力营造成都作为生物医药发展高地的氛围。同时支持科伦药业于 2015 年 4 月成为全国首批 200 户通过工信部两化融合管理体系评定的 9 户医药企业之一。

7. 开创互联网、健康服务、创新创业相互融合的先河

2015 年 11 月，首届（2015）四川“互联网＋健康服务”创新创业大会在成都高新区新会展中心成功召开。本次大会是国内首个以政府举办、规模最大、规格最高，以互联网、健康服务、创新创业为主题的大会。聚集了四川省各市（州）卫计委主任、二级甲等及以上医院院长、医药医疗信息化企业家、创业者以及投资商合计共 1000 余人。成为四川省发展“互联网＋健康服务”产业的重要基地，引领全省“互联网＋健康服务”产业健康快速发展。以此次大会为契机和开端，成都高新区同四川省卫计委在“互联网＋健康医疗”领域正在谋求更进一步的合作。

三、2016 年工作计划

2016 年成都基地将继续围绕建成国内重要的生物技术研发创新中心、产业孵化中心和生物产业基地的目标，按照“产业集聚、高端突破、创新支撑、重点跨越”的原则，用好优越的科研、人力、载体等资源，以产业化、规模化、集约化为重点，整合产业资源，培育骨干龙头企业，促进存量产业规模进一步扩大，着力引进国内外知名企业和高端环节研发型项目和产业化项目，推动基地产业发展实现新突破。

（一）理顺工作体制机制

一是督促指导高新区和双流县尽快组建统一的工作机构，全力推动中-古生物产业园建设。二是督促指导温江区建立统一的工作机构，全力推动成都医学城建设。

（二）推进载体布局建设

一是督促指导高新区和双流县抓紧编制中-古生物产业园规划，尽快在已具备项目建设条件的2平方公里起步区中落户项目并开工建设。二是督促指导温江区加快成都医学城产规、总规、控规、详规编制，争取尽快落地。

（三）推动专项政策落地

一是做好专项政策提交市政府常务会审议相关准备工作，争取以市政府办公厅名义印发实施并抓紧政策兑现。二是督促指导高新区和温江区抓紧制定分阶段扶持政策。

（四）推进国际化发展

一是加快推进“邵斯达克成都高新实验室”和“大核酸产业技术研究院”的建设工作，尽快形成产业聚集。二是支持成都人才发展促进会与成都医学城以及相关企业共同举办“天府生物医药论坛”，扩大成都生物医药产业在全国、全球的影响力。三是力争建设1～2个国际高端大型综合性医院或专科医院。

（五）搭建公共服务平台

一是积极争取国家食药总局在成都设立食品药品审核查验中心区域分中心和国家药审中心区域分中心，强化成都与国家食药总局的联系，提升成都医药研发水平。二是加强和中国医药工业信息中心沟通，争取在成都设立分中心，并针对一致性评价、注册申报、品种上量等行业热点难点问题针对性开展实战培训。三是在成都医学城新规划建设一系列专业服务平台。

（六）培育重点新药品种

重点围绕注射用绿原酸、CX3002、HSK3486乳状注射液、HC-1119、注射用多功能凋亡受体激动剂、BT1019等一批即将完成临床或即将申报临床的1类新药加强服务。

（七）扶持企业做大做强

一是支持部分重点企业加快研制具有自主知识产权的创新药物。二是积极向省卫计委争取，帮助成都企业设立更多浆站，扩大产能。三是支持部分重点企业加快兼并重组，进一步扩张。

（八）实施点对点精确招商

一是围绕罗氏、美敦力、如新、康缘、上药、鱼跃等项目，做好项目引进跟踪洽谈工作。二是积极推进华大基因、中医大和上药、鱼跃、如新、美敦力、步长等签约项目加快建设。

（九）营造良好的发展环境

一是力争“第33届全国医药工业信息年会”2016年继续在成都举办，并发布业界权威的“2015年度中国医药工业百强榜”。二是争取第2届四川“互联网＋健康服务”创新创业大会在成都举办，并积极推进“互联网＋医疗”产业生态圈的形成，促进成都“三医”深度融合发展。

（十）积极对接资本市场

一是用好境外资本市场，帮助企业从境外融资及在海外上市。二是加快设立以固定收益类金融资产为主的交易中心，创新开拓企业融资渠道。三是支持成都市产业投资引导基金加快设立生物医药产业子基金，鼓励高新区、天府新区、双流县等有条件的区（县）设立生物医药产业投资基金。

（撰稿：成都市发展改革委）

德州国家生物产业基地发展报告

德州市是中国功能糖新型工业化生产的诞生地，先后被国家发展改革委、国家工信部和科技部首批认定为“生物产业高技术产业基地”、“国家新型工业化（生物）产业示范基地”和“国家火炬计划生物产业基地”。经过10多年的发展，德州国家生物产业基地已成为国内品种最全、质量最好、规模最大、市场占有率最高、技术水平最先进的国家生物产业基地。

——产业规模持续壮大。2015年，德州共有规模以上生物技术企业93家，全年实现销售收入557亿元，同比增长5.2%，占德州比重5.8%，利税总额64.9亿元，同比增长7.5%，占德州比重6.6%，利润总额38.1亿元，同比增长13.2%，占德州比重6.8%。65%企业集中在生物制造业，35%集中在生物农业、生物医药行业，产业规模位居全国前列。

——产业特色较为鲜明。目前已形成以生物制造为主体，生物能源、生物医药、生物基材料和生物农业并举的生物产业集群，基本构建了玉米（芯）、小麦、大豆、棉花、小枣和生化医药及医疗器械等8大循环经济产业链条。

——产品竞争能力较强。功能性糖醇综合生产能力突破110万吨，国内市场占有率80%，国际市场占有率35%，低聚木糖、木糖醇生产能力世界第一，低聚异麦芽糖生产能力亚洲第一。目前，大豆加工能力达到220万吨，是全国最大的大豆高蛋白加工基地和亚洲质量最好、规模最大的低温豆粕生产基地。

——创新体系比较完善。拥有省级以上创新平台34家，其中，国家级企业技术中心4家，国家糖工程和马铃薯工程技术研究中心各1家，国家地方联建工程实验室1家，初步形成了较为完整的生物技术工程研究体系。

——基地建设成效显著。德州市生物产业建设6个基地，禹城市功能糖产业基地，宁津县生物育种产业基地，齐河县医药器材产业基地，陵县大豆深加工产业基地，临邑县生物医药产业基地，平原县新型药品产业基地。2015年，6个产业基地完成主营业务收入465.59亿元，利税55亿元，利润33亿元，占德州生物技术产业的81.37%，基地支撑产业作用明显。

——品牌建设取得优异成果。德州市被授予“中国食品大豆蛋白产业加工基地”称号，谷神集团、禹王集团两家企业获得“中国食品大豆蛋白加工示范企业”称号。禹城基地核心区被认定为“中国营养健康产业城”“中国保健原材料生产示范基地”。保龄宝公司“BLB及图”注册商标被国家工商行政总局认定为中国驰名商标，成为德州第8个中国驰名商标。

下一步，德州国家生物产业基地将立足德州实际，不断强化工作措施，加快做大做强生物产业，努力将基地打造成产业规模大、创新能力强、集聚程度高、国内外知名的生物产业基地。

（撰稿：德州市发展改革委）

郑州国家生物产业基地发展报告

生物及医药产业是郑州重点发展的战略性新兴产业之一，近年来保持了良好的发展势头，2015年生物及医药规模以上企业完成主营业务收入141.12亿元，同比增长8.9%；完成工业增加值37.71亿元，同比增长19%，预计全年完成主营业务收入160亿元；郑州是国家22个“生物产业国家高技术产业基地”之一，在生物医药领域有较强的产业基础及相对完善的产业体系，其中水针剂、中成药制剂、体外诊断试剂等领域实力较强；疫苗、医疗电子等领域具有一定优势；小麦等农作物生物育种领域处于国内领先。

一、基本情况

郑州国家高技术生物产业基地核心区2015年度新对接生物医药项目近40个，包括生物技术型、医药产业型、医疗器械等类型，其中重点对接了复星国药、武汉百桥、天津方恩、上海锐珂、郑州乾元浩、美国荷美尔研究院肿瘤研究、河南仲景药业、富建达医疗器械厂区建设项目、河南斯坦得精密仪器、河南康企医药物流、河南远大生物制药、IHG国际医疗集团、河南金质集团多杀菌素生产基地项目、荷兰皇家帝斯曼集团动物营养素生产基地项目、台湾宣捷生物股份有限公司脐血库项目、拜纳佛生物工程聚赖氨酸生产线项目、爱普生制剂生产基地项目。

2015年7月对比较成熟的8个项目进行了专家评审，最终确定乾元浩生物药厂项目、遂成药业项目、富建达医疗器械厂区建设项目、武汉光谷百桥4个项目批准入区。生物医药签约台科二期、百桥国际生物医药产业园项目、中国智能医药物流网络华中物流中心项目、瑞普生物工程年产3万吨新型营养素项目4个项目，签约投资额达20亿元。目前，美泰宝生物制药公司、遂成药业、富建达医疗器械、中美荷美尔肿瘤医院、郑州生物药厂5个项目正在洽谈正式协议。

生物产业核心区生物医药产业园首批入区5个项目包括中泽新概念生物

医药产业园项目、越人生物医药产业园项目、海恩药业药品研发及生产建设项目、优特免疫体外诊断试剂研发及产业化基地项目、河南省干细胞库与干细胞再生医学工程产业化基地，投资额18亿元，均已开工。

登封产业集聚区的河南慧宝源生物医药科技有限公司产业园项目，由北京慧宝源企业管理有限公司和郑州嵘昌集团实业有限公司合作建设，项目规划总投资25亿元，占地46.67hm^2（700亩），总建筑面积约21万平方米，分期建设，主要产品为：化学抗癌新药、中药抗癌胶囊、生物抗癌新药、生物合成原料药、预防高血脂和高血糖类保健食品等。一期占地22hm^2（330亩），以生产药酒和预防“三高”保健品为主。目前已完成制剂、药酒及实验楼的建设。河南白云牧港生物科技有限公司项目一期投资12 000万元，占地3.33hm^2（50亩），建设年产700吨的兽用中药制药项目，主要建设三条中药材前处理生产线。规划二期占地10hm^2（150亩），拟投资3.8亿元，主要建设五条中药材生产线和一条中药材物流仓储线。产品主要包括兽用口服液、注射剂、颗粒剂、散剂、粉剂。目前六栋厂房及科研楼已完工，设备已安装到位部分产品已开始试生产，GMP已认证，正在进行生产许可证、批准文号的申请等工作。

二、主要发展情况

（一）生物制药领域

主要在体外诊断试剂、疫苗生产等方面优势明显。

体外诊断试剂是全国发展较早的地区之一，主要产品涉及免疫诊断、微生物检测等，覆盖传染病到非传染病应用的各类检测领域。龙头企业安图生物，掌握并生产多种体外诊断试剂、配套仪器、关键原材料等系列技术和产品，能够为临床诊断提供一系列解决方案，位居国内行业前五名，2015年完成销售收入7.16亿元，同比增长27.16%，实现利润3.23亿元，同比增长33.37%。

疫苗。主要产品有人用狂犬疫苗和禽流感灭活疫苗。河南远大生物制药有限公司生产的人用狂犬疫苗，省内市场占有率达85%。人用狂犬病疫苗（地鼠肾细胞）于2014年投放上市，销售态势较好，2015年完成销售收入3835万元，同比增长189%。

（二）化学药品领域

主要产品有乙酰螺旋霉素、青霉素等抗生素原料药，片剂、水针剂、大

输液等。重点企业有遂成药业、润弘制药、康泰制药等，遂成药业地塞米松磷酸钠、利巴韦林注射液等国内市场份额达 20%以上，康泰制药诺氟沙星约占国内市场份额的 35%，润弘制药长春西汀注射液约占国内市场份额的 30%。

（三）现代中药领域

郑州市中药生产以现代中药为主，产品涉及抗病毒类、心脑血管类、妇科类、儿科类、补益类等，主要有六味地黄丸、双黄连、乳安片、婴儿素、解郁丸、妇康丸等名优产品、“清肝利胆口服液”、“感冒颗粒”、双黄连口服液等国家中药保护品种。重点企业有瑞龙制药、太龙药业、灵佑药业等，太龙药业双黄连口服液占国内市场份额的 50%以上。

（四）医疗器械领域

主要有呼吸机、麻醉机、心电监护、数字式心电图机、心脏介入治疗器械等新型医电设备。生产呼吸机系列产品的河南辉瑞生物医电技术有限公司企业综合实力、企业生产技术水平在全国同行业排名前三；生产数字心电图机系列产品的河南华南医电科技有限公司填补了国内行业空白，达到国际先进水平；河南宇宙人工晶状体研制有限公司的眼内人工晶状体等产品在国内外也有一定的市场份额。

（五）生物农业领域

农业生物育种具有较强实力，在农作物、蔬菜、林果、畜牧等领域具备了一定的优势，其中优质强筋小麦育种的研究处于国内领先水平，动物用药品和疫苗具有较强市场竞争力。重点单位有河南农业大学，河南农科院、郑州后羿制药有限公司等，后羿制药 2015 年完成销售收入 5044 万元，同比增长 17.04%。此外在生物质能领域，侨联生物在生物柴油生产、新冠能源在沼气发电等方面取得积极进展。

（六）产业谋划方面

河南师范大学校长常俊标引荐美籍华人杜锦发博士到生物产业核心区发展，杜锦发博士是在国际生物医药界享有较高声望的科学家。目前，杜锦发博士拥有治疗脑梗药物、靶向肝癌特药和治疗艾滋病特药 2 个一类新药专利技术。2015 年 7 月，以杜锦发、陈伟然等为核心成员的团队，成立了河南美泰宝生物制药有限公司。该项目落户生物产业核心区将极大提升生物医药产业在国内的地位和影响。

以董子钢为代表的美国荷美尔国际一流医疗机构也将在生物产业核心区落户；武汉光谷百桥拟在实验区建设河南首个诊断试剂全产业链平台。

2016年郑州是首次申报“1125”创新创业团队及人才，仅生物医药从生物产业核心区上报就有10家，最终通过评审6家。

三、存在的困难和问题

通过三十多年的发展，生物医药产业为推动郑州产业结构调整，增强整体经济实力起到了重要作用，已成为郑州国民经济的重要组成部分。但是，目前也存在一些困难和问题。

一是生产、销售情况不容乐观。随着国际经济形势深度调整，国内调结构促转型打品牌，药品价格放开和政策变化，2015年是医疗单位和市场变化最大的一年，医院、商业不敢进货，都在观望，这些因素影响制药生产企业和商业的生产经营，这是十几年来医药行业最困难、最严峻的一年，也是对制药企业影响最大的一年。例如郑州规模较大的两家医药企业工业总产值和销售收入都有较大下降。

二是产业层次较低。郑州医药产业以化学药为主，多数产品处于产业链中低端，缺乏高附加值优势产品，知名品牌少。在企业规模上，中小型企业数量多。虽然号称全国水针剂主要生产基地，但企业规模普遍较小，缺乏具有全国影响的龙头企业和企业集团。

三是自主创新能力不够。研发投入不足，缺乏拥有自主知识产权的关键技术，核心竞争力不强。近年来，因国家政策变化，使研发新产品受到较大影响，研发周期长、投入费用大、风险大，新药报批时间长（4～6年），导致创新药物发展缓慢，上市的多为国外专利到期的“仿制药”。近日国务院发布的《关于开展仿制药质量和疗效一致性评价的意见》，要求企业比照国外原研药和国际公认的同种药品对自己所生产的药品进行质量和疗效一致性评价，将是对许多企业生死存亡考验，开展此项工作企业将付出巨大的代价，一个药品的评价费用将达200万元以上，企业将不堪重负。在产品结构上，普通制剂比重大，产品大多属于低档次的水针剂型和仿制品，老产品多、新开发的产品少，辅助类多，一类、二类治疗药少，多数靠低价位拼市场。

四是高层次人才缺乏。人才机制有待完善，缺乏高层次的管理团队和创新团队，尤其是缺乏高水平的企业家队伍和技术带头人，与国内外知名大学和科研机构联系较少。同时企业员工的流动性大，招工难的问题依然存在。

四、下步打算

① 加紧建设百桥诊断试剂全产业链孵化平台，年底前完成签约；切实落实年 200 万元的产业支持资金和房租。

② 做好 2016 年产业谋划，启动上半年土地用地计划。

③ 上半年完成五个项目的签约；跟踪已签订框架协议的复星国药医药物流项目，早日落地实验区。

④ 继续做好目前新对接的深圳海王拟在实验区建设全国海王医药物流总部项目，争取早日签约。

⑤ 2016 年谋划生物医药产业引导基金的成立。

⑥ 2016 年加强医药物流的研究和发展。

⑦ 全产业链诊断试剂孵化平台落地运行。

⑧ 富健达、乾元浩等新签约项目开工。

（撰稿：郑州市发展改革委）

上海国家生物产业基地发展报告

在国家发展改革委的关心支持和上海市市委、市政府的统筹领导下，2015年上海各相关委办局、产业基地和生物医药企业共同努力，主动适应经济发展“新常态”，以“供给侧结构性改革”为着力点，用增量改革促存量改革，进一步提升自主创新能力，优化生物产业结构，提升行业产品质量，加快产业基地建设。

一、产业基地建设进展情况

（一）产业规模持续增长

2015年是“十二五”的收官之年，也是上海市第二轮生物医药产业行动计划（2014～2017年）实施的第二年。从总体情况来看，2015年上海生物医药产业实现经济总量2583.39亿元，比2014年同期增长8.30%。其中，生物医药制造业实现工业总产值904.89亿元，增长2.0%，医药商业实现商品销售总额为1481.17亿元，增长12.21%，生物医药研发服务外包实现收入197.33亿元，增长10.73%。

在生物医药制造业方面，从所属领域看，化学药品原药与制剂制造业、医疗器械制造业和生物制品制造业占生物医药工业总产值74.0%，居于主要地位；从所属区县看，浦东、闵行、奉贤三区生物医药工业总产值占全市78.1%，占据产业主导；从经济性质看，2014年外资企业和内资企业分别占生物医药工业总产值的58.1%和41.9%，内外资企业规模大致呈现各占半壁江山的格局。

（二）政策环境日趋优化

《上海市生物医药产业发展行动计划（2014～2017年）》（沪府办发〔2014〕5号）和《关于促进上海生物医药产业发展的若干政策规定（2014版）》（沪府办发〔2014〕37号）正式发布一年多以来，按照计划目标与工作任务，针对新形势下的突出问题，各相关委办局对产业政策又进行了细化与落地。从国家层面上，张江国家自主创新示范区（上海自贸区）CMO试

点工作进入实质性委托生产阶段。国家新药审评上海分中心的建设事宜也已启动。从上海市层面上，制订实施了创新药物和大品种优先纳入上海医保目录的实施细则，重新启动了战略性新兴产业的用地申报工作，破解了医用材料价格放开后的医保支付问题，推动了创新医疗器械的应用示范和首台套政策的落地等。

（三）产业发展积极转型

在生物医药制造业方面，继续加速促进传统、低端的化学药制造向高效的高端医疗器械及生物制药制造转型。通过“上市许可持有人”制度试点这一契机，支持相关企业开展生物抗体药物CMO生产，吸引高端创新成果在上海落地生产；借助战略性新兴产业发展专项资金等财政支持引导，加大对生物医药领域技术领先、高值低耗和环境友好类型企业的支持力度；积极组织申报上海市基因检测技术应用示范中心，推动上海市生物医药产业向精准医疗领域进一步拓展；结合生物医药产业发展趋势和方向，编制完成生物医药领域“抗体和高端医疗影像设备”市级重大创新工程的实施方案等。

（四）创新产品不断涌现

针对自身优势与特点，上海聚焦重点企业与产品，围绕化学药物、生物制品、中药、医疗器械四方面展开科技攻关，一批重点产品取得突破性进展。上海市有一类新药艾力沙坦、重组人尿激酶原、甲磺酸阿帕替尼等在内的7个新药成功获批上市，10余个Ⅰ类新药完成临床研究，正式申报新药证书；联影公司PET-CT、超导MRI、CT等高端医学影像设备、微创公司术中支架系统、澳华公司结肠电子内镜等74个Ⅲ类医疗器械创新产品获得首次注册。成功实现了抗体药物大规模（3000L）细胞培养技术和中药提取全自动控制技术的工业化，突破了青蒿素人工半合成技术，注射缓释微球、数字X光检测器等创新产品在国内率先实现量产。

（五）基地布局日趋合理

“十二五”期间，上海结合各区县的产业基础和发展空间，通过市区联动，在进一步推进浦东、闵行、奉贤、金山、青浦等生物医药产业基地建设的基础上，通过《上海市生物医药产业发展行动计划（2014～2017年）》的实施，又新部署了嘉定基地。各产业基地均出台了各具特色的发展规划，制定了产业政策，设立了专项资金，实现了“优势互补、错位发展、各具特色”的发展模式。经过数年的努力，各类创新要素加速向产业基地集聚，实现了“两个80%以上”，即80%以上的生物医药投资项目集中于产业基地，80%以上的生物医药制造业产值由产业基地贡献。产业基地已经成为上海生

物医药产业发展的主要载体。

（六）重大项目有序推进

“十二五”期间，上海市通过进一步吸引国内外规模生物医药企业来沪投资新建高端产品的生产基地，鼓励已有生物医药企业在沪扩大生产创新产品，加快推进了一批产业项目落地，主要包括：抗体药研发生产骨干企业江苏恒瑞在闵行扩建生产基地、疫苗研发生产骨干企业云南沃森在奉贤新建生产基地，和记黄埔落户金山新建中药新药生产基地等。同时，联影医疗、微创医疗、上海莱仕、上海生物制品研究所、勃林格殷格翰等新生产基地建设竣工，正式投入生产，极大地支撑了“十二五”上海生物医药产业发展。

二、存在问题

受全球经济复苏缓慢、国内经济下行压力加大的影响，上海市生物医药产业也面临发展速度下降，产业稳增长难度加大等问题。

（一）外资企业增长乏力

2015 年，受全国普遍实行的“低价中标”的招标采购、医保控费、严控抗生素使用、反商业贿赂后营销模式转变等因素影响，上海外资企业总体产值增速下滑明显，从以往的年均 15%～20%跌落至 3.5%。外资企业增速的大幅下降对上海生物医药制造业产值产生了较大影响。

（二）部分领域增速下滑

虽然医疗器械领域的产值增速平稳（6.8%），但是化学药（包括原料药和制剂）和现代中药受招标采购政策影响，增速下滑，分别增长 4.81%、0.3%。生物制品产值增幅为 0.1%，主要因素在于占上海生物制品产值约 30%的上海生物制品所、上海联合赛尔等两个生物制品骨干企业产值大幅下滑。

（三）医药政策有待改革

上海重点生物医药企业集中反映了项目落地难、政策享受难、产品推广难等问题：一是新药和医疗器械产品的审批越来越严格，导致审批周期越来越长，制约生物医药的创新和产业发展；二是发展模式需要优化，应注重将生产环节在上海落地，加快向全产业链发展模式转变；三是缺乏针对初创期企业的引导基金；四是创新政策的知晓度和服务力度尚需提升；五是上海医疗机构带头使用本地产品的积极性不高、本地新药纳入到医保药品目录门槛较高等。

三、下一步工作计划

一是大力发展生物医药制造业。积极推进企业并购重组，优先发展生物制药和高端医疗器械，提升发展化学制药，继承发展现代中药，加快产业结构调整和国际化步伐。

二是加快发展研发外包服务业。积极吸引和培育各种生物医药研发和服务机构，探索抗体药物合同生产的先试先行政策，重点发展先导化合物合成和筛选、药物临床研究、安全性评价等研发外包服务业态，打造具有国际影响力的研发外包中心。

三是重点培育新产业新技术。积极关注老龄化社会、大健康、精准医疗等社会和产业变革带来的重大机遇，重点培育发展干细胞治疗、可穿戴设备和移动医疗、免疫治疗、基因检测等新技术、新产业的发展，支持相应前沿、关键技术和创新产品的研发。

四是积极做大医药商业。重点推动医药流通企业建立面向全国的大型医药分销体系，实现规模化、集约化和国际化经营。发展大型医药零售连锁业，加快推进医药流通领域的物联网系统建设，加快医药物流配送体系和电子商务发展，打造全国生物医药流通中心。

五是聚焦支持企业发展。集中优势资源，着力培育生物医药龙头企业。鼓励各类所有制企业来沪发展，加快国有企业改革，扶持科技型中小企业发展。以实施新版药品生产质量管理规范（GMP）认证为契机，支持有条件的企业实施并购重组，加快生产质量体系国际认证。

六是做大做强医药大产品。实施大品种培育战略和品牌战略，支持企业加大对优势产品、重点产品的二次开发；以科技成果产业化和仿制药一致性评价为抓手，着力提升产品质量和核心竞争力，拓展国内外市场。

七是持续提升创新能力。进一步完善生物医药产业创新体系，以企业为主体，通过组织实施一批重大产业创新项目和应用示范工程，加快生物制药、高端医疗装备等重点领域的技术创新、产品创新、品牌创新、产业组织创新和商业模式创新。

八是切实落实各项政策。推进落实《关于促进上海生物医药产业发展的若干政策规定（2014 版）》，加快创新产品纳入医保、支持企业开展并购重组、鼓励园区建设生物医药加速器等有关政策落地。

“十三五”期间，上海在加快转化医学国家重大科技基础设施（上海）项目建设工作的基础上，还将争取建设遗传与人类健康基础研究中心等一批

生物医药领域重大科技基础设施，打造高度集聚的世界级大设施集群，探索集聚和运行多种多类大科学设施群的运行机制。积极做好新兴产业重大项目工程包、产业集聚试点、蛋白类生物药和疫苗、高性能医学诊疗设备、国家重大新药创制、基因检测技术应用示范中心等国家专项指导和申报工作。

（撰稿：上海国家生物产业基地）

长沙国家生物产业基地发展报告

一、基地概况

浏阳经济技术开发区（长沙国家生物产业基地，以下简称“浏阳经开区”）成立于1998年，前身为浏阳生物医药园。2002年，被认定为国家火炬计划浏阳生物医药产业基地；2006年，获国家发展改革委批准成为中部第一家国家级生物产业基地，并更名为长沙国家生物产业基地；2012年，经国务院批准升格为国家级经济技术开发区。2015年6月，被授予“湖南省生物医药特色产业园”。

浏阳经开区地处湖南省长沙市东郊，位于革命老区浏阳市，319国道穿园而过，距长沙黄花国际机场18公里、距长沙高铁站35公里，位于沪昆高速、京港澳高速、武广高铁、沪昆高铁等高速公路、铁路组成的交通网络核心地带，是承接沿海产业转移和长株潭城市群延展的黄金节点，交通便捷，产业基础优良。

二、经济社会发展情况

2015年，浏阳经开区实现工业总产值856亿元，同比增长19.4%；财政总收入30.34亿元，同比增长24.9%；规模工业增加值256亿元，同比增长18.6%（表5-1）。产业基地规模工业总产值、财政总收入、规模工业增加值的增速位居长沙市园区第一，园区综合实力进入全省产业园区前4强，综合竞争力位居全省第三，区域竞争力和结构优化程度均排名全省第一，高新技术产值比重高达84.7%，位居全省第一，获评省加速推进新型工业化一等奖，被省政府授予“生物医药特色产业园”。

表5-1　2013～2015年主要经济指标表

主要指标	2013年	2014年	2015年
工业总产值/亿元	520	710.5	856

续表

主要指标	2013 年	2014 年	2015 年
增速/%	38.0	31.3	19.4
占地区总产值比例/%	28.92	34.84	36.96
财政总收入/亿元	17.5	24.12	30.34
增速/%	40.0	37.9	24.9
占地区总财政收入比例/%	23.06	24.01	25.66

三、产业发展情况

浏阳经开区现已开发面积 16 平方公里，各类注册企业 646 家，其中外资企业 22 家，工业企业 254 家，规模企业 100 家，生物医药及相关企业 160 余家，形成了生物医药、电子信息和健康食品三大产业集群，成为中部地区乃至全国生物医药企业最集中的区域之一。

四、基地企业发展情况

近年来，浏阳经开区高新技术产业蓬勃发展，经认定的高新技术企业数量达到了 45 家，区内骨干企业尔康制药、安邦制药、迪诺制药、九典制药、威尔曼制药等一大批企业先后被认定为重点高新技术企业，成为了浏阳经开区科技型中小企业创新发展的中坚力量。2015 年，园区新增税收过亿元企业尔康制药，新增税收过 6000 万元企业威尔曼制药，税收过 1000 万元企业总数达 20 家。涌现了尔康制药、九典制药、达美程等上市企业 5 家。技术创新、产品创新引人瞩目，尔康制药的淀粉空囊是行业内的革命性成果。

浏阳经开区生物医药产业产品覆盖面较广，区内形成供应链，多家企业互为供应商，主要产品涵盖抗生素、抗感染药、妇科用药、呼吸道用药、肿瘤用药、风湿用药、高血压用药等多个方面，包括药用辅料、医药中间体、化药原料药及制剂、中药、生物酶、基因与蛋白质、诊断试剂、生物制品、医疗器械、动物用药等多个领域，其中药用辅料、13 个医药中间体等位居全国第一位，威尔曼制药的高端复合抗生素、斯奇生物的卡介菌多糖核酸等产品在国内外市场领先，九典制药、华纳大、宝利士生物、农大动保等 33 个品种在同类产品中销售排名第一。

五、科技服务体系建设情况

浏阳经开区管委会历来注重园区高新技术产业创新能力的培养，致力于打造创新体系完善，特色产业壮大发展，创新创业环境优秀，自主创新能力一流的高新技术产业园区。近几年来，在各级各部门的大力支持下，浏阳经开区在搭建公共服务平台方面做了大量有益尝试和建设性工作，通过整合省内和园区各种公共服务资源，初步完成了生物医药研发公共服务平台和创新体系的建设，对园区和全省生物医药产业发展起到了积极的推动作用。

（一）科技服务体系

浏阳经开区组建了由经济发展局、科技创业中心、留学人员创业园、湖南省实验动物中心、湖南省药物安全评价研究中心、企业互助协会、人才交流中心、知识产权工作站等功能实体结合形成的园区科技服务体系，由经济发展局作为牵头单位统筹科技服务、成果转化与中小企业培育等工作，初步形成了“新药研发—成果转化—创业孵化—产业化服务”的专业化创新和服务体系。

（二）产学研合作

浏阳经开区所处地区有丰富的高校科研院所资源，园区是湖南大学、中南大学、国防科大、湖南中医药大学等高校的产学研基地，区内企业更是与北京大学、浙江大学、中国科学院、军事医学科学院等高校科研院所合作紧密。经开区积极发挥纽带作用，借助政府平台，鼓励企业利用科研院所资源提升自主创新能力，通过一系列扶持措施，促进企业与院所联合开发了诺福素、帕拉米韦等多个产品，联合建立了多家工程（技术）研究中心、重点实验室，与周宏灏、印遇龙等院士合作建立了院士专家工作站。目前，区内企业采用自主研发或产学研合作等方式，取得了多个科研成果，建设了多个企业科研机构：有色凯铂的抗 H7N9 禽流感新药帕拉米韦成功获批上市，华纳大的阿德福韦酯成为我国 2014 年获批的七个 1.1 类新药中的一员；建设了国家药用辅料工程技术研究中心（依托单位：尔康制药）等国家级科研机构 4 家，凝胶膏剂湖南省工程研究中心（依托单位：九典制药）等省级科研机构、企业技术中心等 23 家，市级企业技术中心等市级科研机构 40 余家。

六、创新创业工作情况

浏阳经开区坚持走特色产业发展的道路，确立生物医药与电子信息双轮

驱动的发展战略，生物医药产业始终都是园区的主导产业之一。每年经开区各级科技投入均达到2000万元以上，极大地促进了区内创新创业工作的开展。生物医药产业实现跨越式增长，年均增长达到31%。

为保持这种强劲的发展势头，推动浏阳经开区生物医药产业发展，更好地服务产业技术升级，经开区坚持以科技引领产业发展，采取多种措施，营造良好产业技术发展氛围。

（一）完善公共服务体系，支持创新创业

针对生物医药产业投资大、周期长、风险高等特点，由管委会建设完善公共技术服务体系，避免企业在昂贵的公用性技术设备方面的重复投入，减轻企业负担，降低企业创新风险，让企业把更多的资金投入到技术创新方面。

（二）发挥产业联盟作用，服务创新创业

为更好地推动区内产业技术升级，经开区还成立了两家生物医药产业技术联盟——长沙市高端化学原料药产业技术创新战略联盟及长沙市中药产业技术创新战略联盟，将区内企业及区域内影响较大的相关科研院所纳入联盟之中，通过联盟之间及内部的交叉合作，建立专利池，实现技术交叉互补，避免重复投资及恶性竞争。

（三）加强技术交流，促进创新创业

经开区近三年先后举办各类技术交流活动20余次，影响较大的包括中韩生物医药交流会，北京、上海高校生物医药行，湖南省生物产业发展沙龙等。通过各种交流、培训，开阔企业视野，营造良好技术创新、产业升级的氛围。

七、存在问题

（一）没有母城依托，基础设施建设压力较大，城市配套较为滞后

浏阳经开区远离长沙及浏阳城区，没有母城依托，配套设施建设均由园区自行建设。同时，区内商业配套服务较为滞后，教育、医疗配套不完善，城市管理有限，不利于吸引和留住科技人才，影响了商业发展和招商引资。

（二）管理体制机制不顺，财政压力大，不利于园区发展

自成立以来，园区实际上作为一个县管工业园区，一直归浏阳市政府管理，导致管委会难以充分履行职责：

① 财政投入少。园区财政属于我国现行五级财政体制中的末级——乡镇财政，财税权限等级最低，财力不足。由于没有母城依托，基础设施的建设均由园区财政承担，导致产业发展资金硬性投入不足。

② 自主使用人才较难。管委会机构编制及人员使用受限制较多，高素质的专业人才的引进难度大，不利于助推产业发展。

③ 行政管理层级过多，工作组织协调难度大。园区在浏阳市享受乡镇一级待遇，如向省直部门申报一个项目，须按浏阳市、长沙市、省直部门三个行政层级依次申报，组织协调难度大，不利于产业快速发展。在协助企业延伸原材料、中药种植及提取等产业链上游，以及园区本身在跨区域设立配套工程及设施等方面的协调工作都存在较大难度。

（三）用地指标不够，项目落地难

园区的土地指标纳入浏阳市，指标十分有限，签约项目用地需求与土地指标的矛盾日益突出，导致部分项目签约后不能及时落地，严重影响了优质项目落地的积极性，给园区招商工作带来很大困难。

（撰稿：浏阳经济技术开发区经济发展局）

重庆国家生物产业基地发展报告

在国家发展改革委等部委的大力支持和悉心指导下，2015 年重庆市进一步提升生物产业地位，打造高水平产业园区，通过推动医药产业振兴发展，促进生物产业基地建设和产业进步。

一、基地建设及产业发展基本情况

（一）产业规模快速增长

重庆生物产业中生物医药产业居主导地位，生物环保、生物能源、生物制造、生物服务等尚处于起步阶段。近五年来，重庆生物产业一直保持了年均 20%以上的稳定增长，2015 年实现产值 578.6 亿元，其中生物医药产业 433.7 亿元，占比 75%。

（二）重点企业及产品支撑有力

生物医药重点企业数量增长快，有年产值 1 亿元以上企业 92 户，净增 9 户，其中年产值 5 亿元以上重点企业有 26 户，新增 3 户。在 26 户重点企业中，有 14 户产值增幅超过 20%。

龙头企业数量快速增长，有 50 亿元级龙头企业 2 户，分别为太极集团和天圣制药，新增 1 户；有 10 亿元级骨干企业 8 户，分别为天地药业、药友制药、华森制药、博腾制药、华兰生物、慧远药业、金山科技、科瑞制药，新增 5 户。

生物医药产业重点品种增长较快，有亿元以上重点品种 54 个，新增 18 个，其中销售收入 10 亿元级拳头品种保持 3 个。

（三）重点产业优势明显

重庆已形成生物医药、生物医学工程、生物农业等三大优势领域。以中药和化学药为主的生物医药产业具有品种和原材料资源优势；以医疗器械为主的生物医学工程产业具有原始创新优势；以兽药和生物育种为主的生物农业具有地方特色和种质资源优势。

生物医药方面：2015 年生物医药产业实现产值 433.7 亿元，其中化学

药产值 202.4 亿元，首次超过中药成为产业发展的第一支柱；中药产业增长相对放缓，实现产值 199.9 亿元，其中中成药 166.5 亿元、中药饮片 33.4 亿元；生物技术药实现产值 31.4 亿元，增长 33.6%，单克隆抗体、疫苗、基因及细胞检测治疗等产品投产，正成为生物产业新的增长点。

生物医学工程方面：2015 年医疗器械及耗材实现产值 43.7 亿元，同比增长 38.9%，发展势头迅猛。聚焦超声肿瘤治疗系统、可远程遥控的智能胶囊内镜、基于大功率 LED 芯片技术色温连续可调手术无影灯、手术动力装置、血液透析净化设备等产业优势进一步巩固；华大基因、博奥生物等龙头生物企业在渝落户，耗材包材、试剂试纸等产业快速发展，体外诊断、人工组织器官工程等产业初具规模。

生物农业方面：兽药实现产值 48.5 亿元，已成为重庆生物产业的重点产业和特色领域，建成了全国有名的中国重庆畜牧科技城（荣昌），是目前国内最大的兽药饲料生产基地和兽药饲料畜产品专业批发市场，有 150 余家兽药、饲料生产企业和销售企业入驻；生物农药产业化步伐加快，杀蝗绿僵菌生物农药、植物源性生物农药等生产上市；生物育种取得多项突破，累计 20 个新品种获国家审定，种猪选育达到国内领先水平。

（四）创新能力稳步提升

加强创新能力建设，结合生命健康产业发展方向和群众健康保障需求，启动建设了重庆精准医疗产业技术研究院，促进精准医疗产、学、研、政、医、咨六维产业生态要素集中。依托中科院绿色智能研究院，筹划建设生物医药和生命健康研究所，开展大健康产业规划研究、技术创新、企业孵化等服务。重庆发展改革委新认定了创新靶向药物重庆市工程实验室等 6 个市级创新平台，市科委、市经济信息委等部门新批复了一批市级工程（技术）研究中心、市级企业技术中心等创新平台，新培育了重庆科瑞制药（集团）有限公司缓控释制剂开发工程研究中心。到 2015 年，重庆生物医药产业拥有国家级创新平台 10 个，省部级创新平台 4 个，市级创新平台近 200 个，为产业发展提供了有力支撑。

（五）基地布局日趋完善

按照重庆市五大功能区域战略要求，在生物医药产业原“五园七基地”布局基础上，引导产业集聚发展，着力打造两江新区水土高新园、巴南麻柳开发区、合川园区等医药产业集聚区。2015 年，3 个集聚区新引进项目 16 个，协议投资 152 亿元，集聚了全市引进增量的 70%以上；有在建医药项目 32 个，预计总投资 116.2 亿元，建成达产后预计新增产值 227 亿元以上。

二、存在的突出问题及下一步工作措施

(一) 存在的突出问题

虽然重庆生物产业整体向好，但当前也存在的一些突出问题。一是发展参差不齐。重庆生物医药产业具有较好的基础，但生物能源、生物制造、生物环保等产业还处于起步阶段，还有较大的提升空间。二是规模总体偏小。作为核心产业的生物医药产业产值规模分别为全国医药行业和全市工业的1.65%和2.28%。目前，重庆还没有100亿元级制药龙头企业，最大的制药企业太极集团制药部分2016年预计产值为80亿元。10亿元级大品种少，仅为全国的1.5%。三是研发投入较少。研发投入强度仅为2%，化学药制剂规模小（77.3亿元），治疗性生物技术药尚处起步阶段。生产新药少，低附加值的大类普药占总产值的90%以上。四是集聚度不高。医药产业分布还不集中，市内没有一个地区医药产业产值达到100亿元。研发、中试、辐照、环保处理等设施存在分散重复建设情况。五是融合度较差。化学药具备较强中间体生产能力，但缺少原料药及制剂后端链条的延伸；优势中药材大品种成药开发少；医疗器械产业缺乏关键零部件设计、加工支撑体系。

(二) 下一步工作措施

1. 延伸产业链条，推动集群发展

以医药制造为中心，积极发展健康医疗和生产性服务业，完善医药健康产业体系。一是健全医药制造链条。坚持上中下游一体化发展，发挥化学原料和中药材资源优势，积极发展医药中间体、化学原料药和中药饮片，大力引进治疗性高端原研药、仿制药等化药制剂，抗体、疫苗等生物药，以及生物芯片、基因测序等临床检测产品，推动中药材种植基地建设。二是推进医药制造业与生产性服务业有机融合。充分发挥医药检测平台、生物制品口岸、重庆药交所和医药审评中心等功能。重点推动重庆医药集团打造西部医药商业龙头企业。推动南岸迎龙医药城建设，打造西部医药谷。三是推进健康医疗和医药制造互动发展。支持制造企业参与医疗服务，推动医疗、社区服务、健康养老等一体化发展，重点推动重医附一院质子治疗中心、重庆医科大学第三方检测平台、华大基因重庆分中心等建设，增强医疗服务对医药制造发展的带动力。

2. 大力招商引资，培育新的增长点

瞄准世界500强企业，创新招商模式，推动市内企业参与兼并重组。推动市外医药研发成果在重庆产业化，力争每年引进10～20个优质项目，尽

快形成新的增长点。推动智飞生物的单克隆抗体、疫苗、基因及细胞检测治疗等产品在重庆投产，填补治疗性生物技术药领域空白；推动美国 KINEX 制药公司在重庆将抗肿瘤针剂转口服药的创新技术应用到紫杉醇等抗肿瘤药物，建设创新药物生产基地，优化医药产业结构；推进美国 3D 打印人体器官、日本人工关节等项目尽快在重庆落地建设，抢占发展先机。

3. 坚持创新驱动，提升发展水平

瞄准肿瘤 CAR-T 细胞免疫治疗、质子重离子放射疗法、基因编辑治疗等世界前沿医疗技术，充分利用第三军医大学、重庆医科大学等医学转化平台，力争实现治疗产品的量产，抢占制高点。充分利用青蒿素综合研究平台，加快中药有效成分二次开发，大幅提升中药产品附加值。加快巴南创新药物、仿制药研发孵化平台建设，形成集研发、孵化、临床、生产于一体的高端药品制剂产业化基地，力争 5 年内实现 30 个创新药品制剂和 100 个高端仿制药形成产业化。以企业为主体，打造面向欧美的药品注册和销售平台，提升医药产品国际市场占有率。

4. 加强资本运作，助推产业发展

力争 2020 年重庆医药上市公司达到 15 家左右。形成 100 亿元专用于医药产业发展的投资基金，以资本促产业，引入海内外优质企业、项目、团队和产品来渝落地，尽快提升发展质量，做大产业规模。

5. 建设特色园区，加快产业集聚

重点推动两江新区高端医药及医疗器械产业基地、巴南化学药产业基地、合川医用耗材产业基地建设，力争到 2020 年两江新区实现医药工业产值 500 亿元，巴南和合川各实现 300 亿元。

三、促进基地建设及产业发展的建议

（一）加大新兴产业领域的支持力度

加大对靶向药物、重大疾病药物、抗体药物、现代中药等创新药物，以转化医学、精准医疗、免疫治疗、干细胞治疗为代表的新型医学技术，以数字化、网络化、智能化和小型化为代表的医疗器械的产业化项目的支持力度。

（二）强化西部地区创新资源的支持

生物产业是智力密集型产业，高端人才向东部地区集聚的“马太效应”

一直存在，建议加大对创新能力建设、重大产业化项目以及中药、医疗器械等检验检测平台的支持力度，促进西部大开发。

（三）强化生物医药产业的国际合作

加强国际合作，鼓励国内优势企业与国外领军企业开展技术合作，提高国内企业研发水平。支持国内企业在海外设立研发基地和销售基地，支持产品海外注册，大力拓展海外市场。

（四）加大对基地建设的支持和指导力度

重新开启国家生物产业基地等高技术产业基地建设专项，可按照“基地建设方案＋重大项目”等形式予以批复和资金支持，特别加大对西部地区的支持力度。

（撰稿：重庆市发展改革委）

北京国家生物产业基地年度发展报告

北京国家生物产业基地是我国生物产业高端引领、科技创新、绿色发展的先行区，是北京打造科技创新中心和构建高精尖经济结构的重要载体。北京国家生物产业基地由北京经济技术开发区、中关村大兴生物医药产业基地、中关村生命科学园三个核心区构成，形成了“一南一北、优势互补”的产业格局，其中北京经济技术开发区、大兴生物医药基地为南部高端制造中心，中关村生命科学园为北部研发创新中心。2015 年，北京国家生物产业基地实现营业收入合计约 759 亿元，约占全市总数的 60%。

一、北京经济技术开发区

（一）整体概况

生物医药产业作为北京经济技术开发区园四大主导产业之一，一直保持较好较快发展势头，初步形成了“以研发为中心、生产为重点”的相对完整的生物医药产业集群，聚集了一批生物医药产业核心机构和国内领先、国际知名的医药龙头项目。截至 2015 年年底，北京经济技术开发区共有各类生物医药企业 600 余家，聚集了拜耳医药、泰德制药、百泰生物等国际知名、国内领先的龙头企业，形成涵盖生物医药、医疗器械、医药研究、医疗服务等产业集群。围绕生物医药生产型龙头企业，聚集了研发外包服务、合同生产服务、检测评价服务、专业融资、人力资源服务等众多业态，各要素聚集明显。随着生物医药产业集群不断发展壮大，开发区对区域经济社会发展的带动作用愈发明显，已经成为首都经济的新增长点，创新要素与区域发展紧密结合的新典范，正在成为承接国家、北京市重大生物医药产业化项目的主阵地，北京生物医药产业跨越发展工程的主力军。

2015 年开发区生物医药产业实现产值 424.9 亿元，同比增长 10.3%，在全市生物医药产业的占比已连续四年超过 50%。“十二五”期间，开发区生物医药产业产值平均增长率达 12.5%。跨国企业在区设立全球研发中心及研究机构，如拜耳、安万特等，生物医药企业总体研发投入占销售收入的

比例约为7%（高于全市4%的平均水平）。

（二）科技创新要素和高端人才聚集

（1）科技创新载体建设　截至2015年年底，生物医药领域高新技术企业119家，有效专利1063件，其中发明专利498件、实用新型409件、外观设计156件。拥有病毒生物技术国家工程研究中心、新型疫苗国家工程研究中心、眼科工程技术研究中心等9家国家级生物技术研发中心。拥有北京市工程技术研究中心、重点实验室、工程实验室等市级各类研发机构共74家。组建了北京亦科信息菌素研究院、北京亦创生物技术产业研究院，依托产业研究院，建立相关领域专利池，通过专利池的运营加速专利成果的产业化。

（2）产业联盟建设　目前，在开发区的生物医药产业领域已经发起建立了8家产业联盟，包括：中国生物技术创新服务联盟、抗体产业技术创新（北方）战略联盟、北京先进医疗设备产业创新联盟、中关村美中生物技术产业集群创新联盟等。产业联盟为业内企业搭建了交流平台，促进企业间信息和技术的交流，为区内相关产业的发展提供了凝聚力，创造了良好行业发展氛围，也扩大了开发区在该领域的影响力，为开发区吸引更多优质企业拓宽了渠道。

（3）高端人才聚集　截止到2015年年底，开发区引进和推荐入选中央“千人计划”58人，占全市1/4左右；开发区共计引进和推荐入选北京市“海聚工程”108人，占全市1/6左右；开发区“新创工程领军人才”374人。这些人才中有一半以上都从事生物医药领域工作。

（三）科技创新成果初步显现

目前，开发区组建了全球库存规模最大的重组蛋白靶点和抗体工具库（义翘神州）、全球首个获取FDA认证的高能直线加速器（大基康明）、全球首创大鼠基因敲除技术（百奥赛图）、全球首张用于临床诊断的致聋基因检测芯片（博奥生物）、全国首个全人源化抗体新药（百泰生物）、全国首家获批向发达国家出口注射剂（泰德制药）、全国首个抗体药物应用于发达国家患者（天广实）、全国首创单细胞Hi-C测序技术（安诺优达）、全国首家跨地区连锁经营的独立医学实验室（艾迪康）、全国规模最大的药物评价中心（昭衍）。

（四）下一步生物医药产业发展目标

在北京建设全国科技创新中心和京津冀协同发展的新形势下，结合国内外生物医药产业发展趋势和前景，营造产业发展的健康生态环境，努力打造

开发区生物医药产业升级版，成为创新发展主阵地；加强南部产业集群空间积聚，形成产业技术创新中心。产业发展每年保持10%左右的增速，到2020年产业总体规模达到约800亿元。

（1）推动项目加快落实，打造新的增长点　2016年，产业工作将继续聚焦促开工、促投产和重点在谈项目，促进形成开发区生物医药产业新的增长点，主要经济指标的增速保持在10%左右。

（2）重点工作聚焦六个一批　跨国制药公司包括总部、研发中心、高端制造基地；国际国内知名的大型龙头企业；国家级生物医药创新研发中心、实验室、工程技术中心；具有全球影响力的原始创新品种；畅销大品种，新培育年销售额10亿元以上大品种；具有全球影响力的生物医药领军人才、研发创新带头人、企业家。

（3）拓展产业发展空间，打造细分产业聚集园区，完善产业公共服务链条　依托经海产业园、悦康路东区B8地块项目、奥源德江园区等区内存量空置资源，加以整合利用，将现有生物医药产业园区的管理、服务和产业发展经验加以推广和应用，拓展生物医药产业新入区项目的承载空间。在此基础上，牢牢抓住抗体、疫苗、干细胞、基因检测、诊断试剂、健康管理等前沿发展领域，对应项目落地承载空间，打造细分产业的特色园区，并加强特色园区管理，提供有针对性的特色公共服务，形成企业聚集效应，树立行业标杆。

（4）升级创新服务体系，进一步完善产业服务链条　优化包括条件支撑服务、成果转化服务、专业技术服务、公共基础服务和政策支持服务在内的五大创新服务功能；打造包括特色产业园、产业联盟、产业研究院、专利池、技术交易平台、产业基金在内的六位一体创新服务体系；依托生物医药产业政府引导基金，充分发挥亦庄国投公司运营和管理平台的作用，引进国内外专业投融资机构，构建多层次投融资服务体系。不断完善开发区生物医药产业的公共服务链条，引入缺失环节，逐步打造包含药品标准制定、研发技术专业服务、临床前试验外包、临床试验和标准制定、新药申报协助、药品国际注册、生产外包服务、知识产权辅导、投资项目对接、企业上市辅导等重点环节的生物医药产业公共服务链条，助力企业发展的各个阶段。在经海产业园中布局国家药典委药品标准检验中心，完善生物医药园生物医药公共服务平台和汇龙森医疗器械公共服务平台，依托中关村生产力促进中心，积极开展药品国际注册，打造医药国际贸易中心。

（5）融合新兴业态，布局大健康产业　着力培育大健康产业新模式：重

点围绕医疗联网、可穿戴设备及服务、基因检测及精准医疗、专科医院及康复中心、医疗大数据平台等六大细分行业。

二、中关村大兴生物医药产业基地

2015 年，大兴生物医药产业基地紧抓“大兴国际机场建设、京津冀协同发展”等重大机遇，按照“高精尖”发展要求，着力强化“保增长、调结构、转方式”措施，各项工作取得良好成绩，为顺利步入“十三五”时期奠定坚实基础。

（一）主要经济指标完成情况

2015 年，基地企业完成工业总产值 95 亿元，同比增长 13.2%；实现营业收入 160 万元，同比增长 8%；上缴税收 9 万元，同比增长 55.4%。

（二）加快推进“四个一批”项目

签约落地一批。以君悦国际、绿地启航为主要招商载体，引进注册企业 330 个，其中注册资金 1000 万元以上的项目有 26 个，预计总新增收入 15 亿元，税收 1.5 亿元。利用园区厂房空间资源引进租赁企业 58 家，总租赁面积 3.1 万平方米，预计新增收入 5 亿元，税收 0.6 亿元。完成中国船舶工业集团海洋装备科技创新基地项目等 13 宗工业用地，以及 5 宗多功能地块挂牌上市，总建设用地面积 78.3hm^2（1174.2 亩）。

开工建设一批。全年开工同仁堂健康、索林康健、唯美度、惠方生物、京卫制药、航天东方 6 个项目，建设用地面积 21.7hm^2（325 亩），预计达产后产值 64.3 亿元，税收 4.97 亿元。

竣工投产一批。全年竣工斯利安、依康纳斯、北瑞达、双鹭生物、华臣联合、河南依生 6 个项目，建设用地面积 21.3hm^2（320 亩），总投资 13.39 亿元，预计达产后产值 19.57 亿元，税收 2.17 亿元。全年投产蜜蜂堂、华夏生生、华医圣杰、联袂义齿、华卫天和、诚益通 6 个项目，建设用地面积 8.9hm^2（134 亩），预计试生产后产值 16.83 亿元，税收 1.5 亿元。

跟踪储备一批。储备了卫计委干细胞等 10 个重大项目，预计土地需求 29.7hm^2（446 亩）。

（三）系统谋划产业升级

在综合分析评价园区产业及用地现状基础上，编制形成《园区空间整体提升规划研究报告》，明确了产业转型升级路径和步骤。

提高土地容积率。重新启动三期未供土地控规编制，工业用地容积率由

0.8调整为1.4～2.0，多功能用地容积率由1.5～2.5调整为1.5～3.0，2016年已完成规划调整，可新增建筑规模125.6万平方米。

实施企业改扩建。对以协议出让（划拨）和招拍挂方式取得出让土地，容积率在控制下限的78个项目实施改扩建，可增加建筑规模176万平方米。2016年取得批复企业13家，增加建筑规模47万平方米。

腾退低端企业。对不符合产业政策，且未取得国有土地证的12个项目进行腾退，新增建设用地36.8hm^2（552.45亩）。2016年已腾退了浚达丰、广西北生、天坛生物、康特制衣4家企业，盘活建设用地26.1hm^2（391亩），土地收回已重新上市，引进企业8家。

盘活闲置厂房。对建成厂房和办公设施闲置部分，引导企业出售、出租，腾退出可利用厂房约41万平方米，按1.5容积率计算，相当于增加建设用地26.7hm^2（400亩）。

推进区域合作。对接津冀地区，协调北京东方乾海润滑设备有限公司在固安大清河工业开发区购地1.5hm^2（23亩），承担生产环节；协调协和药厂、四环科宝、京卫、悦康4家企业在沧州渤海新区生物医药产业园购地53.3hm^2（800亩），承担原料药生产；引导北京太阳大地纸制品有限公司自主外迁，在河北衡水购地13.3hm^2（200亩），现有厂房将作为研发中心和销售总部。

（四）加强基础设施建设

道路和市政场站建设。全年投资7.3亿元完成2.5km道路、8km各类专业管道的新建；完成3.55平方公里建成区绿化提升和交通设施改造；完成永大路等5条道路大修，总里程12km；推进卫生院、电管站等设施建设；4.6万平方米自建孵化器项目2-6号厂房基本完工；组织实施景宏大街、仲景路、永旺西路、庆丰西路等三期复工道路进场施工，部分路段已具备通车条件。

推进与热力集团战略合作。协助热力集团投资2.7亿元建设热力厂站，目前已落实环保指标等相关手续。

（五）整治美化园区环境

永兴河生态景观工程。成立项目指挥部，完成景观立项、初步设计概算批复、招标等相关手续，进入开工建设，总投资3亿元，年底前将完成河道及景观主体工程建设。

生态、智慧园区建设。全面启动集迅捷信息采集、高速信息传输、高度集中计算、智能事务处理于一体的智慧服务体系建设，投资2433万元，完成综合服务平台与数据库项目、弱电管网改造工程、楼宇无线网络覆盖3项

重点工程。加强工业固体废物、危险废物、SO_2 等主要污染物的排查和监督管理，通过区经信委生态工业园区试点初步审核。

园区社会综合治理。建立五项重点工作调度会制度，出台“党政同责、一岗双责”安全生产责任办法，整合综治办、安全科、派出所、城管、消防站、食药监、网格办进驻办公，发挥好网格办和安全生产专职人员两支队伍作用，协调处理民工讨薪事件 9 起，清理乱停大货车及乱倒、遗撒渣土 1485 辆次，登记造册流动人口 7305 人，查找整改安全隐患 1051 处，圆满完成“安全生产月”、“夏季攻坚专项整治”、“两大安保”等保障任务。

(六) 提升服务企业能力

启用园区综合服务中心，打造方便企业办事窗口平台，获得企业好评。梳理完善《企业服务手册》，进一步优化流程、简化环节、提高效率。帮助企业进行国家高新认定，新认定或重新认定 19 家企业。成立企业家联合会，引进北京生物工程与新医药产业促进中心，为企业搭建文化、技术、服务交流平台。争取各类优惠政策，为企业申报扶持资金 2200 万元。突出工委“一岗双责、党政同责”主体责任，开展“三严三实”专题教育，深化党风廉政建设和作风建设，提升服务意识，提高服务能力；推行标准化岗位管理，实施干部定期轮岗制，理顺内部体制机制，协调和运转效率有效提升；梳理形成 50 项重点工作，明确责任人和责任部门，周督查、月考核；科学编制园区“十三五”规划，明确未来基地中心工作、发展途径。

三、中关村生命科学园

中关村生命科学园总占地面积为 249hm^2，规划地上建筑面积 166 万平方米。其中一期（中关村生命科学园）占地面积 130hm^2，规划建筑面积 70 万平方米，定位于研发、中试、孵化、小规模生产和配套技术支撑平台用地；二期（中关村国际生命医疗园）占地面积 119hm^2，规划建筑面积 96 万平方米，定位于医疗、临床试验、配套服务及生物技术产业化用地。园区平均容积率为 1.0，绿化率超过 50%。

(一) 现阶段目标实现情况

北京中关村生命科学园于 2006 年被国家发展改革委认定为国家级生物产业基地，目前也是中关村国家自主创新示范区的重要组成部分。经过十五年的开发建设、招商及产业发展积累，中关村生命科学园营造出生命科学创

新发展的良好氛围，已成为国内生物技术高端研发创新能力最强的专业化园区。园区聚集了大批国内外重要研发资源、明星级领军人物和重大创新成果，受到党和国家领导人的广泛关注，并在国际上享有盛誉。较好地实现了园区建设目标和任务。

（二）生命园开发建设情况

（1）园区项目建设　一级土地开发已近尾声。园区建设于2000年11月全面启动，2012年完成了园区最后一条市政道路——生命园一期西路全部实体工程。目前除剩余零星工程外，一级开发的主要任务已全面完成。园区一期、二期已建成的道路及公共区域绿化已完成对政府相关部门的移交，占规划建设量的95%。2003年，由博奥生物公司承担的“生物芯片北京国家工程研究中心”项目成为第一个入园项目并开始建设。截至目前，园区地块企业自建项目中：30个项目已投入使用；6个项目正在建设；7个拟建项目正在办理开工建设所需相关审批手续；另外剩余5个待建地块项目正在进行规划调整工作。目前，园区已累计建成投入二级楼宇使用面积109万平方米，在建面积31万平方米，拟建面积（正在办理手续）26万平方米，待建（拟调规的5个地块）面积14万平方米。入园项目总投资230亿元。

（2）园区环境建设及品质提升　一是园区品质提升工作。为将中关村生命科学园建设成为北京市新兴产业园区发展样板及昌平区绿色生态示范园区，生命园公司统筹园区整体生态提升工作，制定并开始实施了一整套环境品质改造方案。目前已完成生命科学园生态园区运营管理及园区二期景观设计两项规划导则，正在启动绿色生态园区五大专项提升示范工程的建设工作。园区环境整治与品质提升工程有序开展，目前完成了园区主入口及两侧、生命广场南侧道路、园区一期西侧林绿化带改造等八项生态环境提升工程。二是生态工业园区和绿色生态园区建设工作。积极推进生态工业园区和绿色生态园区的建设与申报工作，成功取得生态工业园区和绿色生态园区授牌。同时，为进一步提升园区运营管理水平，正在积极推进落实调整园区管理机制和模式的相关工作。

（三）园区产业发展相关数据

（1）园区产业经济发展指标　截至2015年年底，中关村生命科学园共有企业300余家，工作人员1.1万人，主要产业领域涵盖生物制药、医疗器械、基础研究、农业、保健品、医疗服务及保险。入园企业共拥有分支机构186家，其中，中国大陆分支机构171家，港澳台分支机构2家，国外分支机构13家。入园企业技工贸总收入约174.10亿元。其中，新时代健康产业

(集团)有限公司、北京碧水源科技股份有限公司等公司的技工贸收入较高。入园企业纳税约24.22亿元;进出口总额约为5.78亿元,其中,进口总额约1.57亿元,出口总额约4.21亿元。

(2) 园区拥有的研究机构和知识产权　园区拥有北京生命科学研究所等11家博士后工作站,军科院蛋白质中心等7家国家重点实验室及国家工程研究中心,正旦等2家院士工作站、博奥生物等6家市级企业技术中心,万泰药业等8家G20企业,碧水源等10家上市公司(含分支机构),另有9家省部级研发中心、6家金种子企业、4家十百千工程企业、7家瞪羚企业及多个国家级产业化示范基地项目。入园单位取得知识产权2027项,园区有多家企业专利数量超过100项;多家园区企业参与制定国际国内标准,科技成果转化80项。园区科技成就斐然,一些基础研究领域取得关键突破,一批科研成果填补了相关领域或国际技术空白,实现了进口替代。

(3) 园区高端研发人才聚集　园区共有高端人才162人次,其中院士14人,国务院特殊津贴获得者22人,千人计划33人,海聚工程66人,高聚工程11人,"科技北京"领军人才3人,科技部杰出青年12人,长江学者1人。

(4) 承担课题和论文发表　入园单位共承担各类课题156项,完成76项,共计投入研发经费7.44亿元。其中,"973"计划项目19项,完成7项,投入经费1.24亿元;"863"计划项目17项,完成12项,投入经费1.36亿元;国家自然科学基金项目19项,完成1项,投入经费2775.42万元;其他省部级课题66项,完成51项,共投入经费4.46亿元。入园单位在国内外期刊发表文章353篇。其中,中文核心期刊发表62篇,SCI收录期刊发表文章293篇,影响因子10以上的高达29篇。

(5) 创新成果　在园内众多国内外顶尖研究机构和知名企业中,包括在胰岛素开发和生产方面居世界领先地位的诺和诺德(中国)研究发展中心、宝日医生物技术(北京)有限公司、丹麦CCBR临床与基础研究中心、全球第三大农业种子供应商瑞士先正达公司、北京博奥生物有限责任公司、北京生命科学研究所、北京正旦国际科技有限责任公司、中国最大民营制药企业扬子江集团旗下的北京海燕药业有限公司、北京维通博际生物技术有限责任公司、养生堂集团北京万泰生物药业有限公司、中国第一家成功登陆美国纳斯达克资本市场的农业生物技术企业北京奥瑞金种业股份有限公司、纽交所上市的全国最大高科技医疗设备研发制造厂商深圳迈瑞公司及亚洲最大的单体医院北京大学国际医院等。大量高水平企业进入园区,迅速提升了园区

的产业聚集效应，对外部企业的吸引力大大增强，目前申请进入生命园的企业数量及其对土地、办公、实验空间的需求，已远远超出园区现有的供给能力。

（四）产业环境建设和产业促进工作

（1）园区产业服务特点　一是园区服务全力推进科技创新。科技创新是园区各类服务的出发点和立足点。园区入园企业大多是科技创新型企业，园区服务虽然形式多样，但基本上都服务于园区企业的研发创新工作，为其提供有力支撑。为此，园区积极落实创新驱动发展战略，加快构建以企业为主体、市场为导向、产学研相结合的创新体系，加强创新人才服务力度，搭建创新服务平台，推动科技创新和园区发展紧密结合，进一步提升园区在生物医药领域的优势地位。二是各类服务资源整合力度大。服务主体不仅包含生命园公司和入园企业，还包括政府机构、各类研究机构、投融资机构和专业服务公司等；不仅自建服务平台，还积极引导入园企业搭建公共技术服务平台，大力引入国家和北京市相关检测和监督服务部门。三是服务体系完善，服务内容丰富。园区服务覆盖生物医药产业链各环节，紧贴入园企业在政策、资金、技术、人才、市场、信息、孵化、交流合作等各方面需求，线上线下相结合，多维度开展形式多样的服务。

（2）引入国家重大科研项目和北京市监管机构，完善产业发展环境　一是国家蛋白质科学中心——北京基地（凤凰中心）落成启用。2015 年 10 月，国家蛋白质科学中心——北京基地正式启用，这是国务院“十一五”期间批准设立的 12 个重大科技基础设施之一，也是迄今我国生命科学领域投资最大，规模最大的国家级大科学工程，中心集蛋白组科学研究、技术服务、成果转化为一体，打造国际领先的科学技术创新基地，将极大地促进我国蛋白质组学及相关领域的发展。二是北京市药检所新址正式运行。通过多年的建设及各方共同努力，2015 年 12 月 15 日，北京市药检所正式入驻生命科学园区新址办公。北京市药品检验所（北京市保健食品化妆品检验中心）隶属北京市食品药品监督管理局，是依法对北京市药品质量实施监督检验的法定机构，也是国家最早确认的口岸药检所之一，2012 年加挂“北京市保健食品化妆品检验中心”牌子。北京市药检所的入驻，极大地促进和提升了生命园产业服务体系，进一步增强了园区高端专业人才团队和服务能力，使园区生命健康产业链的服务功能更加完善。

（3）汇聚行业骨干大型企业，加强产业集聚和前沿技术创新引领能力　园区产业聚集取得了突出成就，共获得北京国家生物产业基地等 23 项

基地类授牌，产业领域涵盖了生物医药制造业和医疗器械产业、生物技术服务业、生物农业、生物环保、生物保健品、医疗健康六大特色产业，其中生物医药产业初步形成了从源头创新到临床科研、从现代制造到终端用户、从产业化到终端医疗市场的一个完整产业链条，并不断向健康产业等链条相关产业延伸，已成为具有国内顶尖水准的高端生物技术研发和产业化资源最密集的专业园区。在源头创新方面，生命园汇集了中国科学院、中国军事医学科学院、中国医学科学院、北京大学、清华大学、北京生命科学研究所等国家顶尖研究机构的智力资源，涌现了遗传性耳聋基因检测芯片、乙肝耐药基因检测芯片、HIV 抗原抗体诊断试剂、戊型肝炎疫苗、MBR（膜生物反应器）污水处理设备、血氧饱和度监护仪、自动无创血压监护仪、艾滋病唾液检测试剂等一批国际领先的重大技术创新成果和产品。在产业化资源方面，汇集了国家艾滋病检验试剂生产示范基地、扬子江药业、江中制药、迈瑞医疗、博晖创新等国内知名企业，引进了瑞士先正达研发中心、诺和诺德（中国）研发中心、日本 Takara 等著名跨国公司。在医疗终端市场方面，北大国际医院在为生物医药研发企业的科技创新提供丰富的临床和市场资源的同时，将大大改善首都北部地区的医疗条件。在农业方面，国际种业和植保技术巨头瑞士先正达以及国内首家上市种业公司奥瑞金成为生物农业技术研发创新的代表。在环保方面，碧水源科技公司的污水资源化 MBR 技术处于世界领先地位。在生物技术服务方面，孵化器公司系统建设包括药物化学研发、药物安全研发、临床试验研发等生物技术服务平台。

（4）整合各方资源，合力建设产业服务新载体　园区采取共建共赢的思路，整合各方面资源，围绕入园企业需求，加大服务载体建设，以载体为依托，提升产业服务能力。

一是建成中关村生物医药科技信息交流中心。园区与中国科学院文献情报中心合作建设的“中关村生物医药科技信息交流中心”已于 2015 年 12 月建成并投入运营。交流中心利用中科院的科技信息资源优势，为入园单位科研人员提供文献咨询、科技查新、产业情报等服务，搭建科研信息交流平台，促进园区企业发展。

二是共建实践教育基地。与在京高校共建实践教育基地，就毕业生就业实习、本科生科研训练、生物产业实践教育和本科生创业导师等开展广泛合作。2015 年，园区与中国农业大学签署《“中国农业大学-中关村生命科学园实践教育基地”合作共建协议》，与北京理工大学就建设实习基地事宜达成意向。

三是建设园区医疗卫生服务共同体。为进一步完善园区产业服务体系，生命园公司与北京大学人民医院、北大国际医院合作搭建完成了园区医疗卫生服务共同体，并已投入使用，为在园企业及个人排忧解难，实现预约挂号、预约检查、结果查询、科普讲座和专题培训等活动。在科技园区搭建医疗卫生服务共同体在国内尚属首例，极具创新和示范意义。

（5）紧密结合入园企业需求，举办丰富多彩产业服务活动　一是举办中关村生命科学园发展论坛（2015）。举办以“创新赢未来”为主题的“中关村生命科学园发展论坛（2015）”，围绕北京市科技项目及申报、新药新产品注册申报流程、中关村生物医药产业发展状况和新政策等重点领域进行了探讨，全面展示入园企业一年来取得的新成就，汇报生命园建园十五年来取得的成果。中关村生命科学园发展论坛已经成为入园单位沟通、分享、协作、共赢的平台，促进企业不断成长，持续推动生物医药产业快速发展。二是以生命科学园建园15周年为契机，开展成果展示系列活动。2015年是中关村生命科学园建园15周年。以此为契机，园区举办了一系列活动，向社会各界展示了园区15年来取得的成就，记录入园企业成长历程。同时通过企业的成果展示，促进了园区企业之间的相互沟通与推广，推动了园区产业链及服务体系的完善。系列活动的成功举办，把生命科学园的历史和现状向全社会进行了一次全方位汇报，深刻地展示了园区遵循以人为本、开放创新的理念，以及突出环境与绿色景观系统的生态功能，展现了生命科学园人兢兢业业、奋发有为、追求卓越的精神风貌，诠释了生命科学园作为中关村国家自主创新示范区内的专业园区的引领和示范作用。三是组织中关村生物医药企业家俱乐部系列活动。2015年度共举办五次俱乐部活动，包括健康养生主题活动、“大众创业，万众创新”主题沙龙、俱乐部会员走进京东聊创业、“赞叙十五年、共赏十五圆”餐叙茶会。这些活动得到广大俱乐部会员的大力支持，促进了企业家间的交流互动，实现了俱乐部“打造合作共赢精神家园，搭建服务创新交流平台”的宗旨。四是组织培训活动。举办企业知识产权专题培训，组织第一期医药企业知识产权实务培训，组织企业参加由北京市12330举办的企业海外知识产权纠纷应对培训。五是园区展厅建设。展厅共收集了50余家企业展示内容，包括文字介绍、图片、宣传片等内容。收集了10家企业共计百余件实物产品，包括净水器、重组戊型肝炎疫苗、人体元素分析仪、生物工程相关试剂及中成药等。

（6）围绕行业共性需要引导入园企业共同加强公共服务平台建设　园区持续提升自主创新能力，搭建产业服务、技术服务、运营服务等公共服务体

系，促进园区产业的健康发展、技术的持续创新与应用和公共服务的高效运作。

一是搭建中关村生命科学园微信公众平台。园区建设并运营中关村生命科学园微信公众平台，正式为入园单位提供园区优惠产业政策、产业动态、天气预报、周边租房等信息，实现微信连 WiFi 等实用功能。作为面向入园单位开展产业服务的重要媒介，园区微信公众平台已经成为生命科学园对外信息发布、互动交流的重要平台之一。

二是建设中关村生命科学园产业发展专家库。成立中关村生命科学园产业发展专家库，邀请入园单位专家参与拟入园项目评审，加强生物医药企业入园审批决策科学性，进一步规范审批决策程序，促进园区产业发展。

三是推进建立企业化运作的技术平台。园区非常重视技术平台的构建，在国家计划引导下，尝试建立企业化运作的新型生物医药技术平台。目前从基因组研究、生物信息学研究、药物筛选、中药现代化等上游平台到实验动物、病毒载体等支撑平台，基本形成了一个互为补充的技术平台网。园区还依托明星企业在园区内形成了多个技术平台，平台企业作为产业链上关键一环，对相关细分行业的上下游企业产生集聚帮扶作用。园区内的相关中小企业可利用明星企业的技术平台，在一定范围内实现信息和资源共享，企业间也可增进交流，促进产业成果转化。

四是建设中关村生命科学联合创新服务中心。2015 年 12 月，全国首家“一站式”特殊物品及生物材料进出口公共服务平台——中关村生命科学联合创新服务中心（以下简称“北平台”）在园区正式启动运行。北平台由检验检疫集中监管中心、公用型保税仓库和联合办事大厅三部分组成，是“设施专业，品类齐全，风险可控，通关便捷”兼具保税物流和检疫集中查验功能的公共服务平台，可有效辐射海淀、昌平的众多高校、科研院所、生物医药及技术服务企业，并将辐射至京津冀地区。

五是建立生物医药创业投资基金。生物医药企业高投入、高风险、高回报、研发周期长的发展特点，造成银行等金融机构对此类企业敬而远之，特别是大部分医药创新企业规模较小，企业完成新药临床前研究或者临床Ⅰ期或Ⅱ期研究后，往往因缺乏资金而无法维系，导致科研成果被迫“夭折”或迁至异地产业化。建立生物医药创业投资基金，有助于解决区内中小企业的融资困难，促进园区企业健康发展。为解决园区内中小企业的融资困难，生命园公司成立了生物医药创业投资基金。

（五）园区创业孵化及服务体系完善，很好地发挥了创新创业扶持作用

生命园孵化器公共技术平台2005年开始运营，目前汇集各类仪器设备约2600万元，其中2015年技术平台新建内容：

① 完善基因测序服务平台的建设，将基因测序周边的设备进行采购，建立测序前处理平台，并开始针对基因测序产业上下游的情况进行合理整合，开始有针对性地引入服务单位和服务企业，并联合招商扶持测序相关的企业，为测序类别企业提供完善的解决方案。在整合基因测序产业链的同时，2015年下半年开始升级原有的分子生物学的平台，同时将平台根据市场需求进行细分，然后有针对性升级较为热门的服务（例如增加定量PCR服务、测序服务），增加客户的同时，孵化客户，让小的企业客户通过平台节约资源、拓展市场等通过平台为媒介升级成为中大型客户；按照环保要求统一治理实验室产生的废弃物，完善实验室管理体系，建立规范的环保型实验平台。

② 建设新型的生物信息学大数据云计算平台，为应对基因测序和蛋白质工程所产生的规模型的数据输出和数据运算，辅助培育新型的基因测序企业、生物信息学企业和蛋白质工程类别企业的发展，降低其初创期的硬件设备成本，缓解该行业前期投入资金压力，以达到加速孵化上述三类企业的目的。通过技术平台的不断完善，目前生命园孵化器公司已有分析检测服务平台、药物制剂服务平台、生物技术服务平台、药物筛选服务平台、手性药物拆分技术服务平台、抗体药物研发技术平台，干细胞技术平台，基因测序服务平台八个主要技术服务平台，可以提供的技术服务项目达150余项，每项服务的收费标准约为市场价格的50%，以降低企业创业风险。可提供对外服务的平台于2010年通过国家CNAS认证，是北京市科技条件平台及中关村开放实验室成员单位之一，发挥了良好的带动示范作用。2015年的服务样品数量约10万例，累计服务5000余次，样品范围覆盖了分子生物学、细胞培养、基因测序、生物信息分析、新药研发、食品添加剂、保健品、农残分析、天然产物提取物、氨基酸分析、多肽分析、液晶材料等领域。为企业节省大量的测试费、科技资源投入等费用，取得了良好的社会及经济效益，服务客户的数量呈几何状增长、客户满意度超过98%。

③ 孵化器在创业苗圃和加速器建设方面的工作情况。2015年，生命园孵化器公司开始启动中小微企业创业中心（众创中心）项目，目的是为中小微企业搭建加速孵化中心。总计建设面积2000m^2，初步按照20～40m^{2}分隔成一个单间，开始启动专业招商和商业配套招商，专业招商有以下几个方向：生物信息学、体外诊断试剂、基因测序、疫苗、抗体工程、医疗器械、

干细胞技术及免疫治疗等。商业配套招商涉及数码快印（打印、复印、传真、装订等）、饮用水供应、文献检索、专利查新等服务配套。

④ 完善行业技术专家库，切实解决客户和企业在项目实施过程中出现的生产或技术问题，专家库2015年新增焦守恕、杜静、孙滨源等10位生物医药领域知名技术专家。

⑤ 完善公共服务配套体系。为完善公共服务配套体系，提升众创空间服务质量，孵化器公司积极带动社会服务资源，合力为入孵企业提供专业的工商注册、财务、法务、人事外包等服务。目前已和北京中关村领创科技服务有限公司、北京天道诚财务顾问有限公司、浙江回归线科技有限公司等签订合作协议，全面提升众创空间服务水平，加速苗圃企业成长。

⑥ 开展国际合作和海外高层次人才引进的工作情况。一是国际合作。2015年，生命园孵化器公司继续组织企业与世界各国的医药代表团进行项目对接和合作洽谈，促进企业的创新发展，已有21家入驻企业在境外设立分支机构或分公司。2015年孵化器公司接待德国、美国、西班牙、芬兰、加拿大、日本和韩国各国访问团7次，极好地宣传了北京市和昌平的产业及创业环境，起到了良好的创业普及的宣传示范作用。2015年7月10日，生命园孵化器（生命园留创园）在“2015中关村华侨华人创业大会”开幕仪式上，正式挂牌成为中关村侨创园。此次大会上共有来自30个国家和地区的海内外华侨华人科技精英约有410人，带来了120多个先进技术和高端项目。二是海外高层次人才引进。2015年生命园孵化器公司引入普瑞迈德（北京）生物科技股份有限公司、北京博澳瑞斯生物科技有限公司、北京克隆欧科科技有限责任公司、北京合生健康科技有限公司等8家留创企业，引进了于晓波、张成栋、孙滨源等海外高层次人才。在引进海外高层次人才后，我们积极协助其申报政府各人才项目，截至2015年年底，通过生命园孵化器公司申报并获得的高端人才已达到57人，其中千人计划15人，海聚工程37人，高聚工程5人，人才集聚效果突显。为提高对海外高层次人才的服务水平，2015年7月，生命园孵化器公司和北京外企人力资源fesco公司达成合作，开始为生物医药方面外籍人才、本国的留学人员开始提供创业前的咨询服务合作。

⑦ 区域内辐射效应。在发挥企业的集聚效果，共享资源方面，生命园孵化器通过合作共建方式，整合园区企业仪器资源为园区企业服务。前期已与15家企业联合成立了生命园资源网络同盟，加盟企业包括2个国家工程中心，3个中关村开放实验室，累计汇集各类仪器6.8亿元，为企业节省的

测试费、科技资源投入8000多万元（每项服务的收费标准约为市场价格的50%），起到了很好的资源共享，带动辐射作用。跨区域合作方面，在2015年年底，生命园孵化器与国内各省市高新技术开发区建立了战略合作关系，已和云南曲靖、浙江嘉兴、宁夏银川、青海西宁、黑龙江哈尔滨、吉林长春等多地建立了意向性合作，同意输出孵化管理模式，拟建分支机构、推动实现资源共享，加快中关村医药企业向外省市高新区转化落地的进程。

⑧ 营造创新创业文化氛围。一是创业辅导培训。为营造创新创业文化氛围及提高入孵企业的创业水平，2015年，生命园孵化器公司新聘用同昕生物焦守恕教授等五名创业导师，并为企业进行两期的创业辅导培训，受到了企业的一致好评和认可。二是知识产权服务。生命园孵化器公司2014年承接了“生命科学园知识产权工作站”的任务，设立了举报投诉专线电话。提升了企业专利信息和专利情报分析的意识和能力，提醒企业随时关注商业秘密的保护，帮助企业正确设置知识产权创造、管理、应用、保护等方面的核心环节。2015年期间组织两次专业特色的培训和讲座，两次培训期间合计55家企业参与培训，会场踊跃提问，达到了应有的效果，并给予初创期企业合理规划知识产权方案一定的指导作用。三是建设生物医药创业孵化交流平台。2015年，生命园孵化器公司邀请企业创业人加入“生物医药创业孵化群”微信群，在群里各创业者积极分享相关创业经验，创业信息等，营造了一个很好的创新创业文化氛围。

（六）生命园“十三五”战略定位与发展目标

① 生命园战略定位：打造具有全球影响力的生命科学创新中心。

② 产业发展目标：紧紧围绕园区战略定位，以培育创新主体、优化创新环境、完善创新机制为主要工作内容，通过七大路径打造生命园创新生态，到2020年，生命园产业发展取得阶段性成效，实现三个方面的突破。一是经济总量实现新突破，区域资源改造升级任务基本完成。二是原创能力实现新突破，成功实现一批重大科技成果的产业转化。三是行业影响力实现新突破，疫苗、诊断试剂、生物育种行业保持在全国第一梯队，生物制药和研发服务业国内领先，孵化和培育一批有国内影响力的生物技术企业。

（撰稿：北京市发展改革委）

重点行业协（学）会发展报告

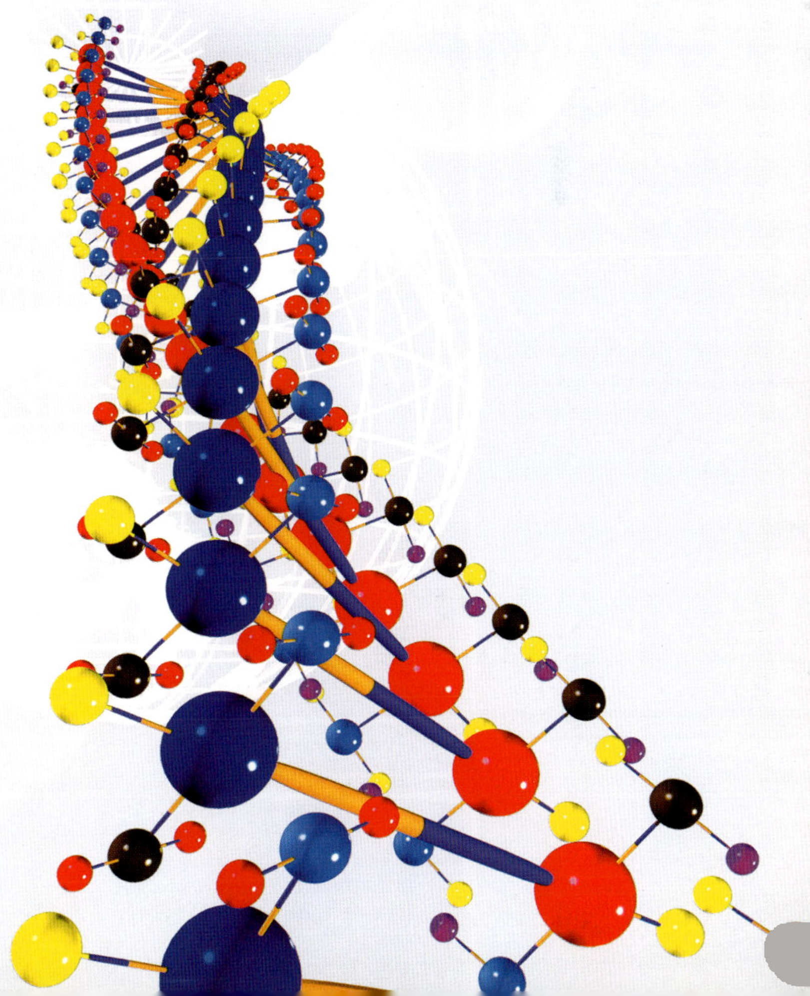

生物发酵产业分析报告

2015年，我国生物发酵产业尚未走出低谷，但整体形势趋稳，并展露利好发展迹象。

一、产业发展现状

1. 产量规模同比持平

2015年我国发酵行业主要产品产量2425.8万吨，与2014年基本持平，扭转了下滑的势头。其中，酶制剂、酵母保持小幅增长，其他行业持平或负增长（见表6-1）。

表6-1　2015年发酵行业主要产品产量

序号	分类	产量/万吨	同比增长/%
1	氨基酸	370	－0.5
2	有机酸	212	－0.9
3	淀粉糖	1200	0.1
4	多元醇	157	－2.5
5	酶制剂	120	4.3
6	酵母	31.8	3.2
7	功能发酵制品	335	1.5
8	合计	2425.8	0.2

2. 产品出口小幅增长

2015年主要出口产品出口量344.1万吨，同比增长3.3%。由表6-2可以看出，受出口退税政策的刺激，味精出口量增长幅度较大，柠檬酸受出口价格继续降低的影响也保持了持续增长。酵母、酶制剂的增幅有了较大下滑，乳酸继2014年－2.2%的负增长又出现了更大的下降（－13.7%），这主要源于普拉克在泰国的建厂对我国乳酸出口的冲击。

表 6-2　2015 年发酵行业主要产品出口量

序号	分类	出口量/万吨	同比增长/%
1	味精	43	10.2
2	赖氨酸	26	1.5
3	柠檬酸	95.8	2.7
4	葡萄糖酸钠	14.3	8.8
5	乳酸	3.7	−13.7
6	淀粉糖	118	2.3
7	多元醇	22	2.7
8	酵母	12.3	1.7
9	酶制剂	9.0	4.3
10	合计	344.1	3.3

二、产业发展特点

1. *发展形势趋稳*

氨基酸行业总体经济形势与 2014 年相近，味精产量约 230 万吨，有小幅增长，价格有所回升，加之出口退税政策的实施，企业效益略有好转。赖氨酸产量约为 100 万吨，比 2014 年下降 18%，近两年盲目生产有所抑制，产量趋于平稳。由于下游饲料工业持续需求不旺，市场竞争激烈，导致价格波动较大，产品利润不断下滑。苏氨酸是近年来发展较快的氨基酸品种，主要应用于饲料工业，2015 年产量约 30 万吨，比 2014 年增加 50%，价格保持基本稳定，具有一定的利润空间。

有机酸行业形势严峻。柠檬酸行业产量略有增长，价格持续下跌，已经跌破成本线，大部分企业亏损运营。乳酸受进口产品冲击较大，同时出口受阻，形势不容乐观。葡萄糖酸钠一改 2014 年的增长态势，由于下游水泥行业需求疲软，使得葡萄糖酸钠产量较大幅度下降，下降幅度约为 14%，价格依然低迷。

淀粉糖行业形势基本和 2014 年相近，但产品价格持续低迷，特别是结晶葡萄糖价格有较大幅度下降。果葡糖浆由于蔗糖价格的上涨形势有所好转，走出了去年大面积亏损的局面。多元醇行业运行状况较平稳，麦芽

糖醇、赤藓糖醇、甘露醇等均有一定盈利，山梨醇微利运营，企业压力较大。

酶制剂、酵母行业基本保持平稳发展态势。行业龙头企业实现了较快增长，增幅均超过15%。与此同时，行业进入调整、整合阶段，小的及落后的产能得以淘汰，产业集中度进一步提升，行业整体向好。酵母行业目前突出的问题是国内糖蜜供应量减少，国外糖蜜又受到检验标准的缺失而无法进口，导致糖蜜价格迅速攀升，企业生产遇到较大问题。

总体来看，2015年发展形势趋稳，产能结构性过剩依然未得到有效缓解，玉米原料价格依然较高，临储政策对行业的负面影响还在持续，市场需求依旧疲软，但产业出现企稳回升的迹象。

2. 出口压力持续增大

产品出口虽然总量增加（表6-3），但仔细分析各产品情况不难发现出口增加主要得益于味精的出口退税政策影响，而赖氨酸、柠檬酸、葡萄糖酸钠、乳酸、酶制剂、酵母等产品出口增幅都比2014年减小，压力增加。

表6-3　2008～2015年发酵行业产品出口量变化情况

项目＼年份	2008	2009	2010	2011	2012	2013	2014	2015
出口量/万吨	224	228	264	277	280	312	333	344
年增长/%	7.2	1.8	15.8	4.9	1.1	11.4	1.5	3.3

3. 效益下滑但创新依然活跃

近两年，虽然行业整体运行形势严峻，效益不断下滑，企业盈利空间越来越被挤压，但企业技术创新投入依然强劲，通过持续不断地技术改造，实现生产技术指标的不断提升，从而进一步降低生产成本。2015年中国轻工业发酵行业十强企业R&D投入占比保持在4.2%以上。目前我国柠檬酸、味精、山梨醇、酵母等产品生产技术工艺业已达到国际先进水平，从而大大提高了产品市场竞争力。柠檬酸行业2015年的平均产酸率达到15.86%，平均总收率达到89.86%。在味精行业，目前谷氨酸发酵有70%采用了高性能的温敏菌种发酵工艺技术，使谷氨酸产酸率和转化率明显提高，指标较高的企业平均产酸率可达到20g/dL以上，糖酸转化率也可提高到近70%以上。这些指标的提升，降低了产品粮耗、能耗和水耗，减少了COD的产生，很好地起到了节能降耗的作用。

三、存在的主要问题

1. 潜在新产品多，但投放市场受国家法律、法规限制较大

在目前整体经济形势不景气的情况下，由于食品及保健食品刚性需求的特点，以及人们追求高品质生活的趋势，驱动各高校、院所积极开发各类功能发酵制品以及相关联的终端消费产品，研发活跃。但由于国家食品安全法越来越严格，加之市场准入审批苛刻，使得新产品上市倍感艰难，极大影响了企业开发新产品的积极性。

2. 核心技术水平亟待提升

影响我国生物发酵产业整体快速、稳定发展的重要因素之一是一些共性技术、工艺和装备上的制约，虽然我国发酵技术已经取得了显著进展，少数大宗发酵产品已经达到国际先进水平，但影响产业发展的核心技术水平与国外仍具有一定的差距。尽管近年来研究开发投入比例明显增加，但与国外企业相比仍显不足，即使是我们的龙头企业也无法与国际跨国公司比肩，导致我们的关键技术和装备创新力度相对较弱，新兴产品比例相对较低。

3. 成本压力持续增加

生物发酵产品生产的主要原料玉米受国家政策影响价格一直高位运行，导致企业生产成本持续增加，利润空间不断变小。同时随着国家对环境保护、资源能源消耗的要求越来越严格，环保投入持续增加。这些因素的双重作用，使得企业发展压力不断加大，在一定程度上延缓了行业的发展速度，同时也加剧了行业的重新洗牌。

四、生物发酵产业发展趋势

1. 工业生产与服务性制造走向深度融合

原有生物发酵企业大多以生产中间产品为己任，往往只负责向下游客户提供原料，不考虑面向终端消费的产品开发。未来这种局面将得到很大改观。生产企业不再是简单地卖产品，而是更进一步地为下游应用商提供包含产品在内的技术解决方案，以帮助客户开发适合市场需求的各类产品。

2. 消费市场需求变化给产业发展带来机遇

随着经济总量的增长及收入水平的提高，人们的消费观念正在悄然发生变化，对个性化、多样化、高端化、绿色化的消费需求催生出新的应用市

场。生物技术产品的多样性正好迎合了这一消费趋势，为产品结构调整，发展高附加值产品提供了良好的市场需求保障。

3. 大力实施走出去战略

近年来，随着国际竞争力的增强，我国生物发酵产业“走出去”步伐逐步加快，开始了较大规模的境外投资设厂，比如我国柠檬酸行业、酵母行业分别在泰国、匈牙利、埃及、俄罗斯等国投资建厂。实施“走出去”战略一是有助于壮大我国生物发酵产业规模，提高国际话语权；二是有助于发挥境外资源优势，突破贸易壁垒，提升中国品牌国际竞争力；三是有助于深度开发当地市场、扩大全球市场份额、规避风险。特别是随着我国玉米原料价格与国际价格差距的进一步加大，未来生物发酵产业走出去步伐必然更加迅速。

（撰稿专家：石维忱　李晓燕）